一発合格！

公認心理師

対策テキスト＆予想問題集

心理学専門校ファイブアカデミー［著］

ナツメ社

はじめに

　2017年にわが国初の心理職の国家資格である公認心理師について定めた公認心理師法が施行され、2018年に第1回公認心理師試験が実施されました。

　この国家資格制度により、一定の資質を有する心の専門家が、国民の心の健康の保持増進に寄与することが望まれます。そして、今後は国家資格である公認心理師を志す人たちが増えてくるでしょう。

　公認心理師試験では出題基準が定められています。その基本的な考え方としては、**公認心理師としての業務を行うために必要な知識や技能の到達度の確認**を狙いとしています。つまり、公認心理師試験に合格するためには、心理に関する支援者として、**臨床心理学だけでなく、基礎心理学や医学、業務に関連する法制度などについての幅広い知識**が必要となります。

　本書は、公認心理師試験を受験するにあたって、ブループリントや現任者講習会テキスト、これまでの試験を踏まえて、まずはおさえておかなければならない内容から今後出題が予想される内容まで、紙幅の許す限り盛り込み、わかりやすく解説しています。また、章末問題や本番を想定した模擬試験問題も充実させています。

　そのため、受験をされる方の**学力や学習の進捗状況に合わせて、さまざまな使い方が可能な一冊**となっていると考えます。例えば、学習の起点として内容を精読されてもよいですし、一通りの学習のあとに問題集として使用していただいてもよいでしょう。

　本書が、心の専門家を目指し、この本を手にしてくださった方への一助となれば幸いです。

心理学専門校ファイブアカデミー

『公認心理師 対策テキスト&予想問題集』 目次

第1章　公認心理師としての職責

第2章　基礎心理学

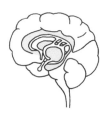

第3章　心理アセスメント

第4章　心理的支援

第5章　精神疾患とその治療

第6章　関係行政論

別冊

模擬試験

公認心理師試験の概要

① 公認心理師試験について

公認心理師の試験は、1年に1回の実施となります。出題範囲や合格基準は以下のとおりです。

■出題範囲

公認心理師として備えておくべき知識および技能

■出題基準（ブループリントを含む）

出題基準の詳細については、一般財団法人日本心理研修センターのWebサイトから確認することができます。

（1）公認心理師試験出題基準とは

公認心理師試験出題基準は、公認心理師試験の範囲とレベルを項目ごとに整理したものであり、公認心理師試験委員会によって定められています。また出題基準は、全体を通じて、公認心理師としての業務を行うために必要な知識および技能の到達度を確認することに主眼が置かれています。

（2）ブループリント（公認心理師試験設計表）とは

ブループリントは、公認心理師試験出題基準のうち、大項目の出題割合を示したものです。

公認心理師試験では、ブループリントに基づいて、社会の変化にともなう心の健康の保持増進に必要な分野を含めた幅広い分野から出題されます。また、頻度や緊急性の高い分野については優先的に出題されます。

■出題方法

出題は全問マークシート方式です。これまで実施された試験では午前の部が77問、午後の部が77問の計154問が出題されました。

■合格基準

合格基準は総得点230点に対し、正答率60%程度以上とされています。

■試験時間

試験時間については合計300分程度となります。これまでの試験については次のような時間割で試験が実施されました。

<時間割>

		試験時間
午前	通常受験者	10：00 ～ 12：00 （120分）
	弱視等受験者（1.3倍）	10：00 ～ 12：40 （160分）
	点字等受験者（1.5倍）	10：00 ～ 13：00 （180分）

		試験時間
午後	通常受験者	13：30 ～ 15：30 （120分）
	弱視等受験者（1.3倍）	14：00 ～ 16：40 （160分）
	点字等受験者（1.5倍）	14：00 ～ 17：00 （180分）

■試験スケジュール

第7回試験は2024年3月に実施されます。

今後の予定については、一般財団法人日本心理研修センターのWebサイト（http://shinri-kenshu.jp/）を参照してください。

① 資格審査の受験資格基準

公認心理師試験を受けるためには、以下の受験資格基準のいずれかに該当し、かつ、これらに関する所定の必要証明資料を提出できることが条件となっています。受験資格のポイントとしては次の2点となります。

> ①日本の大学で心理学に関連する科目を履修している
> ②大学院でも心理学に関連する科目を履修している。もしくは実務経験者である

ただし、海外の大学・大学院で心理学を学んだ、もしくは海外で心理職の資格を取得した方に限り、一定の条件のもと受験資格が認定される場合があります。詳しくは、厚生労働省のWebサイトより確認することができます。

そのほか、特例措置も含めた受験資格一覧は次の通りです。

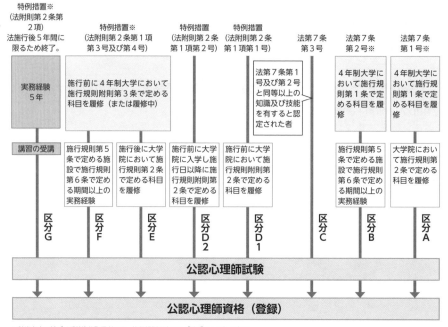

※該当条文に基づく受験資格取得者には、施行規則で定める「準ずるもの」を含む。

② 大学・大学院での履修科目

　公認心理師試験を受験するために必要とされる大学・大学院での履修科目については、学校への入学が「公認心理師法」が施行された以前か以降かによって内容が変わるため注意が必要です。詳しくは厚生労働省Webサイトより確認することができます。

> 　詳しくは一般財団法人日本心理研修センターのWebサイト（http://shinri-kenshu.jp/）もしくは厚生労働省Webサイト（https://www.mhlw.go.jp/stf/seisakunitsuite/bunya/0000116049.html）を参照してください。

効果的な勉強方法

① 過去問題の攻略

　試験勉強では、**過去問題**が非常に重要です。資格試験では、**過去に出題された問題と類似した問題がくり返し出題される**ことが多くみられます。

　このことから、問題作成者が、**過去問題を参照しながら問題を作成していること**は明らかです。そこから、受験者が効率よく勉強を進めるには、過去問題に基づくのがよいといえます。

　また、よく「過去問題を見ると、公表されている正解に間違いがある気がする」という声もよく聞きます。ですが、あるひとつの事柄について、心理学のテキストを何冊か読んでみると、さまざまな観点からさまざまな見解や表現方法があるということがわかります。事例問題についても、状況に合わせてこの方法しかないということは少ないかもしれません。

　つまり、「正解はこれしかない」ということがいえないような問題がどうしても出てくることも念頭に置いておく必要があります。その上で、**過去問題の正解は正解として、そのまま覚えておくことも大切**です。

　しかし、公認心理師試験については、現段階では**過去問題に固執し過ぎることは避けたほうが賢明**といえます。区分Ｇ（いわゆる現任者）に係る特例措置が終了したため、これまでの出題内容と試験結果を踏まえて、今後の出題内容が大幅に変わる可能性もあるといえるからです。これまでの出題傾向と違っても対応できるよう、**幅広い範囲**を学習しておくようにしましょう。

　おそらくほとんどの受験生が、日々の学業や仕事を抱えながら勉強をされていることでしょう。その上で**効率よく勉強を進めるためには、まず勉強のプランをきちんと立てることをおすすめします。**

　手順としては、次のように考えるとよいでしょう。

①過去問題を解く
自らの実力や得意・不得意を知る。

▼

②スケジュール管理
試験までどうしても外せない用事や仕事などのスケジュールを把握する。

▼

③勉強時間の割り出し
平日と休日それぞれの一日のおおよその勉強時間を割り出す。

▼

④勉強の優先順位をつける
不得意な分野、出題頻度の高い分野を、時間に余裕があるうちに優先的に勉強する。

▼

⑤プランを立てる
試験日から逆算して長期の大まかなプランを立て、その後、中期・短期のプランも逆算して立てる。

　ここで大切なのは、決して**無理なプラン**を立てないこと、プラン通りに進まないことも多いため適宜見直す必要が出てくることを理解しておくことです。さらに、**日々の学業や仕事、自己研鑽**を大切にしましょう。それが、有形無形に試験に役立ってくることは言うまでもありません。

　また、勉強を進めると、**スランプ**に陥ることがあります。プランを立てる段階からそれを踏まえ、余裕をもって勉強を進めましょう。例えば、ある事柄の確認にまるまる３時間費やしたにもかかわらず調べ切れなかったとします。その際に気をつけるべきことは、そのことで自分を責めないことです。その３時間の間、付随的にその周辺事項の知識などは獲得され、無駄ではなかったのだと考えるこ

とが、**マイナス思考の負のスパイラル**に陥ることを防ぐ手立ての一つになります。

③ 暗記と反復

わからないことは**そのつど調べ、反復する**のが試験勉強です。それはどのような勉強方法を採用しても変わりません。それを億劫と感じていては、合格は厳しいものになるでしょう。

試験合格のために、**満点を取る必要はありません**。例えば、ある事柄について調べたとします。本書を含む、試験のための標準的な概論書やインターネットなどで一通り調べても調べ切れない事柄については、**それ以上深入りしない**という考え方も必要でしょう。

苦手な分野がある場合、**とにかく丸暗記しておけば使える事柄**は最低限覚えておきましょう。それは、本書でいうと 👉 重要 マークの付いたところに当たります。

暗記のポイントとしては、**書く、音読する、語呂合わせ**など、一般に流布している受験の勉強方法を使うこともできます。

また、1度で覚えられなければ3度、3度で覚えられなければ10度くり返してください。試験勉強の基本は、**「反復すること」**に尽きます。

さらに、記憶を定着させるよい方法としては、**人に説明すること、教えること**です。人にわかりやすく説明できるということは、その内容がしっかりと**理解され、整理されている**ことを意味します。**整理された記憶**は、忘れづらく、しっかりと定着しています。また、人に教えているときに「うまく説明できない」、「まだ十分に理解できていない」などと気づくことができます。つまり、人に説明することは、**しっかり覚えているか**の確認にもなるのです。

試験勉強は「反復すること」が
すべてです。

本書の使い方

本書は、試験に出題される可能性の高い項目内容を確実に理解し、効率的に勉強ができるようにまとめた一冊です。各項目のはじめに、キーワードを取り上げてあります。重要語句を必ず押さえ、先に進むようにしましょう。

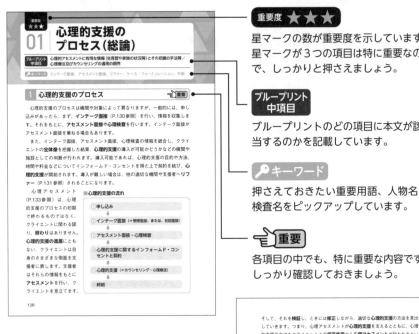

重要度 ★ ★ ★

星マークの数が重要度を示しています。星マークが３つの項目は特に重要なので、しっかりと押さえましょう。

ブループリント 中項目

ブループリントのどの項目に本文が該当するのかを記載しています。

🔑 キーワード

押さえておきたい重要用語、人物名、検査名をピックアップしています。

☞ 重要

各項目の中でも、特に重要な内容です。しっかり確認しておきましょう。

✏ Check

項目内容の補足です。本文の内容と合わせて覚えるとよいでしょう。

📖 用語解説

本文の中に出てきた語句をより詳しく解説しています。

+α プラスアルファ

覚えておくとさらに理解が深まる語句を解説しています。

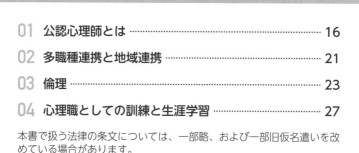

第1章

公認心理師としての職責

▼
▼
▼
▼
▼

本書で扱う法律の条文については、一部略、および一部旧仮名遣いを改めている場合があります。

01 | 公認心理師とは

ブループリント 中項目 公認心理師の役割／公認心理師の法的義務及び倫理

🔑 **キーワード** 公認心理師法、公認心理師の欠格事由、公認心理師の業務、信用失墜行為の禁止、秘密保持義務、名称独占

公認心理師法は、2015（平成27）年9月16日に公布され、2017（平成29）年9月15日に施行されました。

1 目的

公認心理師法第一条には、目的が規定されています。

> 第一条　この法律は、公認心理師の資格を定めて、その業務の適正を図り、もって**国民の心の健康の保持増進**に寄与することを目的とする。

2 定義

公認心理師法第二条では、公認心理師の定義として、公認心理師の登録を受けて、公認心理師の名称を用い、保健医療、福祉、教育その他の分野において、心理学に関する専門的知識及び技術をもって行うべき業務を4つ挙げています。

①心理に関する支援を要する者の**心理状態を観察し、その結果を分析する**こと。
②心理に関する支援を要する者に対し、**その心理に関する相談に応じ、助言、指導その他の援助を行う**こと。
③心理に関する支援を要する者の関係者に対し、**その相談に応じ、助言、指導その他の援助を行う**こと。
④心の健康に関する知識の普及を図るための**教育及び情報の提供**を行うこと。

　第一条と第二条から、公認心理師の業務の対象とは、心理的支援を必要としている者（以下：クライエント）とその関係者だけでなく**国民全体**であり、その**心**

の健康の保持増進に寄与することが公認心理師法の目的となります。また第三条には、公認心理師の**欠格事由**が示されています。

> 一 **心身の故障**により公認心理師の業務を適正に行うことができない者として文部科学省令・厚生労働省令で定めるもの
> 二 **禁錮以上**の刑に処せられ、その執行を終わり、又は執行を受けることがなくなった日から起算して**二年**を経過しない者
> 三 この法律の規定その他保健医療、福祉又は教育に関する法律の規定であって政令で定めるものにより、**罰金の刑**に処せられ、その執行を終わり、又は執行を受けることがなくなった日から起算して**二年**を経過しない者
> 四 第三十二条第一項第二号又は第二項の規定により**登録**を取り消され、その取消しの日から起算して**二年**を経過しない者

　公認心理師になるには、**公認心理師試験**に合格し、公認心理師登録簿に、氏名や生年月日その他文部科学省令・厚生労働省令で定める事項の**登録**を受けなければなりません（第二十八条）。さらに第三十二条では、公認心理師の**登録の取り消し**について定められています。

+α プラスアルファ

成年被後見人
民法で規定される、精神上の障害により事理を弁識する能力を欠く常況にある者で、後見開始の審判を受けた者をいう。なお、成年後見人は成年後見制度に基づいて、成年被後見人の代わりに財産管理や法律行為を行う。

被保佐人
民法で規定される、精神上の障害により事理を弁識する能力が著しく不十分である者で、保佐開始の審判を受けた者をいう。

> 一 **第三条**各号（第四号を除く。）のいずれかに該当するに至った場合
> 二 **虚偽**又は**不正**の事実に基づいて登録を受けた場合
> 2 文部科学大臣及び厚生労働大臣は、公認心理師が第四十条、第四十一条又は第四十二条第二項の規定に違反したときは、その登録を取り消し、又は期間を定めて**公認心理師**の名称及びその名称中における**心理師**という文字の使用の停止を命ずることができる。

3 業務

第二条に挙げられている、公認心理師の4つの業務概要は次のとおりです。

①心理アセスメント

公認心理師の行う心理アセスメントでは、**生物心理社会モデル**（bio-psycho-social model）と**ウェルビーイング**（well-being）の視点が大切になります。つまり、公認心理師は、クライエントの心の内面だけでなく、**生物学的**レベルから**心理的・社会的**レベルまで直接的・間接的に把握することが重要です。その際、クライエントやその支援内容が法制度においてどのような位置づけにあるかについても理解しておくとよいでしょう。

📖 用語解説

ウェルビーイング

ウェルビーイングとは、最適な心理的機能や状態のことを指す。定訳がなく、「ウェルビーイング（well-being）」と表記されることもある。ポジティブ心理学の提唱者であるSeligman,M.E.P.（セリグマン）は、ウェルビーイングを構成する要素として、ポジティブ感情（Positive emotion）、没頭（Engagement）、人間関係（Relationship）、意義（Meaning）、達成（Accomplishment）の5つを重視するPERMAモデルを提唱している。

公認心理師の行う心理アセスメントが的確なものであれば、クライエントやその関係者への**援助**、**多職種連携**にも活かすことができます。

公認心理師が支援を行うにあたって、まずは心理アセスメントを的確に行い、その結果に基づく見立てから適切な援助方法を選択することが重要です。その後も、**生物心理社会モデル**の視点を軸に、適宜心理アセスメントを行い、必要に応じて見立ての修正を柔軟に行っていくことになります。

②クライエントへの支援

公認心理師は、クライエントのありのままを尊重し、**エンパワメント**することによって、彼らの**自己理解**や**自己決定**を促すことが可能になります。また、クライエントの関係者や多職種との**連携**によって、クライエントの心の健康が保持増進するように支援していきます。

③クライエントの関係者への援助

クライエントの心の健康の改善や保持増進には、社会的要因である彼らの関係者に対して、支援への協力を求めたり、クライエントに対する関わり方の変化を促したりするなどの、クライエントを取り囲む**環境全体の改善**が大切です。

そのため、心理アセスメントに基づいてクライエントの家族などの関係者への**援助**が必要になることがあります。

④心の健康に関する知識の普及を図るための教育および情報の提供

公認心理師は、心の健康に関する**教育**や**情報**の提供を求められたら、それに応じなくてはなりません。また、地域における他の公認心理師や多職種とともに、そのような活動を積極的に行うことが必要だとされています。それらがクライエントに対する**地域支援**につながっていきます。

 用語解説

生物心理社会モデル

Engel,G.（エンゲル）が提唱した、効果的な介入を行うために、個人の発達や身体的・精神的健康に影響するさまざまな要因を、生物・心理・社会の3つの側面からとらえるモデルである。これらの要因が相互に作用し合い、個人に影響を及ぼしていると考える。

4 義務等 重要

公認心理師の義務として、第四十条では**信用失墜行為の禁止**、第四十一条では**秘密保持義務**が規定されています。

> 第四十条　公認心理師は、**公認心理師の信用**を傷つけるような行為をしてはならない。
>
> 第四十一条　公認心理師は、**正当な理由**がなく、その業務に関して知り得た人の**秘密を漏らしてはならない**。公認心理師でなくなった後においても、同様とする。

信用失墜行為とは、違法行為や不法行為だけでなく、**社会的信用を失うような行為**も含まれています。また、これは**業務外の行為**も対象にされています。

公認心理師法第四十一条には厳格な**秘密保持義務**が規定されており、それは**公認心理師でなくなった後**も継続します。また、違反には罰則規定があり、「個人情報の保護に関する法律」（**個人情報保護法**）を踏まえ、連携による情報共有の際には細心の注意が必要になります。また、第四十一条における秘密保持義務の例外的状況にあたる「**正当な理由**」とは、裁判や司法手続のほか、人命に関わる非常事態などが想定されます（P.24参照）。

 Check

信用失墜行為の例としては、交通事故や飲酒運転、窃盗や万引き、わいせつ行為、暴力行為、不正経理、横領、贈収賄、ハラスメント行為などがある。

> 第四十六条　第四十一条の規定に違反した者は、一年以下の懲役又は三十万円以下の**罰金**に処する。

また、第四十二条では**連携**、第四十三条では**資質向上の責務**が明記されています。第二条に規定される業務を遂行しなかったり、**秘密保持義務**や**連携**等の義務を果たさなかったりすると、**信用失墜行為**につながるおそれがあります。

> 第四十二条　公認心理師は、その業務を行うに当たっては、その担当する者に対し、保健医療、福祉、教育等が密接な**連携**の下で総合的かつ適切に提供されるよう、これらを提供する者その他の関係者等との**連携**を保たなければならない。
> 　2　公認心理師は、その業務を行うに当たって心理に関する支援を要する者に当該支援に係る**主治の医師**があるときは、その**指示**を受けなければならない。
> 第四十三条　公認心理師は、国民の心の健康を取り巻く環境の変化による業務の内容の変化に適応するため、第二条各号に掲げる行為に関する**知識及び技能の向上**に努めなければならない。

　公認心理師は、その資格を得ただけでは不十分であり、常に**知識**および**技能**を向上させなければなりません。人々の心の健康を取り巻く**環境**や**法制度**の変化を把握することも必要です。クライエントに対する心理アセスメントや支援のあり方といった公認心理師自身の資質向上のためには、**自己研鑽**や**相互研鑽**が求められます。その方法としては、**事例検討会**や**研修**、**研究会**などがあります。つまり公認心理師は、生涯にわたって主体的に学び続けることが求められます。

　第四十四条では、公認心理師ではない者が**公認心理師の名称**を使用することや、「**心理師**」の文字を使用することを禁止しており、違反すると30万円以下の**罰金**が科せられます。

> 第四十四条　公認心理師でない者は、公認心理師という名称を使用してはならない。
> 　2　前項に規定するもののほか、公認心理師でない者は、その名称中に**心理師**という文字を用いてはならない。

　つまり公認心理師とは**名称独占**の資格であり、それにより人々が**安心して**公認心理師の支援を受けられることにつながります。また名称使用制限により、公認心理師は適正に業務を遂行し、**社会的信用**を高めることが求められます。

02 | 多職種連携と地域連携

ブループリント中項目 多職種連携・地域連携の意義及びチームにおける公認心理師の役割

🔑 **キーワード** 多職種連携、生物心理社会モデル、情報共有

1 多職種連携 重要

公認心理師の義務として、第四十二条では**連携**が明記されています（P.20参照）。

> 第四十二条　公認心理師は、その業務を行うに当たっては、その担当する者に対し、保健医療、福祉、教育等が密接な**連携**の下で総合的かつ適切に提供されるよう、これらを提供する者その他の関係者等との**連携**を保たなければならない。

多職種連携のとらえ方としては、**生物心理社会モデル**をもとに次ページの図のように理解しておくとよいでしょう。

公認心理師の担当するクライエントが医療行為を受けていたり、クライエントに対して公認心理師から受診を勧めたりすることもあります。公認心理師法第四十二条二項には、クライエントに**主治の医師**がいる場合、その**指示**を受けなければならないことが明記されています。

> 第四十二条　2　公認心理師は、その業務を行うに当たって心理に関する支援を要する者に当該支援に係る**主治の医師**があるときは、その**指示**を受けなければならない。

チーム医療における連携としても、**生物心理社会モデル**の視点からも、**主治の医師の治療方針**を公認心理師が理解し、尊重することが大切です。なお、指示を受けるにしても、**クライエントの心情**を大切にすることが前提とされています。また、**心理アセスメント**の共有により、主治の医師の治療方針が公認心理師の業務に適切に反映され、多職種の専門家による支援が**相乗効果**をもってクライエントの福利に資することが期待されます。

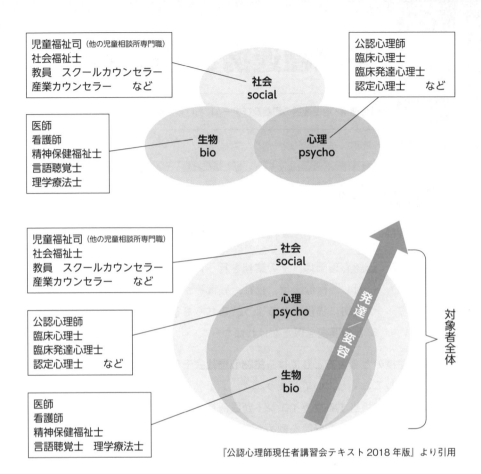

『公認心理師現任者講習会テキスト2018年版』より引用

2 地域連携 👉重要

　クライエントに対して、支援が総合的かつ適切に提供されるように、彼らの地域における**関連分野の関係者**等との連携が求められます。クライエントへの支援のために、また地域にある**資源**を有効に活用するためには、公認心理師がその地域における関連分野の関係者等と日頃から良好な関係を維持していることが大切

です。このような多職種連携や地域連携を適切に行うためには、**秘密保持義務**を保ちつつ、**共通言語**による日常の**情報共有**が欠かせません。

> ✏ Check
>
> 公認心理師は、業務を通じた連携を基本とし、それに関連する研究会や勉強会を通じて複数の分野と地域連携を行うことが適切であるとされる。

03 | 倫理

1 職業倫理

　職業倫理とは、ある特定の職業集団が自ら定めた、専門家としてそれぞれに課される**行動の規範**を指します。最低限の基準を定めた法とは異なり、職業倫理には「しなければならない」「してはならない」といった**命令倫理**と、「こうありたい」といった**理想追求倫理**の二つの水準があります。公認心理師は、**命令倫理**の水準は満たした上で、クライエントだけでなく、国民全体の幸福や健康、基本的人権の尊重など心理職としての**理想**を心に留めて、業務を行うことが求められます。**職業倫理**を確立し遵守することは、単にクライエント等から訴えられないようにするためではなく、**専門家**として認められるために必要です。

　職業倫理的な義務や責任は、法的義務よりも**広範囲**にわたります。公認心理師は、**命令倫理**と**理想追求倫理**の二つの水準を踏まえ、心理学に関する専門的知識および技術をもって、国民の心の健康の保持増進に寄与することが求められます。

　また金沢（2006）によれば、メンタルヘルス領域における職業倫理は、以下の7つにまとめることができます。

■職業倫理の7原則

第1原則	相手を傷つけない、傷つけるようなおそれのあることをしない
第2原則	十分な教育・訓練によって身につけた専門的な行動の範囲内で、相手の健康と福祉に寄与する
第3原則	相手を利己的に利用しない
第4原則	一人ひとりを人間として尊重する
第5原則	秘密を守る
第6原則	インフォームド・コンセントを得て、相手の自己決定権を尊重する
第7原則	すべての人々を公平に扱い、社会的な正義と公平・平等の精神を具現する

2 重要な職業倫理

① 秘密保持

　法的な意味での秘密とは、本人が隠しておきたいと考えるだけでなく、そのことを隠すことに**実質的な利益**がある事柄を指します。一方、心理職における職業倫理的な秘密には、**秘密の価値**は含まれていません。

　公認心理師に職業倫理としての**秘密保持**がある理由は、秘密が守られないのであれば、クライエントが**安心して**心のうちを話すことができなくなってしまうからです。それによって、クライエントが適切な支援を受けられなくなる、または援助を求めることをしなくなってしまうおそれがあります。そのため**秘密保持**は、公認心理師が国民の心の健康の保持増進に寄与するために必要な条件です。

　秘密保持は**原則**ではありますが、状況によっては、クライエントの秘密を他者に話すことが認められたり、必要とされたりすることがあります。

■秘密保持の例外的状況

・明確で差し迫った生命の危険があり、攻撃される相手が特定されている場合
・自殺等、自分自身に対して深刻な危害を加えるおそれがある場合
・虐待が疑われる場合
・クライエントのケア等に直接関わっている専門家同士で話し合う（ケース・カンファレンス等の）場合
・法による定めがある場合
・医療保険による支払いが行われる場合
・クライエントが、自分自身の精神状態や心理的な問題に関連する訴えを裁判等によって提起した場合
・クライエントによる明示的な意思表示がある場合

　クライエント自身あるいは他者の生命に関する明確かつ切迫した危険が存在する場合は、「タラソフ事件（判決）」に基づく**保護義務（警告義務）**が適用される状況に相当します。タラソフ事件とは、カルフォルニア大学の学生タラソフさんが精神科に通院していた知人の大学生に殺害された事件です。他者に危害を加える可能性がある患者について、犠牲となる可能性のある者に**警告を発する義務**と**保護する義務**を怠ったとしてカウンセラーが訴えられました。**保護義務**が発生する状況の判断は容易ではありませんが、公認心理師は状況に応じて、**自傷**や**自殺**、

他害についての心理アセスメントを行い、危険が明確かつ切迫していると判断される場合は、**秘密保持**を超えて**保護義務**を履行する必要があります。

学校や職場などにおいては、**チーム**で援助を行うことも増えており、各職種によって秘密のとらえ方が異なることがあります。また、チームの中に専門家でない人が加わる場合もあります。そのため、**チーム内守秘義務**として、クライエントの秘密をどのように扱うかは公認心理師の課題になることがあります。

秘密の開示について、クライエントによる明示的な意思表示がある場合でも、公認心理師がクライエントに関する情報を他の人に伝えることには重大な責任がともないます。「誰に」「何を」「何のために（何の目的で）」をきちんと明確にしてクライエントに確認することが重要です。

クライエントを含む一般の人々は、心理職が秘密を守ることは当然のことであると考えており、心理職の考える**条件つきの秘密保持**の考え方とは大きな齟齬があります。そのため、公認心理師はクライエントから、情報の扱い方や他者との共有について、**インフォームド・コンセント**（P.26参照）を得ておくことが重要です。

② 相手を利己的に利用することの禁止

公認心理師は、その業務において、公認心理師自身の**利益**のために行動することが禁止されています。これに関連する状況として、**多重関係**が挙げられます。

多重関係とは、**臨床家**と**クライエント**がそれ以外の関係をもつ、あるいはもっ

Check

ある倫理原則を守ろうとすると、別の倫理原則を守れなくなることを倫理的ジレンマという。例えば、面接中にクライエントから自殺の計画を伝えられた場合、公認心理師は守秘義務と保護義務の間で倫理的ジレンマを経験することがある。

＋α プラスアルファ

要配慮個人情報

個人情報保護法に定められている、不当な差別や偏見などの不利益が生じないように取扱いに配慮を要する情報を指す。具体的には、①人種、②信条、③社会的身分、④病歴、⑤犯罪の経歴、⑥犯罪により害を被った事実、⑦身体障害、知的障害、精神障害等の障害、⑧健康診断などの検査の結果、⑨保健指導、診療や調剤の情報、⑩本人を被疑者または被告人とした刑事事件の手続、⑪本人を非行少年またはその疑いがある者とした少年事件の手続が挙げられる。

仮名加工情報

個人情報保護法に定められている、他の情報と照合しない限り特定の個人を識別することができないように個人情報を加工して得られる個人に関する情報を指す。また、仮名加工情報は原則、第三者に提供してはならない。

匿名加工情報

個人情報保護法に定められている、特定の個人を識別することができないように個人情報を加工し、当該個人情報を復元することができないようにしたものを指す。

ていたことを指します。また、直接的な知り合いの場合だけでなく、間接的な知り合いの場合も含まれます。

　多重関係があると、さまざまな弊害が生じます。まずは、公認心理師とクライエントの関係に必要な**中立性**や**客観性**が妨げられます。公認心理師がすでに知っている人をクライエントとして受け入れた場合、以前からもっている印象や知識から、**予断**や**偏見**をもってしまうおそれがあります。また、クライエントも面接の場で話す内容が面接の場以外のところで関わってくるかもしれないという**不安**から、十分な**自己開示**ができなくなるおそれがあります。

③ 専門的能力の範囲内における援助

　公認心理師は、十分な**教育訓練**によって習得した**専門的能力の範囲内**において援助を行うことが求められており、**範囲外**の事柄についてはそれに関して適切に対応できる人に**リファー（紹介）**しなければなりません。リファーはできるだけ**早い時期**に、可能な限り**初回**の時点で行うことが望ましいとされています。そのためには、**インテーク面接**（P.130参照）において的確な心理アセスメントを行い、公認心理師が**専門的能力の範囲内**において対応できるか否かを速やかに判断することが求められます。

　他機関にリファーを行う場合には、**インフォームド・コンセント**の原則から、**複数のリファー先**を公認心理師が提示して、クライエント自身が選ぶことができるように援助することが求められます。その際に、リファー先へクライエントについての**情報提供**を行う場合がありますが、これについてもクライエントの**承諾**を得た上で行う必要があります。

④ インフォームド・コンセント

　支援に関わる契約は、公認心理師がクライエントに十分な**説明**をし、双方で**意見**を交換し、**同意**を得るという**インフォームド・コンセント**（informed consent：説明に基づく同意）に基づかなくてはなりません。

　クライエントに伝えられる情報は、**支援の目的や方法、効果とリスク、支援の日時・場所や期間、費用、秘密保持とその限界**などがあります。しっかりと**インフォームド・コンセント**を行うことが、公認心理師の**職業倫理**や**義務**に関わるだけでなく、クライエントとの**ラポール形成**にもつながります。

心理職としての訓練と生涯学習

公認心理師が行う心理職としての訓練は資格取得で終わりません。生涯続く**継続学習**は**職業的成長**のために必要です。

1 心理職のコンピテンシー

コンピテンシーとは、一般的に、特定の職務を**効果的**に行うために必要とされる、個人の**行動**、**知識**、**能力**、**才能**をいいます。

コンピテンシーに基づいた訓練では、これまでの訓練において学んだカリキュラム内容や与えられた単位数に重点を置くよりも、「どのような知識や技能を身につけたか」といった**学習成果**を重視した考え方になっています。また、心理職には、心理学の**科学的基盤**を尊重するとともに、**客観的・批判的**にものごとを検討することができる**科学者─実践家**であることが求められています。さらに、**倫理や法制度**を理解しつつ、個人の世界観を尊重し、多職種との**協働**を通じて効果的な支援を行うことも期待されます。心理アセスメントや介入の技能などは当然のことながら必須です。

> **+α プラスアルファ**
>
> Rodolfa,E.（ロドルファー）らが提唱した心理職の基礎コンピテンシー・モデルは、基盤コンピテンシー、機能コンピテンシー、職業的発達の3次元から構成される立方体モデルである。

📖 **用語解説**

科学者─実践家モデル
1949年にコロラド州で開催されたボルダー会議において提唱された心理臨床家（臨床心理士）の大学院教育モデルである。この会議において心理臨床家の専門性とは、心理学研究者としての科学性と、心理臨床家としての実践性を併せもつものとして規定される。このモデルに則って育成された心理臨床家は、学会に臨床データを提出する能力がある研究者であると同時に、アセスメントと治療に関する最新の研究知見を実践に適用し臨床的介入の適正な評価ができる実践家であることが期待されている。

2 コンピテンシーを高める方法　👉重要

1 反省的実践

　心理職にある者は、自分自身の**能力**と**技能**を見定め、必要に応じて自らの行動を適宜修正していくことが求められます。反省的実践とは、**自己アセスメント**によって、自分は現在何ができていて、何ができていないのか、何を学ぶべきなのかなどを見極め、行動やありようを改善していくことです。反省的実践は、上司や同僚といった**他者からのフィードバック**を通して得られることもあります。

2 スーパービジョン

　スーパービジョンとは、経験の浅い臨床家である**スーパーバイジー**が、経験豊かな臨床家である**スーパーバイザー**に、自分の担当する事例について継続的に**指導**や**助言**を受けることです。スーパービジョンは、経験が浅い時期だけでなく経験を積んだ後も、自らの**学習の関心**に合わせて継続的に受けたり、何らかの**困難な局面**にあるときに受けたりすることがあります。

　スーパービジョンは、スーパーバイザーから事例に対する具体的な**指導**や**助言**が得られるだけではありません。スーパーバイザーの関係性のつくり方や、質問や働きかけの仕方などをスーパーバイジーは**実体験**をもって学ぶことができます。スーパービジョンは**個人**だけで受けるのではなく、**グループ**で受けることもあります。また、仲間同士で互いに行い合う**ピア・スーパービジョン**もあります。さらに、スーパービジョンは面接後に行われるのが一般的ですが、スーパーバイザーが面接をリアルタイムで観察しながらスーパーバイジーに指導するライブ・スーパービジョンもあります。

- スーパーバイジーには、ケースのありのままを伝える自己開示の姿勢が求められる。
- 1回のみの指導はスーパービジョンに該当しない。
- スーパーバイザーとスーパーバイジーの関係性が、スーパーバイジーとクライエントの関係性に反復されることを並行プロセスという。
- スーパービジョンの中で、スーパーバイジーの個人的な問題が取り上げられることがある。
- イニシャル・ケース（臨床家が初めてクライエントを担当する面接）では、

同一のスーパーバイザーから、継続的にスーパービジョンを受けることが望ましいとされる。

- スーパービジョンはスーパーバイジーの発達段階に合わせて行われる。
- スーパーバイジーにとって相性のよいスーパーバイザーを選ぶのがよいとされるが、タイプの異なるスーパーバイザーによるスーパービジョンを受けることも必要である。
- スーパーバイザーが、例えば、研究指導者を兼ねるなどの多重関係は、避けたほうが望ましいとされる。
- スーパーバイザーは、スーパーバイジーに対して、理論的な概念や知識の理解から具体的事例の理解への橋渡しを行う。

③ 教育分析

　教育分析とは、**精神分析**において臨床家が**精神分析家**になるために受ける精神分析のことを指します。教育分析の目的は、臨床家自らの**未解決の葛藤や問題**が支援の妨げにならないように、臨床家自身の**無意識**や**心理的特徴**について十分に理解することにあります。

3　職業的成長

① 職業的成長のプロセス

　公認心理師は、その業務の中でさまざまなことを学び、**コンピテンシー**を高めてより効果的に業務を行うことができるようになっていきます。職業的成長のプロセスでは、単に**コンピテンシー**が向上することで仕事への意欲が高まるわけではなく、**共感疲労**や**燃え尽き症候群**（P.297参照）などによって仕事への意欲を低下させ業務に支障をきたす場合もあります。そのため公認心理師は、自分自身の心身の健康を維持するための**セルフケア**が必須になります。

　臨床家の職業的成長は、生涯にわたって、**職業的自己**と**個人的自己**をより高い水準で統合させるプロセスです。その中で、自分や業務について**内省**を続け、学習への高い**コミットメント**が職業的成長を促進させます。

　また、クライエントは、臨床家の成長に大きく影響します。経験の浅い臨床家は、自分の力によって彼らを変えようとしますが、臨床家として成長していくと、クライエント自身の力によって変容していくことに気づいていきます。

経験の浅い臨床家は、熟練の臨床家と自分を比較し、その力量の差に落胆することも多いです。しかし、熟練の臨床家になるまでにどのような資質が必要なのか、どのような知識や技能を身につけるべきかなどのプロセスを理解することによって、より具体的な**目標**をもつことができ、臨床家としての**学習**や**成長**が促進されます。

感情労働

Hochschild,A.（ホックシールド）によって提唱された。職業上自己の感情をコントロールすることが要求される労働のことであり、第三の労働形態とも呼ばれる。感情労働における表層演技とは、自らの感情状態にかかわらず、表面上職務として適切な感情を示すことである。深層演技とは、職務として適切な感情をもつように自らの感情を操作することである。

Check

Rønnestad,M.H.（ロンスタット）とSkovholt,T.M.（スコウフォルト）は、6期からなる臨床家の発達モデルを示した。

4 生涯学習

生涯学習とは、個人が自己の充実や啓発、生活の向上のために**生涯**を通じて継続的に学習活動を続けることです。このような継続学習は、以下の4つの形態に分けられ、心理職の学習を支えています。ただし、最近では専門家としての**説明責任**（アカウンタビリティ：P.350参照）の観点から、学習の内容や達成度、目的などが明確に示されたフォーマルな学習が基礎になっています。そのため、何についてどのような学習がなされたのかを自ら振り返ったり、その学習成果について**フィードバック**が得られることが大切です。

■生涯学習

フォーマルな継続学習	専門団体による正規の研修であり、学習効果はテストや満足度などによって評価される
インフォーマルな継続学習	専門雑誌や専門書を読むなど、講師や明確な枠組みがないままに行われ、単位などは与えられない
偶発的学習	授業の講師や専門団体の委員など、心理職の業務を行うことが結果的に学習になっている。ただし、正規の単位や評価は与えられない
ノンフォーマルな継続学習	講演会や事例検討会への出席など、受講生の立場に置かれるが正規の単位や評価は与えられない

公認心理師としての職責

次の問いに答えなさい。

Q1 公認心理師法の目的とは、公認心理師の資格を定めて、その業務の適正を図り、もって国民の心の診断・治療に寄与することである。

Q2 公認心理師の業務の対象とは、心理に関する支援を要する者とその関係者に限られる。

Q3 公認心理師は、公認心理師の信用を傷つけるような行為はしてはならない。

Q4 公認心理師法の主務官庁は、厚生労働省と総務省の共管である。

Q5 公認心理師は、業務を行うにあたっては、医師、教員その他の関係者との連携を保たねばならず、心理に関する支援を要する者に当該支援に係る主治医があるときは、その指示を受けなければならない。

Q6 多職種連携は、「チーム医療」や「チーム学校」に代表されるような医療や教育分野においてのみ求められる。

Q7 多職種と情報共有を行う際には、各職種が専門性を発揮するために、各職種の専門用語を多用することが望ましい。

解答と解説

A1 × →診断・治療ではなく、心の健康の保持増進への寄与が目的。
A2 × →支援を要する者とその関係者、および国民全体である。
A3 ○ →P.19参照。
A4 × →主務官庁は、厚生労働省と文部科学省の共管である。
A5 ○ →P.20、21参照。
A6 × →福祉や司法、産業などあらゆる分野において求められる。
A7 × →わかりやすい表現の共通言語による情報共有が望ましい。

Q8 秘密保持の例外的状況とは、そのクライエントのケアに直接関わっている家族から情報提供を求められた場合が挙げられる。

Q9 公認心理師にとって守秘義務とは、業務を行う上で重要事項の一つであり、常に最優先される。

Q10 地域や状況により公認心理師とクライエントが多重関係になってしまう場合、リスクを十分に把握した上で支援を行うこともある。

Q11 インフォームド・コンセントは、援助関係の開始時の口頭説明に対する同意や署名によって十分に保障される。

Q12 インフォームド・コンセントは、クライエントが説明されたことを理解して、これに同意する能力を有していることが条件である。この能力についてクライエントに障害がある場合は、例外的状況としてインフォームド・コンセントを行わなくてもよい。

Q13 クライエントへの説明にあたっては、わかりやすい言葉を用いて、質疑応答の場を設ける必要がある。

Q14 心理臨床家の専門性を示す理念として、1949年にボルダー会議において提唱された科学者―実践家モデルがある。

Q15 スーパーバイザーがスーパーバイジーを越えてクライエントに直接支援を行う場合がある。

解答と解説

A8 × →P.24参照。
A9 × →例外的状況ではその限りでなく常に最優先されるわけではない。
A10 ○ →クライエントに多重関係のリスクを説明し同意を得た上で支援を行う場合もある。
A11 × →開始時だけでなく、プロセス全体にわたって行われるものである。
A12 × →保護者等に説明を十分に行い、同意を得る必要がある。
A13 ○ →クライエントが説明内容を理解できるよう努めなければならない。
A14 ○ →P.27参照。
A15 × →スーパーバイジーを越えて直接支援を行うことはない。

第2章

基礎心理学

01 心理学研究法

ブループリント中項目 心理学における実証的研究法

🔑 **キーワード** 剰余変数、統制群法、実験参加者内計画、カウンターバランス、生態学的妥当性、無作為抽出、行動目録法、観察者バイアス、ディセプション、デブリーフィング

1 心理学における研究法

　心理学とは、心的現象や心的過程を**科学的**に研究する学問です。心的現象や心的過程を知るための手がかりは、**行為**、**言語報告**、**表情**、**しぐさ**、**生理的反応**など広い意味での**行動**の中にあります。これらを得る方法に、**実験法**、**質問紙調査法**、**観察法**、**面接法**などがあります。

2 実験法　

　実験法とは**統制**された人工的な条件下において、ある現象を**観察**、**測定**する方法です。つまり、ある現象に影響を及ぼし得る条件のうち、研究目的のために選択されたいくつかの条件を**操作**し、かつ選択されなかった条件を**統制した状況**の中で、ある現象を観察し測定を行います。研究目的のために選択された条件（原因）を**独立変数**、独立変数から影響を受ける結果を**従属変数**といいます。また、独立変数以外で従属変数に影響を与えるものを**剰余変数（交絡変数）**といいます。実験法の成否は**剰余変数の統制**によるところが大きいとされています。

　剰余変数の統制には、条件を操作した**実験群**と操作しない**統制群**を設定し、実験参加者を**無作為**にグループ分けする**統制群法**を用いることがあります。統制群法は、個人差という剰余変数を統制する方法で、**実験参加者間計画**とも呼ばれます。また、個人差を統制する最もよい方法としては、同一実験参加者にすべての実験条件を課す**実験参加者内計画**があります。ただし実験参加者内計画は、条件の**実施順序**の効果が生じる可能性があるため、実施順序を**ランダム**にして**カウンターバランス**をとる必要があります。また、実施の際には、実験者が自身の仮説が支持されるように振る舞ってしまう**実験者効果**や、実験参加者の行動が実験者の期待する方向へ誘導される**要求特性**が、結果に影響を与えるおそれがあります。

さらに、実験法自体の問題点としては、人工的に条件を設定して行うため、その条件から得られた結果が現実場面でも得られるかどうかという**生態学的妥当性**が挙げられます。

■実験法の種類と具体例

統制群法 （実験参加者間計画）	実験参加者を作業中に音楽を聴かせる群と聴かせない群に分け、作業量を比較する
実験参加者内計画	実験参加者全員に音楽を聴かせて作業をさせる条件と、聴かせないで作業をさせる条件を体験してもらい、各条件における作業量を比較する

＋α プラスアルファ

操作チェック
実験者が設定した条件が適切に機能しているかを確認する手続きをいう。

準実験
現実の制約のために厳密な実験デザインを適用することが困難な場合に、できるだけその結果の妥当性が高く保持されるように工夫された実験デザインをいう。

内的妥当性
独立変数と従属変数の因果関係の確かさの程度を指す。

置換ブロック法
最初にブロックサイズを決めて、その中で群を割りつけておき、実験参加者をランダムに振り分ける方法である。

ランダム化比較試験（RCT）
治験や臨床試験等において、実験参加者を無作為に、処置群（ex. 治験薬群）と比較対照群（ex. 従来の治療薬群や偽薬群）に割りつけて実施し、比較する実験デザインをいう。

外的妥当性
実験結果が一般化できる程度を指す。

3 質問紙調査法

　質問紙調査法とは、一般的には、多数の対象者に**質問紙**に記載された個人の意識や行動に関する質問項目について回答してもらい、対象者の**自己報告**によってデータを**組織的**に収集する方法です。その際、対象者に**偏り**が生じないように、標本抽出は**無作為抽出**が望ましいとされています。個人の意識や行動を測定するための質問項目群を**心理尺度**（テスト）と呼び、回答方法は、程度などを段階で評価させる**評定尺度法**がよく用いられます。質問紙調査法は回答者に**言語能力**と**自己評価能力**が必要であり、回答者が回答を**意図的**に歪めることも可能といった限界があります。また、心理尺度は直接測定することが難しい抽象的な**構成概念**を測定することが多く、

＋α プラスアルファ

キャリーオーバー効果
前に置かれた質問が、後の質問の回答に影響を与えることを指す。その影響を最小限にするために、質問の順番を検討することは重要である。

その**信頼性**と**妥当性**（P.54参照）にも注意を向ける必要があります。

■標本抽出の方法

単純無作為抽出	母集団の構成員に通し番号をつけ、コンピュータやサイコロなどにより乱数を発生させて、番号が一致した構成員を調査対象者として選び出す
系統抽出法	母集団の構成員に通し番号をつけ、サイコロなどによって乱数を発生させて、その番号の構成員を起点として、一定の間隔で調査対象者を選び出す
クラスター(集落)抽出法	母集団をクラスターに分け、無作為に選び出されたクラスターの全構成員について調査する
多段抽出法	母集団をいくつかのグループに分け、そこから無作為にグループを選び出し、さらにその中から無作為にいくつかのグループを選び出すことをくり返して、最終的に選ばれたグループの中から調査対象者を無作為に選び出す
層化抽出法	母集団からその特徴を反映させたいくつかの部分母集団（層）をつくり、層の大きさに合わせて調査対象者を無作為に選び出す

4 観察法

　観察法とは、観察対象を**注意深く見ること**を通じて対象に関わる情報を**収集**し、体系的に**整理、分析する**ことで、対象の外的側面だけでなく、その背景にある**機序や法則性**を明らかにしようとする方法です。観察法を大きく分類すると、**自然観察法**と**実験観察法**に分かれます。また観察方法としては、**時間見本法**、**場面見本法**、**事象見本法**があります。観察したものを記録する方法としては、**行動目録法**、**評定尺度法**、**行動描写法**、**日誌法**があります。

　観察法についても信頼性・妥当性は重要です。信頼性はコーエンの**κ（カッパ）係数**という観察者間の評定の一致率によって確認されます（P.52参照）。また**観察者バイアス**（対人認知の歪み：P.96参照）に注意を払うことが必要です。

■観察方法による分類

時間見本法	あらかじめ決めた一定時間内、あるいは時点で生じる事象を観察する方法
場面見本法	対象とする事象の生起頻度が高い場面を選び、その場面で生じる事象を観察する方法
事象見本法	特定の事象に焦点を当てて、その生起過程を観察する方法

■記録の仕方による分類

行動目録法	生じた行動や事象があらかじめ設定したカテゴリーに該当するのかを判断し、頻度を記録する方法
評定尺度法	対象とする行動や事象を評定尺度によって記録する方法
行動描写法	生じた行動や事象について状況を含めて詳細に記録する方法
日誌法	ある特定の対象を時間や場面を限定することなく観察し、印象的なことがらを記録する方法

5 面接法

　面接法は比較的**自由**で**制限**の少ない状況下で、対象者と**対面**での話し合いを通じて情報を収集する方法です。代理回答や記入ミスが起こりにくいという利点があります。面接法は対話によるコミュニケーションに基づくため、対象者が話しやすいと感じる雰囲気や**信頼関係（ラポール）**を形成することが大切です。なお、構造化の程度から、**構造化面接**、**非構造化面接**、**半構造化面接**に分かれます。

■面接法

構造化面接	あらかじめ質問内容や順序が決まっており、それに厳密に従って行われる面接法。面接の信頼性は高いが、質問内容の説明を行えないため、被面接者が質問内容を誤解するおそれがあり、面接の妥当性に問題が生じる場合がある
非構造化面接	質問内容をあらかじめ設定せず、対象者に自由に語ってもらう面接法。質問内容の説明を行うことができることから、被面接者の質問内容への誤解が避けられるため、面接の妥当性は高い。しかし、面接の進め方が面接者の技量に負うところが大きく、信頼性に問題が生じる場合がある
半構造化面接	質問内容は概ね決まっているが、順序や尋ね方は対話の流れで変えられる構造化面接と非構造化面接を組み合わせた方法。質問項目以外の被面接者の語りや態度などもデータとして扱うため、より多くの情報を得ることができる

6 研究倫理

　研究を行う際には、研究協力者から、研究目的、データの取り扱い、研究に協力するコストやリスク、参加や参加中断の自由などについて**インフォームド・コンセント**を得る必要があります。また、本来の研究目的を偽って研究を行った場合（**ディセプション**）、本来の研究目的を説明し、研究協力者に生じたストレスや疑念を取り除く**デブリーフィング**を行います。研究データは、個人情報の保護に十分に配慮し、徹底した**管理**を行わなくてはなりません。

02 | 心理統計の基本事項

ブループリント中項目 統計に関する基礎知識

🔑 **キーワード** 尺度水準、平均値、中央値、最頻値、四分位偏差、標準偏差、正規分布、標準得点

1 尺度水準

　心理学の研究では、人の心理的特性や行動について**数値**を割り当てて測定する方法があります。測定時に得た数値が表す**情報の性質**を分類するための基準を**尺度水準**といいます。Stevens,S.S.（スティーヴンス）は、以下の4つの尺度水準を提唱しました。

■4つの尺度水準

	数値の意味	例
名義尺度	分類のために用いる。大小関係（順序）を意味していない	背番号
順序尺度	大小関係（順序）を意味する。ただし、目盛りは等間隔ではない	徒競走の順位
間隔尺度	目盛りが等間隔。ただし、0は「何もない」を意味していない	温度
比（率）尺度	目盛りが等間隔。0が「何もない」を意味する（絶対的な原点をもつ）	身長、時間

　4つの尺度水準のうち、名義尺度と順序尺度は**質的変数**、間隔尺度と比（率）尺度は**量的変数**といいます。

> 📖 **用語解説**
>
> **変数**
> 測定対象の特徴を表す値であり、対象によってその値が変化する可能性があるものをいう。反対に、値が定まっているものを定数という。

2 代表値と散布度

1 代表値

　代表値とは、ある集団におけるデータの**中心的**な「位置」を表した数値のことをいいます。代表値には、**平均値**、**中央値**、**最頻値**があります。

■代表値の種類

	求め方	長所	短所
平均値	データの値の合計をデータ数で割った値	データをすべて用いるため、データのもつ情報を有効に使っている	外れ値の影響を受けやすい
中央値	大きい（小さい）順に並べたときに真ん中に位置する値	外れ値の影響を受けにくい	真ん中の値であるという意味しかもたず、それ以外の値がどのような値や分布であっても中央値に反映されない
最頻値	データの中で最もよく出現する値	外れ値の影響を受けにくい	最頻値が分布の端に位置した場合、データを適切に代表しているとは言い切れない

代表値は、**尺度水準**によって求めることが可能なものとそうでないものがあります。

最頻値はどの尺度水準でも求めることが可能です。しかし、**中央値**は、大小関係がなければ求めることができないため、**大小関係（順序）**を意味しない名義尺度では適用することができません。また**平均値**は、**加算**をしなければならないので、和や差を求めることができる間隔尺度と比（率）尺度においてのみ求めることができます。

■代表値の適用範囲

	平均値	中央値	最頻値
名義尺度	×	×	○
順序尺度	×	○	○
間隔尺度	○	○	○
比（率）尺度	○	○	○

外れ値とは、データ全体の中で他のデータの値に比べて**極端**に大きかったり小さかったりする少数のデータを指します。

平均値には、**外れ値**の影響を受けやすいという短所があります。そのため分布に**偏り**がある場合、平均値よりも中央値や最頻値のほうが代表値として適していることがあります。

第**2**章　基礎心理学

散布度とは、ある集団におけるデータの**広がり**や**散らばり**の程度を表した数値です。散布度には、**範囲（レンジ）、四分位偏差、分散と標準偏差**があります。

■散布度の種類

範囲（レンジ）	データの最大値と最小値の差。範囲＝最大値－最小値
四分位偏差	四分位偏差＝（第3四分位数－第1四分位数）÷2
標準偏差	各データの偏差を2乗して平均した値（分散）の平方根（$\sqrt{\ }$）をとった値

四分位数とは、データを小さい順に並べたときにそれらを4等分する**区切り**の値であり、小さいほうから第1四分位数、第2四分位数、第3四分位数といいます。第3四分位数から第1四分位数を引いた値を**四分位範囲**といい、それを2で割った値が**四分位偏差**になります。

偏差とは、個々のデータが平均からどのくらい離れているかを示す指標であり、データの値から**平均値**を引くことで求めることができます。ただし、個々のデータの偏差を合計しても正の値と負の値がうち消し合い、**0**になってしまいます。その影響を受けないように偏差の**2乗**を平均したものが**分散**になります。しかし、分散では元の変数とは単位が異なるため、**平方根**をとって元の単位に戻したものが**標準偏差**です。

散布度も、代表値と同様、**尺度水準**によって求めることが可能なものとそうでないものがあります。**名義尺度**は数値に大小関係がないため、どの散布度も求めることができません。**範囲（レンジ）**や**四分位偏差**は順序尺度、間隔尺度、比（率）尺度で適用できます。また、**分散**や**標準偏差**は平均値を求めることができる間隔尺度と比（率）尺度においてのみ求めることができます。

■散布度の適用範囲

	範囲（レンジ）	四分位偏差	分散／標準偏差
名義尺度	×	×	×
順序尺度	○	○	×
間隔尺度	○	○	○
比（率）尺度	○	○	○

また、データの全体的な特徴は、表や図で表すこともできます。

■データの特徴を把握するための図表

度数分布	データの値とその値をとる個数を対応させたもの。度数分布の様子を表にしたものが度数分布表
ヒストグラム	度数分布表を図にまとめたもの。連続（量的）変数に用いられる
棒グラフ	度数分布表を図にまとめたもの。離散（質的）変数に用いられる
幹葉図	データの値を、「幹」とよばれる左側の桁と、「葉」とよばれる右側の桁に分けて数字を並べたもの。葉の部分の形状からヒストグラムのようにデータの散らばり具合や外れ値も具体的に把握できる
箱ひげ図	ひげの端で最小値と最大値を、箱の両端で第1四分位数と第3四分位数をそれぞれ表したもの。複数の箱ひげ図を並べて描くことによって、異なるデータの比較が可能になる

3 | 正規分布 重要

平均値と**標準偏差**がわかれば、データ全体の分布のかたちや、個々のデータの**相対的**な位置が把握できます。

正規分布とは、**平均値**を中心に**左右対称**の**釣鐘型**の分布をいいます。データの分布が正規分布である場合、あるデータの相対的な位置は、

> 平均値±1標準偏差の範囲にデータ全体の**約68%**がある
> 平均値±2標準偏差の範囲にデータ全体の**約95%**がある

ということがわかっています。

つまり、平均値から**標準偏差**でいくつ分、離れているかで個々のデータの相対的な位置が明らかになります。また、母集団の分布が**正規分布**などの特定の確率分布を仮定できるかどうかによって、適用可能な統計手法が決まっています。

■ 「正規分布」

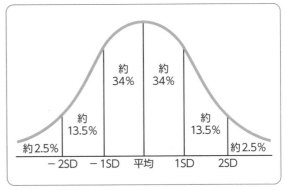

標準得点

母集団を代表するような標本から得られた平均値や標準偏差といった集団基準を用いて、母集団全体の中での個人の相対的な位置づけを示すように素点を変換した得点をいう。

4 推測統計

① 推測統計

　心理学の研究では、研究対象のすべての人に調査を行うことは難しいため、実際に得られた一部の**データ**から全体の様子を推測する、**推測統計**を用いています。

　推測統計では、研究の対象全体を**母集団**、その中から調査された集団を**標本**といいます。標本は**無作為抽出**によって集められます。母集団における、うかがい知ることができない本当の値を**母数（パラメータ）**、標本から算出される値を**標本統計量**といいます。

　推測統計では、標本から得られる標本統計量を用いて、母集団の母数を推測します。この標本統計量は、標本によって変動する**確率変数**であり、その分布を**標本分布**といいます。標本分布は、母集団分布について**正規分布**などの確率分布を仮定することで、理論的に導かれます。

② 推定

　未知である母集団の母数を標本から定めることを**推定**といいます。推定には、一つの値で推定する**点推定**と、範囲によって推定する**区間推定**があります。この推定した範囲を**信頼区間**といいます。

統計学は記述統計と推測統計に大きく分かれます。記述統計とは収集したデータを分析し、その特徴や傾向をとらえようとするものです。

03 | データ分析

心理学で用いられる統計手法／統計に関する基礎知識／
実験データの収集とデータ処理

🔑 キーワード
帰無仮説、対立仮説、2種類の誤り、t検定、分散分析、相関係数、重回帰分析、
構造方程式モデリング、因子分析、主成分分析

1 統計的仮説検定　👉 重要

　標本から得られた**データ**に基づいて母集団の**母数**に関する**仮説**を検証する方法を**統計的仮説検定**といいます。

① 統計的仮説検定の手順

　統計的仮説検定の手順は以下のようになります。

①仮説を設定する。

　最初に立てる仮説は、本来主張したい内容とは反対の内容にします。この仮説を**帰無仮説**といいます。その後、**帰無仮説**が棄却されたときに採択される、本来主張したい内容である**対立仮説**を立てます。

帰無仮説	否定（棄却）されることを目的に初めに設定される仮説。一般的に主張したい内容とは逆の仮説となり、「～がない」と否定形のかたちになる
対立仮説	帰無仮説が棄却されたときに採択される仮説。一般的に主張したい内容であり、「～がある」と肯定形のかたちになる

②仮説が正しいか間違っているかの判断の基準になる確率を設定する。

　帰無仮説を棄却し**対立仮説**を採択するかどうかを判断するときに設定される、「帰無仮説が正しいと考えた場合に事象が起こる確率がどの程度であれば帰無仮説を棄却するか」といった基準となる確率を**有意水準**といいます。心理学の研究では、慣習的に**5**％または**1**％に設定されます。また、有意水準は $\overset{\text{アルファ}}{\alpha}$ で表されます。有意水準が設定されることで、帰無仮説を棄却し対立仮説を採択する境目の値である**臨界値**が決まります。

③実際のデータから検定統計量の実現値を計算する。

帰無仮説に基づいた標本分布（帰無分布）における、臨界値より外側の、分布全体の5％あるいは1％の領域を棄却域といいます。検定統計量の実現値を計算し、それが棄却域に入れば帰無仮説を棄却することになります。採択域とは、分布全体における棄却域以外の部分で、検定統計量の実現値を計算し、それが採択域に入れば帰無仮説は棄却しません。

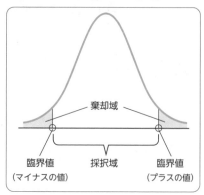

■棄却域（両側検定の場合）

棄却域

臨界値
（マイナスの値）　採択域　臨界値
（プラスの値）

また帰無仮説が正しいと考えた場合に検定統計量の実現値とともに算出されるのが、実際のデータから検定統計量の実現値が得られる確率である**有意確率**です。有意確率は**p**で表されます。

④仮説が正しいか間違っているかを判断する。

■帰無仮説の正否の判断

検定統計量の実現値	帰無仮説	対立仮説	結果の解釈
棄却域に入る	棄却する	採択する	「〜がある」と言える
棄却域に入らない	棄却しない	採択できない	「〜がある」とは言えない

② 両側検定と片側検定

　帰無仮説に基づいた標本分布（**帰無分布**）において、**両すそ**の部分を棄却域とする検定を両側検定といいます。また、右または左の**片すそ**だけ棄却域とする検定を**片側検定**といいます。仮説の検定を両側検定で行うか、片側検定で行うかは、対立仮説をどのように設定するかによって決まります。両側検定より片側検定のほうが**有意**になりやすいという特徴があります。

両側検定	分布の両すそを棄却域とする。棄却域が両すそにあるため、左右に2.5％ずつ棄却域をもつ（α＝5％の場合）
片側検定	分布の片すそのみを棄却域とする。片すそのみに5％の棄却域をもつ（α＝5％の場合）

③ 統計的仮説検定における2種類の誤り

　統計的仮説検定による判断が100％正しいとは限りません。統計的に帰無仮説

が誤っているとして棄却されたとしても、本当は帰無仮説が正しい可能性もあります。統計的仮説検定では**2種類**の誤りがあります。第一種の誤りとは、**帰無仮説**が正しいにもかかわらず棄却してしまう（**対立仮説**を採択してしまう）ことです。第一種の誤りを犯す確率は、有意水準**α**と同じで、**危険率**ともいいます。第二種の誤りとは、**帰無仮説**が誤りであるにもかかわらず棄却しない（**対立仮説**が採択できない）ことです。第二種の誤りを犯す確率は$\overset{\text{ベータ}}{β}$と表し、間違っている帰無仮説を正しく棄却できる確率（1－β）を**検定力**といいます。

■**統計的仮説検定における2種類の誤り**

		本当は、帰無仮説は	
		正しい	誤り
検定の結果、帰無仮説を	棄却	第一種の誤り α（有意水準・危険率）	正しい判断 1－β（検定力）
	棄却せず	正しい判断 1－α	第二種の誤り β

4 パラメトリック検定とノンパラメトリック検定

①パラメトリック検定

　母集団の分布について**特定の確率分布**を仮定して行う検定を**パラメトリック検定**といいます。**量的変数〔間隔尺度、比（率）尺度〕**に対して適用されます。代表的な方法として、**t検定**、**分散分析**、**相関**などがあります。

Check

論文の結果には、分析結果に関する統計量や自由度、p値などを記述する必要がある。

+α プラスアルファ

自由度

自由に値をとることができるデータの数である。t検定ではサンプルサイズによって決まり、$χ^2$検定では各変数のカテゴリ数によって決まる。

●t検定

　2群の平均値の差の検定に用いられる手法です。

■**t検定・分散分析の適用条件**
● 標本抽出が無作為に行われている（無作為抽出）
● 各群の母集団の分布が正規分布に従う（正規性）
● 各群の母集団の分散が等質である（等分散性）

Check

ウェルチのt検定は、等分散性を仮定できない場合に用いられる。

●分散分析

　3群以上の平均値の差の検定に用いられる手法です。分散分析では、結果に影響を与える変数を**要因**、要因の中のカテゴリーを**水準**といいます。分散分析にはいくつか種類があり、一つの要因に含まれる水準間の平均値の差を検定する**一要因分散分析**、二つの要因から影響を受けているデータについて、各要因における水準間の平均値の差を検定する**二要因分散分析**などがあります。二要因分散分析では、各要因の独自の効果である**主効果**だけでなく、各要因の組み合わせの効果である**交互作用**も確認することができます。

■**交互作用の例**：要因Aと要因Bについてそれぞれ2水準（要因A：a1とa2、要因B：b1とb2）を設定する場合

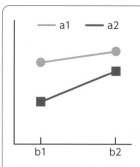

AもBも主効果あり。グラフが平行でないため交互作用もある。

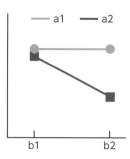

AもBも主効果あり。ただしBの効果はa1にはなくa2にはあり、交互作用がある。

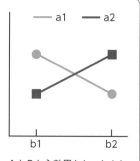

AもBも主効果なし。しかし組み合わせによる効果があるため交互作用がある。

●相関

　相関とは二つの変数の**関連**を明らかにする手法です。相関係数とは、一方の変数の変動にともない、もう一方の変数がどのように変動するのかについて、その**向き**（正：＋、負：ー）と**大きさ**（ー1.0 〜

■**相関の種類**

正の相関	一方の値が大きくなれば、もう一方の値も大きくなる
負の相関	一方の値が大きくなれば、もう一方の値は小さくなる
無相関	一方の値が変化しても、もう一方の値が動く方向がはっきりしない

1.0）を表した数値です。一般的に、相関係数とは**ピアソンの積率相関係数（r）**を指します。

■相関係数の解釈（目安）

0.00 ～± .20	ほとんど相関がない（0.00 は無相関）
± .20 ～± .40	低い（弱い）相関
± .40 ～± .70	中程度の相関
± .70 ～± 1.00	高い（強い）相関

Check

順序尺度のデータにはスピアマンの順位相関係数やケンドールの順位相関係数を用いる。これらは直線関係ではない相関関係や分布が歪んでいる、外れ値が存在するなどの場合に適用される。

+α プラスアルファ

散布図

二つのデータの測定値を対応させて、グラフ上にプロットしたもの。散布図によって二つのデータの関連の様子をおおまかに知ることができる。正の相関は右上がり、負の相関は右下がり、無相関は全体に分布しているように描かれる。

二つの変数の間に相関関係があっても**因果関係**があるとは限りません。また二つの相関係数の間に**倍数関係**は問えません。第3の変数の影響によって二つの変数に見かけ上相関関係があるように見えることがあり、これを**擬似相関**といいます。

②ノンパラメトリック検定

母集団の分布について**特定の確率分布**を仮定しないで行う検定を**ノンパラメトリック検定**といいます。**質的変数（名義尺度、順序尺度）**に対して主に適用されます。代表的な方法として、χ^2**検定**、**U検定**などがあります。

●χ^2検定

名義尺度間の**連関**（関連）について検定する手法です。χ^2検定では、**クロス集計表**を作成し、実際に測定された**観測値**と、帰無仮説に基づいて理論的に算出された**期待値**がどの程度一致しているかを検定します。

■クロス集計表

	男性	女性	合計
好き	4	13	17
嫌い	16	7	23
合計	20	20	40

+α プラスアルファ

四分点相関係数

2×2のクロス集計表における2変数間の関連性を示す指標である。

●U検定

　t検定と同じく、**2群**の代表値の差の検定に用いられる手法です。ただし、**順序尺度**やデータ数が少ない場合など、**分布**を仮定せずに適用することができます。

2 多変量解析

　多変量解析とは、**3つ**以上の変数を同時に取り扱う統計手法の総称です。主な種類としては、**重回帰分析**、**構造方程式モデリング**、**因子分析**、**主成分分析**などがあります。ある変数が他の変数に影響を与える場合、影響を与える変数を**独立（説明）変数**、影響を受ける変数を**従属（基準）変数**といいます。多変量解析には、独立変数が従属変数に与える**影響**を調べたり、**予測**したりするために独立変数と従属変数を設定する場合と、**構成概念の構造**を調べたり、情報を**集約**したりすることから独立変数と従属変数を設定しない場合があります。また、同じテーマに関する複数の研究を収集し、さまざまな視点からそれらを統合したり比較したりする研究方法を**メタ分析**といいます。

① 独立変数と従属変数を設定する場合

①重回帰分析

　複数の独立変数（量的）によって、**一つの従属変数**（量的）を予測したり、影響を調べたりする手法です。各独立変数が従属変数に及ぼす影響の**向き**（＋・－）と**大きさ**（－1.0〜1.0）を標準化した値を**標準偏回帰係数（β）**といいます。また、実際に測定された従属変数と、重回帰式をあてはめた理論値との相関係数を**重相関係数（R）**、重相関係数を2乗したものを**決定係数（R²）**といいます。重回帰分析を行う際には、独立変数間の相関が高すぎる場合に、正しく分析されなくなる**多重共線性**に注意する必要があります。

> **+α プラスアルファ**
>
> **判別分析**
> 複数の独立変数（量的）によって、一つの従属変数（質的）を予測・説明する手法である。

②構造方程式モデリング

　変数間の関係を**モデル**として記述し、実際に得られたデータとの**あてはまりの程度**を評価する手法です。直接観測することができない**構成概念**を扱ったり、**複数の従属変数**を設定したりできることが特徴です。直接観測することができない

変数を**潜在変数**、直接観測できる変数を**観測変数**といいます。モデルを評価する適合度指標としては、**χ²値**、**GFI**や**AGFI**、**RMSEA**などがあります。

② 独立変数と従属変数を設定しない場合

①因子分析

　複数の**観測変数**の背後にある**潜在的な共通因子**を抽出する手法です。主な手順は、**因子抽出、因子数の決定、因子軸の回転、因子の解釈**です。複数の観測変数から因子を推定し妥当な解釈を行うためには、まず因子の抽出方法を選択する必要があります。種類としては、**主因子法**や**最尤法**、**最小二乗法**などがあります。因子数の決定では、因子の情報量である**固有値**をプロットし、その変化がなだらかになる前までの因子数を目安とする**スクリー基準**が用いられることがあります。因子軸の回転は、**観測変数**と強い関連をもつ因子ではより高い**因子負荷量**を、関連の低い因子ではより低い**因子負荷量**を示すといった**単純構造**を探るためになされます。代表的な回転の種類としては**バリマックス回転**（直交回転）と**プロマックス回転**（斜交回転）が挙げられます。また、因子の各観測変数に対する影響の**向き**（＋・－）と**大きさ**（－1.0～1.0）を表す値として**因子負荷量**が算出され、その大きさをもとに**因子の解釈**がなされます。因子分析は、質問紙調査法における**尺度開発**にも適用されます。

②主成分分析

　主成分分析は、多くの観測変数の情報を損なわずに、**集約**して表現する手法です。相関関係にある観測変数を限りなく少ない**主成分**にまとめ、データを要約することで新たな**合成変数**をつくることが目的になります。

それぞれのデータ分析方法について、正確に理解しておきましょう。

+α プラスアルファ

因子構造

因子と観測変数の相関係数をいう。

クラスター分析

データを一定の手続きに従って、類似性の程度によってクラスター（群）に分類する手法である。類似性の程度は距離によって表され、デンドログラム（樹形図）と呼ばれる図で表示される。

パス解析

観測変数間の関係をモデルとして記述し、実際に得られたデータとのあてはまりの程度を評価する手法である。構造方程式モデルと類似しているが、パス解析では観測変数間のみを扱う。ある変数が別の変数へ直接的に影響を及ぼすことを直接効果、ある変数が他の変数を経由して別の変数へ間接的に影響を及ぼすことを間接効果という。パス解析では直接効果と間接効果のどちらが大きいかを比較することがある。

04 | 質的研究

1 量的研究と質的研究の関係　👉重要

　量的研究とは、実験法や質問紙調査法、観察法から**数量的データ**を収集し、**統計手法**を用いて、**変数間の関係**を明らかにする研究法です。何らかの仮説を立ててそれを実証していく**仮説検証型**の研究に適しています。統計的な分析に基づいて、**客観的**な結果を得ることが可能です。また、一度に多くのデータを分析できることから、結果の**一般化**を追求することもできます。

　質的研究とは、観察法や面接法、検査法から言語的記録や映像といった**質的データ**を分析することで、対象や事象について**解釈的理解**を行う研究法です。現実の事象に何らかの理論的枠組みを与える**仮説生成型**の研究に適しています。心理臨床の研究対象には、多くの変数が**複雑**に関連し、量的研究のみではそれらを**統合的**にとらえることが難しい場合があります。質的研究は、量的研究で明らかになりにくい**対象の思考**や**心理的な過程**を把握するのに適しています。

　量的研究と質的研究にはそれぞれ特徴があり、研究を発展させる上で相互に**補完**し合うことが望ましいとされています。

2 質的研究の方法　👉重要

　質的研究では、録音などの一次資料を文字にし、トランスクリプト（会話記録）を作成して分析を行います。そして、研究対象がさまざまな角度から詳細に**記述**、**分析**され、妥当な解釈や結果を導き出すことが試みられます。その際に**客観性**を確保するための方法論が工夫されています。

+α プラスアルファ

メンバー・チェック

研究対象者やその関係者に、生成された仮説やモデルが妥当なものであるかどうかを確認してもらう手続きをいう。

■質的研究の方法論

事例研究法	少数の事例において、対象者の言動や出来事についてその生起の文脈を重視し詳細に記述して考察する
プロトコル分析	対象者の語りをもとに認知や思考の過程の分析を行う
エスノグラフィー	研究対象となる事象が生じている現場にて、研究者が参与観察を行い、そこで観察した出来事や仮説を当事者に提示し、それに対する当事者の語りもデータとして扱い、分析・記述を行う
KJ法	収集したデータをカード化し、関連性のあるものをグループ化することによってデータの整理・分析を行う
グラウンデッド・セオリー・アプローチ（GTA）	対象から得られるデータと研究者の仮説との対比をくり返し、抽出された概念同士を関連づけてボトムアップ的に理論を産出する。ただし、GTAにはさまざまな方法があり、研究者間で一致がみられているわけではない
ディスコース分析	ディスコースとは「言説」や「談話」と訳されるが、どちらも文脈の中で言語を用いることを意味する。個人は文脈の中で言語を用いることによって事象を作り出す。ディスコースは、個人によって生み出されながら個人を作り上げ、社会や文化によって枠づけられながら社会や文化に影響を与えている。ディスコース分析では、語りが異なる文脈のもとでどう変化しどのような影響をもたらすかを検討したり、個人の語りからディスコースに対する姿勢を明らかにしたりすることで、ディスコースによって作り出される現実の多様性をとらえる
会話分析	相互行為の中の発話を研究する。語り手と聴き手のやりとりという文脈に注目し、会話の背景にある普遍的な暗黙のルールを見出そうとする。例えば、会話の順番取り、隣接対（「ありがとう—どういたしまして」のようなペア）、会話の開始や終結のルールなどを明らかにする
PAC分析	あるテーマに関する自由連想、連想項目間の類似度評定とそれに基づくクラスター分析、対象者によるクラスター構造のイメージや解釈、研究者による総合的解釈を通じて、個人ごとに態度の構造を分析する
複線径路・等至性アプローチ（TEA）	等至性とはある1つのゴールに対して複数の到達径路があることを意味する。等至点に至る複数径路を描く複線径路・等至性モデル（TEM）、対象者抽出の理論である歴史的構造化ご招待（HSI）、個人の内的変容を3層からとらえる発生の三層モデル（TLMG）を軸として構成され、人間の行動過程を時間的変化と文化社会的文脈との関係の中でとらえ記述する

重要度
★★★

05 信頼性と妥当性

1 信頼性

信頼性とは、測定された内容が**安定性**と**一貫性**を保っていることをいいます。

①測定内容の安定性としての信頼性

　測定内容の**安定性**としての信頼性とは、測定誤差が少なく、同じ人物が同じ検査を行った場合、常に**同じ結果**が得られることを意味します。測定内容の安定性としての信頼性は、**再検査法**や**平行テスト法**によって確認されます。

■測定内容の安定性としての信頼性

再検査法	同じ対象に対して時期をおいて2回測定を行い、測定値間の相関係数を信頼性係数の推定値とする方法。最初の測定が2回目の測定に影響する可能性が問題点として挙げられる
平行テスト法	内容・難易度・質問項目数が同じ検査を2種類作成し、同じ対象に実施する。二つの検査の測定値間の相関係数を信頼性係数の推定値とする方法。まったく同質の検査を作成することが困難であることが問題点として挙げられる

　再検査法や平行テスト法は二つの測定値間の**相関係数**を算出するため、量的変数[間隔尺度、比(率)尺度]が適用されます。質的変数[名義尺度、順序尺度]が適用できるのは、同一対象に対する2名の評定者の評定結果の一致度をみるコーエンの**κ係数**です。

②測定内容の一貫性としての信頼性

　測定内容の**一貫性**としての信頼性とは、同じような内容の質問項目に対して、同じ人が**同じような回答**をしているかということを意味します。**内的整合性（内的一貫性）**とも呼ばれます。測定内容の一貫性としての信頼性は、**折半法**や**α係数**によって確認されます。

■測定内容の一貫性としての信頼性

折半法	一つの検査を等質に二つに分けて、それらの測定値間の相関係数を信頼性係数の推定値とする方法。平行テスト法と同様に、一つの検査をまったく同質に分けることが困難であることが問題点として挙げられる
α係数	折半法におけるすべての可能な組み合わせから算出された信頼性係数の平均値

　α係数は、質問紙法に適用され、**質問項目数**が多いほど高くなる、質問項目間の**相関係数**が高いほど高くなるといった傾向があります。α係数を高めるためには、他の質問項目との**相関係数**が低い項目を削除する手続きが必要になります。

2 妥当性　

　妥当性とは、測定したい内容を**的確**に測定していることを意味します。妥当性は、**内容的妥当性**、**基準関連妥当性**、**構成概念妥当性**に分類されます。

　内容的妥当性とは、質問項目が測定したい内容を**偏りなく**反映していることを意味します。内容的妥当性には、**表面的妥当性**と**論理的妥当性**があります。基準関連妥当性とは、**外的基準**との関連によって評価されるものです。基準関連妥当性には、**併存的妥当性**と**予測的妥当性**があります。構成概念妥当性とは、測定したい概念に関する**理論的仮説**と実際の測定結果との整合性によって評価されるものです。構成概念妥当性には、**収束的妥当性**、**弁別的妥当性**、**因子的妥当性**があります。

■内容的妥当性

表面的妥当性	質問項目や検査が見た目上、測定したい内容を反映しているように見えるかを回答者が判断するもの。尺度や検査の真の測定内容とは必ずしも関係がないが、回答者の動機づけに関わる
論理的妥当性	質問項目が測定したい内容を適切に反映しているかを専門家が判断するもの。データ分析は行わない

■基準関連妥当性

併存的妥当性	ほぼ同時に測定された外的基準との関連によって評価される
予測的妥当性	後に測定される外的基準との関連によって評価される

■構成概念妥当性

収束的妥当性	同じ概念を測定している他の尺度との相関が高いことで評価される
弁別的妥当性	異なる概念を測定している他の尺度との相関が低いことで評価される
因子的妥当性	因子分析によって得られた因子構造が理論的仮説と一致しているかによって評価される。心理尺度や質問紙法に適用される

　ただし、最近では、これらの妥当性はすべて**構成概念妥当性**に集約されるという考えもあります。

3 信頼性と妥当性の関係

　信頼性と妥当性が備わっていることは、質問紙調査法や心理検査にとって**重要な条件**になります。下図のように、信頼性が低い尺度や検査は、妥当性も低くなります。**妥当性**を検討する上で、**信頼性**を確認することは一つの要件だといえます。ただし、**信頼性**が高いからといって、**妥当性**が高いとは限りません。

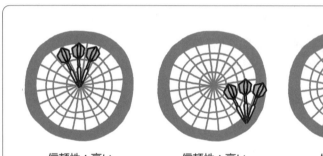

信頼性：高い
妥当性：高い

信頼性：高い
妥当性：低い

信頼性：低い
妥当性：低い

上図にあるように、的の中心を射抜かなくても、的から外れたところに矢が集中する場合もあります。これは「妥当性は低いが信頼性は高い」という場合を意味しています。

重要度
★★★

06 | 心理学史

ブループリント 中項目
心理学・臨床心理学の成り立ち

🔑 **キーワード** Wundt,W.、内観法、要素主義、行動主義、Watson,J.B.、ゲシュタルト心理学、Witmer,L.、Freud,S.、精神分析、人間性心理学

1 現代心理学の歴史 👉重要

　1879年に**Wundt,W.（ヴント）**がライプツィヒ大学に世界初の心理学実験室を設置し、現代につながる**科学**としての心理学が誕生しました。彼は人の直接経験である**意識**を、**内観法**を用いて**要素**に分解し、その**結合様式**を解明しようとしました。彼の立場を**要素主義**といいます。その後、彼に学んだ Titchener,E.B.（ティチェナー）はアメリカで**構成主義**を確立しました。

　その後、アメリカでは要素主義や構成主義に対する批判的な立場として、**James,W.（ジェームズ）**を中心とする、環境適応のためのこころの機能を明らかにする**機能主義**が生まれました。そして、機能主義は、**客観的科学**としての心理学を追究した**行動主義**の成立に影響を与えました。

　一方、ドイツでは、こころの要素ではなく、要素に還元できない**全体性**を重視する**ゲシュタルト心理学**（P.59参照）が発展しました。

📖 **用語解説**

内観法
自分自身の意識経験の過程を心理学のデータとみなし、それを自己観察して報告させる手続きをいう。Wundt,W.は意識の要素を明らかにするために、統制された実験室の中でこの方法を用いた。

行動主義
目に見えない意識ではなく、客観的に測定可能な行動のみを心理学の研究対象とする立場である。Watson,J.B.（ワトソン）は、それまで主流であった内観法による意識を心理学の研究対象とする立場を批判し、行動主義を提唱した。

✏️ **Check**
20世紀の心理学における三大潮流とは、精神分析（P.194参照）、行動主義、ゲシュタルト心理学である。

2 臨床心理学の歴史 👉重要

　1896年に**Witmer,L.（ウィットマー）**がペンシルバニア大学に初めて**心理ク**

リニックを開設しました。また彼は、『**Psychological Clinic**』という雑誌を創刊しました。このような活動から臨床心理学が確立されていきました。その後、Binet,A.（ビネー）らによる**知能検査**の開発や、Freud,S.（フロイト）の**精神分析**の創始などによって、臨床心理学は発展していきました。

3　現在の主な臨床心理学派　👉重要

現在の主な臨床心理学派は、大きく３つに分かれます。

① 精神力動系

Freud,S.の**精神分析**をもとにする、主にこころの中で動く**精神的な相互作用**を重視する立場です。**分析心理学**のJung,C.G.（ユング）や**個人心理学**のAdler,A.（アドラー）、社会・文化的要因を重視した**新フロイト派**のSullivan,H.S.（サリバン）、**対象関係論**のKlein,M.（クライン）や中間派のWinnicott,D.W.（ウィニコット）などが挙げられます。

② 認知・行動系

行動主義や学習理論を基盤として発展した、客観的に観察ができる**行動**を通して、こころを理解しようとする立場です。行動療法は、一般的に**Eysenck,H.J.（アイゼンク）**がその始まりだとされていますが、**系統的脱感作法**のWolpe,J.（ウォルピ）や**応用行動分析**を提唱したSkinner,B.F.（スキナー）、**モデリング療法**のBandura,A.（バンデューラ）などが挙げられます。また、思考や感情を操作する認知的アプローチでは、**認知療法**のBeck,A.T.（ベック）や**論理療法**のEllis,A.（エリス）などが挙げられます。

③ 人間性心理学

1950年代、悲観的な人間観をもつ**精神分析**や機械論的な人間観をもつ**行動療法**の対抗勢力として発展した、人間の**肯定的**で**健康的**な側面を強調する立場です。**欲求階層説**のMaslow,A.H.（マズロー）や、**クライエント中心療法**のRogers,C.（ロジャーズ）、**ロゴセラピー**のFrankl,V.E.（フランクル）、**ゲシュタルト療法**のPerls,F.（パールズ）や**交流分析**のBerne,E.（バーン）などが挙げられます。

07 | 感覚・知覚

1 感覚・知覚とは

　環境から入力された刺激に対する大脳の情報処理過程は、**低次**のものから**高次**のものへといくつかの段階に分けてとらえることができます。まず感覚とは、外界からの物理的刺激を**感覚受容器**で感知することによって生じる、より**要素的**、**主観的**な体験です。光や色、音を感じることが例として挙げられます。感覚の種類と、それに即した体験内容を**感覚モダリティ**といいます。各**感覚モダリティ**の受容器が感知した刺激は、大脳皮質における**一次感覚野**と呼ばれるそれぞれの領域で情報処理されます。

　知覚は感覚よりも**高次**の働きで、感覚受容器を通して得られる外界からの事物や事象に対する**総合的**、**客観的**な判断内容を含んでいます。物体のかたちや大きさ、音のパターンがわかることが例として挙げられます。

> **+α プラスアルファ**
>
> **ゲートコントロール理論**
>
> Wall, P.（ウォール）とMelzack, R.（メルザック）が提唱した、痛みが伝達される神経回路にはゲート（門）があり、痛みの伝わり方をコントロールしているという考えである。この理論に基づくと、痛みがある部位を擦ると痛みが和らぐのは、別の刺激が生じることによって痛みのゲートが閉ざされるためである。

2 精神物理学

　感覚は**物理的な刺激**を受けて生じますが、外界からの物理的刺激の量が少なければ感覚は生じません。**刺激閾（絶対閾）**とは、感覚が生じるための**最低限の刺激量**をいいます。また、二つの刺激の違いを区別するための**最低限の刺激差**を**弁別閾**といいます。

　Fechner,G.T.（フェヒナー）は刺激の物理的特性と、その刺激によって生じる感覚や知覚の心理的過程との量的関係を研究する領域として**精神物理学**を提唱しました。物理的刺激と感覚の関係に関する法則としては、Weber,E.H.（ウェ

ーバー)、Fechner,G.T.、Stevens,S.S. が提唱したものが代表的です。Stevens,S. S. は、基準刺激と比較して感覚量を回答させる**マグニチュード推定法**を開発しました。これにより、感覚量を**直接的**に数値で表現することが可能になりました。

■感覚を測定する方法

極限法	実験者が刺激の強度を段階的に変化させ、実験参加者に判断させる。実験参加者の予測が働きやすい。類似の方法として、階段法や上下法がある
恒常法	実験者が刺激の強度をあらかじめ決めておいた段階の中からランダムに呈示して実験参加者に判断させる。実験参加者の予測は働きにくくなるが、呈示回数が増えるため時間と労力がかかる
調整法	実験参加者自身が刺激の強度を変化させ、それを観察しながら判断を行う。実験参加者の予測が働きやすい
マグニチュード推定法	ある刺激について実験参加者が感じている感覚量を、基準刺激と比較して数値で回答させる
一対比較法	評定される複数の刺激から二つの刺激対の組み合わせを作って、ランダムに呈示し比較させる。すべての組み合わせの比較結果を統合して評価を行う
二肢強制選択法	いくつかの比較刺激をランダムに呈示して標準刺激と比較させ、それが標準刺激と同じか異なるかを二肢強制選択で実験参加者に回答させる。バイアスがかかりにくい

■物理的刺激と感覚の関係に関する法則

ウェーバーの法則	弁別閾は基準となる刺激量の変化に比例する	Δ（弁別閾）／ I（刺激量）＝ k（定数）
フェヒナーの法則	感覚量は刺激量の対数に比例する	$E = k\log I$（ k は定数）
スティーブンスの法則	感覚量は刺激量のベキ乗に比例する	$E = kI^n$（ k と n は定数）

現在では、人の刺激に対する検出力（弁別力）を評価する**信号検出理論**が応用されています。人間が知覚する刺激は純粋な物理的刺激ではなく、必ず**ノイズ**が存在します。信号検出理論とは、人がどれだけ**ノイズ**の中から正しく**シグナル**を検出することができるかを明らかにするための理論です。

+α プラスアルファ

順応

持続的に刺激が与えられ続けることで、感覚受容器の閾値が上がり、感覚が鈍くなることをいう。明順応とは、暗い場所から急に明るい場所へ移動した後、次第に目が慣れてくる現象を指す。暗順応とは、明るい場所から急に暗い場所へ移動した後、次第にまわりの様子が見えてくる現象を指す。なお、ある色に順応した後に、その反対色が知覚される現象を色残効という。

3 知覚の恒常性　重要

　感覚受容器に与えられる物理的刺激が大きく変化したにもかかわらず、その刺激に対して生じる知覚があまり変化せずに比較的安定している現象を**知覚の恒常性**といいます。例えば、5m先にいた友人が10m先に移動した場合、網膜像における友人の大きさは半分になるにもかかわらず、知覚される友人の大きさはほとんど変わりません。知覚の恒常性は、**大きさ**や**明るさ**、**色**、**かたち**などさまざまな感覚モダリティにみられることが知られています。

4 ゲシュタルト心理学　重要

　ゲシュタルト心理学は、**Wundt,W.** の要素主義を批判し、心的現象を**要素**に還元するのではなく、一つのまとまりとして**全体**をそのまま研究するべきであると主張しました。ゲシュタルト心理学は、**Wertheimer,M.（ウェルトハイマー）**の**仮現運動**の研究から始まり、知覚研究を中心に発展していきました。

1 仮現運動

　物理的な運動が生じていないにもかかわらず、**見かけ上**の運動を知覚する現象を**仮現運動**といいます。狭義には、Wertheimer,M. が見出した**ベータ（β）運動**を指します。ベータ（β）運動とは、二つの視対象を**時間的・空間的**に離して呈示した場合、**時間的**に先に呈示されたほうから後に呈示されたほうに向かって移動したように知覚する現象です。踏切の警報機が例として挙げられます。

　また、広義の仮現運動として、**自動運動**、**運動残効**、**誘導運動**が挙げられます。

広義の仮現運動

自動運動	暗所で停止した光点を凝視し続けたときに、実際には動いていないにもかかわらず光点が不規則に動いて見える現象
運動残効	一定方向に動く対象をしばらく見た後、静止した対象を見ると、その静止対象が動く対象とは逆方向に動いて見える現象
誘導運動	二つの視対象が囲むものと囲まれるものの関係にあるとき、実際には前者が動いていても後者が動いているように知覚される現象

② 群化の要因（ゲシュタルト要因）

視野の中に多数の刺激が与えられたとき、それらはバラバラに知覚されるのではなく、**まとまり**をもった一つのかたまりとして知覚されます。これを**群化（知覚の体制化）**といいます。Wertheimer,M. は群化の現れる規則性である**群化の要因（ゲシュタルト要因）**を明らかにしました。群化の要因には、**近接、類同、閉合、よい連続、よいかたち、共通運命**などがあります。

■**群化の要因**

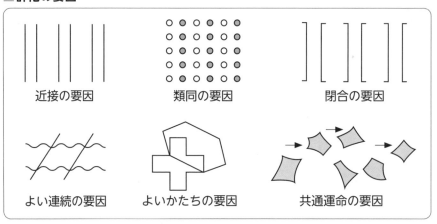

③ プレグナンツの法則

群化のように、視野に与えられた刺激が、全体として最も**簡潔**で規則的な**よいかたち**にまとまろうとする傾向を**プレグナンツの法則**といいます。

5 奥行き知覚

奥行き知覚とは、網膜では二次元的に受容される刺激が、奥行き方向に広がっ

て知覚されることです。奥行き知覚の手がかりのうち、両眼性の手がかりとしては、両眼の内側への回転運動である**輻輳**（ふくそう）があります。また、単眼性の手がかりとしては、眼の中の水晶体を薄くしたり、厚くして焦点を合わせる**調節**や、大きさや重なり、陰影、肌理の勾配などがあります。

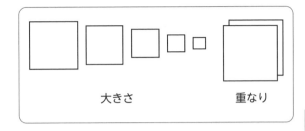

大きさ　　　　重なり

6 錯覚

感覚受容器に異常がないにもかかわらず、実際とは異なって知覚される現象を**錯覚**といいます。

1 視覚における錯覚（錯視）

①主観的輪郭

物理的には存在しないにもかかわらず、周囲の刺激位置によって知覚される**輪郭線**をいいます。**カニッツァの三角形**が代表的です。

■カニッツァの三角形

②幾何学的錯視

平面図形の長さや大きさ、角度、方向、湾曲などの**幾何学的な性質**が、外界の刺激の客観的な性質や関係とは異なって知覚される現象を**幾何学的錯視**といいます。代表的なものに**ミュラー・リヤー錯視**や**エビングハウス錯視**などがあります。

■幾何学的錯視

ミュラー・リヤー錯視　　　　エビングハウス錯視

マッハバンド

輝度が均一な領域が、その輝度から一定の割合で変化する輝度勾配領域と接している場合に、その境界部分に発生する錯視的な線を指す。輝度勾配領域が暗い均一領域と接しているところでは暗い線が知覚され、明るい均一領域と接しているところでは明るい線が知覚される。

② 聴覚における錯覚（錯聴）

① マガーク効果

　複数の感覚情報が統合されることでみられる錯覚です。特定の音節を発音する口の動きに、別の音声を重ねた映像を呈示した場合に、**視覚情報**、**聴覚情報**のどちらでもない**第3の聞こえ方**がなされます。例えば、「ガ」と発音している映像と「バ」という音声を合わせて呈示した場合に、「ダ」のように聞こえることが挙げられます。

カクテルパーティー効果

多くの人たちが集まってざわめいているカクテルパーティーのような環境において、多数の音源を聞き分けて、特定の人と会話ができる現象を指す。さまざまな情報や刺激の中から、特定の情報や刺激だけに注意を向けることを選択的注意といい、カクテルパーティー効果はその具体的な例である。

共感覚

ある刺激によって本来生じる感覚のほかに、異なる感覚が同時に生じる現象のことである。例えば音を聴くと同時に色が見える現象は色聴という。共感覚は大人より子どもに生じやすいとされる。

ストループ効果

文字の色と文字の意味といった、感覚情報と言語情報の競合現象をいう。例えば、赤色で書かれた「青」という文字の色名を答える課題と、赤色で書かれた「赤」の色名を答える課題では、前者のほうが後者よりも反応が遅れたり、間違えたりする。これは文字を読むことが自動化されており、文字の色に注意を向けることが難しくなっているために起こるとされている。

幻肢

事故などで四肢を失ったにもかかわらず、存在しないはずの四肢の存在を感じたり、痛みやかゆみ、痺れなどを感じることである。

色覚多様性

色を識別する錐体細胞の機能不全によって色覚が多数派と異なることをいう。先天性のものもあれば、加齢や疾患による後天性のものもある。

08 | 認知

ブループリント 中項目　人の認知・思考の機序及びその障害／言語の習得における機序

🔑 **キーワード**　短期記憶、作動記憶、長期記憶、プライミング、系列位置効果、ヒューリスティックス、活性化拡散理論、心的回転、ヒューマンエラー

　認知とは、知覚された事物・事象が何であるかを認識する**高次**な働きです。**経験**や**学習**によって記憶された情報などを用いて**情報処理**を行います。認知は感覚・知覚・記憶・学習・思考・言語といった情報処理活動を幅広く含んでいます。

1 | 記憶 重要

　記憶とは、ある情報を覚える（**記銘・符号化**）、頭の中で覚えておく（**保持・貯蔵**）、思い出す（**想起・検索**）の３つの過程に分けることができます。

1 感覚記憶

　感覚記憶とは、各感覚受容器から得られたすべての情報が**符号化**されずに、そのままのかたちで**瞬間的**に保持された記憶をいいます。視覚刺激の記憶である**アイコニックメモリー**の持続時間は**1秒以内**、聴覚刺激の記憶である**エコーイックメモリー**の持続時間は**数秒以内**とされます。瞬間的に記憶されたすべての情報のうち、**注意**を向けられた情報のみが**短期記憶**へ送られ、注意を向けられなかった情報は失われてしまいます。

2 短期記憶

　短期記憶とは、**注意**を向けた情報を**一時的**に留めておく記憶をいいます。保持時間は**15〜30秒**程度で、保持容量は**7±2チャンク**程度とされています。チャンクとは情報のまとまりの単位を指します。情報を反復想起する**維持リハーサル**によって

+α プラスアルファ

一次記憶と二次記憶

一次記憶とはある出来事を経験したばかりで、その表象が意識内にあり、注意が向けられていたり、考えられているものをいう。短期記憶に相当する。二次記憶とはすでに意識から遠ざかっている記憶で、その内容に加えて、以前に経験したり考えたことがあるという意識をともなうものをいう。長期記憶に相当する。

短期記憶内に保持されたり、イメージや意味的処理によってすでにもっている情報と関連づける**精緻化リハーサル**によって長期記憶へ送られたりします。

③ ワーキングメモリー（作動記憶）

短期記憶を単なる情報の一時的な貯蔵庫としてとらえるのではなく、**情報処理**の機能を重視した考え方が**ワーキングメモリー（作動記憶）**です。つまり、計算や会話、推理などのさまざまな認知機能に合わせて**情報処理**を遂行していくための記憶です。

Baddeley,A.（バッデリー）は、視覚的・空間的情報を処理するための**視空間スケッチパッド**、言語的情報を処理するための**音韻ループ**、長期記憶へのアクセスや情報の統合を行う**エピソード・バッファ**、これらを制御する**中央実行系**からなるモデルを提唱しています。

■**ワーキングメモリー**

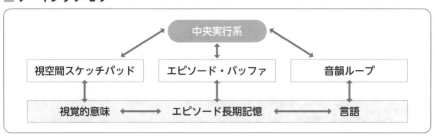

④ 長期記憶

長期記憶とは、持続期間が**半永久的**で、保持容量にも**限界**がないとされている記憶です。短期記憶内の情報が**リハーサル**されることによって、長期記憶へと送られるとされています。長期記憶内の情報は失われることはありませんが、適切な**想起手がかり**がない場合、想起に失敗することがあります。長期記憶は、記憶内容によって次のように分類されます。

Check

長期記憶の保持には側頭葉や間脳が関わっている。

+α プラスアルファ

認知心理学

1960年代にアメリカで誕生した。その背景には、行動主義が知覚や思考、言語などの内的な過程の研究を許容しなかったことへの反発がある。Neisser,U.（ナイサー）が著書『認知心理学』にて情報処理過程として人間の認知をとらえる立場を打ち出したことでこの言葉が広まった。また、Neisser,U.は自己知識を、生態学的自己、対人的自己、想起的自己、私的自己、概念的自己の5つの視点からとらえた。

■ Squire,L.R.（スクワイア）による長期記憶の分類

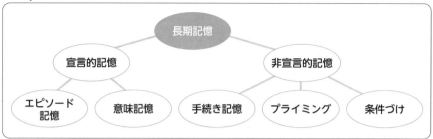

宣言的記憶とは、言葉で表すことができる事実に関する記憶です。一般的な知識についての記憶である**意味記憶**と、いつ、どこで、何が起こったのかなどの経験に関する記憶である**エピソード記憶**に分けられます。**手続き記憶**とは、ある技能や習慣に関する記憶をいいます。手続き記憶は、言葉で表すことが難しい記憶

+α プラスアルファ

自伝的記憶

エピソード記憶の一種であるが、自己により深く関与する記憶をいう。ただし、エピソード記憶と意味記憶の両者を含む複合体としてとらえる考え方もある。

レミニセンスバンプ

過去に経験した出来事を想起した場合に、10代〜30代頃の出来事を多く思い出す現象をいう。特に高齢者に顕著にみられるとされる。

幼児期健忘

生後およそ3年間のエピソード記憶が欠落している現象をいう。

プライミング

特定の情報が過去経験によって想起されやすくなることをいう。プライミングは、過去経験の想起を意識しなくても生じることから、非宣言的記憶や潜在記憶に分類される。

系列位置効果

あらかじめ記憶材料の呈示順序が定められている系列学習において、呈示順序が想起成績に影響を及ぼす現象。系列の初め部分の想起成績がよい初頭効果と、終わり部分の想起成績がよい新近性効果がある。系列の順序ごとに再生率をプロットしてつなぐとU字型の曲線を描く。これは、短期記憶と長期記憶による記憶の二貯蔵庫モデルの存在を示唆するとされている。つまり、初頭効果は初めの情報がリハーサルされて長期記憶に転送されたものであり、新近性効果は情報が呈示された直後であるため短期記憶からの想起と考えられる。

Tip-Of-the-Tongue（TOT）

喉まで出かかっているにもかかわらず、そのことを思い出せない状態を指す。このような状態は、我々が「記憶についての認識」つまりメタ記憶を有しており、自らの経験や知識の状態をモニタリングしていることを示す。

即時記憶・近時記憶・遠隔記憶

臨床神経学において、記憶は即時記憶、近時記憶、遠隔記憶に分類される。即時記憶とは干渉の入らない、概ね数十秒くらいの記憶である。近時記憶とは即時記憶よりも長く、数分〜数十日くらい保持されている記憶であり、いったん頭の中から消えて再び想起される。遠隔記憶とは数ヵ月〜数十年にもわたる記憶であり、何度もくり返し想起され、失われにくい。

である**非宣言的記憶**に分類されます。また、宣言的記憶は想起意識をともなうことから**顕在記憶**、非宣言的記憶は想起意識をともなわないことから**潜在記憶**とも呼ばれます。

5 展望記憶

展望記憶とは、**未来**に行うことについての記憶です。ある行為を意図した時点からそれを行うまで、ある程度の**時間**が置かれており、その間にそのことはいったん**意識**から離れています。また、はっきりとした**想起手がかり**がない状況でタイミングよく想起される必要があります。展望記憶に対して、過去についての記憶を**回顧記憶**といいます。

6 Ebbinghausの忘却曲線

記銘した内容を想起できなくなることを**忘却**といいます。

Ebbinghaus,H.（エビングハウス） は単語として意味をなさない無意味綴りを用いて、自らを実験参加者として記銘→忘却→再学習の過程を研究しました。彼はまず、32個の無意味綴りを完全に暗記しました。そして最初に覚えたときよりも2回目以降に同じ内容を覚え直そうとするときのほうが短時間で覚えられることを利用し、最初のときと2回目以降のときの記銘に要した時間や回数の差を測定し、記憶の**保持率（節約率）** を導き出しました。

$$保持（節約）率 = \frac{原学習に要した時間 - 再学習に要した時間}{原学習に要した時間} \times 100$$

再学習によって得られた**節約率**を間接的な保持量とし、横軸に時間、縦軸に保持率をプロットしたものが忘却曲線です。忘却曲線は最初の**約20分**で急激に下降しますが、その後は一定の水準を保つなだらかな下降曲線を示しました。

■**忘却曲線**

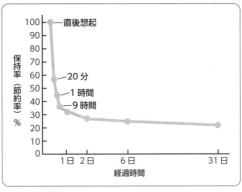

2 思考 ☞重要

1 推論

推論とは、利用可能な情報（前提や証拠）から**規則**や**過去事例**、**メンタルモデル**などに基づいて結論や新しい情報を導く思考過程をいいます。

■推論の種類

演繹的推論	一般的な命題や前提から個別事例について命題を引き出す推論
帰納的推論	個別事例から一般的法則を導き出す推論

+α プラスアルファ

フレーミング効果
同じ意味をもつ情報であっても、表現の違いによって意思決定への影響が異なる現象をいう。

演繹的推論において、人は自分の立てた仮説を**証明するような情報**を重視し、仮説をくつがえすような情報には目を向けない傾向があります。これを**確証バイアス**といいます。確証バイアスの代表例として、表にアルファベット、裏に数字が書かれてある4枚のカードについて、「もし表が母音ならば裏は偶数」という命題の真偽を確かめるために、どのカードを確認する必要があるのかを問う**「4枚カード問題」**が挙げられます。

2 問題解決

問題解決とは、初期状態を目標状態に変えていくための**思考過程**をいいます。

■問題解決の種類

アルゴリズム	その方法を用いれば必ず問題が解決できる手続き
ヒューリスティックス	必ずしも解決を保証するわけではないが、簡便に問題を解決できる可能性がある手続き
代表性ヒューリスティックス	ある事象が特定のカテゴリーを見かけ上よく代表しているかどうかに基づいてその生起確率や頻度が判断される
利用可能性ヒューリスティックス	ある事象の想起しやすさに基づいてその生起確率や頻度が判断される
係留と調整ヒューリスティックス	特定の数値を起点として推定や見積もりを行う
再認ヒューリスティックス	二つの選択肢のうち、再認できたもののほうが再認できなかったものよりも高く評価される

問題解決は、うまく解決できないからといって、必ずしも問題が難し過ぎることが原因とは限りません。問題解決する側が問題解決場面に置かれた事物の機能を、既存の知識に基づいて**習慣的**なものに限定してしまう**機能的固着**によって、問題解決が阻害される場合もあります。

　Duncker,K.（ドゥンカー）は、実験参加者をロウソク、マッチ、画びょうが**紙箱**に入れられて渡される群と、それらの道具が**紙箱**に入れられずテーブルに置かれている群に分け、木の壁に沿って床につかないようにロウソクを灯すよう求めました。その結果、道具がテーブルに置かれた群が全員正解できたのに対して、紙箱に入れられた群では正解できたのは半数以下でした。この課題が解けなかった実験参加者は、**紙箱を入れ物として見てしまい、燭台**として利用することを考えつかなかったとされています。

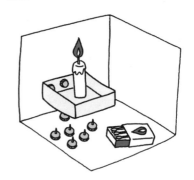

3 　概念と言語

① 概念とは

　概念とは、事物に共通する性質をもとに、**一般化**して理解するために用いられる知識のことです。

　例えば「ネコ」という概念は、ネコというさまざまな種類がある動物について**共通の特徴**に関する知識の集まりです。そして「ネコ」という言葉は、「ネコ」という**概念**につけられた名前であり、「ネコ」という言葉の意味がわかることは「ネコ」に共通する特徴を**抽象化**できることを意味します。

　この言語のもつ**抽象化**の働きによって、人間は「愛」や「宗教」のような**抽象的概念**を学習することも可能になります。そして、**抽象的概念**の学習が可能になれば、人間の知識は飛躍的に増加し、**抽象的な形式**でものごとを認識したり、思考したりすることが可能になります。

② 言語相対性仮説（サピア＝ウォーフ仮説）

　思考が言語を支えており、言語が異なれば、思考様式も異なるといった言語相対性仮説（サピア＝ウォーフ仮説）を提唱したのが**Whorf,B.L.（ウォーフ）**です。

彼はイヌイットの言語を綿密に調べて、彼らの言葉の背景にある思考が英米人とは異なっていることを示しました。

例えば、英語では「雪」を表す言語は、「snow」の１語だけですが、イヌイットの言語では雪の状態によって多くの言葉があります。イヌイットと英米人では生活環境が異なることから、極北で生活するイヌイットは氷雪に囲まれた世界を詳細にとらえるために雪に関するより多くの言葉が生まれたのではないかと考えられています。

Check

Chomsky,N.（チョムスキー）は、子どもは一定の言語環境に置かれることで、言語を使いこなせるようになることから、人には生得的に言語を獲得するシステムが備わっていると考え、言語獲得装置（Language Acquisition Device：LAD）の存在を主張した。言語獲得装置は、言語学習能力の素地として、すべての言語にあてはまる基本的な文法規則である普遍文法を有しているとされている。

③ 心的辞書（メンタルレキシコン）

単語は、音素や文字といった**知覚的要素**の組み合わせとして構成される意味の最も小さな単位を指します。単語に関する知識は、**心的辞書（メンタルレキシコン）**と呼ばれ、単語の意味や表記、文法的知識が含まれます。平均的な成人が5万語の語彙を保持しているにもかかわらず、言いたいことを瞬時に検索したり、普段使わない言葉の意味を理解できるのはこの**心的辞書（メンタルレキシコン）**の性能がよいからだとされています。心的辞書（メンタルレキシコン）の構造についての考え方として、**意味ネットワーク理論**や**活性化拡散理論**が挙げられます。

①意味ネットワーク理論

個々の概念は**ノード**で表され、**リンク**で結合した**階層構造**のネットワークを形成しています。また、上位の概念は下位の概念の**カテゴリー**として機能します。ただし、異なる**カテゴリー**の下位概念同士は結びついていません。

+α プラスアルファ

認知言語学

言語が人間の認知能力を基盤にすることを前提として、認知が言語の文法や意味にどのような影響を与えているかを明らかにしようとする学問である。また、人間の経験も言語の基盤になると考える。

物語文法

物語における典型的な構成要素とそれらの関連についての規則をいう。物語の文章の認知処理を支えるとされる。

Check

Grace,H.P.（グライス）は会話を協調的な行為ととらえ、会話が円滑に進むための原理である協調性の原理を提唱した。協調性の原理は、「量」「質」「関係性」「様式」の4つの会話の公理から構成されている。

■意味ネットワーク理論

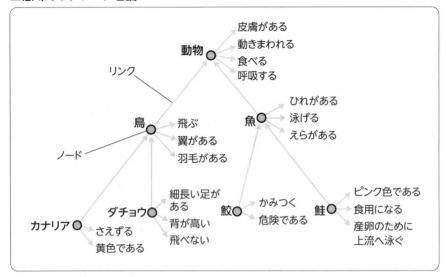

意味ネットワーク理論では、階層の中でも、距離の近い概念同士のほうが早く検索されるため、「カナリアは鳥か」の質問に対する反応のほうが「カナリアは動物か」に対する反応よりも早くなると考える。

②活性化拡散理論

意味ネットワーク理論における**階層性**を想定せずに、概念同士の意味の**類似性**が高いものほど近くに配置される**立体的ネットワークモデル**です。意味だけでなく、音素や綴りの類似性によっても連結されています。

活性化拡散理論によると、ある概念が処理された時に、その概念だけでなく、それと意味的に関連のある他の概念についても活性化が広がり、関連概念についての処理時間が短くなることが明らかにされている。そのため、プライミング（P.65参照）は、活性化拡散理論から説明できるとされている。

■活性化拡散理論

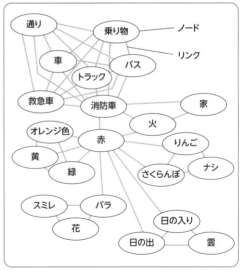

4 イメージ操作

　人は、**実在の事物**を見ているときのように、頭の中にその事物の**イメージ**を描くことができます。ある事物について**視覚的**な心的**イメージ**を形成し、それを脳内で操作し回転させることを**心的回転**といいます。

　標準図形と向きが異なる比較図形を呈示し、実験参加者にその異同判断を行わせたところ、2つの図形の**角度差**が大きいほど照合に時間がかかることが明らかにされました。つまり、心的イメージが具体物のように**回転操作**されていることが示唆されています。

■心的回転

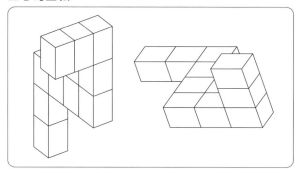

Check

身体部位の画像を心的に回転させると、実際にその身体部位を動かす際に関わる脳部位の活動がみられることが明らかにされている。また、心的回転能力と運動機能の関連も指摘されていることから、心的回転は安全かつ簡便な認知トレーニング法として、リハビリテーションの領域において注目されている。

5 ヒューマンエラー

　ヒューマンエラーとは、人の意図しない行為による、**目標**（すべきこと）と**結果**（実際にやったこと）の**ミスマッチ**をいいます。ヒューマンエラーのパターンには、すべき行為をしなかった**オミッションエラー**、すべきではない行為をした**コミッションエラー**があります。

　ヒューマンエラーによって大きな**事故やトラブル**が引き起こされるおそれがあることから、その防止についてさまざまな検討がなされてきました。ヒューマンエラーによる事故を防ぐためには、人間は**間違えること**を前提として、システムを設計することが必要であると考えられています。

　具体的には、**エラー**が起きないような機器やシステムの設計をする**フールプルーフ**や、エラーが起こっても**安全**だけは確保されるシステムの設計をする**フェールセーフ**などが挙げられます。

09 | 学習

ブループリント中項目　人の行動が変化する過程

キーワード　古典的条件づけ、Pavlov,I.P.、Watson,J.B.、対呈示、オペラント条件づけ、Skinner,B.F.、三項随伴性、強化と弱化、観察学習、Bandura,A.

学習とは、経験による持続的な行動変容をいいます。学習理論は、大きく**古典的条件づけとオペラント条件づけ**に分けられます。

> **Check**
>
> 条件づけには、行動の形成が容易な刺激と反応の組み合わせ、困難な刺激と反応の組み合わせが種によって存在する（学習の生物学的制約）。例えば、ある食べ物を食べた後に体調不良を起こしたネズミは、その食べ物を避けるようになるが、電気ショックを対呈示された食べ物を食べなくなることはない。

1　古典的条件づけ　☞重要

古典的条件づけとは、生理的な反射である無条件反応を引き起こす**無条件刺激**と、中性的な刺激である**条件刺激**を**対呈示**することによって、条件刺激だけで無条件反応と同じ反応である**条件反応**を形成させる手続きをいいます。代表的な例は、**Pavlov,I.P.（パブロフ）**の条件反射や**Watson,J.B.**のアルバート坊やの実験です。

① Pavlov,I.P.の条件反射

Pavlov,I.P.は、イヌの唾液分泌に関する研究を進める過程において、肉粉（**無条件刺激**）とベル音（**条件刺激**）の**対呈示**をくり返すと、ベル音の呈示だけで唾液が分泌されること（**条件反応**）を見出しました。そして、本来唾液を分泌させることのない刺激（**中性刺激**）と生理的な反射が結びつく現象を**条件反射**と呼びました。

> **+α プラスアルファ**
>
> **高次条件づけ**
>
> ある条件刺激Aによって、ある条件反応を引き起こす条件づけが成立した後で、Aと別の条件刺激Bを対呈示して新たに条件づけを行い、Bによってその条件反応を引き起こすことができるようになることを指す。

> **Check**
>
> 条件刺激を呈示してから無条件刺激を呈示する順行条件づけは、無条件刺激を呈示してから条件刺激を呈示する逆行条件づけより条件反応の獲得がよいとされる。

② アルバート坊やの実験

生後11ヵ月のアルバート坊やは当初、白ネズミを怖がることなくペットとしてかわいがっていました（**中性刺激**）。そのアルバート坊やの前に白ネズミ（**条件刺激**）を置き、彼が手を伸ばしたときに背後で金属棒を打ち鳴らし大きな音（**無条件刺激**）を立てました（**対呈示**）。坊やは大きな音に対して恐怖反応を示し、泣き出しました（**無条件反応**）。この手続きをくり返したところ、坊やは白ネズミを見ただけで泣くようになりました（**条件反応**）。このように、生体に恐怖感情を引き起こす無条件刺激を用いた手続きを**恐怖条件づけ**ともいいます。

その後、アルバート坊やは白ネズミだけでなく、白くてふわふわしたものすべてに対して恐怖反応を示すようになりました。ある刺激に対して条件づけられた反応が、他の刺激に対しても生じることを**般化**といいます。

+α プラスアルファ

嫌悪条件づけ

嫌悪刺激を用いて、反応の生起頻度を低減させたり、特定の対象に対して恐怖や不快感を形成する条件づけをいう。アルバート坊やの実験や味覚嫌悪学習（P.204参照）が該当する。

---

2 オペラント条件づけ 🖐重要

オペラント条件づけとは、ある状況での**自発的**な行動であるオペラント行動に対して、**報酬**や**罰**となる刺激を与えることによって、その**行動頻度**を変容させる手続きをいいます。また、オペラント条件づけによる行動変容以前の行動頻度を**オペラント水準**といいます。オペラント条件づけの先駆的な研究としてThorndike,E.L.（ソーンダイク）の**ネコの問題箱**が挙げられます。また、オペラント条件づけの実験装置としては、Skinner,B.F.の**スキナー箱**が代表的です。

① Thorndike, E.L. のネコの問題箱

「ネコの問題箱」において、問題箱に入れられたネコは、初めはさまざまな行動をしては偶然に脱出に至るだけでしたが、試行をくり返すうちに、箱に入れられるとすぐに脱出できるようになりました。このことから、Thorndike,E.L. は、学習とは**試行錯誤**によってなされると考ええました。また、生体がある状況で起こした反応のうち、**快**や**満足**をもたらした

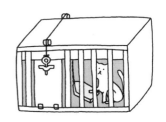

反応はその状況と強固に**結びつき**、同じような状況においてその反応が生じやすくなり、その一方で**不快**や**不満足**をもたらした反応はその状況との結合が**弱められ**、同じような状況においてその反応が生じにくくなるという**効果の法則**を提唱しました。

② Skinner,B.F. のスキナー箱

スキナー箱は、ネズミやハトが自由に動き回れるくらいの大きさで、内部にはブザーやランプ、押せばエサの出るレバーやボタンがついています。例えば、ブザーが鳴ったときにネズミがレバーを押すと、エサが出てくることをくり返していると、ネズミはブザーが鳴ったときのみにレバーを押すようになります。この場合、ブザー音が**弁別刺激**、レバー押しが**オペラント行動**、エサが**強化子**となります。オペラント条件づけは、**弁別刺激—オペラント行動—強化子**という**三項随伴性**によって成立します。

またSkinner,B.F. は、新たな行動を獲得するために、標的行動を**スモール・ステップ**に分けて、獲得しやすいものから徐々に形成し近づけていく手続きである**シェイピング**（P.204参照）を開発しました。

用語解説

弁別
ある刺激に対してのみ、反応が生じるようになることをいう。

③ 強化スケジュール

オペラント条件づけにおいて、オペラント行動の生起頻度が増加するような刺激の呈示を**強化**といいます。また、特定のオペラント行動をどのように強化するかについての規則を**強化スケジュール**といいます。

強化スケジュールには、特定のオペラント行動が生起するごとに強化を与える**連続強化スケジュール**と、強化と強化の間の時間やオペラント行動の生起回数に

よって強化のタイミングが変わる**部分強化（間歇強化）スケジュール**があります。

■部分強化スケジュール

	特徴	例
定時隔（FI）スケジュール	強化が与えられるまでの時間経過が一定であり、反応数は関係ない	月給
変時隔（VI）スケジュール	強化が与えられるまでに必要な経過時間が随時変化する	魚釣り
定比率（FR）スケジュール	反応を一定回数くり返すと強化が与えられる	出来高制の仕事
変比率（VR）スケジュール	強化が与えられるまでに必要な反応数が随時変化する	ギャンブル

また、オペラント条件づけによって形成された行動は、強化を与えないことでその生起頻度を低下させることができ、これを**消去**といいます。連続強化スケジュールによって形成されたオペラント行動よりも、**部分強化スケジュール**によって形成されたオペラント行動のほうが、**消去抵抗**が高いことが知られています（**ハンフリーズ効果**、または部分強化効果）。

 用語解説

消去抵抗
消去抵抗とは、条件づけによって形成された行動を消去しようとした際に、どれくらいの時間や回数が必要だったかという「消去のされにくさ」のことを指す。

④ 強化と弱化

オペラント条件づけの手続きにおいて、オペラント行動の後に随伴した結果によって、その生起頻度が増加することを**強化**、減少することを**弱化（罰）**といいます。

	快刺激	嫌悪刺激
刺激呈示	正の強化	正の弱化（罰）
	例：お手伝いをしておこづかいをもらう →お手伝いをするようになる	例：いたずらをして怒られる →いたずらをしなくなる
刺激除去	負の弱化（罰）	負の強化
	例：いたずらをしておこづかいを減らされる →いたずらをしなくなる	例：頭痛のときに薬を飲んだら治った →頭痛のときに薬を飲むようになる

正：刺激を呈示　負：刺激を除去　強化：行動頻度の増加　弱化（罰）：行動頻度の減少

あるオペラント行動に対して金銭や食べ物などの快刺激が与えられることでその行動頻度を増加させる手続きを**正の強化**といいます。あるオペラント行動に対して痛みや不快感など嫌悪刺激が取り除かれることでその行動頻度を増加させる手続きを**負の強化**といいます。また、あるオペラント行動に対して叱責や痛みなどの嫌悪刺激が与えられることによってその行動頻度を減少させる手続きを**正の弱化（罰）**といいます。

あるオペラント行動に対して金銭や食べ物などの快刺激が取り上げられることによってその行動頻度を減少させる手続きを**負の弱化（罰）**といいます。

3　潜在学習

潜在学習とは、**行動**に現れない**潜在的**な学習過程のことをいいます。Tolman,E.C.（トールマン）は、ネズミの迷路学習において、出口にエサが置かれずに何度も迷路を走る経験をさせられると、エサが置かれたときに、エサを置かれた経験のないネズミよりも速やかに学習が成立することを示しました。

この結果について、Tolman,E.C.は、迷路という**手段**とエサという**目的**の関係性を学習することで、**認知地図**が形成されたと考えました。

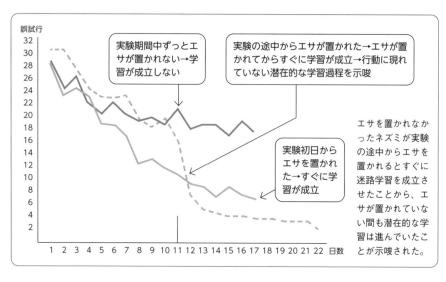

実験期間中ずっとエサが置かれない→学習が成立しない

実験の途中からエサが置かれた→エサが置かれてからすぐに学習が成立→行動に現れていない潜在的な学習過程を示唆

実験初日からエサを置かれた→すぐに学習が成立

エサを置かれなかったネズミが実験の途中からエサを置かれるとすぐに迷路学習を成立させたことから、エサが置かれていない間も潜在的な学習は進んでいたことが示唆された。

4 社会的学習理論 重要

　人間のように高度な社会生活を営む動物では、行動の獲得や変容に**他者**が大きく影響します。他者の行動を**手がかり**にしたり、**模倣**したりすることによって学習することを社会的学習といいます。

1 観察学習

　Bandura,A. は、学習者が**直接**経験したり強化を受けたりせずに、モデルである他者の行動を**観察**することによって、その行動を学習する**観察学習**を提唱しました。また Bandura,A. は、大人が乱暴な行動を見せると、子どももそれを真似するようになることを明らかにしました。学習者が観察中に、モデルの行動に対して与えられる強化を**代理強化**といい、観察学習を促進する効果があります。観察学習は、右の４過程によって成立します。

①モデルに対して注意を向ける注意過程

②モデルの行動を記憶する保持過程

③記憶したことを行動として再現する運動再生過程

④それらの３過程の生起を動機づける動機づけ過程

2 模倣学習

　模倣学習は、モデルと同じ行動をとった結果、学習者が**直接強化**を受けることによって成立します。模倣学習が成立するには直接強化を受けることが必要ですが、観察学習では観察するだけで学習が成立すると考える点が違いとして挙げられます。

+α プラスアルファ

感覚運動学習

環境からの感覚と身体運動を協応させ、状況に適した仕方に関連づける非言語的な学習過程を指す。例としては、スポーツ競技や楽器演奏などが挙げられる。感覚運動学習の規定因として、動作や課題の種類、練習密度（全習法・分習法）、結果の知識、転移の程度などが明らかにされている。

学習の転移

先行する学習が、後続の学習に促進的もしくは抑制的な影響をもたらす現象をいう。後続する学習が先行学習によって促進される現象を正の転移、抑制される現象を負の転移という。

10 情動・動機づけ

ブループリント
中項目 | 感情に関する理論と感情喚起の機序／感情が行動に及ぼす影響

🔑 キーワード | 末梢起源説、中枢起源説、二要因説、外発的動機づけ、内発的動機づけ、
アンダーマイニング効果、欲求階層説

1 情動に関する理論 👉重要

　情動は、主観的な**意識体験**だけでなく、悲しくて泣くや、嬉しくて笑うといっ
た特有の感情表出や、恐怖で身体が震えたり、緊張で心臓がドキドキしたりとい
った生理的喚起をともないます。

　情動は、**進化論**的には適応的な意味をもつとされています。つまり、怒り、恐
れ、悲しみ、喜びなどの基本的情動は、**進化の過程**を経て残った感情であり、そ
れに対応する**生理的機構**や**表情**にはすべて**進化的**、**生存的**な意味があるとされて
います。

　情動がどのようにして生起されるかについての代表的な理論として、**末梢起源
説**、**中枢起源説**、**二要因説**があります。

1 末梢起源説

　外界からの刺激によって**身体反応**が起こり、そ
の状態の変化を**大脳**が知覚することによって情動
が生起するという理論です。「**泣くから悲しい**」
という言葉に表されるように、**身体反応**があるか
ら**情動**が起こると考えます。**James,W.**と
Lange,C.G.（ランゲ）によって提唱されました。

> **+α プラスアルファ**
>
> **表情フィードバック仮説**
> Tomkins,S.（トムキンス）が
> 提唱した、顔の表情筋のフィ
> ードバックによって情動体験
> が引き起こされるという考え
> である。身体反応があるから
> 情動が生起するという末梢起
> 源説がそのもとになっている。

2 中枢起源説

　外界からの刺激は感覚受容器から**視床**を経由して**大脳皮質**へ送られ、そこで処
理された情報は**視床**に伝え返されます。それによって生じた**視床**の興奮が大脳へ
伝達され、**情動**と**身体反応**が生起されるという理論です。**Cannon,W.B.（キャ
ノン）**と**Bard,P.（バード）**によって提唱されました。

③ 二要因説

　情動が生起するためには、外界からの刺激による**生理的覚醒状態**と、その状態に対する**認知的評価**の二つの要因が必要だとする理論です。**Schachter,S.（シャクター）**によって提唱されました。

生理的覚醒状態　　　　　　　　　　　　　　　　認知的評価

Check

Ekman,P.（エクマン）は喜び、驚き、恐れ、悲しみ、怒り、嫌悪の6種類の表情の写真をアメリカ、ブラジル、チリ、アルゼンチン、日本の実験参加者に見せるという実験を行い、その判断の一致率がきわめて高いという結果を得た。また、ニューギニアの部族でもこれらの表情は正しく認知されていた。このことから、基本的な情動に関しては、表情認知の普遍性があることが示唆された。

④ 感情が認知に与える影響

　ある気分のときには、その気分と**一致した**出来事の想起や事物の評価がなされやすいことを**気分一致効果**といいます。このように、**感情**は記憶や判断、問題解決といった**認知過程**に影響を与えることがあります。

+α プラスアルファ

感情情報機能説

人は自らの感情状態を判断や評価の手がかりとなる情報基盤として用いるという考えである。他の情報が入手しにくい、あるいは複雑で情報処理の負荷が大きい場合に、このような感情に依拠した判断がなされやすいとされる。

感情混入モデル

ある対象に関する判断の際、対象のもつ特性（親近性、典型性、複雑さ）や、判断者の特性（個人的な重要性、動機づけ、感情状態、認知容量）、状況の特性（正確さへの要求、判断基準の有無、社会的望ましさ）といった要因により、直接アクセス型処理、動機充足型処理、ヒューリスティック型処理、実質型処理といった方略がなされるという考えである。

第2章　基礎心理学

感情ネットワークモデル

活性化拡散理論（P.70参照）を援用した考えである。例えば、喜びといった感情のノードには喜びが生起するような出来事や喜びにともなう身体反応などがリンクで結びついている。喜びの感情が喚起されると、その感情のノードが活性化され、リンクで結びついた事柄へと拡散、伝播していく。また、喜びと怒りなどの相反する感情は抑制的なリンクが想定されており、喜びの感情が活性化されると、怒りの感情とリンクしている事柄は抑制される。

認知容量説

感情ネットワークモデルを前提としており、ポジティブな事柄の方がネットワークのなかで広範で多量のため、ポジティブ気分に基づいた活性化拡散の方が認知容量を消費し、そのために直感的でヒューリスティックな情報処理がなされるという考えである。一方、ネガティブな事柄の方がネットワークのなかで少ないため、認知容量の消費が少なく、分析的でシステマティックな情報処理がなされやすいと考える。

ポジティブ感情の拡張―形成理論

Fredrickson,B.L.（フレデリクソン）が提唱した、ポジティブ感情が思考や行動のレパートリーを拡張し、それによって個人の資源が形成されるという理論である。この拡張と形成によって、個人にらせん的変化と成長が生じ、結果としてウェルビーイングにつながるとされる。

コア・アフェクト

Russell,J.A.（ラッセル）が提唱した、快―不快、覚醒―睡眠の二次元から定義される神経生物学的状態であり、感情現象のもととなるものである。身体状態は各感情としてすぐに解釈されるのではなく、まずは原始的で単純な身体認識のプロセスがあると考える。コア・アフェクトを「感情のもと」とし、文脈や記憶などの情報と合わせて解釈されるという認知過程によって、感情の種類が規定される。

ソマティック・マーカー仮説

Damasio,R.（ダマシオ）が提唱した、意思決定では、熟慮に基づいた自覚的な選択の段階に先立って、無自覚的な選択がなされており、その無自覚的な選択において情動的な身体状態であるソマティック・マーカーが重要な働きをしているという考えである。

---

2 動機づけ

　動機づけとは、**行動**を一定の方向に向けて生起させ、持続させる過程や機能をいいます。

　動機づけにおいて、報酬や賞賛といった何かを得るための**手段**として機能するものを**外発的動機づけ**といいます。また、行動によって得られる満足感や喜びのように、行動自体が**目的**となって機能するものを**内発的動機づけ**といいます。内発的に動機づけられた行動に対して、金銭などの外的な報酬を与えると内発的動機づけが低下することがあり、**アンダーマイニング効果**といいます。

Herzberg,F.（ハーズバーグ）の二要因理論

職務満足および職務不満足を引き起こす要因に関して、満足に関わる動機づけ要因と不満足に関わる衛生要因は別であるとする考え方である。動機づけ要因は、仕事の達成感や周囲からの承認などであり、これらが満たされると職務満足につながると考える。一方で衛生要因は、会社の方針や労働条件・作業環境などであり、これらが満たされないと職務不満足につながると考える。

自己効力感

Bandura,A. が提唱した。ある行動について自分はうまく遂行できるという感覚や信念を指す。成功体験の累積による遂行行動の達成や、他者の成功体験を観察する代理的経験、「自分ならできる」といった自己教示や他者からの励ましなどの言語的説得、生理的な状態による情動的喚起という4つの情報から影響を受ける。

期待―価値理論

個人がもつ期待と価値が動機づけとなって、行動の遂行水準や持続性、課題（目標）の選択に影響するという考えである。期待とは、主観的に認知された成功の見込みであり、価値とは課題（目標）やその達成に対する主観的な魅力の程度を指す。Atkinson,J.W.（アトキンソン）のモデルが代表的である。

3 欲求階層説 ☞重要

　生物的な欲求も不可欠ではありますが、人間の場合、さらに高次の欲求として安定や愛情を求める欲求があります。**Maslow,A.H.** はピラミッド型の図を用いた**欲求階層説**を提唱しました。第1層から第4層の欲求は環境や他者に依存しており、欠如として体験されるため**欠乏欲求**と呼ばれます。最高層の**自己実現の欲求**は、自分が**潜在的**にもっている可能性を引き出そうとする欲求であり、**成長欲求**とも呼ばれます。

■欲求階層説

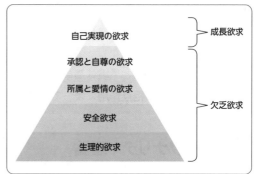

11 | パーソナリティ（人格）

1 パーソナリティ（人格）

　パーソナリティ（人格）とは、個人の**一貫した行動傾向**を指します。また、気質や気性、性格などパーソナリティと似たような言葉があります。

　気質は、**遺伝**や**体質**と結びついており、もって生まれた**素質的傾向**で、生涯を通して**変化しにくい部分**です。気性は、気質を基盤として、**環境の影響**によって形成される性格です。主に**家庭環境**や**親子関係**の影響によって、2〜3歳頃までに形成されると考えられています。この気性の部分もなかなか**変化しにくい部分**です。習慣的性格は、社会的・文化的な影響によって**後天的**に形成されたものであり、**態度**や**価値観**、**興味**などを含んでいます。主に**友人関係**や**学校生活**、**職場環境**などを通して形成されたものであり、気質や気性と比べると比較的**変化しやすい部分**です。役割性格は、先生らしさや母親らしさのように、**社会的・職業的な役割**として形成された性格であり、その役割が変われば、それに応じて**変化する**ことができます。

　パーソナリティが遺伝によるのか、環境によるのかということについては、一卵性双生児が身体的特徴だけでなく、行動や知能、趣味や嗜好などについても**高い一致率**を示した研究結果から、パーソナリティが**遺伝**の影響を受けていることが示唆されています。しかし、遺伝がどのように影響しているのかを特定することは困難であり、遺伝と環境は簡単に切り分けられるものではないことから、現在では遺伝と環境の**相互作用**によって形成されるというのが一般的な見解です。

2 パーソナリティ理論　

　パーソナリティのとらえ方は、**類型論**と**特性論**の二つに大別されます。

1 類型論

　類型論は、一定の**原理**に基づいて**典型的**なパーソナリティをいくつか設定し、個人をそれにあてはめてその人を理解しようとする考え方です。

　代表的なものに、個人の体型に基づいたものとして、**Kretschmer,E.H.（クレッチマー）**や**Sheldon,W.H.（シェルドン）**の類型論が挙げられます。Kretschmer,E.H. は**精神病患者**の観察から、精神疾患と体型、気質の関連性を見出し、3類型を提唱しました。Sheldon,W.H. は、**一般成人**を対象に統計的手法を用いて体型とパーソナリティの関連性を見出し、3類型を提唱しました。

　また、個人の心理的傾向に基づいたものとして、**Jung,C.G.**や**Spranger,E.（シュプランガー）**の類型論が挙げられます。Jung,C.G. は、心的エネルギーの向かう方向による**外向—内向**と、4つの精神機能（**思考・感情・感覚・直観**）をかけ合わせた8タイプの類型論を提唱しました。Spranger,E. は生活領域の中で何に**価値**を置くかによって、6つの類型に分類しました。

■ Kretschmer,E.H. の類型論

体型	気質	特徴
細長型	分裂気質	神経質、非社交的、過敏と鈍感
肥満型	循環気質	社交的、親切、温和、陽気と陰気
筋骨（闘士）型	粘着気質	粘り強い、几帳面、融通が利かない

■ Sheldon,W.H. の類型論

体型	型	特徴
外胚葉型	頭脳緊張型	控えめ、非社交的、内向的、とりこし苦労
内胚葉型	内臓緊張型	安楽、食欲旺盛、社交的、自己満足
中胚葉型	身体緊張型	活動的、権力欲、大胆、攻撃的

■ Jung,C.G. の類型論

外向型	リビドーが外に向かう
内向型	リビドーが内に向かう

判断（合理）機能	思考機能	ものごとを論理的、合理的に判断する機能
	感情機能	ものごとに対して快—不快等の一定の価値を付与する機能
知覚（非合理）機能	感覚機能	ものごとを知覚したままとらえようとする機能
	直観機能	ものごとの背後にある可能性を本能的に察知する機能

第2章 基礎心理学

■ Spranger,E. の生活形式の6種類

理論型	客観的、論理的なことに価値を置く	宗教型	信仰や宗教体験に価値を置く
経済型	経済性、功利性に価値を置く	権力型	権力に価値を置く
審美型	美しいものに価値を置く	社会型	社会的貢献や他者との協力に価値を置く

② 特性論

　個人の行動において、その人が他者と比べて**一貫して持続している傾向**を特性といいます。特性論は、さまざまな特性をどの程度有しているか測定することによって、その人を理解しようとする考え方です。代表的なものに、**Allport,G.W.（オルポート）**や**Cattell,R.B.（キャッテル）**、**Eysenck,H.J.** の理論があります。

　特性論の創始者であるAllport,G.W. は、多くの特性語を整理、分類し、すべての人がもっている**共通特性**と個人に特有な**個人特性**を見出しました。彼の影響を受けたCattell,R.B. は、まず外から観察可能な35の**表面特性**を見出し、それらから**因子分析**によって16の**根源特性**を抽出しました。さらに、Eysenck,H.J. は、類型論と特性論をまとめたような4つの水準からなる**階層構造**のパーソナリティ理論を提唱しています。まずは、日常生活において個人に特有の行動である**特殊的反応**、特殊的反応がいくつか集まって反復される**習慣的反応**、いくつかの習慣的反応の背後に想定される**特性**、特性の背後に想定される**類型**です。彼は類型として、**外向性―内向性**、**神経症傾向**、**精神病傾向**の3つを指摘しています。

> ✎ Check
>
> 特性論では、特性によって人間の行動には時間と状況を超えた一貫性があると考える。しかし、Mischel,W.（ミシェル）は、異なる状況における行動の一貫性は低いと特性論を批判し、一貫性（人間―状況）論争が起こった。

■ Eysenck,H.J. によるパーソナリティの階層構造

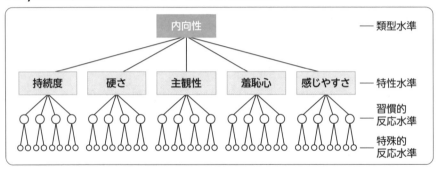

84

近年では、McCrae,R.R.（マックレー）と Costa,P.T.Jr.（コスタ）による５つの特性でパーソナリティを説明しようとする**５因子モデル（Big Five）**に収束する傾向にあります。また類型論と特性論には、次のような長所と短所があります。

■5因子モデル（NEO-PI-Rに基づく）

因子	特徴
外向性	温かさ、群居性、断行性、刺激希求性、よい感情
神経症傾向	不安、敵意、抑うつ、自意識、衝動性、傷つきやすさ
開放性	空想、審美性、感情、行為、アイデア、価値
調和性	信頼、実直さ、利他性、応諾、慎み深さ、優しさ
誠実性	コンピテンス、秩序、良心性、達成追求、自己鍛錬、慎重さ

■類型論と特性論の長所と短所

	長所	短所
類型論	・典型例が示されているため、直感的に理解しやすい	・中間型が無視されやすい ・他の特徴が無視されやすい
特性論	・特性の量的差異によって個人差を記述できる ・個人のパーソナリティを詳細にとらえることができる	・パーソナリティの全体像がとらえにくい ・いくつの特性でパーソナリティをとらえることができるのか結論が出ていない

③ 認知論

パーソナリティを、物事のとらえ方の個人差に注目して、その人を理解しようとする立場です。

認知―感情システム理論	ある状況に遭遇した際に、その状況の解釈の違いによって個人のもつさまざまな認知や感情などのネットワークの活性や抑制に違いが生じ、行動の個人差がみられると考える
パーソナル・コンストラクト理論	Kelly,G.A.（ケリー）が提唱した。コンストラクトと呼ばれる、目や耳などの感覚器を通じて得た外界からの情報を処理する認知構造から、個人のパーソナリティをとらえる

+α プラスアルファ

Cloninger, C.（クロニンジャー）の7次元モデル

遺伝の影響が大きい「気質」の4次元と、自己洞察によって成人期に成熟する「性格」の3次元から構成される。気質のうち、新奇性追求はドーパミン、損害回避はセロトニン、報酬依存はノルアドレナリンとの関連を想定する。

12 | 脳・神経系

1 神経系の構造　👉重要

　神経系を構成する最小単位は**神経細胞（ニューロン）**です。大きさは1/200mm～1/10mmで、大脳は数百億個の神経細胞によって構成されています。構造は、大きく分けて、**細胞体**、**樹状突起**、**軸索**からなります。細胞体は、他の細胞と同じように**DNA**を含む核や、エネルギーを産生する**ミトコンドリア**などで構成されています。樹状突起は、隣接する神経細胞からの情報を**受け取る**部位です。樹状突起で受け取った情報は**電気信号**に変換されます。軸索はその電気信号を**伝える**ことで他の神経細胞に情報を送ります。軸索は、**ランビエ絞輪**以外は**絶縁体**である**髄鞘（ミエリン鞘）**で覆われているため、電気信号は**ランビエ絞輪**間を飛び飛びに伝わります（**跳躍伝導**）。

■神経細胞

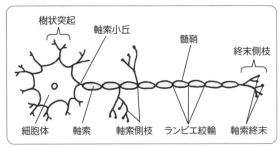

■跳躍伝導

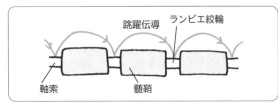

> ✏️**Check**
>
> 髄鞘をもつ神経線維を有髄線維といい、髄鞘をもたない神経線維を無髄線維という。跳躍伝導をする有髄線維の方が電気信号は速く伝わる。

> **+α プラスアルファ**
>
> **ミラーニューロン**
>
> 自分が動作を行うときや、他者が同じ動作を行うのを観察するときに活動する神経細胞である。ミラーニューロンによって他者の内部状態を、自己の内部状態として再現できると考えられ、他者の行動理解や模倣、心の理論、共感などと関連するとされる。

神経細胞と神経細胞の接続部を**シナプス**といいます。電気信号がシナプス前細胞の神経終末に到達すると、**シナプス小胞**から**神経伝達物質**が放出されます（**化学信号**による情報伝達）。これらがシナプス後細胞の受容体と結合して、再び**電気信号**となって情報を伝達します。

■シナプス

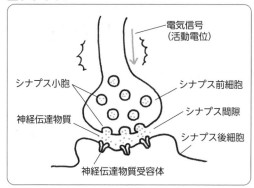

神経細胞を支える細胞は**グリア細胞（神経膠細胞）**です。神経細胞を保護し、栄養を供給します。

■グリア細胞の種類

アストロサイト（星状膠細胞）	星のかたちをしており、神経細胞に栄養分を供給する
オリゴデンドロサイト（希突起膠細胞）	神経細胞の軸索を覆い、髄鞘をつくる
ミクログリア（小膠細胞）	神経細胞が正常に機能しているかを検診し、修復する

2 神経系の分類 👉重要

人間の神経系は、**中枢神経系**と**末梢神経系**から構成されています。

末梢神経系を機能的に分類すると、**体性神経系**と**自律神経系**に分けることができます。体性神経系とは、**随意運動**と**感覚**を担っている神経です。感覚受容器からの感覚情報を中枢神経に伝える**感覚神経**と、中枢神経からの運動指令を体内の各部位に伝える**運動神経**に分けられます。

自律神経系とは、**大脳**の支配から独立して、**内臓器官**や**分泌腺**を制御する神経です。身体活動を活発化させる**交感神経**と、身体を安静化させる**副交感神経**に分けられます。両者が**拮抗的**に作用することで、体内の**ホメオスタシス**は保たれます。

📖 用語解説

ホメオスタシス

生命維持のために、生体が自己の状態を比較的安定した平衡状態に保とうとする機能を指す。恒常性とも呼ばれる。例えば、暑いときには汗をかいて体温を下げたり、寒いときには血液を循環させて体温を上げたりすることによって、ヒトの体温は36℃程度に保たれている。

■神経系の分類図

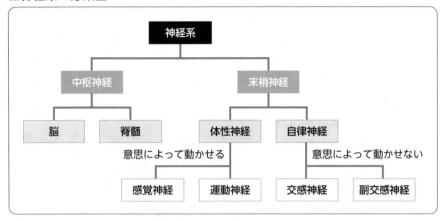

■自律神経系

交感神経	運動したり闘争したりするときに優位になり、心拍数の上昇や血管の収縮など循環器系の活動が活発になる
副交感神経	寝ているときやリラックスしているときに優位になり、唾液や胃液の分泌促進など消化器系の活動が活発になる

迷走神経

喉頭、咽頭、食道上部などの運動や感覚、副交感神経としての働きをもつ混合神経である。胸部や腹部まで広く分布し、肺や気管支、消化器などを制御する。迷走神経反射として、血圧の低下、脈拍の減少、意識の喪失などがみられる。

3 脳の構造 👉重要

　脳の構造は、上層になるほど**高度な精神機能**に関与し、下層になるほど**本能的・反射的行動**に関与しています。大脳皮質は、大脳半球の表面にある厚さ2～4mmの層であり、神経細胞が集まった領域（**灰白質**）になります。また、大脳皮質は構成される神経細胞の種類や密度、神経線維の種類や密度によりⅠ層～Ⅵ層の**6層**に分けられます。さらに、大脳皮質は**中心溝**と**外側溝**と呼ばれる深い溝を目印にして4つの領域に分けることができます。

■大脳皮質の機能

部位	主な機能	損傷すると……
前頭葉	思考・意思・創造・遂行	意欲、判断力、計画立案、遂行の低下
頭頂葉	空間認知・体性感覚	失行、（右半球の損傷による）左側半側空間無視
側頭葉	聴覚	（左半球の損傷による）感覚性失語
後頭葉	視覚	視覚失認・相貌失認

■脳の構造

部位		主な機能
大脳半球	大脳皮質（新皮質）	認知機能・遂行機能
	大脳辺縁系（旧皮質・古皮質）	記憶・動機づけ・情動
	大脳基底核	大脳皮質や脳幹の調整→さまざまな機能
間脳	視床	生命維持
	視床下部	
脳幹	中脳	
	橋	
	延髄	
小脳	——	運動・姿勢

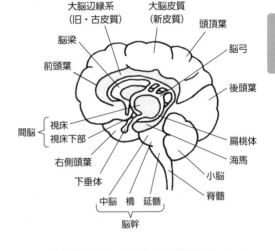

Check

一次運動野は中心溝の前方の中心前回にあり、一次体性感覚野は中心溝の後方の中心後回にある。また、高次運動野である運動前野や補足運動野は、運動の準備や計画に関わる。

 用語解説

大脳基底核

大脳皮質と視床や脳幹を結びつけている神経核の集まりを指す。運動調節や感情、動機づけ、学習などのさまざまな機能を司る。

延髄

脳の最下部に位置し、脊髄へと続く部位である。心臓血管中枢や呼吸中枢が存在し、吸引反射、嚥下反射、嘔吐反射、唾液分泌、咀嚼などの消化機能の調整も行う。

+α プラスアルファ

脳脊髄液

脳室に存在する脈絡叢で産生される無色透明の液体である。脳と脊髄、これらを包んでいる硬膜の間を流れ、中枢神経系の保護と代謝に関連する。

脳幹網様体

脳幹にある神経細胞体と神経線維が入り交じった網目状の神経系を指す。主な役割としては、呼吸や心拍、血圧の調整や運動調節、意識水準の保持がある。また、覚醒と睡眠の調整にも関わっている。

大脳辺縁系は、**旧皮質**と**古皮質**、**大脳基底核**の一部を含めた領域です。大脳辺縁系は**記憶**や**情動**の機能を担っています。大脳辺縁系の中で、主に記憶の機能を担っているのは**海馬**です。海馬は**側頭葉**の内側にあり、**短期記憶**を司っています。海馬を損傷すると、**新しい情報**を記憶できなくなります。なお、海馬で一時保持されていた情報は、必要に応じて**長期記憶**として**大脳皮質**に送られるとされています。

また、大脳辺縁系の中で、主に情動の機能を担っているのは**扁桃体**です。扁桃体は、快・不快に関わる**生物学的な価値判断**を行っています。扁桃体を損傷すると、それまでおそれていたものを近づけても何の反応もしなくなることが明らかにされています。

間脳とは大脳半球と中脳の間にある部位です。主に**視床**と**視床下部**に分かれます。視床は感覚の中継核です。視床下部は**自律神経系**や**内分泌系**の**中枢**であり、生体の**ホメオスタシス**に重要な役割を果たしています。また、摂食や性、攻撃、睡眠といった本能行動の中枢でもあります。**視床下部**にある**乳頭体**は記憶と関連しています。アルコール依存によって**ビタミンB$_1$**が欠乏し、**乳頭体**に変性が生じると**コルサコフ症候群**を発症します。コルサコフ症候群の主な症状としては、**健忘**や**見当識障害**、記憶がないことを隠そうとして話をつくる**作話**があります。

脳機能を把握するための生理学的指標には、以下のようなものが挙げられます。

■脳機能検査

画像診断	CTスキャン （コンピューター断層撮影法）	さまざまな角度から脳にX線を照射した結果から、脳の断層像を描き出す
	MRI （磁気共鳴映像法）	装置の中の電磁波が脳の分子に作用することで、それぞれの分子から発せられる電磁波を読み取って脳内の画像を描き出す
機能検査	fMRI （機能的磁気共鳴映像法）	MRI装置を用いて、神経細胞の活動亢進にともなう血流量の局所的な増加を測定することによって、神経細胞の活動分布を把握する

機能検査	PET (陽電子断層撮影)	陽電子を放出する放射性同位元素（化学的性質は同じでも、構造が不安定で放射線を出す原子）で標識された薬剤を投与し、放出される放射線を画像化することで脳の局所的な活動を把握する
	SPECT (脳血流レンチ)	放射性同位元素で標識された薬剤を投与し、放出される放射線を画像化することで脳血流量や神経伝達機能を把握する
	光トポグラフィー	頭部に装置を装着し、近赤外光を用いて課題を行う際の血流量の変化を測定することで脳の活動を把握する

　このほかに、体温や皮膚電位、心電図は**交感神経系**の活動を把握するために、**脳波**はてんかんや意識障害の診断のために用いられています。

6 脳波

　大脳には、微細な動作電流が流れており、その動作電流を脳波計により増幅記録したものを**脳波**といいます。1924年、**Berger,H.（ベルガー）**によって初めて記録され、脳の活動状態の推測が可能となり、てんかんや脳器質疾患などの診断や認知機能の研究の促進につながりました。

■脳波

脳波	周波数	帯域	活動状態
δ波	0.5～4Hz未満	徐波	乳幼児の基本的脳波、成人の深い睡眠など
θ波	4～8Hz未満	徐波	小児の基本的脳波、集中作業時、まどろみ状態など
α波	8～13Hz未満	—	正常成人の閉眼安静時（後頭部に優位に出現）
β波	13Hz以上	速波	精神活動時

　正常なヒトの脳波は周波数0.5～35Hzの範囲内にあります。また、精神活動の状態によって**δ波**、**θ波**、**α波**、**β波**の4つの周波数帯域があり、α波よりも周波数の小さいものを**徐波**、大きいものを**速波**といいます。

　てんかん患者では**棘波**といわれるスパイク様の脳波や、**鋭波**といわれるやや幅の広いとがった脳波がみられ、診断の大きな目安となっています。また、意識障害や知的障害などでは異常

な徐波が特徴的にみられ、認知症では**θ波**が増加することが知られています。

7 睡眠と脳波

　睡眠は**REM（Rapid Eye Movement）睡眠**と**Non-REM睡眠**という、質的に異なる二つの生理的状態から成り立っています。Non-REM睡眠は、脳波の周波数によってさらに**4つ**の段階に分けられ、REM睡眠を合わせた**5段階**が睡眠の段階とされています。

■REM睡眠とNon-REM睡眠

覚醒		目覚めている状態で、β波がみられる	
REM 睡眠		低振幅脳波、急速眼球運動、抗重力筋の緊張の消失	逆説睡眠
non-REM 睡眠	段階1	まどろんでいる状態で、α波にθ波が混入し始める。頭頂部鋭波もみられるようになる	―
	段階2	軽い睡眠状態で、脳波はθ波〜δ波。睡眠紡錘波や瘤波、K複合体がみられる	―
	段階3	中程度の睡眠状態で、δ波は20〜50%程度である	徐波睡眠
	段階4	深い睡眠状態で、δ波が50%以上になる	

　REM睡眠時には**眼球**が水平方向にすばやく動く現象が観察されます。また、**抗重力筋の緊張**は消失しますが、**交感神経**の活動が亢進し、脳波も**覚醒時**に似たかたちが観察されます。つまり、身体は休んでいるが脳は活動している状態だといえるでしょう。そのためREM睡眠は**逆説睡眠**とも呼ばれています。また、REM睡眠時には**夢見**の報告が多くなされることも特徴的です。

Check

メラトニンは視床上部にある松果体から分泌されるホルモンであり、睡眠を促したり、サーカディアンリズムを調整したりする作用がある。サーカディアンリズムとは約24時間周期の生体リズムをいう。なお、サーカディアンリズムの中枢は、視床下部の視交叉上核(しこうさじょうかく)に存在する。

+α プラスアルファ

摂食行動

摂食行動に関連するホルモンとしてグレリンとレプチンがある。グレリンは食欲を促進するホルモンであり、レプチンは食欲を抑制するホルモンである。肥満症では、血液中のグレリン濃度は高い値を示し、レプチン濃度は低い値を示す。また、神経ペプチドであるオレキシンは摂食行動を制御する機能をもつとともに、覚醒・睡眠の制御にも関わる。

　REM睡眠とNon-REM睡眠はおよそ**90分**の周期で一晩のうちに3〜5回程度

くり返されます。

8 高次脳機能障害

　高次脳機能障害とは、厚生労働省では「脳の器質的病変の原因となる事故による**受傷**や**疾病**の事実が確認されている」および「現在、日常生活または社会生活に制約があり、その主たる原因が**記憶障害**、**注意障害**、**遂行機能障害**、**社会的行動障害**などの認知障害である」の2点から定義されています。

1 記憶障害

　記憶障害において健忘症候群とは、他の認知機能は正常であるにもかかわらず、**エピソード記憶**が著しく障害されている状態です。**前向性健忘**（覚えられない）と**逆向性健忘**（思い出せない）があります。**失見当識**や**病識欠如**、パーソナリティ変化、**作話**などをともなうこともあります。

記憶障害へのアプローチの一つに、代償手段の利用がある。代償手段における内的補助手段とは、記銘や想起をしやすくするために記憶障害者自身が頭の中で用いる方略をいう。例えば、人の名前を覚えるときに、視覚的なイメージに置き換えて覚えるなどが挙げられる。外的補助手段とは、記憶障害によって生じる困難さを減らす目的で、日記やメモ、カレンダーを使ったり、ICレコーダーのタイマー機能を使って時刻ごとにすべきことを音声出力したりすることが挙げられる。

2 注意障害

　注意障害は、大きくは**全般性（汎性）**と**方向性（一側性）**に分けられます。

①全般性注意障害

　注意機能が全般的に低下し、注意の持続が困難になります。

> **■分類**
> - **容量性**：一度に処理する情報量が低下
> - **選択性**：他の刺激に注意を奪われて、目的に沿った注意の方向づけが困難
> - **転換性**：必要に応じて注意の切り替えが困難
> - **持続性**：注意を続けることが困難
> - **配分性**：一度に複数の刺激に注意を向けることが困難

②方向性注意障害

　代表的なものとして、**右半球**の損傷による左側半側空間無視が挙げられます。

左側半側空間無視では、自分の左半身や対象物の**左側**に気づかないかのように振る舞います。

③ 遂行（実行）機能障害

遂行機能とは、**目標の設定**、**プランニング**、**計画の実行**、効果的な**行動選択**などの要素から構成され、これらの一連の過程を**自己モニタリング**する能力も含まれます。**前頭葉**の損傷によって、これらの機能に障害がみられます。

遂行機能障害のアセスメントとして、遂行機能障害症候群の行動評価（BADS）がある。

④ 社会的行動障害

意欲・発動性の低下、**情動制御**の障害、**対人関係**の障害、**退行・依存**、**反社会的行動**などがみられます。

⑤ 巣症状

高次脳機能障害には、巣症状も含まれます。具体的な症状として、**失行**、**失認**、**失語**があります。

①失行

運動機能に障害がないにもかかわらず、動作が適切にできない状態をいいます。

■**分類**
- **観念失行**：日常的に使っているものを正しく使えない。
- **着衣失行**：衣類の前後左右、表裏を間違えたり、衣類のどこに自分の手や足を入れてよいかわからなかったりする。
- **肢節運動失行**：麻痺がないにもかかわらず、箸を使うなどの指先や手、腕といった上肢を使う細かい動作ができない。

②失認

感覚機能に障害がないにもかかわらず、対象を把握できない状態をいいます。

■**分類**
- **視覚失認**：日常的に使っているものであっても、見ただけではそれが何かわからない。

- **相貌失認**：よく知っている人にもかかわらず、顔を見ても誰なのか認識できない。

③失語

言語中枢の損傷によって、構音器官や運動機能に障害がないにもかかわらず、言語に関連した障害がみられます。また、右利きの人のほとんど、そして左利きの人でも大多数は左半球に言語中枢があります。

■失語の種類

領域	主な機能	失語症	特徴
ウェルニッケ野	言語理解	感覚性失語	多弁だが錯語（言い間違い）も多い。話し言葉の意味を理解できない
ブローカ野	発語	運動性失語	話し言葉の理解は比較的良好だが、言葉を話すことができない
弓状束	ウェルニッケ野とブローカ野を結ぶ	伝導性失語	自発的発話が流暢であるが、錯語がみられる。復唱ができない
（左半球の）角回	読み書き、意味や隠喩の理解	ゲルストマン症候群（縁上回も関連するとされる）	失書、失算、手指失認、左右失認
左半球のさまざまな領域		健忘失語	喚語障害（人や物の名前を想起できない）、錯語や迂言（回りくどい言い方）
左半球の広い領域		全失語	言語理解と発話の両方が障害されている。残語（限られたいくつかの言葉しか出ない）

■脳の言語野

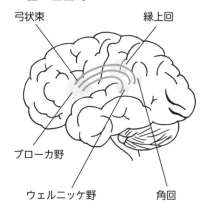

弓状束　縁上回
ブローカ野
ウェルニッケ野　角回

+α **プラスアルファ**

純粋失読

読字が選択的に障害されている状態をいう。自分で書いた文字も読めない。なぞり読みの効果がみられる場合がある。脳梁膨大部（古典型）、紡錘状回や後頭葉後下部（非古典型）が責任病巣とされる。

純粋失書

書字が選択的に障害されている状態をいう。一般的に写字は保たれるとされる。

失読失書

文字の読み書きが選択的に障害されている状態をいう。なぞり読みの効果はないとされる。

13 | 社会心理学

重要度 ★★★

| ブループリント 中項目 | 対人関係並びに集団における人の意識及び行動についての心の過程／ 人の態度及び行動／組織における人の行動 |

キーワード 対人認知の歪み、援助行動、説得、原因帰属、バランス理論、 認知的不協和理論、集団思考、PM理論、状況即応モデル

---

1 | 対人関係

① 対人認知

対人認知とは、他者のパーソナリティや感情などについて推測したり、判断することをいいます。

①印象形成

Asch,S.E.（アッシュ）は架空の人物の特徴をいくつかの**形容詞**による特性語によって呈示し、そこから実験参加者がどのような印象をもつのかの実験を行いました。その結果、人は**断片的**な情報しか得られなくても、印象形成に与える影響の大きい特性語を核として、**全体的**な印象を形成することができることを明らかにしました。その際、印象形成に与える影響の大きい特性語を**中心特性**といいます。また情報の**呈示順序**によって印象が異なることも明らかにし、最初のほうに呈示された情報が印象形成に強く影響することを**初頭効果**と呼びました。

> 📖 **用語解説**
>
> **単純接触効果**
>
> Zajonc,R.B.（ザイアンス）が提唱した、もともとは中性的な刺激であっても、それにくり返し接するだけでその刺激に対する好ましさが高まるという現象を指す。彼は単純接触効果を根拠に、刺激に対する感情は、短時間で自動的に生じるため、認知的評価を必要としないと主張した。

②対人認知の歪み（バイアス）

他者に対する印象や評価は必ずしも適切ではなく、見誤る場合もあります。

■対人認知の歪み

寛大効果	他者の望ましい側面は強調され、望ましくない側面は控えめに、寛大に評価されやすくなる傾向
光背効果（ハロー効果）	好ましいあるいは好ましくない特徴があると、その人の他の特徴についても、実際以上に高くあるいは低く評価してしまう傾向

96

中心化傾向	極端な評価を避け、評価が尺度の中央値に集まりやすくなる傾向
気分一致効果	ポジティブな気分のときにはよい評価を、ネガティブな気分のときには悪い評価をしてしまう傾向
ステレオタイプ	ある集団に属するメンバーに対する固定化されたイメージ
暗黙のパーソナリティ理論	世間の人たちが漠然ともっている、ある特性が他の特性と関連するまたは関連しないという考え
敵意帰属バイアス	他者の行動に対して、敵対的意図を帰属させる傾向

なお、自己に対する評価を見誤る場合もあります。

■自己に対する認知の歪み

透明性錯誤	自分の内面を、実際以上に相手に理解されたり見抜かれたりしていると思い込むこと
自己中心性バイアス	自分の視点から他者の心的状態をとらえてしまうこと
スポットライト効果	自分の装いや振る舞いが、実際よりも周囲の注目を集めていると思い込むこと

③対人魅力

　他者に対して好意や魅力を感じることを対人魅力といいます。対人魅力の要因には、**近接性**（物理的な距離の近さ）、**熟知性**（よく知っている）、**類似性**（自分とよく似ている）、**身体的魅力**などが挙げられます。Zajonc,R.B. は、くり返し経験する人や事象に対して好意が高まる**単純接触効果**を提唱しました。自分に魅力を感じてくれる人に、お返しのように魅力を感じたり、好ましい感情を抱いたりする**魅力の返報性**も要因として挙げられます。また、恐怖によって心臓がドキドキしているときに、他者が近くにいると、その人に対して**魅力**を感じているからときめいていると誤って帰属しやすい**つり橋効果**も知られています。

+α プラスアルファ

社会的交換理論

取引や報酬の分配、対人魅力など個人や集団のやりとりを、物質および愛情や好意、情報といった社会的・心理的な資源の交換ととらえ、それによる影響を報酬とコストの観点から分析する考えである。

② 対人行動

①援助行動

　援助行動は、他者が**困難**に直面している、または直面するだろうと予測される場合に行われます。実際に援助が提供されるかどうかは、援助をしようとする人が相手の援助の**必要性**を読み取るところから始まる意思決定過程を経て決定されます。しかしながら、援助が必要とされる事態に自分以外の**他者**が存在すること

で、援助が抑制されることがあります。これを**傍観者効果**といい、Latané,B.（ラタネ）とDarley,J.M.（ダーリー）が提唱しました。傍観者効果の要因としては、次の３つが挙げられます。

① 他者が存在することによって、誰かが援助するに違いないと援助が抑制される**責任の分散**

② 周囲の他者が消極的な対応をしていると、状況を楽観的にとらえ、援助に対して消極的になってしまう**多元的無知**

③ 他者の存在によって介入への失敗を恥としておそれる**評価懸念**

②説得

　説得とは、**言語的コミュニケーション**によって受け手の態度や行動をある**特定の方向**へ変化させようとすることをいいます。説得が効果をもたらすための要因としては、送り手の**信憑性**や**魅力**、**メッセージ内容**、受け手のもつ**知識**の程度、**他者の反応**などがあります。

　信憑性の低い説得者からの説得内容が時間経過とともにその信憑性の低さが弱まり、説得効果を増す現象を**スリーパー効果**といいます。また説得するつもりがかえって反発を生み、説得内容とは逆の方向へ被説得者の態度が変容してしまう現象を**ブーメラン効果**といいます。これは説得によって自分の自由が脅かされると、それを回復しようとする動機づけ状態である**心理的リアクタンス**が喚起されるためだと考えられています。説得への抵抗力をつける方法として、自分の考えについてあらかじめ弱い反論を受けておくことで免疫がつき、いざ説得された際に説得されにくくなるという**接種理論**があります。

　説得的コミュニケーションには、以下のようなものがあります。

フット・イン・ザ・ドア・テクニック	誰もが承諾するような負担の軽い要請が受け入れられたあとに、目的としていた要請をして承諾させる方法
ドア・イン・ザ・フェイス・テクニック	誰もが拒否するような負担の大きい要請を行った後に、譲歩したように見せて、目的としていた要請をして承諾させる方法

　近年では、メッセージ内容について受け手側が**能動的**に情報処理（**精緻化**）を行うかどうかで、説得に至るまでのプロセスが異なるという**精緻化見込みモデル**が提唱されています。精緻化が生じるかは、受け手の**動機づけ**と**能力**によって決

まります。このモデルでは、説得に至るまでのプロセスは二つあると考えます。一つは、受け手がメッセージ内容について**精緻化**を行った上で説得される**中心ルート**です。中心ルートによってもたらされた態度変容は、**持続的**で容易には変化しないとされます。もう一つは、メッセージ内容について**精緻化**がなされず、メッセージの送り手の魅力や信憑性など、メッセージの本質ではない**周辺手がかり**によって説得がなされる**周辺ルート**です。周辺ルートによってもたらされた態度変容は、**一時的**で容易に変化しやすいとされます。

2　原因帰属　

原因帰属とは、個人の行動やその結果について原因を推測する過程をいいます。

① Heider,F.（ハイダー）の分類

Heider,F. は、行動の原因をパーソナリティや能力といった個人の内部に帰属する**内的帰属**と、状況や運などの外部環境に帰属する**外的帰属**に分けました。また、人は他者の行動の原因を考える際に、外的な状況よりも内的な属性に原因を求める傾向があります。それを**基本的な帰属のエラー**（対応バイアス）といいます。

> **+α　プラスアルファ**
>
> **行為者―観察者バイアス**
> 人は自らの行った行為の原因を状況に帰属する傾向がある。その一方で、他者の同じ行為を観察した場合、その原因をその人の内的属性に帰属する傾向があることをいう。
>
> **セルフ・ハンディキャッピング**
> 課題の遂行について成功の確信がもてない場合に、自己評価を維持するために、課題遂行の妨害となる障害を自ら作り出したり、それについて主張したりすることを指す。

② 統制の所在（locus of control）

統制の所在とは、自らの行動の結果について、**自分自身**で統制（コントロール）したのか、**環境**によって統制されたのかという認知様式のことです。Rotter,J.B.（ロッター）が提唱しました。自分の能力や意志（内的要因）によって自分の行動が統制できたとみなす傾向を**内的統制**といいます。一方、**外的統制**とは偶然や運、状況などの要因によって自分の行動が統制されたとみなす傾向のことです。

③ Weiner,B.（ワイナー）の成功と失敗の原因帰属

Weiner,B. は、何らかの目標を立てて遂行した行動の成功や失敗の原因を、①原因の所在、②安定性、③統制可能性の３次元からとらえました。そして、原因

が各次元のどこに帰属されるかによって、生じる感情や次の達成への期待が異なり、達成動機に影響すると考えました。具体的には、成功を**能力**などの内的で安定的で統制不可能な要因に、失敗を**努力**や**方法**など内的で不安定で統制可能な要因に帰属すると、次の成功への期待が高まり、達成動機が高まると考えました。一方、失敗を**能力**などの内的で安定的で統制不可能な要因や、**課題の困難さ**や**運**などの外的で統制不可能な要因に帰属すると、次の成功への期待が高まらず、達成動機が低い水準に留まりやすいと考えました。

■ Weiner,B. の成功―失敗に関する原因の分類

	内的		外的	
	安定	不安定	安定	不安定
統制不可能	能力	気分・体調	課題の困難さ	運
統制可能	普段の努力	一時的な努力	他者の偏見	他者からの援助

+α プラスアルファ

自己奉仕バイアス
良い出来事は自分の内的要因に、悪い出来事は外的要因に帰属する傾向をいう。

分散分析モデル
Kelley, H. H.（ケリー）が提唱した、他者の行動の原因を考える際に、その原因を内的に帰属させるか、外的に帰属させるかは、①弁別性（対象が変わっても同じ行動をするか）、②一貫性（他の状況でも変わらないか）、③合意性（その人以外も同じ行動をするか）の3つの要因の組み合わせによって規定されるという考えである。

3 認知的斉合性理論　

　認知的斉合性とは、認知と態度との間に**矛盾**がなく、つじつまが合っている状態をいいます。矛盾やつじつまが合っていない状態は心理的に不快であるため、人はそれを解消しようと動機づけられます。

1 バランス理論（P－O－Xモデル）
　Heider,F. が提唱しました。個人（P）は、その個人と関係のある他者（O）、両者に共通の関心対象（X）の間において、それぞれに対する態度について均衡をとろうとします。
　まず、個人と他者、2人の共通の関心事の3つの関係のそれぞれにおいて、賛成・

好きなどの肯定的な態度を
プラス（＋）、反対・嫌い
などの否定的な態度を**マイ
ナス**（－）の符号で表しま
す。このとき、3者間の符
号を**掛け算**し、プラスであ

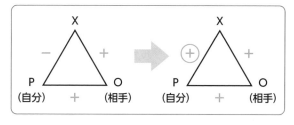

れば認知的に**均衡状態**にありますが、マイナスの場合は**不均衡状態**であり、個人
にとっては不快な状態です。そのため、個人は他者や共通の関心事、他者の共通
の関心事への態度についての自己の**認知**を変化させることによって、均衡状態を
回復しようとします。

② 認知的不協和理論

Festinger,L.（フェスティンガー）が提唱しました。人は、個人の中の認知的
要素に**矛盾**がある状態 **（認知的不協和）** を解消しようと、認知を操作します。下
の表は、「ギャンブルは損だ」と「ギャンブルは楽しい」という矛盾した認知的
要素の間で不協和状態になっている人の認知操作の例です。

■認知操作例

一方の認知要素の変更	「ギャンブルは楽しくない」または「ギャンブルは儲かるものだ」に変更
一方の認知要素の重視	ギャンブルの楽しい点を強調する
一方の認知要素の軽視	ギャンブルで損することを軽視する
新しい認知要素の付加	ギャンブルで儲けている人たちを引き合いに出す

4 集団

① 集団遂行

個人が何らかの作業を行う際に、一人で行う場合と比べて、他者がいることに
よってその遂行量や作業速度が変わることがあります。社会的促進とは、他者が
そばにいると、一人のときと比べて遂行成績が**上昇**する現象です。他者が同じ課
題を行っている場合 **（共行為者効果）** にも、観察者としてそばにいる場合 **（観衆
効果）** にもみられます。社会的抑制とは、他者の存在によって、遂行成績が**抑制**
される現象です。他者の存在によって**覚醒水準**が高まると、個人にとって**優勢な**

反応の生起率が高まります。課題が優勢反応に合致したものであれば**社会的促進**が、合致したものでなければ**社会的抑制**が起こるとされています。

社会的手抜き（リンゲルマン効果、フリーライダー効果、社会的怠惰）とは、集団で課題を遂行する際に、自分一人くらい手を抜いてもかまわないとして**努力量を減らす**現象です。社会的手抜きを低減させるための施策には、**①個人の課題への貢献度の判別**、**②個人の課題への貢献度の評価**、**③メンバーの関与**、**④課題の魅力を高めること**が挙げられます。

> **+α プラスアルファ**
> **社会的インパクト理論**
> 他者の存在が個人に与える影響を定式化しようとする考えである。①影響源である他者の強度、②他者との直接性、③他者の人数の相乗関数によって個人が受ける社会的インパクトが規定される。

② 集団意思決定

「三人寄れば文殊の知恵」といわれますが、集団状況では、個人状況と比べて、意思決定の質や量が**劣ってしまう**場合があります。

集団極性化とは、集団討議によって、個々のメンバーの考えが**より極端なもの**に変化する現象です。より過激で危険な方向へ結論が向かう**リスキー・シフト**と、安全性が高く無難な方向へ結論が向かう**コーシャス・シフト**があります。

集団思考（集団浅慮）とは、集団討議によるおろかで誤った決定をいいます。集団思考は個人をその集団に留まらせる力である**集団凝集性**や**集団圧力**（P.103参照）が高い集団において特に認められやすいとされています。凝集性の高い集団ほど、**外部からの意見**を受け入れにくくなるため、重要な情報を適切に処理し損なうことから生じるとされています。

③ 内集団びいき

ある集団にしばらく所属していると、その集団に対して愛着や帰属意識が生まれます。個人がその集団に所属しており、「ウチ」と認知する集団を**内集団**、個人が所属しておらず、「ヨソ」と認知する集団を**外集団**といいます。人は、外集団よりも内集

> **+α プラスアルファ**
> **スティグマ**
> 社会的に偏見をもたれたり、差別されるような、望ましくないものとして認識される属性を指す。現在においても、人種や出自、職業、性的指向、障害などに関して、社会の中にスティグマが存在する。スティグマには、スティグマをもたない一般の人びとがスティグマをもつ人に対して否定的な態度を示すパブリック・スティグマと、スティグマをもつ人が自らに対して否定的な態度を示すセルフ・スティグマがある。

団に対して、より望ましい属性を認知する、より高く評価する、優遇するといった**内集団びいき**が生じるようになります。

Tajfel,H.（タジフェル）らは、些細な基準によってグループ分けされたにもかかわらず、また、自分に**実際的な利害**がなくても、人は内集団のメンバーに対して**有利**に働きかけることを実験によって明らかにしています。

この実験からTajfel,H.は**社会的アイデンティティ理論**を提唱し、所属する集団のメンバーである自分への**肯定的な評価**を得るために、外集団と比較し、内集団を**優位**に位置づけようと動機づけられる結果、**内集団びいき**が生じると考えました。なお、集団や個人から仲間外れにされることを**社会的排斥**といいます。

このような内集団と外集団の葛藤の軽減のためには、対立する集団同士が協力し合わなければ達成できないような**上位目標**を導入したり、内集団と外集団の区別が不明確になるような**非カテゴリー化**を行ったりすることが有効であるとされています。

④ 集団圧力（同調）

集団圧力とは、**集団規範**（メンバーとして期待される思考や行動の標準）に沿って行動するように働く強制的な影響力をいいます。Asch,S.E.は、実験参加者に対して、自分以外はサクラである集団の中で、右の図のＡの線と同じ長さのものをＢ～Ｄの中から選ばせるという実験を行いました。その結果、人は他者の意見が明らかに間違っており、自分の判断が正しいとわかる場合でも、自分以外の全員の意見が**一致している状況**では、強い**集団圧力**が生じて、他者の判断に合わせた意見がなされることが明らかにされました。

■集団圧力

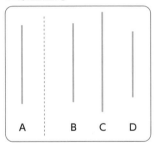

ただし、一人だけ正しい判断を行うサクラを含めたところ、**誤答率**が低下することから、集団圧力はメンバーの反応の**斉一性**に規定されると考えられています。

⑤ 社会的勢力

社会的勢力とは、他者（被影響者）の行動・態度・感情などを影響者が望むように変化させ得る**潜在能力**のことをいいます。

■社会的勢力の分類

賞（報酬）勢力	被影響者が望む賞を影響者がコントロールできる
強制（罰）勢力	被影響者が回避することを望む罰を影響者がコントロールできる
正当勢力	社会的、文化的に規定されている規範を被影響者が内在化している
専門勢力	影響者が専門的な知識や技能をもっている
参照（準拠）勢力	被影響者が影響者と自らを同一視しており、影響者が理想像となっている

ピグマリオン効果

他者に対する期待が、無意識に自身の行動に影響を与え、期待に沿う他者をつくり上げてしまう現象をいう。Rosenthal,R.（ローゼンタール）は、生徒に知能検査を実施し、その結果として、教師に将来学力が伸びる可能性がある生徒名を伝えた。その生徒名は、検査の成績とは関係なく無作為に伝えられたものであったが、その後実際にその生徒たちの成績は伸びていった。これは、教師がその生徒たちに無意識的に期待を抱き、ヒントを与えたり、質問を言い換えたり、回答を待つといったさまざまな働きかけをしたためであるとされている。

5 リーダーシップ　　　　　　👉重要

　リーダーシップとは、集団の目標達成や維持のためにメンバーによってなされる影響力の過程をいいます。その影響力は、必ずしも**地位**によるものではなく、個人の**魅力**や**機能**、他のメンバーからの**支持**にもよります。

1 類型論

　Lippitt,R.（リピット）らは、小学生を３グループに分けて、仮面をつくるという課題を与えました。３グループには、それぞれ、メンバーとの話し合いを重視する**民主的リーダー**、リーダーの意向でメンバーや課題を厳しく管理する**専制的リーダー**、すべてを放ったらかしにする**放任的リーダー**を割り当てました。

　その結果、民主的グループは専制的グループよりも短期的な生産性は低かったものの、長期的な生産性やメンバーの動機づけ、グループのまとまりのよさなど、より望ましい影響がみられることが明らかにされました。

　また、Lippitt,R.らは、**専制的リーダー**のもとではメンバーのリーダーへの**依存**や**潜在的不満**が高まる傾向がみられ、**放任的リーダー**のもとでは生産性もグループのまとまりも低くなるといった問題点を見出し、**民主的リーダーシップ**の有効性を確認しました。

（み す み じゅう じ）

三隅二不二は、**リーダーシップ**の機能として、集団目標を達成するための計画を立案し、メンバーに指示・命令を行う**目標達成機能（Performance：P機能）**と、集団のまとまりを維持・強化しようとしてメンバーを理解し、集団内に友好的な雰囲気をつくり出す**集団維持機能（Maintenance：M機能）**の二つを挙げました。

そこから4つの類型が見出され、P機能とM機能がともに高い**「PM型」**のリーダーシップが、**生産性**と**モラール（士気）**の両面に望ましい効果をもたらすことが明らかにされました。

■PM理論

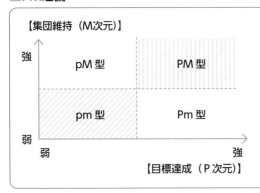

■PM理論

- PM型：目標達成を強調しながら人間関係にも気を配るリーダー
- pM型：目標達成よりも、集団内の人間関係に気を配るリーダー
- Pm型：目標達成に重点を置き、人間関係にはあまり配慮しないリーダー
- pm型：目標達成にも人間関係の調整にも消極的なリーダー

③ 状況（条件）即応モデル

Fiedler,F.E.（フィードラー）の**状況即応モデル**とは、効果的なリーダーシップのあり方を、集団の課題の性質、リーダーの権限、リーダーとメンバーの人間関係など、種々の状況要因を考慮に入れて説明しようとするモデルです。つまり、望ましいリーダーシップは、状況に応じて異なると考えます。

Fiedler,F.E. は、まず、リーダーが今まで一緒に働いた中で**最も好ましくない**と思われる人を評価すること**（LPC得点）**によって、リーダーシップの型をLPC得点の高い**対人関係型**と、低い**課題志向型**に分けました。また、集団の状況として、集団内における**リーダーとメンバーの関係性**（良―不良）、**課題の構造**（構造的―非構造的）、**リーダーの地位勢力**（良―不良）を測定し、リーダーの状況統制力の程度から8つに分けました。その結果、状況統制力が中程度のときは**対人関係型**のリーダーシップが効果的であるのに対し、状況統制力が高い、または低いときは**課題志向型**のリーダーシップが効果的であることを示しました。

第2章 基礎心理学

変革型リーダーシップ

不確実性の高い市場環境の中で大規模組織が適応し発展するために、求められるリーダーシップを指す。①メンバーの感情を高ぶらせ、リーダーへの同一化を促進させるカリスマ、②メンバーにビジョンを明確に伝え、シンボルを用いて組織における適切な行動をモデル化する鼓舞、③メンバーが新しい視点から問題をとらえることを促進する知的刺激、④メンバーをサポートし、勇気づけ、コーチングを行う個別的な配慮の4つの要素をもつ。

サーバント・リーダーシップ

メンバーに奉仕し、そのニーズや目標の達成を手助けし支えることで、組織目標を達成するリーダーシップを指す。単にメンバーに奉仕するのではなく、明確なビジョンをもって、能動的にメンバーを成長へと導いていく。

オーセンティック・リーダーシップ

誠実さや倫理観を重視し、自分自身の価値観や信念、自分らしさに基づいたリーダーシップを指す。

パス=ゴール理論

リーダーシップ・スタイルを指示型、支援型、参加型、達成型の4つに分類し、課題の構造や組織体制といった環境的な条件と、自律性や経験、能力といった部下の特性の二つの状況要因に最も適合するスタイルが有効なリーダーシップであると考える。また、リーダーの役割とは、フォロワーに対して目標達成（ゴール）への道筋（パス）を示し、動機づけを高めることであるとした。

組織コミットメント

所属する組織に対する帰属意識や関係性を表す心理状態をいう。Meyer, J. P.（マイヤー）とAllen, N. J.（アレン）は組織コミットメントを、組織に対する愛着である情緒的コミットメント、組織から離れることによるコストの認識である存続的コミットメント、組織に留まる義務感である規範的コミットメントの3次元から捉えた。

属人思考

組織の意思決定において、「誰が提案したのか」「誰が関わるのか」といった人に関する情報を重視し、「どのような内容の提案なのか」といった事柄に関する情報を軽視する傾向をいう。

14 発達心理学

1 発達心理学の研究　👉重要

　発達心理学で用いられる研究法として、従来、横断的方法と縦断的方法が用いられてきました。

1 横断的方法

　横断的方法とは、年齢の**異なる**いくつかの集団を同時に測定して、その結果を比較する方法です。そのためには、各集団において**年齢**以外の要因が**等質化**されていなければなりません。横断的方法の長所には、**短時間**で多くのデータを収集できること、それにより統計処理を行うことができ、**結果の一般化**が可能になることが挙げられます。短所として、発達の**連続性**が無視されるためその**因果関係**を検討できないこと、同じ世代に生まれた人々が共通にもっている**時代経験**の効果が入ってしまう、すなわち、**コホート（cohort）**差（年代差）が混入してしまうことが挙げられます。

2 縦断的方法

　縦断的方法は、**同一**の集団を追跡調査し、異なる年齢時の測定結果を比較する方法です。縦断的方法の長所には、同一個体（集団）を**継続的**に調査するため、発達のプロセスを直接とらえることが可能であり、その**因果関係**を検討することができることが挙げられます。短所は、かなりの**時間**と**労力**を必要とする上、少数の**データ**しか集める

+α プラスアルファ

行動遺伝学

遺伝による行動の個人差の影響を明らかにする学問である。ただし、環境による行動への影響にも関心をもっており、遺伝と環境が行動に対してどの程度影響するのかを検討する。その検証方法としては、主に双生児法が用いられる。具体的には、遺伝も環境も共有する一卵性双生児と、環境は共有するが遺伝的には半分程度しか似ていない二卵性双生児の類似性から、遺伝も環境も共有する一卵性双生児における非類似性の要因である非共有環境の影響を明らかにしていく。

ことができないこと、得られた結果が**個人差**なのか**コホート**の影響なのかの判断が困難であること、同一集団にくり返し似たような質問がなされるため**練習効果**がみられてしまうことが挙げられます。

2 発達の規定因

発達の規定因とは、心身の発達を決定していると考えられる要因のことです。

① 成熟説と環境優位説

①成熟説

Gesell,A.（ゲゼル）は、一卵性双生児の一方に階段のぼりの訓練を行い、もう一方には訓練を行わないという条件を設定して実験をしたところ、一定の月齢になれば、訓練を受けなかった子も訓練を受けた子と同程度の階段のぼりの技能を示すという結果を得ました。彼はこの結果から、内的な成熟によって発達が促進されるという**成熟説**を唱えました。つまり、内的成熟にともなう学習の準備状態（**レディネス**）が整っていないときにいくら学習や訓練をしても発達は促進されないと考えたのです。

一定の月齢になると、訓練の有無にかかわらず階段をのぼることができるようになる。

②環境優位説

成熟説に対して、豊富な刺激や環境を与えることで発達が促進されると考える立場を**環境優位説**といいます。代表的な研究者は、行動主義を提唱した**Watson,J.B.**です。彼は、養育環境さえ整えれば、子どもを遺伝的な素質に関係なくどのような職業にも就けるよう育てることが可能であると主張しました。11ヵ月の男の子であるアルバート坊やの実験では、白くてふわふわしたものに対する恐怖反応の条件づけを行っています（P.73参照）。

② 環境閾値説

遺伝か環境かという論争の中で、**Jensen,A.R.（ジェンセン）**は、**環境閾値説**

を唱えました。彼は、遺伝的な特性が発現するためには、必要とされる環境要因の**質**と**量**がそれぞれの特性によって異なると考えました。

右図は、環境閾値説を図式化したものですが、各特性の例としては、A：身長や体重、B：知能、C：学力、D：絶対音感などが挙げられます。

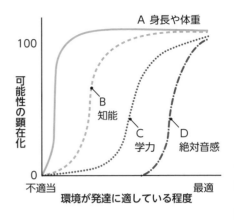

3 乳幼児の発達

1 原始反射

原始反射とは、出生後の一定期間にだけみられる生理的反射のことをいいます。

■原始反射

モロー反射	仰向けの新生児に急激な刺激を与えると、抱きつくような姿勢をとる
バビンスキー反射	足の裏を軽く突くような刺激を与えると、親指が反り、他の指が扇のように開く
把握反射（ダーウィン反射）	手のひらを刺激すると、握る動きをする
四方位反射（口唇探索反射、ルーティング反射）	頬を軽く触ると、触れたほうに顔を向ける
吸啜反射	唇にものを当てると、口を開いて舌で吸おうとする
共鳴動作	大人の顔の動きに合わせて同調的・共鳴的にそれを反復する

 Check

乳児期早期から観察される活動性や情動性、注意の個人差を気質と呼ぶ。気質は生物学的基盤をもちながら、生後の環境の影響を受けつつ発達し、後の人格発達の中核をなすとされている。Thomas,A.（トーマス）とChess,S.（チェス）の行った「ニューヨーク縦断研究」では、子どもの行動に関する詳細なデータを生後3ヵ月から定期的に集め、子どもの気質的特徴を9つのカテゴリーに分類し、さらにその組み合わせから子どもの気質を3タイプとそれ以外に分類した。

+α プラスアルファ

生得的解発機構

Tinbergen,N.（ティンバーゲン）が提唱した、特定の鍵刺激によって通常抑制されている動物の本能行動が誘発されるしくみを指す。

　これらの原始反射は生存のために**生得的**に備わっている機能ですが、おおむね生後2〜6ヵ月程度で消失し、受動的な反射から能動的な反応へと変わっていきます。そのため、原始反射は**正常な発育**の指標にもなり、現れるはずの反射が現れない、あるいは消失するはずの反射が消失しないなどの場合には、発達の**遅滞・障害**が疑われることもあります。

② 乳幼児の知覚研究

①選好注視法

　Fantz,R.L.（ファンツ）は、言葉による報告が期待できず、眼球運動の測定も難しい乳児の**視覚的弁別能力**や**興味**の方向性を探るために、**選好注視法**を開発しました。これは、乳児の眼前に2枚の刺激図版を提示し、どちらの図版を長く注視するかを記録する方法です。実験によ

乳児は、文字や的よりも人の顔に興味をもっているとされる。

って、生後5日以内の新生児は、文字や弓矢の的のような図版よりも、**人間の顔**が描かれた図版を注視する時間が長いことがわかりました。この結果から、乳児は人間の顔をほかのものと**弁別**しており、興味を示したのだと解釈されました。つまり、乳児は漠然と外界を知覚しているのではなく、好みの図形や人間の顔に選択的に反応していると考えたのです。

②視覚的断崖

　Gibson,E.J.（ギブソン）らは、乳児の**奥行き知覚**を調べるために、**視覚的断崖**の装置を開発しました。この装置には透き通った**ガラス**の一枚板が張られており、その半分は**市松模様**の床と接しているため、床があると感じられます。一方、残りの半分は1m下に市松模様の床があるため、床がないと感じられます。この装置の床があると感じられるほうに乳児を乗せ、床のないほうから母親が呼ぶとハイハイで近づこうとしますが、乳児は床のないところで止まってしまいました。

この結果から、Gibson,E.J. らは、生後 6 ヵ月には**奥行き**を知覚すると考えました。なお、現在では、生後 2 ヵ月で**奥行き知覚**が成立しているという報告もあります。

生後 6 ヵ月頃には奥行き知覚が成立するとされる。

+α プラスアルファ

馴化―脱馴化法

新奇の視覚刺激に対して、乳児は最初のうちは興味をもって長く注視するが、同じ刺激が呈示され続けていると、注視時間が短くなるといった馴化が生じる。その際、別の視覚刺激を呈示して、再び注視時間が長くなるといった脱馴化がみられるかを確認する方法を馴化―脱馴化法という。吸啜反応の変化を指標とすることもできる。

スティルフェイス実験

乳幼児と母親の相互作用中に突然、母親が乳幼児からの働きかけに何も反応しない静止顔になる実験方法をいう。乳幼児が、母親がコミュニケーションの対象であり、自分が働きかけると母親も反応してくれることについての理解である社会的随伴性に対する感受性を調べる。

期待違反法

乳幼児が知っていることとは異なる出来事を呈示して、乳幼児の興味や驚きを誘発する実験方法である。物理的に起こりえない事象を乳幼児に呈示した際に、乳幼児の注視時間や心拍数などが変化するが、このことは乳幼児がすでにもっている知識と目の前で起きている事象が一致しないために、乳幼児が驚いていると解釈される。

鏡像認知課題

マークテストあるいはルージュ課題と呼ばれる、子どもの鼻の頭などに色をつけ、鏡を見せる課題である。子どもが鏡を見たときに、色づけられた部分を触れば、鏡に映る自己像を自己であると認識していると解釈される。

クーイングと喃語

クーイングとは、生後 6 ～ 8 週間頃にみられる、比較的リラックスした状態において「アー」や「クー」など、のどの奥から発せられる声を指す。その後、6 ～ 8 ヵ月頃になると母語の音素を多く含んだ音節からなる音声である喃語を発するようになる。その後、1 歳頃に初語を発するようになる。また、その頃から意味のほとんどわからないおしゃべりであるジャルゴンもみられるようになる。

共同注意

自分と他者が同じ対象に注意を向けることをいう。他者の指差しの理解や視線の追従などが共同注意を示す行動として挙げられる。生後 8 ～ 9 ヵ月頃からみられるが、共同注意によって、子どもは言語や情緒、社会性などを獲得していく。

+α プラスアルファ

社会的参照
乳児がどのように行動すればよいか判断に困った状況において、母親などの信頼する人の表情をみて、自らの行動を決定・調整することをいう。1歳前後からみられる。

4 愛着（アタッチメント）

愛着（アタッチメント）とは、乳幼児が特定の対象との間に結ぶ**情緒的結びつき**、または、絆のことをいいます。

1 Bowlby,J.（ボウルビィ）

Bowlby,J.は、愛着は4つの段階を経て発達していくと考えました。

■愛着の発達段階

	時期	愛着行動
第1段階	出生〜12週	誰にでも同じような反応を示す
第2段階	12週〜6ヵ月	母親や父親などに愛着を示し、それ以外の人には人見知り反応を示す
第3段階	6ヵ月〜2、3歳	はっきりとした愛着行動を示し、母親などの愛着対象と離れることを極端に嫌がるようになる
第4段階	3歳頃〜	一緒にいなくても心理的に安定し、愛着対象がそばにいなくても安心して過ごせるようになる

Bowlby,J.は、乳幼児と母親、またはそれに代わる母性的養育者との人間関係が、親密的、持続的で、かつ両者が満足と幸福感によって満たされる状態が**精神的健康**の基本であると考え、このような母子関係が欠如した状態を**母性剥奪（マターナル・ディプリベーション）**と呼びました。母性的養育の喪失により、乳幼児の身体的、知的、情緒的、社会的、人格的な発達にさまざまな障害が引き起こされることが知られています。

Bowlby,J.は、発達早期の養育者との具体的なやりとりが、乳幼児にとって自己や対人関係についての一般化されたイメージや主観的な確信になると考えました。彼は、それを**内的作業モデル**と呼び、個人のその後の人生における対人関係スタイルやパーソナリティを**持続的**に支える機能をもつと述べました。

Check

人は、出生時点では苦痛（不快）、充足（快）、興味という感情を有しているとされる。その後、生後6ヵ月頃までに喜び、悲しみ、怒り、恐れ、嫌悪、驚きといった基本的感情がみられるようになる。また、1歳半くらいで自分自身に意識が向くようになってくると、照れ、羨望、共感などの自己意識的感情を現すようになる。2歳以降になると、社会的ルールを理解し始め、それに従って自分の行為を評価できるようになり、失敗には恥や罪悪感、成功には誇りといった自己評価的感情をみせるようになる。そして、生後3年の間に感情の種類は大人と同じくらいまでに分化してくる。それ以降は、さまざまな感情を自己志向的・他者志向的に適切に制御・調整できるようになっていく。

② Spitz,R.A.（スピッツ）

Spitz,R.A. は、乳児院や小児病院などの**施設**に収容されて育った乳幼児に言語・運動能力の遅れや**社会的不適応**などの問題がみられることから、このような状態を**ホスピタリズム（施設症）**と呼びました。Bowlby,J. はホスピタリズムの研究から、その原因として**母性剥奪**（P.112参照）を提唱しています。

また、Spitz,R.A. は、生後3ヵ月頃の乳児が誰に対しても区別なく微笑みかける状態を**3ヵ月微笑**、生後8ヵ月頃の乳児が愛着をもつ特定の人との分離を嫌がったり、愛着をもつ人以外に対して人見知りしたりすることを**8ヵ月不安**と呼びました。

③ Ainsworth,M.D.S.（エインズワース）

Ainsworth,M.D.S. は、乳児の愛着の質を調べるための実験方法である**ストレンジ・シチュエーション法**を開発しました。乳児と母親、見知らぬ人が部屋に入り、母親や見知らぬ人が部屋を出入りする際の乳児の反応を観察します。Ainsworth,M.D.S. は、この実験における乳児の反応を整理、分類した結果、乳児の愛着の質をAタイプ、Bタイプ、Cタイプの3つに分けました。また、のちにDタイプが提唱されました。

+α プラスアルファ

アダルト・アタッチメント・インタビュー

半構造化面接による成人の内的作業モデルの測定・分類法である。面接対象者に、幼少期における両親とのエピソードや、両親との関係を表す言葉を5つ挙げてもらい、なぜそれを選んだのかの理由について回答してもらう。また、現在の両親との関係についても質問する。回答の内容や一貫性からストレンジ・シチュエーション法に対応するかたちで、愛着軽視型（Aタイプに対応）、安定型（Bタイプに対応）、とらわれ型（Cタイプに対応）、未解決型（Dタイプに対応）に分類する。

第2章 基礎心理学

■ストレンジ・シチュエーション法

回避型	Aタイプ	母親がいなくなっても泣かずに、戻ってきても歓迎もせず、むしろ回避するような行動をとる。母親が子どもに対して拒絶的に振る舞うことが多い
安定型	Bタイプ	母親がいるときには活発な探索行動をする。母親がいなくなると泣き、探索行動は減少する。母親が戻ると喜び、また活発な探索行動を始める
アンビバレント型	Cタイプ	不安傾向が高く、母親にくっついていることが多いため探索行動はあまりしない。母子分離時には激しく抵抗し、再会時には怒りや反抗的な態度を示す。乳児の情緒的なシグナルに対して、母親が自分の都合で応答するなど一貫性に欠く傾向がある
無秩序・無方向（分類不能）型	Dタイプ	顔をそむけながら母親に近づくという接近と回避行動が同時にみられる。不自然でぎこちない動きや怯えた表情をすることがある。母親が虐待など不適切な関わりをしていることが多い

4 Harlow,H.F.（ハーロウ）

Harlow,H.F. は、**針金製**と**布製**の代理母模型をつくり、アカゲザルの子ザルの行動を観察しました。その結果、**哺乳**の有無に関係なく、子ザルは布製の代理母模型と過ごす時間が長いことが示されました。この結果から、Harlow,H.F. は身体的接触による**接触の快**が愛着を形成すると考えました。

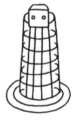

+α プラスアルファ

エントレインメント

乳児期の母子相互間の同調現象を指す。例えば、乳児は母親からの語りかけに対し、抑揚やリズムなどの変化に合わせるように肩を動かしたり、足を伸び縮みさせたりする。また、それに呼応して、母親もまた語りかける。このように、母親と乳児の双方向の情動のやりとりが起こり、養育行動が促進され、親子関係の基盤を形成することにつながる。

情動調律

Stern,D.N.（スターン）によって提唱された、生後9ヵ月頃から観察される母子間の情緒的な相互交流パターンをいう。母親は乳児との共感体験を乳児とは異なる表現によって表す。情動調律の反復によって、乳児は他者が自分の感情を共有してくれるという意識を発達させていく。

刻印づけ

アヒルやカモなどの離巣性の鳥類は、孵化直後の特定の時期に目にした動くものに対して、追従し愛着行動を示す。このように、ある動物にとって特定の時期に特定の刺激によって生じた反応が、反復的な学習や経験、報酬がなくても長期間持続する現象を指す。特定の反応を獲得することができる特定の時期を臨界期という。

15 | 発達理論

認知機能の発達及び感情・社会性の発達／自己と他者の関係の在り方と心理的発達／生涯における発達と各発達段階での特徴／高齢者の心理社会的課題と必要な支援

🔑 キーワード　Piaget,J.、Freud,S.、Erikson,E.H.、Jung,C.G.、サクセスフル・エイジング

1 Piaget,J.（ピアジェ）の認知的発達段階説 👉重要

　スイスの心理学者**Piaget,J.**は、自分の子ども３人を実験参加者にした観察と実験に基づいて、子どもの**認知**、つまり**知能**や**思考**の発達を研究しました。そして、次の４つからなる認知的発達段階説を唱えました。

①感覚運動期（０歳～およそ２歳）

　感覚運動期は、**感覚**と**運動**の協応（例えば、目で見てものをつかむといった二つの動作の連動）によって外界に適応する時期です。自分の身体に関連した感覚に興味をもちその運動をくり返す**第１次循環反応**、自分の活動が外部の対象にもたらした変化に興味をもちその活動をくり返す**第２次循環反応**、自分の活動を変えることによってものごとがどのように変化するかに興味をもつ**第３次循環反応**を経るとされます。

　また、この時期には**対象の永続性**が獲得されます。

②前操作期（およそ２歳～６、７歳）

　前操作期は、**言語の発達**と**自己中心性**を主な特徴とします。言語の発達によって、**象徴**や**言葉**で思考を表現できるようになります。また、**自己中心性**とは、見かけに左右されずに**論理的**に考えることができないこと、**視点**を変えて考えるこ

> 📝 **Check**
>
> Kohlberg, L.（コールバーグ）はPiaget, J.の考え方に基づいて、子どもも自分なりの正しさの枠組みをもち、それに基づいて道徳的な判断を行っていると考えた。彼は子どもたちへの実験から、前慣習的水準（罰と服従への志向、報酬と取引への志向）、慣習的水準（対人的同調への志向、法と秩序の志向）、後慣習的水準（社会的契約の志向、普遍的な倫理的原理の志向）からなる道徳性の発達段階を提唱した。

> 📖 **用語解説**
>
> **対象の永続性**
>
> 目の前にものが見えていなくても、そのものは存在していることがわかること。例えば、子どもの目の前で好きなおもちゃにハンカチを被せると、ハンカチを取り払っておもちゃを取ろうとする。これは対象の永続性を獲得しているためにみられると考えられる。

とができないこと、**他者**の立場からものごとを考えることができないことなどを意味します。Piaget,J. はこれを**三つ山課題**で示しました。

③**具体的操作期（およそ7、8歳〜11、12歳）**

具体的操作期は、具体的場面や実際的課題について、見かけに左右されない論理的思考が可能になる、つまり**自己中心性から抜け出る（脱中心化）時期**です。この時期に、対象は形状の変化があっても量は変化しないという**保存の概念**や、思考の操作を逆にして出発点に戻る**可逆性**、ある一つの事象を複数の立場から角度を変えて考える能力が確立するとされます。

④**形式的操作期（およそ12、13歳以降）**

形式的操作期は、現実と可能性を見比べる思考や、自分の経験や現実世界の事象に左右されず、「仮に〜だったら」と考えられる**仮説演繹的思考**などの科学的思考が可能になり、子どもの思考の完成期であるとされています。

役割取得能力とは、他者の知覚、感情、思考を自らの立場からだけではなく、他者の立場からも理解する能力を指す。役割取得能力の発達にともない、他者理解が進み、自己中心性が低減することから、役割取得能力は社会生活において個人が適応するために必要な能力であるとされる。Selman,R.L.（セルマン）は、役割取得の発達を、自己中心的視点、主観的役割取得、自己内省的役割取得、相互的役割取得、社会および慣習のシステムの役割取得の5つの段階からとらえた。

2　Vygotsky,L.S.（ヴィゴツキー）の認知発達理論 ☞ 重要

Vygotsky,L.S. は、思考や記憶といった高次精神機能の発達は、歴史的・社会的に発展してきた文化（**言語**）を媒介にして発達するとし、知的発達が**社会的水準（精神間機能）**と心理的

用語解説

三つ山課題

Piaget,J. が考案した、他者の視点を理解する能力の発達を調べるための実験課題である。3つの山の模型を置き、子どもを模型の見える位置に立たせ、他の位置ではどのように見えるのかを子どもに描かせる。前操作期の子どもでは、他の位置から見た光景をイメージすることが難しく、自分が実際に見ているのと同じような風景を描いてしまう。この実験によって、前操作期の特徴である自己中心性が実証された。

Check

幼児期の子どもの言語的特徴として、集団の中でのひとり言（集団的独語）がある。これについてVygotsky,L.S. は、子どもはまずはコミュニケーション手段としての外言から、次第に、音声をともなわない思考の道具としての言語である内言が分化されるが、その過渡期である幼児期では黙って考えることができないため、音声をともなう内言として現れると考えた。

水準（精神機能）の2水準で現れるという二元論を提唱しました。

　また、子どもが自分の力で問題解決できる**今日の発達水準**と、大人や年上の子ども、友達などの援助によって問題解決ができる**明日の発達水準**とのズレを**発達の最近接領域**と呼びました。

3　Erikson,E.H.（エリクソン）の心理―社会的発達段階説 👉 重要

　Erikson,E.H. は、Freud,S. の考えを踏襲しつつ、社会的な発達の視点を付け加えた**心理―社会的発達段階説**を示しました。また、個人の成長発達を全生涯にわたるものとし、8つの発達段階からなることから**ライフサイクル理論**とも呼ばれます。

　Erikson,E.H. によると、それぞれの発達段階には達成すべき**発達課題**があります。それは、次の段階に進む前に達成しなければなりません。課題を達成できないと社会に適応することが難しくなり、**心理社会的危機**に陥るとされます。また、発達課題の達成によって**徳（活力）**が獲得されるとしました。

　なお、Erikson,E.H. は、8つの発達段階の中でも特に青年期の発達課題である**アイデンティティ（自我同一性）**の確立を重視し、青年期をアイデンティティの確立を模索する**心理社会的モラトリアム**と呼びました。

■ライフサイクル理論

		発達課題 vs 心理社会的危機			徳（活力）
Ⅰ	乳児期	基本的信頼	vs	基本的不信	希望
Ⅱ	幼児前期	自律性	vs	恥・疑惑	意思
Ⅲ	幼児後期（遊戯期）	自主性	vs	罪悪感	目的
Ⅳ	児童期	勤勉性	vs	劣等感	有能感
Ⅴ	青年期	自我同一性	vs	同一性拡散	忠誠
Ⅵ	成人前期	親密性	vs	孤立	愛
Ⅶ	成人後期	生殖性	vs	停滞	世話
Ⅷ	老年期	統合	vs	絶望	英知

　Marcia,J.E.（マーシャ）はErikson,E.H.のアイデンティティを具体的にとらえるために同一性地位という概念を提唱しました。

早期完了	危機を経験することなく、進路などの人生の重要な領域に積極的に関与している状態
同一性拡散	危機経験の有無にかかわらず、進路などの人生の重要な領域に積極的に関与していない状態
モラトリアム	危機の最中にあり、進路などの人生の重要な領域に積極的に関与しようとしている状態
同一性達成	危機を経て、進路やあり方を定め、それに積極的に関与をしている状態

+α プラスアルファ

成人形成期

Arnett,J.J.（アーネット）は、先進諸国では高学歴化や晩婚化が進み、これまで成人期の一部とみなされてきた18歳〜25歳の時期に、結婚し、子どもを産み育て、成人になる人が少数となっている社会文化的な背景を踏まえ、この時期を青年期とも成人期とも異なる発達段階として成人形成期と呼んだ。

4 Jung,C.G.の発達理論 重要

　Jung,C.G.は、**40歳**頃を**"人生の正午"**と考え、それ以前を前半、以後を後半としました。彼は、人生の前半である青年期までは、職業に就き、結婚して子どもを育て家庭を築いていくなど**現実的・対外的**なことが目的となると考えました。一方、人生の後半は自分らしくあることを実現していく**（自己実現）**時期であると考え、その過程を**個性化**と呼びました。つまり、人生の前半でやり残したことや**無意識**に抑圧していたことに洞察を深め、かけがえのない自分になっていく過程のことです。

5 Levinson,D.J.（レビンソン）の「人生の四季」

　Levinson,D.J.は、Jung,C.G.の個性化をもとに、さまざまな職業の中年男性の40人に面接調査を行いました。その結果、人生には四季のように4つの時期があると考えました。また、各時期は、生活構造が**安定している時期**と変化する**過渡期**が交互に現れて進んでいくということを見出しました。特に、40〜45歳の**人生半ばの過渡期**では、人生の目標や夢の再吟味、対人関係の再評

+α プラスアルファ

空の巣症候群

子どもの就職や結婚などにより親としての役割が終了した後の抑うつや不安といった不適応状態をいう。

価、体力の衰えへの直面など、これまで潜在していた問題が表出することによって**葛藤**が生じやすく、**危機的**な状況になりやすいとされています。

6 Bronfenbrenner,U.の生態学的システム理論

Bronfenbrenner,U.（ブロンフェンブレナー）は、**生態学的システム理論**を唱え、個人の発達を取り巻く生態学的システムを次の4つに分類しました。

■生態学的システムの4分類

①マイクロ・システム	個人が直接的に生活する場所（例：家や学校）
②メゾ・システム	二つ以上のマイクロ・システムが交わる場所（例：PTA）
③エクソ・システム	個人に間接的に影響してくる場所（例：子どもにとっての親の職場）
④マクロ・システム	個人を大きく包含するもの（例：社会・国家）

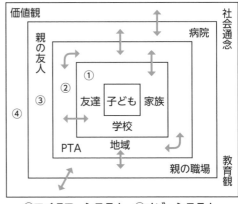

①マイクロ・システム　②メゾ・システム
③エクソ・システム　④マクロ・システム

　個人はそれら4つの入れ子細工のようなシステムの中で生活し、発達すると考えました。

+α プラスアルファ

ギャング・グループ

児童期後半の小学校中・高学年頃の、同性・同年齢で構成される閉鎖性の高い遊び仲間集団を指す。ギャング・グループでは、同一行動による一体感が親密性をもたらすとされる。また、仲間と強く結びつくことで、親からの心理的な自立が図られていくとされる。

チャム・グループ

もともとはSullivan,H.S.が提唱した「チャム」を語源とする、思春期前半の中学生頃の、同質性を言葉で確認し合う仲間関係を指す。凝集性や排他性の高いチャム・グループでは、異質な部分を感じられる個人を排除することも指摘されている。

ピア・グループ

思春期後半の高校生以降の、お互いの同質性だけでなく異質性も認め合い、価値観や理想、将来などを語り合う仲間関係を指す。ピア・グループは閉鎖性が低く、性別や年齢に幅がある。

サクセスフル・エイジングに関する理論 👉重要

「よい人生を送り、天寿を全うすること」を**サクセスフル・エイジング**といい、さまざまな理論が提唱されてきました。

活動理論	Havighurst,R.J.（ハヴィガースト）が提唱した。職業は成人期の個人生活の多くを占めており、個人に役割を与え、対人交流や能力を発揮する機会を与えてくれる重要な生活の場である。そのため職業において得たものを引退後も続けること、つまり活動の継続こそが高齢期の幸福感を維持させるという考え
離脱理論	Cumming,E.（カミング）と Henry,W.E.（ヘンリー）が提唱した。引退による個人の活動量の低下と人間関係の減少は、自然で避けられない現象であり、産業上の世代交代や社会機能を保つという意味で必然である。また、引退は自分自身の内なる世界、つまり個人的な価値や目標の達成のために高齢者自身が望んでいるという考え
継続性理論	Neugarten,B.L.（ニューガーテン）や Atchley,R.C.（アチュリー）が提唱した。中高年者は、加齢にともなう変化に適応するための方法や手段を選択する際に、現在の内的・外的構造を維持しようと試み、その実現のために馴染みの領域で馴染みの方法を好んで用いる傾向がある。中高年者はこのような方法を、過去の経験に基づいて用いている。変化があっても、その変化が過去の経験に積み重ねられてきたものであったり、過去の経験に結びつくものであれば、その変化は継続性の一部とみなされるという考え
補償をともなう選択的最適化	Baltes,P.B.（バルテス）が提唱した。高齢期は、加齢にともないさまざまな資源を喪失するため、残された資源を選択的に有効活用し、また喪失する資源を補償するかにより適応が決まるという考え
老年的超越	物質主義的で合理的な世界観から、宇宙的、超越的、非合理的な世界観への変化をいう。高齢期に高まるとされる

+α **プラスアルファ**

ソーシャル・コンボイ

Kann,R.L.（カーン）とAntonucci,T.C.（アントヌッチ）が提唱した動的なソーシャルサポートのネットワークをいう。ソーシャル・コンボイは、サポートを受ける本人を中心に、その周りを親密さに基づいた３つの同心円で囲んだ層構造で表される。本人に最も近い円には、配偶者や家族、親しい友人といった親密で役割に依存的ではない安定的なメンバーが含まれる。外側に含まれるメンバーほど役割に関連し、時間経過とともに変化する。

社会情動的選択性理論

Carstensen, L. L.（カーステンセン）が提唱した、高齢者が残された時間を限りあるものだと認識すると、情動的に満足させるような行動が動機づけられるという考えである。

16 | 定型発達と非定型発達

発達は、さまざまな機能が関連しながら、質的に異なる発達段階を経て進みます。定型発達とは、発達段階の順序性や時期が**標準的**で**適応的**なものです。また、非定型発達とは、発達段階の時期や質が逸脱しており、結果的に**不適応的**なものです。非定型発達には、**自閉スペクトラム症**（P.274参照）や**注意欠如多動症**（P.277参照）、**限局性学習症**（P.279参照）といった神経発達症が含まれます。

1 身体障害、知的障害、精神障害

障害者対策の基本原則を記した法律である**障害者基本法**（P.351参照）では、障害者の定義を「身体障害、知的障害、精神障害（発達障害を含む）、その他の心身の機能の障害がある者であって、障害及び社会的障壁により継続的に日常生活又は社会生活に相当な制限を受ける状態にあるもの」としています。つまり、障害とは、**身体障害**、**知的障害**、**精神障害**に大別されます。

1 身体障害

身体障害者福祉法においては、身体障害とは、①視覚障害、②聴覚又は平衡機能の障害、③音声機能、言語機能又はそしゃく機能の障害、④肢体不自由、⑤心臓、じん臓若しくは呼吸器又はぼうこう若しくは直腸、小腸、ヒト免疫不全ウイルスによる免疫若しくは肝臓の機能の障害の**5種類**に分かれます。

2 知的障害

知的障害は、日常生活で読み書き計算などを行う際の**知的活動**に支障がある状態で、**知能指数**が基準以下の場合に認定されます。**知的障害者福祉法**では、知的な能力発揮の程度は人によって異なるため、細かい規定を設けていません。法令では、①**発達期**（おおむね**18歳未満**）において遅滞が生じること、②遅滞が明

らかであること、③遅滞により**適応行動**が困難であることの３つが基準とされている場合が多いです。そのため、**成人**になって、病気や事故、認知症などにより知的機能が低下した場合は知的障害には含まれません。

③ 精神障害

　精神保健福祉法（P.335参照）では、「精神障害者とは、統合失調症、精神作用物質による急性中毒又はその依存症、知的障害、精神病質その他の精神疾患を有する者」と規定されています。

2　障害のとらえ方　

　WHO（世界保健機関）は2001年に、**ICF（国際生活機能分類）**という障害のとらえ方を提唱しました。ICFは人間の生活機能に関する**状況の記述**を目的とした分類であり、**健康状態**、**心身機能**、**身体構造**、**活動**、**参加**、**環境因子**、**個人因子**から構成され、下図のような相互関係があります。

■ICFの構成要素の定義

心身機能	身体系の生理的機能（心理的機能を含む）
身体構造	器官、肢体とその構成部分などの、身体の解剖学的部分
活動	課題や行為の個人による遂行
参加	生活・人生場面への関わり
環境因子	人々が生活し、人生を送っている物的・社会的・制度的環境
個人因子	個人の人生や生活の特別な背景

■構成要素の相互関係

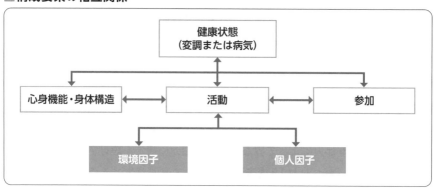

ICFの特徴は以下になります。

- 健康がある要因によって否定的側面に転じたものを障害とする。つまり、障害を健康から切り離さずに、健康の否定的側面に位置づける。
- 人の生活機能を、心身機能・身体構造、活動、参加に分け、構造で把握する。
- 障害を個人の医学的要因のみに求めず、環境や社会との相互作用によって引き起こされるという相互作用モデルでとらえる。

このような**相互関係のモデル**としてとらえることをせずに、単なる分類として各構成要素をバラバラに見るだけでは**ICF**としての意味はありません。

各職種の専門家は、自分の専門領域を中心としてクライエントをとらえがちですが、これでは**その人全体**を見ているとはいえません。また、支援する際にある領域だけを見て働きかけたとしても、効果が乏しかったり、ときにはマイナスの影響が生じたりする場合もあります。

クライエント全体を見ることは、同時に、そのクライエントの**個別性**を見ていくことにもなります。例えば、**ICF**の中でも、**活動**や**参加**は個人差が大きいとされています。また、**環境因子**も個人によってかなり異なっています。これらを見ることで、同じ障害であっても、活動や参加、環境因子が異なる**個別性**をもった存在としてクライエントをとらえることができ、その**個別性**に沿った支援を提供することで、高い効果を上げることができます。

Check

ICFは、その人の「できないこと」だけでなく「できていること」も含めた「生きることの全体像」を示す共通言語として、さまざまな専門家やあらゆる立場の人々の間の共通理解に役立つことを目指している。

ICFは、障害者だけでなく健常者も含めたすべての人々に関わるさまざまな問題を包括的に扱う概念です。

次の問いに答えなさい。

Q1 研究対象である行動の生起頻度の高い場面を選択し、その場面で生じる行動を観察する方法を時間見本法という。

Q2 データが正規分布に従う場合、データの80％は平均値±1標準偏差の中に含まれる。

Q3 帰無仮説が棄却された場合、第一種の誤りを犯している可能性がある。

Q4 成人男女100名に喫煙の有無を聞いて、喫煙率に性差があるかを検討する場合、t検定を用いるのが適切である。

Q5 質的研究では、妥当な結果と解釈を導き出すために、客観性と実証性を確保するための方法論が用いられている。

Q6 Witmer,L.は、1879年にライプツィヒ大学に世界初の心理学実験室を設置し、科学としての心理学を打ち立てた。

Q7 Wundt,W.の要素主義に批判的な立場として、アメリカではJames, W.を中心としてゲシュタルト心理学が発展した。

解答と解説

A1 × →場面見本法である。時間見本法とは、ある一定の時間や時点において生じる行動を観察する方法である。

A2 × →平均値±1標準偏差の中にデータの約68％が含まれる。

A3 ○ →P.45参照。

A4 × →t検定ではなくχ^2検定を用いるのが適切である。

A5 ○ →P.50参照。

A6 × →Wundt,W.である。

A7 × →James,W.が中心となって発展したのは機能主義である。

Q8 1950年代に、悲観的な人間観をもつ精神分析や、機械論的な人間観をもつ行動療法の対抗勢力として生まれたのは、人間の肯定的で健康的な側面を強調する人間性心理学である。

Q9 明所視では主に桿体細胞が機能し、暗所視では主に錐体細胞が機能する。

Q10 近刺激の変化にもかかわらず、遠刺激の色や大きさなどがほとんど変わらないものとして知覚される傾向を知覚の恒常性という。

Q11 想起意識をともなわない記憶を顕在記憶といい、手続き記憶などが挙げられる。

Q12 古典的条件づけにおいて、条件反応のあとに随伴した結果によって、その生起頻度が増加することを強化、減少することを弱化という。

Q13 観察学習では、学習者がモデルと同じ行動をとった結果、直接強化が与えられることが学習を促進する効果があるとされる。

Q14 内発的動機づけによる行動に対して、金銭などの外的報酬を与えることはさらに動機づけを高めることが知られている。

Q15 Kretschmer,E.H.の理論では、外胚葉型が頭脳緊張型、中胚葉型が身体緊張型、内胚葉型が内臓緊張型に分類される。

解答と解説

A8 ○ →P.56参照。

A9 × →明所視では錐体細胞が、暗所視では桿体細胞が機能する。

A10 ○ →物理的な刺激を遠刺激、遠刺激が感覚受容器に受容されたときに生じる神経活動を近刺激という。

A11 × →顕在記憶ではなく潜在記憶である。

A12 × →古典的条件づけではなくオペラント条件づけ、条件反応ではなくオペラント行動である。

A13 × →観察学習において学習を促進させるのは、モデルの行動に対して与えられる代理強化である。

A14 × →動機づけが低下するアンダーマイニング効果がみられる。

A15 × →Kretschmer,E.H.ではなくSheldon,W.H.である。

Q16 大脳皮質において前頭葉は、言語や記憶、聴覚などを司っている。

Q17 前頭葉のブローカ野の損傷によって、多弁であるが錯誤も多く、言葉の意味を理解できない感覚性失語がみられる。

Q18 利害関係がないその場限りの集団の中で、相手の顔さえ知らない状況においても、内集団びいきは生じる。

Q19 三隅二不二は、効果的なリーダーシップについて、集団の課題の性質や、リーダーとメンバーの関係などのさまざまな状況要因を考慮した状況即応モデルを提唱した。

Q20 具体的操作期とは、12歳以降の、具体的な場合について経験的事実を考えるだけでなく、それらを記号に置き換えて、その記号について同様の論理的操作が可能になる段階をいう。

Q21 Bowlby,J.は、ストレンジ・シチュエーション法を開発し、子どもの愛着のタイプを安定型、アンビバレント型、回避型の3タイプに分類した。

Q22 老年期においても、できるだけ高い活動性を維持することがサクセスフル・エイジングにつながるという考えを継続性理論という。

解答と解説

A16 × →側頭葉である。前頭葉は意欲や判断、遂行機能などを司る。

A17 × →前頭葉のブローカ野の損傷によって、言葉の理解は比較的良好であるが、発語に障害がある運動性失語がみられる。

A18 ○ →P.103参照

A19 × →三隅二不二はPM理論を提唱した。

A20 × →具体的操作期ではなく形式的操作期である。

A21 × →Bowlby,J.ではなくAinsworth,M.D.S.である。

A22 × →継続性理論ではなく活動理論である。

第3章

心理アセスメント

▼
▼

心理的支援の
プロセス（総論）

心理的アセスメントに有用な情報（生育歴や家族の状況等）とその把握の手法等／
心理療法及びカウンセリングの適用の限界

🔑キーワード　インテーク面接、アセスメント面接、リファー、ケース・フォーミュレーション、中断

1　心理的支援のプロセス　👉重要

　心理的支援のプロセスは機関や対象によって異なりますが、一般的には、申し込みがあったら、まず、**インテーク面接**（P.130参照）を行い、情報を収集します。それをもとに、**アセスメント面接**や**心理検査**を行います。インテーク面接がアセスメント面接を兼ねる場合もあります。

　また、インテーク面接、アセスメント面接、心理検査の情報を統合し、クライエントの**全体像**を把握した結果、**心理的支援**の導入が可能かどうかなどの機関や施設としての判断が行われます。導入可能であれば、心理的支援の目的や方法、時間や料金などについてインフォームド・コンセントを得た上で契約を結び、**心理的支援**が開始されます。導入が難しい場合は、他の適切な機関や支援者へ**リファー**（P.131参照）されることになります。

　心理アセスメント（P.133参照）は、心理的支援のプロセスの初期で終わるものではなく、クライエントに関わる限り、**終わり**はありません。**心理的支援の進展**にともない、クライエントは自身のさまざまな側面を支援者に表します。支援者はそれらの情報をもとに**アセスメント**を行い、クライエントを見立てます。

■**心理的支援の流れ**

①申し込み

↓

②**インテーク面接**（＝受理面接、または、初回面接）

↓

③**アセスメント面接・心理検査**

↓

④**心理的支援に関するインフォームド・コンセントと契約**

↓

⑤**心理的支援**（＝カウンセリング・心理療法）

↓

⑥**終結**

そして、それを**検証**し、ときには**修正**しながら、適切な**心理的支援**の方法を見出していきます。つまり、心理アセスメントが**心理的支援**を支えるとともに、心理的支援の中でもクライエントとの**相互作用**から**心理アセスメント**が行われるということです。このことから、心理アセスメントと心理的支援は**表裏一体**の関係といえるでしょう。

Check

終結の時期は、クライエントと支援者の話し合いによって決めるのが原則である。また、クライエントの現実適応を促すとともに見捨てられ感を抱かせないように、困ったことが生じたらまたいつでも相談するようにという開かれた終結を迎えるように心がける。

+α プラスアルファ

ケース・フォーミュレーション

アセスメントによって得られた情報をもとに、さまざまな心理療法理論を用いながら、ケースを理解し支援計画を立てるために行われる過程である。クライエントの問題の発生や維持に関わるメカニズムについて仮説を立て、支援プロセスを通じて、それを検証し、必要に応じて修正する。ケース・フォーミュレーションでは、クライエントとの共同作業が重視される。

2 心理的支援の中断

すべての心理的支援において、契約の際に合意した目的が達成されたり、あるいはクライエントと支援者の合意がなされて終結するとは限りません。**中断（ドロップアウト）**とは、支援者としては支援がまだ必要であると考えているにもかかわらず、途中で打ち切られてしまうことを指します。支援者は中断に至った**理由や要因**を**客観的**に検討することで、支援者として**成長する**ことができます。

■**中断の主な理由**
- 支援を受ける動機づけが低い
- 支援者への不信感や抵抗
- 支援者やクライエントの病気や転勤
- 中断自体がクライエントの症状や行動パターン
- （特に青年期のクライエントにとって）自立の試み

+α プラスアルファ

負の相補性

心理的支援の中で、一方の敵対的な行動がもう一方から同程度の敵対的な行動を引き出すことを指す。中断や失敗をしたケースでは、支援者とクライエントの間で、同調の少なさや敵意、さまざまな形式の反駁的なメッセージをお互いに同時に送るといった負の相補性に基づく相互作用がよくみられることが指摘されている。

02 インテーク面接

重要度 ★★★

🔑 キーワード　情報収集、ラポール、リファー、インフォームド・コンセント

1 インテーク面接

 重要

　インテーク面接は、相談者との初めての面接であり、一般に**受理面接**や**初回面接**と呼ばれます。インテーク面接では、相談者の問題やニーズを把握するために、**情報収集**を行います。そのため、インテーク面接がアセスメント面接を兼ねることがあります。また、相談者との間に**ラポールを築く**ことが重要です。

① 情報収集

　インテーク面接では、クライエントにまつわるさまざまな情報を収集します。相談内容はもとより、必要に応じて、家族構成や生育歴、現在の生活状況、学歴・職歴、相談歴・治療歴などを聴き取ります。**観察**から得られる**非言語的情報**も有効です。また、クライエントが子どもの場合でも、その保護者から先に話を聴くよりも、可能な限り、子どもから**先に**事情を聴く態度をもっていることが、その後の支援にとって有意義な場合が多いとされています。

 Check

非言語的情報として、クライエントの服装、髪型、視線、表情、声の調子、話し方、態度、身振りなどに関して、インテーク面接担当者（インテーカー）が感じた第一印象を記録しておくことは大切である。

② ラポール（信頼関係）を築く

　インテーク面接では、相談者は**二重の不安**（問題解決に対する不安と、専門家や相談機関に対する不安）を抱きやすいとされます。また、インテーク面接は、その後のアセスメントや心理療法につなげる手段としてのみならず、それ自体が**支援**であるという機能ももっています。そのため、相談者との間に**ラポールを築く**ことが重要です。相談に来てくれたことを労い、常に**共感的**な態度で接するのはもちろんのこと、単に情報収集のみを**急ぎ過ぎない**ことが大切です。また、相

談者を安心させようとして、支援に対する**過剰な自信**を示したり、提供し得ないサービスを説明したりすることは慎むべきです。

2 回数と時間

通常の治療面接は、1回45分〜60分間ですが、インテーク面接はそれよりも**長くかかる**ことがしばしばあります。そのため、時間に余裕をもって臨むことが大切です。また、インテーク面接は1回で済むとは限りません。場合によっては、**複数回**行うことがあります。

Check

インテーク面接の目的の一つに情報収集があるが、それが過剰であれば、クライエントがプライバシーを侵害されたと感じたり、過度に依存的になったりなど、その後の治療関係に影響を及ぼすこともある。インテーク面接は、情報収集と治療的配慮のバランスが難しいため、熟練した支援者が担当することが多い。

3 リファー

 重要

インテーク面接の結果（あるいは、アセスメント面接の結果）、当該相談機関や専門家による支援がその人には不適当であると判断される場合があります。例えば、医学的・身体的治療が優先されると考えられる場合や、専門家自らの支援能力の限界を超えると考えられる相談の場合です。

そのような場合は、相談者の問題を解決するのにふさわしい専門家に**リファー**することになります。

リファーする際に気をつけるべきことは、相談者に**見捨てられ感を抱かせない**ことです。そのためには、しっかりと**インフォームド・コンセント**を行うことが大切です。

また、リファーを受けた場合、まずリファーされた**目的**や**内容**を明確にするとともに、クライエント本人の話をじっくりと**聴くこと**が重要になります。

Check

インテーク面接における、早急に精神科へリファーすべきクライエントの発言として、精神病の急性症状（幻覚、妄想、自我障害など）を想定させるものが挙げられる。

■把握が望まれる情報の例

（1）クライエントの状態	
① 身体的側面	成育状況、身体的特徴、疾病や障害、健康状態、運動機能など
② 心理的側面	知的側面、情緒的側面、行動的特徴、学力、精神症状、習癖、趣味や特技、価値観など
③ 社会的側面	人間関係、就学・就労の状況、地域との関係、社会的スキルなど

（2）クライエントの生育歴（時系列的に把握していく）
① 問題の発生から現在までの経緯、病歴や受診歴、地域資源の活用の有無
② 家族との離死別、家族の疾病と障害、別居・離婚・再婚等の家族関係の経緯
③ 虐待や過保護等の家庭環境
④ 幼稚園・保育園・学校での適応状況、学業の状況
⑤ 就職・転職・失業、職場での適応状況
⑥ 非行・犯罪の有無、災害や犯罪等何らかの被害経験

（3）家族状況	
① 家族構成	3世代前までさかのぼってジェノグラムで示すとよい
② 家族成員の特徴	年齢、職業、性格特徴、趣味や特技、障害や疾病、価値観など
③ 経済状況や家族の具体的な生活	1日や1週間の生活リズムの中でストレスとなる場面や時間帯など

Check

疾病性とは、例えば、「幻聴がみられる」「被害妄想がある」「統合失調症が疑われる」などの、その人の症状や疾患名に関することで、精神科医が判断するものを指す。一方、事例性とは、例えば、「最近、欠勤や遅刻、早退が多い」「以前と比べて書類のミスが多くなっている」「すぐカッとなり、周囲とのトラブルが多い」など、その人について周囲の人びとが気づく客観的事実である。心理アセスメントでは、まずは事例性に注目し、それに関する情報を収集する。その上で医学的な治療が必要であると判断すれば、医療へつなぎ、疾病性を扱ってもらうことになる。

把握が望まれる情報をしっかりと理解した上で、インテーク面接に臨むことが大切です。

03 心理アセスメント

1 心理アセスメントとは 👉重要

心理アセスメントとは、クライエントのパーソナリティや行動の特徴、クライエントの抱えている問題を**多面的**に評価することをいいます。精神医学では診断にあたりますが、診断は「客観的な診断基準に基づきクライエントの病的な側面を把握する」という**否定的なニュアンス**の強いものとされます。心理アセスメントは、クライエントの不適応的な側面に加え、**健康かつ豊かな側面**も評価し、クライエントを**全人的**に理解しようとするものです。

2 心理アセスメントの具体的な方法 👉重要

心理アセスメントの方法には、**観察法・面接法・検査法**の３つが挙げられます。これらの方法で、クライエントに関するさまざまな情報を収集し、「この人はこういう人物であろう」という**見立て**を行い、それを検証し、必要に応じて修正しながら、クライエントの理解と支援方針の検討や決定に役立てます。

1 観察法

クライエントの表情や態度、行動を**観察する**ことを通して、その人を理解しようとする方法をいいます。アセスメントを目的とした行動観察では、焦点を当てる具体的な行動を明確にしてから観察する場合もあります。

■観察法の種類

自然観察法	対象がありのままに行動しているところを観察する
実験的観察法	観察者が観察状況を意図的に操作して、それに対して対象の行動がどう変化するかを観察する
参与（または関与）観察法	対象と実際に関わりながら観察する

2 面接法

クライエントと言語的・非言語的なやりとりを直接行い、その人を理解しようとする方法をいいます。

アセスメント面接では、**インテーク面接**で得られた情報をもとに、クライエントの抱える問題の状況や経過、パーソナリティなどについてより詳しく聴いていきます。その際、基本的には、**開かれた質問**によりクライエントに自由に語ってもらいますが、アセスメントにとって必要な情報を得るために**構造化された質問**も行います。

また、必要に応じて、クライエントに対して心理的支援への**動機づけ**を行うこともあります。

用語解説

開かれた質問／閉ざされた質問

開かれた質問とは、「どのように感じたのですか」「具体的に話していただけませんか」など、一言では答えられない、自由に答えさせる質問の仕方を指す。閉ざされた質問とは、「はい」「いいえ」で答えられる質問や、年齢や出身地など一言で答えることが可能な質問を指す。

+α プラスアルファ

関与しながらの観察

アメリカの精神科医であるSullivan,H.S. が提唱した。彼は、精神医学における患者のもつ病理の理解や治療に対人関係の視点を取り入れた。関与しながらの観察とは、治療者は一方的な観察者ではありえず、自らの存在の影響を排除して患者を観察することはできないことから、患者を理解するために、治療者が患者に関わり、自らを道具として利用する必要があるという考えである。彼の考えは対人関係論と呼ばれる。

治療的アセスメント

Finn, S. E.（フィン）が提唱した、心理検査の結果をクライエントに協働的にフィードバックし、結果を治療的に用いるアプローチを指す。その手続きは、①最初のセッション、②標準化されたテストのセッション、③アセスメント介入セッション、④まとめと話し合いのセッション、⑤文章によるフィードバック、⑥フォローアップセッションである。

---

3 検査法

標準化された刺激にどう反応するかを通して、その人を理解しようとする方法をいいます。観察法や面接法と併せて実施することにより、それらの方法とは違った角度からクライエントに対する理解を深めることができます。ただし、あくまで**支援に役立てる**ことを前提としており、例えば、インテーク面接の際に**いきなり行わない**など、実施に対する配慮が必要です。

そして、いかなる心理検査もそれ単独でクライエントを全体的に評価することはできません。そこで、心理検査をいくつか組み合わせる**テスト・バッテリー**（P.186参照）が必要となります。

04 | 質問紙法

ブループリント
中項目　心理検査の種類、成り立ち、特徴、意義及び限界

🔑キーワード　Y-G性格検査、MMPI、妥当性尺度

1 質問紙法とは

　質問紙法とは、クライエント本人が一連の質問項目に、「はい」「いいえ」「どちらでもない」などで回答する心理検査です。測定内容は、パーソナリティを**多面的**にとらえようとするものと、不安などの一側面を**限定的**にとらえようとするものとに分けられます。質問紙法にはさまざまな種類があり、その主な種類と各質問紙法の長所と短所は以下の通りです。

■質問紙法の主な種類と長所・短所

検査名	測定内容
MMPI	パーソナリティ
矢田部―ギルフォード性格検査	パーソナリティ
MPI	パーソナリティ
NEO-PI-R	パーソナリティ
向性検査	パーソナリティ
エゴグラム	パーソナリティ
EPPS	パーソナリティ
MAS	不安
STAI	不安
CMI	身体・精神症状
SDS	抑うつの症状
BDI	抑うつの症状

長所
①施行・結果の整理が容易である
②集団実施が可能である
③統計的・客観的データが得られる
④比較的短時間で済む（MMPI は例外）
⑤結果の解釈に検査者の主観が入りにくい

短所
①回答が被検者の主観や内省に依存するため、虚偽や社会的望ましさが装われる可能性がある
②深層心理（無意識）まで踏み込めない
③被検者が置かれた状況を統制しにくい
④回答が言語能力に大きく依存せざるを得ない
⑤観察法に比べ、行動過程などを記録できない
⑥観察法に比べ、複数の検査者による測定精度の向上が見込めない

2 矢田部―ギルフォード性格検査 👉重要

1 矢田部―ギルフォード性格検査（Y-G性格検査）とは

Y‐G性格検査は、**Guilford,J.P.（ギルフォード）** らが作成した性格特性を測定する質問紙をもとに、**矢田部達郎**らが日本人用に標準化した質問紙法です。その後、辻岡美延らが、プロフィールをもとに性格を **5類型**で表す現在の形式に整えました。Y‐Gの基盤となる理論は**特性論**になりますが、結果の解釈における判定は、**類型論**を背景としています。

② 尺度構成

　Y‐G性格検査は、抑うつ性や気分の変化などを示す**12**の尺度から構成されています。そして、1尺度につき**10**の質問項目があり、全部で**120**の質問項目です。12の尺度は**6つ**のグループに分類され、それぞれのグループは因子と呼ばれます。

■Y‐G性格検査の6つの因子

因子	因子を構成する尺度
情緒安定―不安定	抑うつ性（D）、回帰性（気分の変化）（C）、劣等感（Ｉ）、神経質（N）
社会的適応―不適応	客観性（O）、協調性（Co）、攻撃性（Ag）
活動性―非活動性	攻撃性（Ag）、一般的活動性（G）
衝動性―非衝動性	一般的活動性（G）、のんきさ（R）
内省性―非内省性	のんきさ（R）、思考的外向（T）
主導性―非主導性	支配性（A）、社会的外向（S）

③ Y‐G性格検査の得点化と解釈

　Y‐G性格検査は3件法であり、「はい（○）」2点、「どちらでもない（△）」1点、「いいえ（×）」0点の配分で得点化されます。そして、それぞれの点数を加算し、プロフィールを描きます。さまざまな解釈の方法がありますが、被検者の全体的な性格傾向は、主にＡ型〜Ｅ型の**5類型**から判断されます。

■Y‐G性格検査における性格傾向の5類型

A型 （平均型　Average Type）	中心寄りのプロフィールを示す。すべての尺度において平均的で、これといった特徴を示さない性格
B型 （不安定積極型　Blacklist Type）	右寄りのプロフィールを示す。情緒不安定で社会的不適応、その一方で、活動的・外向的な性格
C型 （安定消極型　Calm Type）	左寄りのプロフィールを示す。情緒が安定し社会的にも適応的であるが、非活動的で、内向的な性格

D型 (安定積極型　Director Type)	右下がりのプロフィールを示す。情緒が安定し適応的、かつ、活動的で問題が少なく、好ましい性格
E型 (不安定消極型　Eccentric Type)	左下がりのプロフィールを示す。情緒不安定で非活動的、内向的で、神経症的な性格

※検査結果のプロフィールは折れ線グラフで描かれるため、「右寄り」「左寄り」といった表現が用いられる。

④ Y‐G性格検査の長所と問題点

　Y‐G性格検査は、質問がわかりやすく**短時間**で実施可能であり、かつ、結果の整理が簡単で**解釈**もしやすいのが長所であるとされ、医療・産業・教育場面などで幅広く使用されています。しかし、12の尺度や6つの因子の**妥当性**に疑問がある、**虚偽尺度**がなく**信頼性**に疑問があるという問題点も指摘されています。

3 MMPI

① MMPIとは

　MMPI（Minnesota Multiphasic Personality Inventory：ミネソタ多面人格目録）は、ミネソタ大学の**Hathaway,S.R.（ハサウェイ）**と**McKinley,J.C.（マッキンレイ）**によって作成された検査で、原版では566項目、日本版では**550項目**の質問から構成されています。

　もともと、精神医学的な診断を下すための客観的検査として開発されたため、質問項目は特定の人格理論ではなく、**臨床実践上の経験**に基づいて作成されています。

② MMPIの実施と結果の整理

　実施にあたって、検査者は被検者に対して、回答は「あてはまる」「あてはまらない」のどちらかを選択する**2件法**であることを強調し、どうしても決められない場合にのみ「どちらでもない」（？＝Cannot say）をつけてよいとします。そして、「どちらでもない」は**10個以下**にするよう教示し、結果の妥当性が損なわれないようにします。

　結果は、各尺度の素点を、平均50、標準偏差10の**T得点**に換算し、横軸に各臨床尺度、縦軸にT得点を表した**プロフィール**を描きます。MMPIの解釈は、主に、その**プロフィール**をもとに行われます。

①妥当性尺度

被検者の回答が歪曲されていないかなどを発見し、補正するための尺度のことです。**妥当性尺度**は以下の4つからなります。

?尺度 (Cannot say scale)	「どちらでもない」と答えた数。30個を上回ると妥当性に疑問が生じるとされる
L尺度 (Lie scale)	自分を社会的に望ましい方向に見せようとしているかどうかを調べる尺度
F尺度 (Frequency scale)	通常では起こり得ない内容(出現率10％以下)に「はい」と答える頻度を調べる尺度
K尺度 (Correction scale)	受検態度が欺瞞的か、または防衛的であるかどうかを調べる尺度

F尺度が高得点の場合、教示や文章の誤解、非協力、詐病、援助を得ようとする態度、精神病の急性症状などを示している。また、青年期には高い傾向があることが知られている。

②臨床尺度

MMPIの質問項目は、精神医学的な**病理群**と**健常群**を弁別できるかどうかによって選ばれています。そして、その質問項目を内容別に分類したのが**臨床尺度**になります。各臨床尺度には、それぞれ番号が当てられており、尺度名ではなくその番号で表記されます。

■臨床尺度

尺度No・尺度名	高得点の解釈	低得点の解釈
第1尺度(Hs 心気症)	心気的、身体不調を訴えることによる他者操作	楽天的
第2尺度(D 抑うつ)	抑うつ的	社交的
第3尺度(Hy ヒステリー)	身体症状による責任回避、洞察欠如、未熟で表面的	萎縮して周囲に同調的
第4尺度 (Pd 精神病質的偏倚)	反社会的または非社会的な反抗と敵意	受動的・同調的
第5尺度(Mf 男性性・女性性) ※男性と女性で解釈が異なる	男性:女性的な性格や態度、受動的で主張が乏しい 女性:女性らしさにこだわらない	男性:男らしさへの自信のなさから"男らしい男"にこだわる 女性:"女らしい女"にこだわる
第6尺度(Pa パラノイア)	猜疑心や独善傾向	適応的か、対人的に過敏かのどちらか

第7尺度（Pt 精神衰弱）	緊張感・不安感が強い	情緒安定、自分に満足
第8尺度（Sc 統合失調）	奇妙で風変わり（エキセントリック）、疎外感	現実的
第9尺度（Ma 軽躁）	活動性が高い、衝動的	活動性が乏しい
第0尺度（Si 社会的内向）	内向的	社交的

4 MMPIの解釈方法

MMPIには、単一尺度に基づく解釈をはじめ、プロフィール全体のパターン、プロフィール内の特定尺度のパターンなど、さまざまな解釈方法があります。

①プロフィール全体のパターン

右下がりのプロフィール	神経症的傾向（Hs、D、Hy、Pt が高い）
浮揚プロフィール	境界例（臨床尺度すべてが70以上）
右上がりのプロフィール	精神病的傾向（Sc、Pa、D、Ma が高い）

②特定尺度のパターン

援助を求める叫び	自分の問題について援助を望むあまり症状を誇張して訴える（L＜50、F＞65、K＜50の山型パターン）
転換 V	心の問題を身体症状へ転換し、社会に受容されやすくする機制を反映している（Hs、D、Hy が V字型をなすパターン）

Check

臨床尺度における得点の全般的な高さは、適応水準を推測する一つの手がかりとなる。社会的適応ができていれば、臨床尺度の水準は全般的に低くなる。

5 MMPIに対する批判

MMPIに対する批判としては、次のようなものが挙げられています。

①	質問項目が多すぎて実施に時間がかかる（少なくとも30分〜1時間）
②	質問内容が古い
③	臨床尺度がその尺度名が示す疾患に関する厳密な尺度ではないなど、心理測定学的に信頼性・妥当性への疑問が残る

Check

MAS（顕在性不安尺度）やES（自我強度尺度）などのように、MMPIの質問項目を抜粋するかたちで作成された検査も数多くある。

05 | その他の質問紙法

ブループリント中項目 心理検査の種類、成り立ち、特徴、意義及び限界

🔑 **キーワード** MPI、NEO-PI-R、エゴグラム、MAS、CMI、GHQ

1 パーソナリティ検査

① MPI（Maudsley Personality Inventory）

　MPI は、**モーズレイ性格検査**の略称で、**Eysenck,H.J.** が、自らのパーソナリティ理論に基づいて開発した検査です。具体的には、神経症傾向 **（N尺度）** と外向性—内向性 **（E尺度）** を測定します。日本版は、虚偽発見尺度 **（L尺度）** や緩衝項目を含む **80** の質問項目からなります。結果は判定チャートの9類型から解釈されます。

② NEO-PI-R

　Costa,P.T.Jr. と McCrae,R.R. が開発した、**5因子モデル（Big Five）**（P.85参照）に基づく検査です。パーソナリティを、**神経症傾向（N）**、**外向性（E）**、**開放性（O）**、**調和性（A）**、**誠実性（C）** の5つの次元からとらえます。また、各次元はさらに **6つ**の下位次元から構成されており、結果は**プロフィール表示**されます。

③ EPPS（Edwards Personal Preference Schedule）

　EPPS は、Edwards,A.L.（エドワーズ）が開発した検査です。**Murray,H.A.（マレー）** の**社会的欲求**をもとに選ばれた **15** の欲求を測定します。同じ程度の**社会的望ましさ**をもつ短い文章項目が対になって提示され、そのどちらかを**強制的に**選択してもらいます。文章の項目対は **225組**からなります。

④ エゴグラム

　エゴグラムは、Dusay,J.M.（デュセイ）が開発した検査です。Berne,E. の**交流分析**（P.217参照）における**構造分析**をもとに作成され、**5つの自我状態（CP、NP、A、FC、AC）** のそれぞれに対して、どの程度の心的エネルギーを配分して

いるかを測定します。日本では**TEG**（Tokyo University Egogram：東大式エゴグラム）が開発されています。

⑤ PILテスト（Purpose in Life：実存心理テスト）

Frankl,V.E.の考えに基づき、Crumbaugh,J.（クランバウ）らが開発した、**実存的欲求不満**や**生きがい**を測定する検査です。3つのパートから構成され、Aは質問紙法、Bは文章完成法（SCT）、Cは自由記述となっています。日本語版では、すべて数量化して解釈するように標準化されています。

⑥ 16PF人格テスト（Sixteen Personality Factor Questionnaire）

Cattell,R.B.のパーソナリティ理論（P.84参照）に基づいて作成された検査です。**因子分析**によって抽出された**16の因子**を測定するもので、**187の質問項目**から構成されています。16の一次因子のほかに、**4つの二次因子**も測定され、結果は**プロフィール表示**されます。

2 不安検査

① MAS（Manifest Anxiety Scale）

MASは、**顕在性不安尺度**の略称で、**Taylor,J.A.（テイラー）**が、**MMPI**から顕在的な不安に関する項目を選び出して作成したものです。顕在的な不安とは、緊張や心配、赤面や発汗などの**精神的・身体的**な徴候として現れる不安を指します。原版は275項目からなりますが、日本版は、不安尺度50項目、虚偽尺度15項目の合計**65項目**からなります。

② STAI（State - Trait Anxiety Inventory）

STAIは、状態―特性不安質問尺度の略称で、Spielberger,C.D.（スピルバーガー）が自らの理論に基づき開発しました。置かれた状況における一時的な情緒状態である**状態不安**と、性格傾向である**特性不安**を分けて測定します。各**20項目**ずつ、計**40の質問項目**からなります。

+α プラスアルファ

緩衝項目
被検者に質問紙の意図をわかりにくくするために設定された項目をいう。

① CMI（Cornell Medical Index Health Questionnaire）

CMI は、心理的・身体的症状を測定する検査で、コーネル大学のBrodman,K.（ブロードマン）らが開発しました。医療現場では**問診の補助**や**治療効果**の測定に用いられるほか、心身の健康状態の**スクリーニング**を目的として産業や教育現場でも活用されています。日本版は男性用が**211項目**、女性用が**213項目**ですが、原版はどちらも195項目です。

② GHQ（The General Health Questionnaire）

神経症者の状況把握や評価、発見において利用されているスクリーニング検査です。特定の症状に絞ったものではなく、全体的なストレス反応や、抗うつや不安の程度を測定する項目で構成されています。オリジナル版は**60項目**ですが、目的に合わせて30項目、28項目、12項目の短縮版があります。

③ SDS（Self-Rating Depression Scale）

SDS は、うつ性自己評価尺度の略称で、Zung,W.W.K.（ツァン）の開発したうつ症状を測定する質問紙法です。抑うつ感情や身体症状、精神症状の**20項目**により、その程度を自己評価します。

④ BDI-Ⅱ（Beck Depression Inventory Second Edition）

BDI-Ⅱ は、Beck,A.T. らが開発した、抑うつの重症度を測定するための質問紙法の第二版です。悲しさや喜びの喪失、睡眠習慣の変化などの**21の質問項目**からなり、それぞれの項目にある**4つ**の文章から過去2週間の自らの状態にあてはまるものを選びます。

⑤ POMS2

怒り―敵意、混乱―当惑、抑うつ―落ち込み、疲労―無気力、緊張―不安、活気―活力、友好の**7つ**の気分状態を評価する検査です。一定の期間における**ネガティブな気分状態**を総合的に表す**TMD得点**を算出できます。**成人用**（18歳以上）と**青少年用**（13〜17歳）およびそれぞれの全項目版と短縮版があります。

06 | 投映法（総論）

ブループリント中項目 心理検査の種類、成り立ち、特徴、意義及び限界

🔑 キーワード 投映法の分類、投映法の長所と短所

1 投映法とは 👉重要

　投映法とは、さまざまな意味をもたらす視覚的・言語的刺激素材を呈示して、被検者に**自由**に反応してもらう心理検査です。正誤や優劣を簡単には決められない課題に対して、クライエントが何をいかに連想、想像するかという、その**過程**を含めた**反応**をもとに、パーソナリティを評価します。

■**主な投映法**

検査名	作成者
ロールシャッハ・テスト	Rorschach,H.
TAT（主題統覚検査）	Murray,H.A. と Morgan,C.D.
P-F スタディ	Rosenzweig,S.
SCT	（不特定）
ソンディ・テスト	Szondi,L.
描画法	（不特定）

2 投映法の分類方法

　投映法の分類には、さまざまな方法があります。Frank,L.K.（フランク）と Lindzey,G.（リンゼイ）によるものは以下の通りです。

1 Frank,L.K. による分類

①構成法	かたちがあいまいだったり、構造化されていない素材に構造を与える検査（例：ロールシャッハ・テスト）
②解釈法	絵が何を意味するのかなど、解釈を必要とする検査（例：TAT、P-F スタディ）
③洗浄法	刺激が表す具体的状況に対する反応を観察する検査。治療的意味合いも含まれている場合が多い（例：心理劇）
④組み立て法	個々の部分的な素材を組み立てることで、意味あるかたちをつくり上げる検査（例：積木細工）
⑤歪曲法	表出された言語や文字等の反応を分析する検査（例：筆跡学）

Lindzey,G. は、被検者の反応様式を重視し、それを**「連想」**（ロールシャッハ・テスト）、**「構成」**（TAT）、**「完成」**（P-Fスタディ、SCT）、**「順序・選択」**（ソンディ・テスト）、**「表現」**（描画法）の5つに分類しています。

3　投映法の長所・短所

投映法の長所・短所には、以下のような諸点が挙げられます。

長所	①被検者は何を測られているのかわかりにくいため、社会的に望ましい回答をしようとするなどの意図的な歪曲が不可能であること ②個人の深層心理（無意識）までとらえることが可能であること
短所	①一般に質問紙法よりも実施・解釈に時間がかかること ②検査の実施・解釈に熟練を要すること ③ある反応が特定の傾向を反映するという理論的根拠が、薄弱なものが多いこと ④結果の解釈に検査者の主観が入りやすく、信頼性・妥当性に疑問が生じやすいこと

■投映法における自由度と客観性の関連

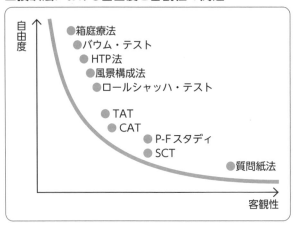

検査の構造化（自由度）の違いによって、被検者の内面の異なる部分が反応に反映されるため、テスト・バッテリーを組むときに考慮する必要があります。

07 投映法（各論）

ブループリント
中項目　心理検査の種類、成り立ち、特徴、意義及び限界

🔑 キーワード　ロールシャッハ・テスト、包括システム、TAT、P-Fスタディ、SCT

1 ロールシャッハ・テスト（片口法）

　ロールシャッハ・テストは、インクを落としてつくった左右対称の図版（無彩色5枚、有彩色5枚）を見てもらい、それが何に見えるか、どのように見えるかを自由に反応してもらう投映法のパーソナリティ検査です。**Rorschach,H.（ロールシャッハ）**が開発しました。

　Rorschach,H. は、1921年に『**精神診断学**』を著しました。その副題「知覚診断的実験の方法と結果」が示すように、Rorschach,H. は、この検査について、"何に見えるか（**想像力**）"よりも、"いかに見えるか（**知覚**）"を重視しました。

　ロールシャッハ・テストの実施・解釈の方法には、いくつもの種類があります。日本では、従来、アメリカのKlopfer（クロッパー）法をベースにした**片口安史**（かたぐちやすふみ）による**片口法**が広く用いられてきました。その後、アメリカの**Exner,J.（エクスナー）**によるエクスナー法が、ロールシャッハ・テストに関するさまざまな知見を包括するという意味合いから**包括システム**（P.149参照）として普及し、現在に至っています。

■**ロールシャッハ・テストで使用される図版例**

1 片口法の実施方法

検査は、**自由反応段階→質問段階**の順に進められます。

自由反応段階	被検者に図版を見て何に見えるかを自由に話してもらう段階。その際の教示は、10枚の図版を見てもらうこと、何に見えてもかまわないこと、なるべく両手で持って見てもらうことを伝える
質問段階	自由反応段階で被検者が話した反応について、「何が」「どこに」「なぜ」そう見えたのかを尋ねる段階

これらは、いずれも**誘導的・暗示的にならないこと**が重要です。つまり、被検者にとって、より**自由度**の高い雰囲気の中で行われる必要があります。また、質問段階が終わった後で、場合によっては**限界吟味**（段階）を行うこともあります。これは、解釈や診断のために、例えば、人に見えないか、色彩は関係ないか、嫌いなカードはどれかなど、誘導的・暗示的・強制的な質問を行って、より詳しい情報を得ようとするものです。

Check

ロールシャッハ・テストは、基本的に、個人に対して行われる検査であるが、集団で実施し、各図版が何に見えるかを合意形成してもらう方法もある（コンセンサス・ロールシャッハ）。対象が家族であったり特別な小集団であったり、使用カード数が違ったり、時間制限があったりと、目的に合わせてさまざまな工夫が施されている。

2 片口法における結果の整理と解釈

検査者は、自由反応段階と質問段階における被検者の反応を**逐語的**に記録し、反応に対して、次のような**記号化（スコアリング）**を行います。一つひとつの反応に対して記号化したのち、分類表に記載し、さらに、記号と記号の関係などを計算して**数量化**し、一覧表に整理します。

反応領域	どこ（全体か、部分か）に見たのか
反応決定因	どのような刺激特徴（形態か、運動か、濃淡か、色彩か）からとらえたのか
反応内容	何（人間か、動物か、物か）を見たのか
形態水準	図版の特徴と照らし合わせて、反応として示されたかたち（例：蝶のかたち）がどの程度それらしいか（例：蝶らしいか）を、正確さ・明細化・組織化の程度から、4段階（＋、±、干、－）で評価する
平凡反応	一般的によくみられる反応かどうか

解釈には、大きく分けて、数量化したものを量的に分析する**形式分析**（サイン・アプローチ）と、カードごとの反応を質的に分析する**内容分析**（象徴解釈）といった方法があります。

また、カードの流れに沿って反応のつながり方を**力動的**に解釈する**継起分析**も行われます。これらの解釈方法を組み合わせ、かつ、検査状況や検査者―被検者関係、被検者の属性などを加味しながら、被検者のパーソナリティを総合的に評価します。

解釈のためには、各カードの特徴や各記号の意味をよく知っておく必要があります。

①各カードの特徴

各カードの特徴は、次のようになります（カッコ内はP反応）。

Ⅰ	最初の図版で不安と当惑を示しやすい（蝶、コウモリ）。無彩色
Ⅱ	色彩ショック、形態水準の低下がみられやすい（人間、四足獣）。黒と赤の2色
Ⅲ	Ⅱ図版のショックから立ち直れたかどうか、M［人間運動反応］が出やすい（人間）。黒と赤の2色
Ⅳ	"父親カード"、陰影ショックを生じやすい（毛皮類）。無彩色
Ⅴ	最も反応が出やすい（コウモリ、蝶）。無彩色
Ⅵ	陰影反応が生じやすい、性ショックもみられる（毛皮類）。無彩色
Ⅶ	"母親カード"、好きなカードに選ばれる率が高い（人間、四足獣）。無彩色
Ⅷ	最初の多彩色図版、色彩ショックが生じやすい（四足獣、花）。多彩色
Ⅸ	最も拒否されやすい、全体反応が示されにくい（P反応はない）。多彩色
Ⅹ	部分反応が多く、反応が分散されやすい（P反応はない）。多彩色

②各記号の意味

主な記号の意味、いわゆる一般正常成人の平均値および解釈仮説は、次のようになります（カッコ内が正常成人の平均値ですが、これらは目安に過ぎず、1対1の対応で即座に解釈が成立するわけではありません）。複数の記号を組み合わせて、総体的に解釈することが大切です。

用語解説

P反応（平凡反応）

多くの人がそのように反応する一般的な反応を指す。社会的常識や共感性・協調性を意味する。

Check

潜在的な、本人には認知されていない体験型を提案したのはKlopfer,B.（クロッパー）である。解釈の仕方は、顕在的な体験型と潜在的な体験型の食い違いをみていくことになる。

R - 反応数（20 〜 45個）	多いと野心的・過度の緊張・協力的傾向を表す。少ないと非生産的・非協力的・抑うつ的傾向を示す
W：D - 全体反応：部分反応の割合 （＝把握型、1：2）	Wは全体反応で、総合的・抽象的なものの見方を表す。多いと野心的で要求水準（現実的な目標）が高い。Dは部分反応で、部分的・具体的なものの見方を表す
W：M - 全体反応：人間運動反応の割合 （3：1）	Mは人間運動反応を示す。W＞2Mの場合、要求水準が高く、野心的である。W＜Mの場合、非現実的、観念的過ぎる
Ｄｄ％ - 特殊部分反応の割合（10％前後）	形態水準が高いと知的だが、不安、強迫的な傾向も表す
Ｆ％ - 純粋形態反応の割合（25 〜 55％）	高いと感情抑制的・客観的な傾向がある
Ｆ＋％、ΣＦ＋％ - 純粋形態反応の割合 （どちらも60 〜 85％）	Ｆ＋％は限定的な自己統制や現実吟味の程度を示し、ΣＦ＋％はより開かれた変化に富んだ状況における、自己統制や現実吟味の程度を示す
M - 人間運動反応（2 〜 5個）	知性や想像力、内的安定性、共感性を表す
ＦＭ - 動物運動反応	本能的・原始的な衝動性や生命力を表す
m - 非生物運動反応（m≧2で緊張が強い）	内的緊張や葛藤を表す
ＦＣ：ＣＦ＋Ｃ - 色彩因子の比率	環境からの情緒刺激の統制の程度を示す。FC＜CF＋Cで情緒刺激の統制が弱い
C' - 無彩色反応　[2（FC+CF+C） <Fc+c+C'、抑うつ状態]	抑うつ的な気分を示すが、内容も加味しなければならない
c - 材質反応	（肌触り・感触より）愛情欲求を示す
Ａ％ - 動物反応の割合（25 〜 60％）	紋切り型の思考を表す。不安や抑うつ気分によって観念内容が貧困になると増大し、精神活動の豊かな爽快な気分においては減少する
M：ΣＣ（＝FC+2CF+3C/2）-（顕在的な、意識化された）体験型	M＞ΣＣ…内向型（エネルギーを内に向ける人） M＜ΣＣ…外拡型（エネルギーを外に向ける人） M≒ΣＣ…両向型（MとCがともに多い） または両貧型（MとCがともに少ない）
FM+m:Fc+c+C' -（潜在的な、本人には認知されていない）体験型	FM+m ＞ Fc+c+C' …（潜在的）内向型 FM+m ＜ Fc+c+C' …（潜在的）外拡型

2 ロールシャッハ・テスト（包括システム）

　包括システム（Comprehensive System） とは、アメリカの**Exner,J.** が開発した、ロールシャッハ・テストの実施・解釈法の総称です。一般に、**エクスナー法**とも呼ばれますが、ロールシャッハ・テストに関するさまざまな知見を包括するという意味合いから、**包括システム**と呼ばれています。

　日本では、従来、**片口法**（P.145参照）が広く使用されてきましたが、近年では、**包括システム**が普及しています。**包括システム**は、ロールシャッハ・テストの膨大なデータを統計処理した実証主義的な研究に基づくため、検査者間の**判定誤差を小さく**できる、つまり、**信頼性を高める**ことが可能であるからです。

1 包括システムの実施方法

　包括システムでは、実施方法が厳密に規定されています。具体的には、次のようになります。

座る位置	決して対面には座らず、検査者の記録の様子などが被検者には直接見えることのない位置に座る
教示	インクのしみでできたカードを見てもらうという程度の説明を行い、カードを手渡しながら「これは何に見えますか？」と始める
計時	反応を出すまでの内的なプロセスを問題にしないため、反応時間を測らない
反応数	少ない場合：1枚目のカード（あるいはⅠ図版）で一つの反応だけ答えて終わろうとした場合は、「ゆっくり見てください。きっとほかにも見えてくると思いますよ」と励ます 　　　　　：総反応数が13以下の場合には、もう一度やり直し、さっきよりも多く答えるように伝える 多い場合：1枚に6つ以上出そうとした場合、介入することができる。これは反応数が4つ以下になるまで続けることができる。またⅤ図版で、6つ以上の反応を出そうとした際にも介入できる
反応拒否	原則として反応拒否を認めない。拒否した場合は、検査の目的について話し合う

2 包括システムの解釈

　包括システムでは、解釈も一定の手順に従って、厳密に行われます。具体的には、**クラスター分析**と**鍵変数**による解釈戦略が用いられます。

①クラスター分析

Exner,J.は、膨大なデータを統計処理した結果、そこから得られた要素が、いくつかのまとまり（クラスター）に分けられることを見出しました。つまり、被検者のパーソナリティの各側面を**7つのまとまり**として表すことができると考えたのです。その7つとは、①情報処理過程、②認知的媒介、③思考、④自己知覚、⑤対人知覚、⑥統制力とストレス耐性、⑦感情になります。

そして、それぞれのクラスターを構成するいくつかの変数が、統計処理に基づいて、**構造一覧表**にまとめて示されています。それらを分析することによって、被検者のパーソナリティを解釈していきます。

②鍵変数

鍵変数は、7つの**クラスター**をどのような順番で見ていくかということの指標となる変数を指します。例えば、特殊指標の「抑うつ指標（DEPI）」に該当する場合は、感情、統制力とストレス耐性、自己知覚、対人知覚、情報処理過程、認知的媒介、思考ということになります。つまり、重要なクラスターから検討し、他のクラスターも組み入れて解釈していくことにより、人物像を明らかにするのです。

3 TAT

TAT（Thematic Apperception Test：主題統覚検査） とは、**Morgan,C. D.（モーガン）** と**Murray,H.A.** が、1935年に「空想研究の一方法」という論文で初めて報告した心理検査です。さまざまな受け取り方ができる場面が描かれた絵を見て、被検者がそれについて**自由に物語る**という方法により行われます。その物語の分析を通して、被検者のパーソナリティを明らかにしようとする投映法です。

1 理論的背景

TATの理論は、Murray,H.A.の**欲求一圧力理論**に基づいています。Murray,H. A.によると、パーソナリティは、**個人**と**環境**の相互作用であるエピソードによって把握でき、そのエピソードは、個人のさまざまな内的な欲求と、環境が個人に与える外的な圧力との関係から成り立っています。Murray,H.A.は、その欲求

—圧力構造を**主題（theme）**と呼び、さらに、個人が知覚したものを意味づける心の働きを**統覚（apperception）**と呼びました。そこから、個人が知覚し語った物語を分析すれば、パーソナリティが明らかになると考えました。

② TATの図版と種類

Morgan,C.D. と Murray,H.A. の原版の図版は、さまざまな受け取り方ができる場面が描かれた図版30枚と白紙図版1枚の**計31枚**からなります。各図版は、それぞれ少年用（**B**）・少女用（**G**）・成人男性用（**M**）・成人女性用（**F**）に分けられています。そして、これらの組み合わせにより GF、MF などと表記がなされ、被検者の属性によって図版を適宜使い分けるようになっています。

TATには、子ども用のCAT（Children's Apperception Test）や高齢者用のSAT（Senior Apperception Test）もあります。

	TAT（原版）	CAT（子ども用）		SAT（高齢者用）
開発者	Morgan,C.D. ら	Bellak,L.（ベラック）ら	戸川行男ら	Bellak,L. ら
枚数	31枚	10枚	17枚	16枚
特徴	さまざまな人物が主人公	動物が主人公	リスの"チロ"が主人公	老人が主人公

■TATの図版（イメージ図）

TATの図版には、人物が描かれていないものもある。12BG、16、19の3枚である。

さまざまな受け取り方ができる絵を見て、物語をつくってもらう。

原法での実施方法は、以下のようになります。

①	第一系列、第二系列の２回に分けて行う
②	教示は、第一系列が想像することを強調し、第二系列が自由に物語ることを強調するなど、各系列で異なる
③	各系列とも10枚ずつ用いる（計20枚）
④	各系列は、少なくとも１日は間隔をおいて行う

　原法での解釈では、Murray,H.A.の**欲求─圧力分析**が用いられます。それは、被検者の語った物語にみられる欲求と圧力の程度を５段階で評定して得点化し、あらかじめ定められた標準値と比較するものです。しかし、原法による実施方法や解釈法が広く採用されているとはいえません。複雑で時間がかかること、そうして割り出した結果が直感的な解釈とそこまで変わらないことなどが理由として挙げられます。

　TATに関しては、力動的分析、形式分析、内容分析などさまざまな立場から多くの研究者が分析・解釈方法を考案していますが、**標準的な方法**はいまだに確立されていません。日本では、実施されることが少ないとされています。

４ TATの諸特徴

その他、TATの諸特徴を挙げると以下のようになります。

- 図版内容の性質上、ロールシャッハ・テストに比べて、個人の葛藤や現実的な対人関係などをとらえやすい。
- 被検者が自我防衛的になって平凡な反応しかしなくなることもある。
- 実施・解釈法が標準化されていないことから、信頼性と妥当性に問題がある。

4　P-Fスタディ

　P-Fスタディ（Picture-Frustration Study、絵画欲求不満テスト）は、**Rosenzweig,S.（ローゼンツヴァイク）**が、自らの**フラストレーション（欲求不満）耐性理論**に基づいて開発した投映法です。これは、欲求不満状態に対する反応を明らかにすることで、個人の**精神力動**を明らかにできるという考えに基づ

いています。Freud,S. が提唱した精神分析理論における防衛機制に関する実験的研究の結果を基盤に発展しました。

1 P-Fスタディの実施方法

　P-Fスタディは、2人の人物が描かれた**24枚のイラスト**からなります。フラストレーションを生じさせる相手の発言に対して、もう一方の人物がどう返答するか、被検者に絵の中の**吹き出し**に書き入れてもらいます。各イラストは、フラストレーションが、人為的・非人為的な障害によって喚起される**自我阻害場面**と、非難や詰問をされることにより、良心がとがめられて喚起される**超自我阻害場面**に大別されます。

　教示では、吹き出しの中に言葉を書き込んでもらうこと、最初に思いついたことを書いてもらうこと、書き直したいときは消しゴムで消さずに**線を引く**ことを伝えます。

2 P-Fスタディの反応分類と分析方法
①反応の分類

　被検者の反応は、フラストレーション状態で生じる、**アグレッションの方向（他責、自責、無責）** と、**アグレッションの型（障害優位型、自我防衛型、要求固執型）** から、それらをかけ合わせた9つの**評定因子**（非定型を合わせると11）のいずれかに分類されます。

■評定因子

型\方向	障害優位型 (O-D)	自我防衛型 (E-D)	要求固執型 (N-P)
他責的 (E-A)	他責逡巡反応 (E')	他罰反応 (E, <u>E</u>)	他責固執反応 (e)
自責的 (I-A)	自責逡巡反応 (I')	自罰反応 (I, <u>I</u>)	自責固執反応 (i)
無責的 (M-A)	無責逡巡反応 (M')	無罰反応 (M)	無責固執反応 (m)

　アグレッションの方向における、他責的とは他者を責める傾向、自責的とは自分を責める傾向、無責的とは誰も責めない傾向のことを指します。一方、アグレッションの型における、障害優位型とは**障害の指摘**に重点を置く反応型（例：「この帳簿のつけ方は何ですか」と咎（とが）められて、「ほかにもたくさん仕事があったので」と答える）、自我防衛型とは**自我**を強調する反応型（例：「私はきちんとつけたはずです」と答える）、要求固執型とは**問題解決**を重視する反応型（例：「ではもう少しお時間をください。やり直します」と答える）を指します。

　なお、P-Fスタディでいうアグレッション（aggression）とは、「攻撃性」よりも広い**「主張性」**という意味で使われ、**フラストレーションに対する反応の総称**を意味します。

②結果の分析

　結果の分析は、主に次のような項目について行います。

場面別評点記入欄	各場面の反応語を評価する
GCR（Group Conformity Rate、集団一致度）	一般的にみられる反応（ロールシャッハ・テストのP反応に相当するとされる）にどのくらい合致しているかを判定する
プロフィール欄	どの反応型が優位か否かを判定する。分析・解釈の根幹をなすとされる
超自我因子欄	責任転嫁や攻撃的主張などの評価を行う
反応転移欄	前半と後半の反応の流れなどを分析する

5 SCT

重要

SCT（Sentence Completion Test）は、「子どもの頃私は」「家の暮らしは」といったような**不完全**かつ**多義的**な短い語句（**刺激語**）の後に文章を書いてもらい、それを完成させてもらう投映法です。一般に、**文章完成法**と訳されています。特定の人格理論に基づいたものではありませんが、もともとは**言語連想検査**から創案されたとされます。

1 SCTの教示と結果の解釈

実施の際の教示と結果の解釈についてまとめると、次のようになります。

①教示

教示は、一般に、次のようなことがらが盛り込まれていればよいとされます。なお、SCTは語句や文章の**理解力**や**作文能力**があれば適用でき、概ね**児童以上**から適用可能であるとされます。

- 刺激語から思い浮かんだことを自由に書く。
- 正解・不正解はない。
- すぐに思いつかなければ後回しにしてもよい。
- 時間制限はないが、あまり長い時間を取らない。

Check

文章完成法という形式の課題は古くからあり、Ebbinghaus,H.は知的統合能力の測定に用いたとされる。

②結果の解釈

結果の解釈については、一般に、次のようにまとめることができます。

- 客観的・数量的方法と直感的・了解的方法がある。
- 知的・感情的・意識的側面から、身体的・社会的・家庭的要因まで、幅広い観点から評価される。

2 SCTの諸特徴

SCTの諸特徴をまとめると、次のようになります。

- 被検者が書いた文章は、意識レベルと無意識レベルの中間、つまり、**前意識レベルの投映**であると考えられている。

- SCT単独での使用・解釈ではなく、テスト・バッテリーのひとつとして用いるとより効果的である。
- 結果の解釈に検査者の主観が混入しやすく、解釈には熟練を要する。

■SCT（イメージ図）

1. 子どもの頃の私は：
   ガキ大将で悪いことばかりしていた。
2. 私の父：は、忙しくてほとんど
   顔を合わせることがない。
3. ・・・・・

不完全な文章の続きを書いてもらい、
パーソナリティを査定する。

6 ソンディ・テスト

　ソンディ・テスト（Szondi test）は、正式には**実験衝動診断法**といい、**Szondi,L.（ソンディ）**が、自らの**運命分析理論**を実証するために開発した投映法です。1930年代までのヨーロッパ人の精神障害者や犯罪者（衝動疾患者）の**顔写真48枚**を見せて**好きな顔写真と嫌いな顔写真**を選んでもらい、被検者の**衝動**や**葛藤**を明らかにするというものです。

> 🖉 Check
> 1回の所要時間は、最短で5分、最長で30分、平均7〜15分程度とされるが、被検者によっては1時間程度かかることもある。

1 ソンディ・テストの実施方法

　ソンディ・テストは、**1組8枚が6組**、**計48枚**の衝動疾患者の顔写真を見て、**好き嫌い**を選択するというものです。その手順は以下のようになります。

①	各組（8枚）ごとに2枚ずつ、好きな顔写真と嫌いな顔写真を選択する（前景像：VGP）。VGPの弁証的な逆の結果として得られるのが、理論的補償像（ThKP）
②	①で残った4枚について、比較的好きな顔写真と嫌いな顔写真を2枚ずつ選択する。ここから得られるのが実験的補償像（EKP）

　原法では、①②の手続きを1回として、**1日から1週間の間隔で10回くり返**

します（10回法）。このくり返し法は、時間経過における人の変容過程を把握するということでソンディ・テストを特徴づけているともいわれますが、1回実施するだけでも有効であるとされています（1回法）。

② 記号化と解釈
①記号化

ソンディ・テストは、すべての選択に対して**記号化**を行います。記号は基本的に**4つ**あり、好き嫌いの度合いを表す記号であるダッシュ（！）を加えると全部で**5つ**になります。これらの組み合わせを、傾向緊張表として**プロフィール化**します。

■ソンディ・テストの記号

＋	顔写真を好きと選んだときの記号。当該因子の欲求傾向の肯定を表す
－	顔写真を嫌いと選んだときの記号。当該因子の欲求傾向の否定を表す
±	当該因子の欲求傾向に対して両価的（アンビバレント）で、緊張の逡巡状態を表す
0	当該因子の欲求傾向に対して充定されているか未熟かのどちらかの状態を表す
！	衝動過圧とも量緊張とも呼ばれ、好き嫌いの度合いを表す記号。「！」、「！！」、「！！！」の3種類で表す

📖 用語解説

衝動ベクター

人の運命を決めるとされる基本的な4つの衝動領域（＝ベクター）のこと。性（S）、発作（P）、自我（Sch）、接触（C）である。さらに各々の衝動領域に対して、下位の衝動因子が二つずつある。性一同性愛・加虐愛、発作一てんかん・ヒステリー、自我一緊張病・妄想病、接触一うつ状態・躁状態であり、全部で8種類になる。

②解釈

ソンディ・テストの解釈の一端を示すと、以下のようになります。

前景像（VGP）	被検者の現状を最もよく反映しているとされる
鏡像反応	ベクター反応（4つの衝動ベクターに対する各反応）の継起分析において、例えば、ある回と別の回でまったく対照的なベクター反応へと回転すること。鏡像反応がみられると、心理的な安定を欠いていると解釈される
弁証法的解釈法	理論的補償（ThKP）を含め、前景像（VGP）や実験的補償（EKP）などを力動的・総合的に解釈する方法のこと。ソンディ・テスト独特の解釈方法であるとされる。鏡像反応の解釈もその一種

第**3**章 心理アセスメント

157

08 描画法

ブループリント
中項目 心理検査の種類、成り立ち、特徴、意義及び限界

🔑 キーワード DAM、バウム・テスト、HTPテスト、動的家族画法、風景構成法

1 描画法とは

　描画法は、被検者の描いた絵を分析することで、そのパーソナリティや対人関係などを評価する心理検査です。その背景には、描画には描き手の感情や欲求が投映されるという考えがあります。心理検査に描画を初めて用いたのは、**Goodenough,F.（グッドイナフ）** ですが、彼女が開発した **DAM（Draw A Man）** は知能検査です。一方、パーソナリティ検査として描画を用いたのは、Machover,K.（マッコーバー）で、彼女は **DAP（Draw A Person）** を開発しました。

　描画法の諸特徴は以下のようになります。

実施	・実施が容易で、しばしば導入検査として用いられる ・集団で実施することも可能
対象	・年少児や言葉による表現が困難なクライエントに対して、しばしば有効性を発揮する ・表現の自由度が高く、治療的効果が見込まれるため、心理療法として用いられることもある ・描画法は侵襲性が高いことから、精神病水準のクライエントへの適用には注意が必要
解釈	・解釈にはかなりの熟練を必要とする ・疾患に特有の表現（疾患特異性）が認められることがある ・検査者と被検者の関係性も描画に反映されるものとして解釈する

📖 用語解説

侵襲性
（自我侵襲性）

自我の現実検討機能を侵す、圧倒する、損なう程度のこと。例えば、精神病水準のクライエントは自己と他者、内面と外界の区別が崩れやすいため、描画法を実施すると症状が悪化してしまう可能性がある。そのような現象を「侵襲性が高い」という。

2 人物画テスト

　人物像を描いてもらうことによって、被検者の発達の程度やパーソナリティを査定する描画法を、広く人物画テストと呼びます。代表的なものとして、**DAM**

（Draw A Man）と**DAP**（Draw A Person）が挙げられます。

① DAMとDAP

　人物画を最初に心理検査として用いたのは、Goodenough,F. です。彼女は、**動作性知能検査**としてDAMを開発しました。一方、人物画を**パーソナリティ検査**として用いたのはMachover,K. が最初です。彼女は、DAP（Draw A Person）を考案しました。

　両者には、知能検査かパーソナリティ検査かという違いとともに、教示や実施の方法に違いがあります。DAMはGoodenough,F. の原法によると「**男の子**を一人描いてください」という教示のもとに実施されますが、Machover,K. のDAPでは「**人**を一人描いてください」という教示のもとに行われ、描き終わったら、もう1枚の用紙に、今描いたのとは別の性の人物を一人描くように求めます。

■**DAM（イメージ図）**

紙に人物を描いてもらう。採点の対象となるのは男性像のみ。

② 日本におけるDAMについて

　ここでは、日本で標準化されて用いられているDAMについて見てみましょう。

①日本でのDAMの実施

　日本では、Goodenough,F. の原法とは異なった方法が用いられています。HBかBの消しゴムがついている鉛筆か、1色のクレヨンを使用します。用紙は二つに折って被検者にとって縦に長い向きに置きます。そして、「**人を一人描いてください**。頭の先から足の先まで全部ですよ。しっかりやってください」と教示します。そこで、女性像が描かれた場合は、二つ折りにした用紙の反対側に男性像を描くように求めます。最初に男性像が描かれた場合はそこまでとしてもかまいません。

②採点

　描かれた人物像のうち、**男性像のみ**を採点の対象とします。そして、身体各部

分やそれらの比率、明細化できているかどうかといった基準に従って採点し（**50 点満点**）、最終的に**知能指数（IQ）**を算出します。

③諸特徴

DAMには、以下のような特徴があります。

- ●実施・採点方法が簡単である。
- ●言語の発達に遅滞がみられる子どもでも実施可能。
- ●適用は精神年齢（P.170参照）がおよそ３歳～９歳 程度。
- ●解釈にあたっては、他のテストとのバッテリーを組 む必要がある。

Check

DAMは目と手の協応や空間認知などの動作性検査であるため、子どもの知的水準をより的確に評価したい場合は、他の言語性検査とテスト・バッテリーを組むことが望ましい。

3 バウム・テスト

重要

バウム・テスト（Baum Test） とは、１本の実のなる木を描いてもらう描画法です。1949年に、スイス人の**Koch,K.（コッホ）** が開発しました。もともとは職業適性の補助手段として用いられていましたが、のちにパーソナリティ診断や発達的側面の検討に使用されるようになりました。

標準的な実施方法は、A4の用紙に4Bの鉛筆で**「実のなる木を１本描いてください」** という教示のもとに行われます。

Check

「実のなる木」という教示を行わないで実施される描画法もある。広く樹木画テストと称され、「木を１本描いてください」という教示をする。バウム・テストに比べて描画の自由度が高くなり、実を描くか描かないかそれ自体も解釈の対象になる。

１ バウム・テストの解釈

解釈は、基本的に、描かれた１本の木をその人の自己像とみなし、さまざまな観点から行われます。直感と方法論をうまく補い合いながら、被検者への理解を深めていくことが望ましいとされています。

Check

Koch,K. は、Grünwald,M.（グリュンワルド）の空間象徴図式を参考にして、樹木の定位に関する解釈を示している。彼は、空間象徴的な見方は、従来の視点の行き詰まりに流れをもたらすと評価する一方で、あまり教義的に用いてはならないとしている。

全体の印象を直感的にとらえる	明るいか暗いか、伸び伸びしているか萎縮しているかなど
空間を象徴的にとらえる（空間象徴理論）	用紙を縦横4等分にした場合の左右の対比や安定感など （例）上は意識、下は無意識を示す
木のかたちからとらえる	樹冠・幹・根のそれぞれのかたちやバランスなど
さまざまな指標からとらえる	丁寧さ：陰影の有無、不安：幹の不連続さ、歪み：葉や幹の不釣り合い、貧困：筆圧の弱さ、対人関係や感情表出：枝の先端の処理など
発達的側面からとらえる	樹冠の特徴から、幼い順に、幼いかたち→人の形→写実的→省略的という発達特徴がみられるなど
臨床的側面からとらえる	うつ病者は幹をでこぼこに描きがちであるなど

Check

描き方や筆圧の強さからとらえる方法は、筆跡学を基盤にしている。

+α プラスアルファ

疾病特異性

ある疾病における特有の性質をいう。描画表現には、その疾病を特徴づける特有の描画表現である「疾病特異性」がある程度みられるとされている。

② バウム・テストの諸特徴

- 実施が簡単である。
- 子どもをはじめ、さまざまな年齢層に適用できる。
- 言語的な表現が苦手な人にも適用できる。
- ある程度短い期間を置くだけで再検査も可能である。
- 集団での実施も可能である。

■バウム・テストのイメージ図

A4の用紙に、4Bの鉛筆で、実のなる木を描いてもらう。

■Koch,K. によるバウム・テストの注意点

- 人格診断や発達的側面のすべてはわからない（あくまで補助手段である）。
- テスト・バッテリーの一つとして用いる。
- 目かくし分析（ブラインド・アナリシス）は望ましくないとされる。

4 HTPテスト

HTP（House-Tree-Person）テストは、家と木と人を描いてもらい、パーソナリティを査定する描画法です。**Buck,J.N.（バック）**が開発しました。Buck,J.N.の原法では、パーソナリティのみならず知能も査定し、最終的にIQも算出します。

> 🖉 Check
> Buck,J.N.は、どんな質問にも答えようとしなかった少女が、絵を描くことを通して初めて心を開いたことから、HTPテストを思いついたとされる。

1 HTPテストの実施・分析方法と解釈

①実施方法

Buck,J.N.の原法では、実施方法は以下のようになります。

教示	絵の上手・下手を調べるわけではないこと、できるだけ丁寧に描くこと、写生ではないこと、自分の思った通りに描くことなどを説明する
用具	1枚を二つ折りにした4ページからなる紙とHBの鉛筆を使用し、以下の手順を一つずつ伝える ①1ページ目＝描画当日の日付などを書く　③3ページ目＝木を描く ②2ページ目＝家を描く　　　　　　　　　④4ページ目＝人（身体全体）を描く
PDI	描画終了後、Buck,J.N.の考案した64の質問を行う。これをPDI（Post-Drawing-Interrogation）と呼ぶ。被検者と言語でやりとりすることで、描画という非言語的側面では得られない感情や欲求などを明確化し、解釈の手がかりを得るために行われる

②分析方法

Buck,J.N.の原法における分析方法には、量的分析と質的分析があります。

量的分析	あらかじめ定められた評価点数表に従い、家・木・人それぞれについて、比率や遠近法などを点数化・集計し、IQを求める
質的分析	所要時間や描画態度、描画の順序や描画線の諸特徴から、総合的な分析を行う

また、Buck,J.N. は、家・木・人それぞれに、以下のようなことがらが投映されやすいと考えました。

- ●家…家庭状況・家庭生活・家族関係
- ●木…無意識的な自己像。防衛されることなくより深い感情が投影されやすいため、再検査による変化が最も少ないとされる
- ●人…より意識に近い部分での理想的・現実的自己像、または、対人関係が投影されやすいとされる

③ HTP テスト以降

HTP テストを原法として、以降、**HTPP テスト**や動的 HTP テスト、さらには、**S-HTP** テストなどが開発、使用されています。

HTPP（House-Tree-Person-Person）テスト	HTP テストでは人を一人描いてもらっていたが、男女一人ずつ描いてもらうテスト。高橋雅春や Hammer,E.F.（ハンマー）が開発した
動的 HTP テスト	1 枚の紙に、家と木と人が何かしているところを描いてもらうテスト。動的家族画法を考案した Burns,R.C.（バーンズ）が開発した
S（Synthetic）-HTP テスト（統合型 HTP テスト）	1 枚の紙に、家・木・人の 3 つを描いてもらう、三上直子が整理したテスト。1 枚の紙のみ用いるため負担が少ないこと、家・木・人を統合する力が試されること、自由度が高いことなどから、被検者の諸特徴をより把握しやすいとされる

S-HTP テストのイメージ図。家、木、人を 1 枚の紙に描いてもらうことでパーソナリティを査定する。

Check

HTP テストの長所・短所は描画法と同じである。適用可能な対象が幅広く、導入検査として受け入れられやすいこと、また、実施が容易である一方、解釈に熟練を要することや、結果の客観性・信頼性に問題がある。ただし、描画という非言語的側面のみならず、PDI により言語的側面からもアプローチ可能であることが、HTP テストの特徴である。

　家族画法とは、一般に、被検者を含む家族の構成メンバーを1枚の紙に描いてもらい、そこに描かれた家族関係や家族イメージから、被検者のパーソナリティや**家族像**を明らかにする描画法で、人物画テスト（P.158参照）から発展しました。

　人物画テストは、一般に、投映された一人の人物像から被検者のパーソナリティを査定します。また、被検者には家族がいて、その家族の中で、被検者の人となりはかたちづくられるものです。家族画法は、個人の**パーソナリティ**のみならず被検者の置かれた**家族システム**や**家族間葛藤**を明らかにし得ることから、より広い観点をもたらしているといえます。

被検者を含む家族メンバーを1枚の紙に描いてもらうことで、被検者の家族間力動を明らかにする。

1 動的家族画法

　家族画法にはさまざまな形式がありますが、代表的な検査に、**動的家族画法**（kinetic family drawings：KFD）があります。Burns,R.C. と Kaufman,S.H.（**カウフマン**）が開発しました。

　それまでの家族画法は、親子・長幼の順、身長が高い順に描かれるなどの静的かつ固定的な描画になりやすいという欠点がありました。KFD は、教示に「**家族が何かをしているところ**」という条件をつけ加え、被検者によりダイナミックな**家族間力動**を描き出してもらうことを可能にしました。

用具	A4の紙1枚、HB〜2Bの鉛筆、消しゴム
教示	「あなたを含めて、あなたの家族が何かをしているところを描いてください」
実施	20〜30分の描画段階と質問段階
解釈	人物像の特徴、行為、描画の様式、象徴の4項目から解釈 ①人物像の特徴―精神分析理論やDAPの解釈が援用される ②行為―家族間力動や対人態度が投映される。一方で、合理化・社会化した家族像も投映されることがある ③描画の様式―家族メンバー間の離反や接近を7分類し、被検者の無力感などを分析する。KFDならではの解釈方法 ④象徴―精神分析理論の援用

6 風景構成法

風景構成法（Landscape Montage Technique：LMT）とは、1枚の紙に風景を描いてもらう**芸術療法**です。精神科医の**中井久夫**が開発し、のちに**投映法**としても用いられるようになりました。

中井は、**統合失調症者**への**実践的見地**から風景構成法を編み出しましたが、それには、次のようないくつかの影響がみられます。

Check

風景構成法の適用年齢は、およそ6歳以上であるとされる。それ以前の年齢では、風景の概念が把握されにくいからである。

■風景構成法に影響を与えたもの

①	絵画療法と象徴解釈を重視するユング心理学
②	Sullivan,H.S.の「関与しながらの観察」の考えに通じるなぐり描き法（scribble technique）
③	統合失調症者の箱庭は柵で囲まれることが多いという河合隼雄の示唆。統合失調症者にみられる箱庭の柵という考えから、中井によって、枠づけ法（fence technique）が開発された。枠づけ法とは、検査者が描画者の目の前で用紙の端に沿って周囲を四角く枠づけする方法。それによって、描画者の表現を保護するとともに、表現することを強いるという二重の性質が生じる

1 風景構成法の実施方法

風景構成法の実施方法は、次のようになります。

用具	A4 用紙 1 枚、黒のサインペン、クレヨンなどの彩色できる道具。必ず描画者の目の前で枠づけをする
教示	「今から私が言うものを、一つひとつ唱えるそばからこの枠の中に描き込んで、全体として一つの風景になるようにしてください」
実施	「川・山・田・道（大景群）・家・木・人（中景群）・花・動物・石（小景群）・足らないと思うもの」の 10 個＋その他のアイテムを順番に描いてもらう。その後、彩色してもらい（順不同）、完成。その後、質問（季節・天候など）を行い、連想したりする

Check

中井久夫は、できるだけ柔らかな、プレイフルな雰囲気で実施するように述べている。

② 風景構成法の解釈

　風景構成法は、投映法の中でも被検者の**自由度が高く**、検査者・治療者による評定の**客観性が低い**という性質により、解釈が標準化されていません。

■風景構成法の解釈の留意点

①	箱庭の解釈は参考になるが、3 次元（箱庭）と 2 次元（風景構成法）の違いがある
②	バウム・テストなどによく援用される空間図式の適用は必ずしも適当ではない
③	解釈の一方法として空間構成の諸形式が中井によって提案されている

用語解説

空間構成の諸形式

空間の構成の仕方によって、疾患特異性を見定めようとする方法。例えば、「統合失調症妄想型には複数の異質の空間がキメラ的に統合されて描かれる（キメラ的多空間現象）」など、さまざまな精神病患者について分類がなされている。

描画者の前で枠づけされた用紙に、決められた順番で風景を描いてもらう。

重要度
★★★

09 | 作業検査法

ブループリント中項目 心理検査の種類、成り立ち、特徴、意義及び限界

🔑 **キーワード** 内田クレペリン精神作業検査、30分法、定型曲線

作業検査法とは、簡単な作業を行ってもらうことにより、被検者のパーソナリティをはじめとするさまざまな特性を評価しようとするものです。代表的な検査として、**内田クレペリン精神作業検査**と**ベンダー・ゲシュタルト・テスト**（P.184参照）があります。

1 内田クレペリン精神作業検査とは 👉重要

内田クレペリン精神作業検査は、**Kraepelin,E.（クレペリン）**が研究した1桁の連続加算作業を、**内田勇三郎**が改良した日本独自の作業検査です。作業（曲線）にパーソナリティが反映されると考えたのはKraepelin,E.ですが、具体的な検査手続きを開発したのは内田です。内田クレペリン精神作業検査の長所・短所は、次のようになります。

📝 Check

内田クレペリン精神作業検査によって可能なのは、人格や適性の判定であり、知能や精神構造の特徴の判定まではできない。また、疾患特異的な曲線が明らかにされているわけではなく、診断補助的な使用には向かない。

長所	実施や結果の整理が容易で、集団でも実施可能 被検者による結果の意図的な歪曲の余地が少ない 言語的な反応を必要としない
短所	作業が単調で、被検者に苦痛を与えかねない 作業に対する被検者のモチベーションが結果を左右する 練習効果が生じるおそれがある

2 実施方法と判定 👉重要

実施方法は、ランダムに並んだ**1桁**の数字を連続して加算し、**下1桁**を記入してもらいます。**1分**経ったところで次の行に移行してもらい、前半作業**15分**－休憩**5分**－後半作業**15分**（30分法）の形式で行います。判定は、作業の時間的

推移をもとに、量的・質的に行われます。

①作業曲線と定型曲線

　具体的には、１分ごとの作業量の推移を**折れ線グラフ**にします。そこから得られた被検者の**作業曲線**を、内田が１万人のデータから割り出した健常者の**定型曲線**と比較検討します。この比較をもとに、作業量の安定性、誤謬率、作業量の変化などから、**人格**や**適性**を判定します。

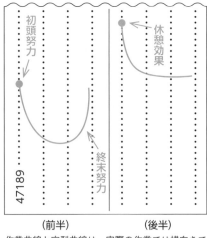

（前半）　　　　（後半）

作業曲線と定型曲線は、実際の作業では横向きで使っていた検査用紙を縦にしたかたちで見る。

②定型曲線の特徴

　定型曲線の主な特徴は、以下のようになります。

①	前半・後半とも最初の１分目の作業量が最も多い（初頭努力）
②	前半では２分目以後作業が低下していき、６〜10分頃から再び上昇する。つまり、U字またはV字のカーブを描く。前半15分目で１分目に次ぐ作業量を示す（終末努力）
③	後半の１分目の作業量が全体で最大になる（休憩効果）。後半は全体にやや下降気味の曲線を描くが、前半より全体的に作業量が上回る

③作業に影響を与える５因子

　Kraepelin,E. は作業に影響を与える10因子のうち重要な５因子を挙げました。

意志緊張	作業で起こる意志の緊張。作業中は緊張と弛緩の小さな波状的くり返しがみられる
興奮	同じ作業を遂行するにつれてみられる没頭状態
慣熟	作業の遂行がスムーズにいくような精神諸機能の統合
練習	作業終了とともに消失する時間的に短い慣れが慣熟であるのに対して、練習は効果が比較的長時間にわたって続く慣れのこと
疲労	作業の質量を低下させる作用のこと

10 | 知能検査（総論）

　知能検査とは、知能を科学的・客観的に測定することを目的として作成された心理検査のことをいいます。

1 | 歴史

① ビネー式知能検査とウェクスラー式知能検査

　1905年、フランス政府の委託を受けて、知的に問題のある児童を**早期発見**するために、**Binet,A.** が **Simon,T.（シモン）** とともに開発したビネー（・シモン）式知能検査が、世界初の知能検査になります。

　ビネー式知能検査では、初期の頃から、各年齢集団における子どもの半数以上が正解できる問題をその年齢の**標準問題**として設定しました。そしてそれができれば、その年齢に該当するという**精神年齢**が指標として用いられました。

　その後、**Stern,W.（シュテルン）** の考案した**知能指数**を、アメリカの**Terman,L.（ターマン）** がスタンフォード・ビネー式知能検査に採用することによって、広く使用されるようになりました。

　一方、**Wechsler,D.（ウェクスラー）** は、1939年に精神科病院での**診断目的**のために、ウェクスラー＝ベルビュー式知能検査を開発しました。これがウェクスラー式知能検査の始まりになります。その後、対象によって分けられ、**WPPSI**（幼児用）、**WISC**（児童用）、**WAIS**（成人用）がつくられました。ビネー式知能検査とは異なり、**偏差知能指数**を採用しているのが特徴です。

✏️Check
集団式の能力検査は、第一次世界大戦をきっかけに兵士選抜のために開発された。読み書きが可能な被検者向けのアルファ式と、読み書きが難しい被検者向けのベータ式がある。

知能の表示にはいくつもの方法がありますが、主なものを挙げると以下のようになります。

（主にビネー式知能検査における）

● 知能指数（IQ）＝ $\dfrac{\text{精神年齢（MA）}}{\text{生活年齢（CA）}} \times 100$

● 知能偏差値（ISS）＝ $10 \times \dfrac{(\text{個人の得点}-\text{個人が属する年齢集団の平均点})}{\text{年齢集団の得点の標準偏差}} + 50$

（主にウェクスラー式知能検査における）

● 偏差知能指数（DIQ）＝ $15 \times \dfrac{(\text{個人の得点}-\text{個人が属する年齢集団の平均点})}{\text{年齢集団の得点の標準偏差}} + 100$

知能指数（IQ）は Intelligence Quotient の訳です。精神的にその年齢相当であることを示す**精神年齢**（Mental Age：MA）は、知能検査によって得られた結果であり、**月齢**に換算されます。**生活年齢**（Chronological Age：CA＝暦年齢）は実際の年齢であり、これも月齢に換算されます。

偏差知能指数（DIQ）は、同年齢集団における被検者の平均点を**100**、1標準偏差を**15**として、算出されます。偏差知能指数は**100**を基準として、そこからの乖離は偏差として示され、同年齢集団における被検者の位置づけを明らかにします。

偏差知能指数の考え方は、知能偏差値と同じです。ただし、平均（M）は100、標準偏差（SD）は15となります。正式には偏差知能指数ですが、一般には知能指数と呼ばれることが多いです。

Check

知能指数として示される値は、「その能力をどのくらい有している」という解釈の根拠になる。しかし、値が示されないからといって「その能力がない」と結論するのは早計である。クライエントの今後の発達の可能性を考慮すべきであり、また何らかの要因で能力の発揮が妨げられている可能性もある。クライエントやその関係者に結果をフィードバックする際にも、知能検査の限界を丁寧に伝えて、伸ばすべき長所と補うべき困難さについて考えるきっかけとなるような働きかけを心がけることが求められる。

＋α プラスアルファ

多重知能理論

Gardner,H.（ガードナー）が提唱した理論である。知能には①言語的知能、②論理数学的知能、③空間的知能、④音楽的知能、⑤身体運動的知能、⑥対人的知能、⑦内省的知能、⑧博物的知能があるとした。

11 知能検査（各論）

1 ビネー式知能検査　👉重要

　ビネー式知能検査とは、Binet,A. とSimon,T. が開発し、Terman,L. らによって修正、発展した知能検査をいいます（P.169参照）。日本では、鈴木治太郎（すずきはるたろう）による**鈴木ビネー式知能検査**と、田中寛一（たなかかんいち）による**田中ビネー式知能検査**が代表的なものになります。

　各ビネー式知能検査に共通した特徴を挙げると、以下のようになります。

知能観	Binet,A. は、知能を、傾向の束のような全体的な存在であるととらえた。具体的には、判断力・理解力・批判力・方向づけ・工夫力を想定した
通過率	問題は、各年齢群の子どもの50〜70％が正答できる問題を選定してある
測定内容	要素に分解しない一般知能の測定

📖 用語解説

一般知能

Spearman,C.（スピアマン）の提唱した知能の2因子説によるものである。それによると、知能は、一般（知能）因子と特殊（知能）因子に分かれるとされる。一般因子は、あらゆる知的活動に共通して働く因子である。一方、特殊因子は、課題の種類・領域ごとに特有に働く因子である。Spearman,C. は、一般因子を生得的なもの、特殊因子を後天的なものであるとみなした。

通過率

知能検査の問題選定の中で、各年齢群においてその問題に正解できる割合を指す。ビネー式知能検査においては、各年齢群の子どもの50〜70％が正解できる問題を設定している。

1 田中ビネーV

　日本で一般に用いられているのが、田中ビネー式知能検査です。これは、第二次世界大戦以降に標準化されて以来、改訂を重ねてきました。2005年に、時代に即した知能検査をつくることを目的として、1987年版が改訂され、**田中ビネーV**として使用されています。

✏️ Check

時代に即したというのは、1987年当時よりも現在のほうが、子どもの知能が発達している、つまり、発達加速現象がみられるということも含まれる。

①諸特徴

田中ビネーⅤの諸特徴は以下の通りです。

問題	1歳〜13歳、成人級に分かれており、全113問。問題数、問題構成などは1987年版をほぼ踏襲している
適用年齢	2歳〜成人であり、1987年版と同様
施行方法	2歳〜13歳：子どもの生活年齢と等しい年齢級から開始し、一つでも合格できない問題があれば下の年齢級へ下がり、すべての問題を合格する年齢級まで行う。全問合格すると、上の年齢級に進み、全問が不合格となる年齢級まで行う
	14歳以上：成人級の問題を全問実施し、通常は下の年齢級に下がることはしない
結果の表示	2歳〜13歳：精神年齢を算出。知能指数（IQ）も従来通り（精神年齢÷生活年齢×100）で示す
	14歳以上：精神年齢を算出せず、偏差知能指数（DIQ）を使用。全体のDIQ、領域別評価点やDIQを算出し、プロフィール図でも表される
発達チェック	基底年齢を1歳とすることができない場合の参考指標である
領域別評価（成人級のみ）	知能をより詳しく領域ごとに分けて評価する方法。その領域とは、結晶性領域・流動性領域・記憶領域・論理推理領域の4領域である

②偏差知能指数（DIQ）

従来のビネー式知能検査では、18歳以上はすべて生活年齢が同じ扱いでした。つまり、同じ素点を得た場合、20歳でも100歳でも知能指数（IQ）は同じだったのです。これでは発達的な観点が抜け落ちているのではないかという批判が上がっていたため、田中ビネーⅤでは、被検者が当該年齢群（標準となる集団）と比較してどの程度に位置づけされるかということを示す**偏差知能指数（DIQ）**が導入されました。

Check

成人（14歳以上）でも、知的障害の申請などのために、生活年齢修正表が用意されている。

③結晶性・流動性

領域別評価における結晶性領域・流動性領域とは、**結晶性（crystallized）知能**、**流動性（fluid）知能**という、**Cattell,R.B.**の知能の2因子説に基づくものです。結晶性知能は、**経験**や**学習**によって形成される高度な判断や習慣に関する能力です。**単語理解**や**一般知識**などに関する問題によって測定されます。一方、流動性知能は、**新たな状況**への適応に必要な能力であり、**計算・図形・推理**などの問題

によって測定されます。一般に、結晶性知能は**加齢の影響を受けにくく**、流動性知能は**加齢とともに低下しやすい**とされています。

Check

Flynn,J.R.（フリン）は、14の先進国において、20世紀初頭から1970年代までIQが上昇してきたこと、結晶性知能よりも流動性知能のほうが上昇幅が大きかったことを明らかにした。この現象はフリン効果と呼ばれる。

2 ウェクスラー式知能検査 重要

① ウェクスラー式知能検査とは

ウェクスラー式知能検査の諸特徴は、以下のようになります。

Check

一般に、ウェクスラー式知能検査のほうがビネー式知能検査よりも、時間がかかるとされる。

①知能の定義

Wechsler,D. は、知能について「目的をもって行動すること、合理的に考えること、環境を効率的に処理すること、それらができる個人の総合的かつ全体的な能力である」という定義を示しました。これは、知能の定義として代表的なものでもあります。

②検査の種類

ウェクスラー式知能検査には、それぞれ適用年齢の異なる3つの検査があります。最初につくられたのが大人用の WAIS (Wechsler Adult Intelligence Scale)、次につくられたのが児童用の WISC (Wechsler Intelligence Scale for Children)、そして、幼児用の WPPSI (Wechsler Preschool and Primary Scale of Intelligence) になります。

③検査の施行

各検査で決められた下位検査の**順番**に従って施行します。時間の短縮のために、例えば3問連続で失敗の場合は中止といったように、多くの下位検査で**中止条件**が設定されています。またいくつかの下位検査では制限時間も設定されています。

被検者が疲労を訴えた場合などは、必ずしも一度にすべての下位検査を実施しなければならないということではなく、**臨機応変**に対応しなければなりません。また、いくつかの下位検査をピックアップして行う簡易版も用意されています。

④結果の表示

　3つの検査は、いずれも複数の下位検査から構成されています。結果は**偏差知能指数（DIQ**、P.170参照）を使用していますが、これはビネー式知能検査における**知能指数（IQ）**への批判としてWechsler,D.が導入したものです（P.172参照）。

　各検査は、**全検査IQ**（Full Scale IQ：FSIQ）、**指標得点**のほか、**下位検査プロフィール**を描いたり、**ディスクレパンシー**を確認したりと、さまざまな評価の仕方があります。

② 日本版ウェクスラー式知能検査

① WPPSI-Ⅲ

　2017年にWPPSIの改訂版であるWPPSI-Ⅲが発行されました。この改訂で適用年齢が**2歳6ヵ月～7歳3ヵ月**に拡大されました。ただし、幼い子どもの認知発達の変動性を考慮して、**2歳6ヵ月～3歳11ヵ月**と**4歳0ヵ月～7歳3ヵ月**の2部構成となっています。

　2歳6ヵ月～3歳11ヵ月では、4つの基本検査からFSIQとVCI、PRIの二つの指標得点、**「絵の名前」**を含んだ5つの下位検査からGLCを算出することができます。4歳0ヵ月～7歳3ヵ月では、7つの基本検査からFSIQ、VCI、PRIを、10の下位検査からさらにPSIとGLCを算出することができます。

　旧版WPPSIの5つの下位検査（**動物の家、算数、迷路、幾何図形、文章**）が削除され、新たに8つの下位検査（**行列推理、絵の概念、記号探し、語の推理、符号、ことばの理解、組み合わせ、絵の名前**）が追加されました。

② WISC-Ⅳ

　2011年にWISC-Ⅲの改訂版であるWISC-Ⅳが発行されました。**10**の基本検査と**5つ**の補助検査の**15**の下位検査から構成されています。10の基本検査からFSIQ、VCI、PRI、WMI、PSIが算出されます。

　旧版WISC-Ⅲの3つの下位検査（**絵画配列、組み合わせ、迷路**）が削除され、新たに5つの下位検査（**絵の概念、語音整列、行列推理、絵の抹消、語の推理**）が追加されました。

③ WAIS-Ⅳ

2018年にWAIS-Ⅲの改訂版であるWAIS-Ⅳが発行されました。この改訂で適用年齢が**16歳0ヵ月～90歳11ヵ月**に拡大されました。**10の基本検査**と**5つの補助検査**の**15の下位検査**から構成されています。10の基本検査からFSIQ、VCI、PRI、WMI、PSIが算出されます。

旧版WAIS-Ⅲの二つの下位検査（**絵画配列、組み合わせ**）と「**符号**」の補助問題が削除され、新たに3つの下位検査（**パズル、バランス、絵の抹消**）と、「**数唱**」の数整列課題が追加されました。

Check

言語理解指標では言語概念形成や言語推理、環境から得た知識を測定する。知覚推理指標では視覚的に情報を入力し、視空間的に考え、イメージし、運動として出力する視覚的情報処理能力を測定する。ワーキングメモリー指標では聴覚的に情報を入力し、その保持と操作に関わる能力を測定する。処理速度指標では視覚的な情報を素早く正確に読み込んで処理する能力を測定する。

■ WPPSI-Ⅲ

適用年齢：2歳6ヵ月～7歳3ヵ月
① 2歳6ヵ月～3歳11ヵ月

言語理解指標（VCI）	知覚推理指標（PRI）	語彙総合得点（GLC）
ことばの理解	積木模様	（絵の名前）
知識	組み合わせ	ことばの理解

② 4歳0ヵ月～7歳3ヵ月

言語理解指標（VCI）	知覚推理指標（PRI）	処理速度指標（PSI）	語彙総合得点（GLC）
知識	積木模様	符号	（ことばの理解）[+]
単語	行列推理	（記号探し）	（絵の名前）[+]
語の推理	絵の概念	—	—
（理解）	（絵の完成）	—	—
（類似）	（組み合わせ）	—	—

カッコ内は補助検査、＋はオプション検査

Check

■聴覚障害をもつ被検者にWISC-ⅣやWAIS-Ⅳを実施する場合、結果に影響が出ないように注意を要するものとして、言語理解指標とワーキングメモリー指標が挙げられる。

■WAIS-Ⅳにおいて制限時間のない下位検査として、単語、知識、理解、行列推理などが挙げられる。

■ **WISC-Ⅳ**

適用年齢：5歳0ヵ月〜16歳11ヵ月

言語理解指標（VCI）	知覚推理指標（PRI）	ワーキングメモリー（WMI）	処理速度指標（PSI）
類似	積木模様	数唱	符号
単語	絵の概念	語音整列	記号探し
理解	行列推理	（算数）	（絵の抹消）
（知識）	（絵の完成）	―	―
（語の推理）	―		

カッコ内は補助検査

■ **WAIS-Ⅳ**

適用年齢：16歳0ヵ月〜90歳11ヵ月

言語理解指標（VCI）	知覚推理指標（PRI）	ワーキングメモリー（WMI）	処理速度指標（PSI）
類似	積木模様	数唱	記号探し
単語	行列推理	算数	符号
知識	パズル	（語音整列）＊	（絵の抹消）＊
（理解）	（バランス）＊		
―	（絵の完成）		

カッコ内は補助検査、＊は16〜69歳のみに適用

+α プラスアルファ

WISC-Ⅴ

2021年にWISC-Ⅳの改訂版であるWISC-Ⅴが発行された。10の主要下位検査と6の二次下位検査の16の下位検査から構成される。解釈はFSIQ、主要指標、補助指標の3つのレベルから行う。10の主要下位検査と二次下位検査の語音整列、算数からFSIQと、VCI、VSI（視空間指標）、FRI（流動性推理指標）、WMI、PSIの5つの主要指標、QRI（量的推理指標）、聴覚ワーキングメモリー指標（AWMI）、NVI（非言語性能力指標）、一般知的能力指標（GAI）、認知熟達度指標（CPI）の5つの補助指標が算出される。

3 K-ABCとITPA 重要

① K-ABC

K-ABCの正式名称は、**K-ABC心理・教育アセスメントバッテリー（Kaufman Assessment Battery for Children）**です。**Kaufman,A.S.& Kaufman,N.L.（カ**

ウフマン夫妻）によって開発されました。K-ABCは、子どもの知能を**認知処理過程**と知識・技能の**習得度**の二つの側面から評価し、得意な認知処理様式を見つけ、子どもの指導・教育に活かすことを目的としています。なお、アメリカ原版のK-ABCには習得度を測定する尺度はありません。2013年に日本版K-ABC Ⅱが刊行されました。

　K-ABC Ⅱの基盤となるのは、知能に関する二つの理論です。K-ABCで用いられた**Luria,A.K.（ルリア）の神経心理学理論（カウフマンモデル）**と、**キャッテル・ホーン・キャロル理論（CHC理論）**に基づいて作成されており、結果を相補的に解釈できるという特徴があります。

> **Check**
> Luria,A.K.の神経心理学的分析法に基づいて、まず成人を対象に作成されたのがLuria-Nebraska（ルリア・ネブラスカ）神経心理学バッテリーである。

第3章　心理アセスメント

①K-ABC Ⅱの実施

適用年齢	2歳6ヵ月〜18歳11ヵ月	所要時間	30〜120分 (年齢等により異なる)
検査構成	3歳、4〜6歳、 7〜18歳の3つ	下位検査	20 (認知検査11、習得検査9)

②K-ABC Ⅱの尺度構成（尺度以下は下位検査）

■カウフマンモデル（Luria,A.K.の神経心理学理論）

認知尺度	**継次尺度**：数唱、語の配列、手の動作	習得尺度	**語彙尺度**：表現語彙、なぞなぞ、理解語彙
	同時尺度：顔探し、絵の統合、近道探し、模様の構成		**読み尺度**：ことばの読み、文の理解
	学習尺度：語の学習、語の学習遅延		**書き尺度**：ことばの書き、文の構成
	計画尺度：物語の完成、パターン推理		**算数尺度**：数的推論、計算

■CHC理論

CHC尺度	長期記憶と検索尺度：語の学習、語の学習遅延 短期記憶尺度：数唱、語の配列、手の動作 視覚処理尺度：顔探し、近道探し、模様の構成 流動性推理尺度：物語の完成、パターン推理 結晶性能力尺度：表現語彙、なぞなぞ、理解語彙 量的知識尺度：数的推論、計算 読み書き尺度：ことばの読み、文の理解、ことばの書き、文の構成

ITPAの正式名称は、**ITPA言語学習能力診断検査**（Illinois Test of Psycholinguistic Abilities）です。**Kirk,S.A.（カーク）**によって開発されました。ITPAは言語学習能力を、**回路（聴覚―音声、視覚―運動）・過程（受容、表出、連合）・水準（表象、自動）**の3次元構造で表し、10の下位検査から測定します。結果は、各検査の得点および合計点を**評価点**に換算し、**定型発達児の平均値**との比較や、**個人内**における各下位検査間や各次元間の比較を行います。

適用年齢	3歳0ヵ月～9歳11ヵ月
下位検査	言葉の理解、絵の理解、言葉の類推、絵の類推、言葉の表現、動作の表現、文の構成、絵探し、数の記憶、かたちの記憶

+α **プラスアルファ**

DN-CAS認知評価システム

Luria,A.K.の神経心理学モデルからDas,J.P.（ダス）が提唱したPASS理論に基づく認知機能検査である。PASSとは、プランニング（P）、注意（A）、同時処理（S）、継次処理（S）の4つの認知機能を指す。適用年齢は5歳0ヵ月～17歳11ヵ月である。12の下位検査よりなる。

コース立方体組み合わせテスト

Kohs,S.（コース）によって開発された知能検査である。提示された図版と同じ模様を、一辺が3cmの木製の立方体（各面の正方形が、赤一色、白一色、青一色、黄一色、対角線を境に赤と白、対角線を境に青と黄）を使って、できるだけ速く構成することが課題とされる。課題は難易度順に17問あり、検査が進むにつれて、使用する立方体の個数が4個、9個、16個と増えていく。課題ごとに完成までに要した時間に応じて配点が決められており、これらの得点を合計して総得点を算出する。総得点から精神年齢（MA）を求めることができ、さらに生活年齢を用いてIQも算出できる。

Vineland Ⅱ適応行動尺度

日常生活への適応に必要となる適応行動を包括的に評価するための半構造化面接である。保護者や家族など対象者の日常をよく知る人物が回答する。個人の適応行動を測定する、コミュニケーション、日常生活スキル、社会性、運動スキルの4領域と、個人の社会生活の中で問題となるような行動を測定する不適応行動の領域（オプション）から構成される。適用可能な年齢は0歳～92歳である。ただし、いくつかの領域は適用年齢が制限されている。例えば、運動スキルは6歳までの子どもが対象となる。しかし、6歳以上でも運動スキルに困難性がみられたり、高齢者の場合などは、参考データを収集するという意味で実施されることもある。

子どもの行動チェックリスト（Child Behavior Checklist：CBCL）

ASEBA（Achenbach System of Empirically Based Assessment）とは、Achenbach,T.M.（アーヘンバッハ）らが開発した、心理的・社会的な適応状態および不適応状態を包括的に評価するシステムである。幼児期から高齢期まで幅広く対応し、自己評価および他者評価から対象者を評価できる。CBCLはASEBAを構成する一つの質問紙であり、保護者に現在から過去6ヵ月間の子どもの状態について回答を求める。1歳半～5歳の幼児用と、6歳～18歳の学齢児用がある。

12 | 乳幼児精神発達検査

ブループリント
中項目
心理検査の種類、成り立ち、特徴、意義及び限界／知能検査、神経心理学的検査、
脳波検査、神経画像検査、発達検査、認知機能検査

🔑 キーワード
新版K式発達検査2020、遠城寺式乳幼児分析的発達検査法、発達指数、
津守式乳幼児精神発達診断法

1 乳幼児対象の発達検査 👉 重要

　乳幼児を対象とした発達検査は、Bühler,C.（ビューラー）やGesell,A.に始まるとされます。

① 改訂日本版デンバー式発達スクリーニング検査（JDDST-R）

作成者	上田礼子ら
適用年齢	0歳～6歳
検査項目	104項目（個人―社会、微細運動―適応、言語、粗大運動の4領域からなる）
その他	子どもが反応・回答する。異常・疑問・不能・正常のうちから判定する

② 新版K式発達検査2020

作成者	京都市児童院
適用年齢	0歳（生後100日頃）～成人
検査項目	姿勢・運動、認知・適応、言語・社会の3領域からなる
その他	子どもの反応・回答を評価する 生活年齢（CA）と発達年齢（DA）から発達指数（DQ）を算出する

③ 遠城寺式乳幼児分析的発達検査法

作成者	遠城寺宗徳ら
適用年齢	0歳～4歳8ヵ月
検査項目	151項目（移動運動、手の運動、基本的習慣、対人関係、発語＝各26項目、言語理解＝21項目の6領域からなる）
その他	養育者への聴取内容と子どもの反応・回答を評価する 脳性まひ、知的障害等のスクリーニングに有用とされる

④ 津守式乳幼児精神発達診断法

作成者	津守真・稲毛教子ら
適用年齢	0歳児版、1歳〜3歳版、3歳〜7歳版
検査項目	運動、探索・操作、社会、食事・排泄・生活習慣、理解・言語の5領域からなる
その他	質問紙法である 子どもの養育者に質問し、検査者が○×△でチェックする（3歳以上では養育者が直接回答してもよい） 発達輪郭表（プロフィール図）を作成する ビネー式との相関は低いとされる

⑤ 日本版ミラー幼児発達スクリーニング検査

作成者	土田玲子・岩永竜一郎ら
適用年齢	2歳9ヵ月〜6歳2ヵ月
検査項目	26項目（基礎能力、運動協応性、言語能力、非言語能力、複合能力の5領域からなる）
その他	子どもの反応・回答を評価する 障害をもつ子どものスクリーニングに有用であり、これまで見逃されがちであった軽度〜中度の発達の遅れを見出せるように配慮されている

⑥ S-M社会生活能力検査第3版

作成者	三木安正ら
適用年齢	1歳〜13歳
検査項目	129項目（身辺自立、移動、作業、コミュニケーション、集団参加、自己統制）
その他	養育者が回答する 社会生活年齢（SA）と社会生活指数（SQ）を算出する

 Check

質問紙による発達検査が選択される場合には、子どもに直接行う検査の実施が困難な場合や、保護者自身が発達の評価を受けることに抵抗を感じている場合などがある。質問紙法による検査は、特別な道具や場所が必要ではなく、面接の中で自然なかたちで実施することが可能であり、長い時間をかけずに簡便に実施できるといった長所がある。また、質問項目が発達順序に沿って構成されているため、子どもの発達の状況を理解することが可能である。それにより、次にどのようなことができるようになっていくのかが把握しやすく、保護者に発達の見通しやこれからの課題を意識してもらい、支援の方向性を共有することが可能になる。つまり、発達検査を単なる評価の方法として扱うのではなく、実施自体が支援につながっていることを理解することが大切である。

13 高齢者向け心理検査

1 長谷川式認知症スケール（HDS-R） 👉 重要

　高齢者向け心理検査は、主に認知症のスクリーニングや重症度の判定を行う検査です。**長谷川式認知症スケール**（Hasegawa's Dementia Scale-Revised：HDS-R）は、認知症の**スクリーニング**を目的とした検査です。長谷川和夫らが開発しました。

Check

長谷川式認知症スケールや国立精研式認知症スクリーニングテストは、言語性検査のみから構成されているのに対し、MMSEやN式精神機能検査は、言語性検査と動作性検査から構成されている。

　9項目からなり、検査者が被検者に対して**口頭**で質問します。30点満点中、**20点以下**で認知症が疑われます。高齢者を対象とした臨床現場で最もよく使われています。ただし、長谷川式認知症スケール単独ではなく、他の検査を併用して統合的に評価する必要があります。

	質問項目
問1	年齢（2歳までの誤差は正解）
問2	日時の見当識
問3	場所の見当識
問4	3つの言葉の記銘
問5	計算（100から順に7を引いてもらう）
問6	数字の逆唱（3桁と4桁、3桁で失敗の場合は中止）
問7	3つの言葉の遅延再生（問4で覚えてもらった言葉の再生、自発的な回答がない場合はヒントを与える）
問8	5つの物品記銘（物品の指定はなく、相互に無関係なもの）
問9	野菜の名前

問2「日時の見当識」と問7「遅延再生」は海馬機能を反映する。問5「計算」、問6「数字の逆唱」、問8「物品記銘」は前頭葉機能のうちワーキングメモリーおよび注意機能と関連する。

2 MMSE（Mini-Mental State Examination）☞ 重要

MMSE（Mini-Mental State Examination）はFolstein,M.F.（フォルステイン）らが開発した、認知症の**スクリーニング**を目的とした検査です。日本語では精神状態短時間検査と呼ばれます。**言語性検査**7項目と**動作性検査**4項目の**全11項目**からなります。30点満点中、**23点以下**で認知症が疑われます。

	質問項目
問1	時間の見当識
問2	場所の見当識
問3	3つの単語の即時想起
問4	計算（100から順に7を引いてもらう）
問5	3つの言葉の遅延再生（問3の3つの言葉を再度復唱してもらう）
問6	物品呼称（時計または鍵、鉛筆を順に見せて「これは何ですか？」と問う）
問7	文の復唱（「皆で力を合わせて綱を引きます」と言い、復唱してもらう）
問8	口頭指示（指示通りに紙を持ち、折ってもらう）
問9	書字指示（文章を読んでその通りにしてもらう。音読でも黙読でも可）
問10	自発書字（何かしらの文章を書いてもらう。名詞のみは誤答となる）
問11	図形模写（提示した図形を正確に写してもらう）

HDS-RもMMSEも、質問項目の内容まで理解しておきましょう。

3 その他の高齢者向け心理検査 重要

国立精研式認知症スクリーニングテスト	認知症のスクリーニングを目的とした検査。見当識や一般知識の問題など全 16 問からなり、20 点満点中、16 点以上で正常、11 〜 15 点で境界群、10 点以下で問題ありとみなされる
MSQ（Mental Status Questionnaire）	Kahn,R.（カーン）らが開発した、認知症の重症度を判定する検査。前半 5 問が急性の認知症の程度を見る見当識に関する問題、後半 5 問が慢性の認知症の程度を見る一般的知識（例：現・前総理大臣）など、1 問 1 答式の全 10 問からなる。失敗が 2 問以下で異常なし、3 〜 8 問の失敗で中等度、9 〜 10 問の失敗で重度と判定される
N式精神機能検査（Nishimura Dementia Scale）	認知症のスクリーニングを目的とした検査。見当識や計算だけでなく、空間認知や運動構成など、知的機能を幅広くみるのが特徴である。全 12 項目で、100 点満点中 5 段階で判定され、重症度の判定もできる
ADAS（Alzheimer's Disease Assessment Scale）	アルツハイマー型認知症の状態を評価する検査。単語再生、口頭言語能力、言語の聴覚的理解、自発話における喚語困難、口頭命令に従う、手指および物品呼称、構成行為、観念運動、見当識、単語再認、テスト教示の再生能力の 11 項目からなる。得点の範囲は 0 〜 70 点で、高いほど重度である。継続的に複数回実施することで、認知症の進行を評価するのに適している
N式老年用精神状態尺度	検査者が高齢者を観察し、さまざまな行動について評価する検査。認知症の重症度を判定する。家事・身辺整理、関心・意欲・交流、会話、記銘・記憶、見当識の全 5 項目について、それぞれ 7 段階で評価する。5 項目の合計点に応じて判定される
COGNISTAT（Neurobehavioral Cognitive Status Examination）	認知機能の多面的評価を目的とした認知機能検査。覚醒、見当識、注意、理解、復唱、呼称、構成、記憶、計算、類似、判断の 11 項目からなる。結果はプロフィール表示され、被検者の保持されている能力と低下している能力を視覚的にとらえることができる。また、見当識と記憶を除いた下位検査は、screen 検査と metric 検査の二つの形式から構成される。screen 検査はその下位検査の中で最も難易度の高い課題であり、metric 検査は難易度が徐々に増す一連の項目からなる。まずは screen 検査から実施され、正答した場合、その下位検査で測定される能力は正常範囲内のレベルにあるとみなされる。screen 検査を正答できなかった場合、被検者の障害の程度を評価するために metric 検査が実施される
CDR（Clinical Dementia Rating）	認知症の重症度を評価する検査。家族や介護者の情報をもとに重症度を判定することも可能である。記憶、見当識、判断力と問題解決、地域社会活動、家族状況および趣味・関心、介護状況の 6 項目それぞれについて 5 段階（0 点、0.5 点、1 点、2 点、3 点）で評価する。原則として記憶の評価が優先される。総合判定を行い、CDR=0 で健常、CDR=0.5 で認知症の疑い、CDR=1 で軽度認知症、CDR=2 で中等度認知症、CDR=3 で重度認知症と評価する

14 神経心理学的検査

　神経心理学的検査とは、脳の器質的・機能的側面に障害がないかどうかを調べることで、**高次脳機能障害**との関連を明らかにしようとするものです。

1　ベンダー・ゲシュタルト・テスト 重要

　ベンダー・ゲシュタルト・テストは、**視覚—運動ゲシュタルト機能**を測定し、そこから脳の器質的障害の有無を診断するための検査です。被検者が児童の場合、**視覚—運動ゲシュタルト機能の成熟度（発達の程度）** を調べることもできます。**Bender,L.（ベンダー）** が開発しました。作業検査法、投映法の検査として用いられる場合もあります。

　検査の方法は、まとまりのある簡単な**図形9枚**を、被検者に模写してもらうといったものです。その描写したものが正確かどうか、描線などに乱れはないかなどから、**脳の器質的障害の有無**が査定されます。

　実施や解釈の方法として、5歳〜10歳はコピッツ法、11歳以上は**パスカル・サッテル法**が代表的です。

> 📖 **用語解説**
>
> **視覚—運動ゲシュタルト機能**
> 例えば、目で見たものを手で描く（目と手の協応）といった働きを指す。

> ✏️ **Check**
>
> ベンダー・ゲシュタルト・テストの図形は、ゲシュタルト心理学の創始者であるWertheimer,M.の原案によるものとBender,L.が改作したものがある。

2　その他の神経心理学的検査 重要

ベントン視覚記銘検査（Benton Visual Retention Test）

視覚性の記銘力検査で、Benton,A.（ベントン）が開発。幾何学的図形の描かれた図版を1枚ずつ一定時間（5〜15秒）呈示して覚えてもらい、その後、用紙に再生してもらう。再生までの時間は、即時（即時再生）と15秒後（遅延再生）があり、コルサコフ症候群を調べるのにも用いられる

ハノイの塔

フランスの数学者が考えたパズルゲームを、神経心理学的検査に援用した検査で、遂行機能の障害の有無を判断する。3つの規則に従って、最初の棒に円盤が乗っている初期状態から、最終的に別の棒に円盤を移し終えた目標状態に到達できるかどうかという問題解決能力が試される

三宅式記銘力検査

聴覚性言語による記銘力検査で、三宅鉱一が開発した。被検者に、単語対（例：人―猿）10組を読んで聞かせ、記憶してもらったあと、片方の単語を提示し、もう一方を想起してもらう。単語対は、人―猿のような有関係対語と、谷―鏡といった無関係対語のそれぞれ10組からなる

ウェクスラー記憶検査（Wechsler Memory Scale-Revised：WMS-R）

短期記憶と長期記憶、言語性記憶と非言語性記憶、即時記憶と遅延記憶など、記憶のさまざまな側面を総合的に測定する検査。適用年齢は16歳〜74歳である。13の下位尺度からなり、一般的記憶（言語性記憶と視覚性記憶に分けることができる）と注意／集中力、遅延再生の指標を算出できる

レーヴン色彩マトリックス検査（Raven's Coloured Progressive Matrices）

動作性の簡易知能検査で、Raven,J.（レーヴン）が開発した。水玉やストライプなどの地模様と同じ模様を選んでもらう簡単な検査で、日本版では、45歳以上が対象とされ、認知症のスクリーニングテストとしても用いられる。また、WAB失語症検査の下位検査にもなっている

リバーミード行動記憶検査（The Rivermead Behavioral Memory Test：RBMT）

記憶障害の重症度を調べる検査で、Wilson,B.（ウィルソン）らが開発した。単純な記憶検査とは違い、日常生活で起こり得るようなシチュエーションを想定したものも含む。例えば、被検者の持ち物を預かって隠し、検査終了時に返すよう要求してもらうといった、過去ではなく未来についての展望記憶も含まれる

トレイル・メイキング・テスト（Trail Making Test：TMT）

前頭葉機能や遂行機能の障害を調べる検査。PartAとPartBからなり、PartAは、ランダムに並べられた1から25までの数字を「1→2→……」と順にたどって結ぶという課題。一方、PartBは、入り乱れた数字とひらがなを「1→あ→2→い→……」のように交互に結ぶという課題になる。注意の持続と選択、または、視覚探索・視覚運動協調性などが評価される

WAB失語症検査（The Western Aphasia Battery）

失語症の鑑別や失語症のタイプなどを調べる検査で、Kertesz,A.（カーテス）が開発した。言語性検査と非言語性検査の8つの下位検査からなり、その一つに、レーヴン色彩マトリックス検査が採用されている。結果から、全失語・ブローカ失語・ウェルニッケ失語・健忘失語に4分類される。また、失語症指数も算出することができ、重症度の目安にもなる

ウィスコンシン・カード・ソーティング検査（Wisconsin Card Sorting Test：WCST）

前頭葉機能や遂行機能の障害を調べる検査。色やかたち、模様の数が異なった64枚のカードについて、その分類規則を推測させながら、被検者にカードを分類させる。分類規則は途中で変更され、それに対応できるまでの時間やミスの回数などから評価される

標準失語症検査（Standard Language Test of Aphasia：SLTA）

包括的な失語症検査である。聴覚的理解、自発語、音読、読解、書字、計算などの26項目から構成され、6段階で評価する。失語症のタイプや重症度を判定できる

15 テスト・バッテリーと 心理検査の諸問題

心理的アセスメントに有用な情報（生育歴や家族の状況等）とその把握の手法等

🔑 キーワード　テスト・バッテリー、被検者の負担軽減、心理検査の利点と限界、
インフォームド・コンセント

1 テスト・バッテリー

　テスト・バッテリーとは、いくつかの心理検査を組み合わせて実施すること、
または、その組み合わせのことをいいます。

　テスト・バッテリーが必要とされる理由は、次のようになります。どのような
心理検査でも、単独の検査だけで被検者のすべての側面を評価することはできま
せん。できるだけ**多面的に情報を得る**ために、バッテリーを組む必要があります。
そうすることによって、各検査の**限界を補い合い**、かつ、**特質を活かし合い**、よ
り**全体的・統合的な理解**を求めることができます。

■**テスト・バッテリーの目的**

①	ある一つの特性に関する全体的・統合的理解と信頼性を得る（被検者を、いわば"縦"に見るということ） ［例］ 被検者のパーソナリティを知るために、質問紙法と投映法のバッテリーを組む。例えば、Y-G 性格検査とロールシャッハ・テストのバッテリーを組むことで、意識レベルと無意識レベル双方からパーソナリティ傾向をとらえることができる
②	いくつかの異なった特性に関する全体的・統合的理解を得る（被検者を、いわば"横"に見るということ） ［例］ 被検者の問題をとらえるためにパーソナリティ検査・知能検査・作業検査などを組み合わせる。例えば、TAT とウェクスラー式知能検査とベンダー・ゲシュタルト・テストのバッテリーを組むことで心因の推測、知的能力の評価、神経心理学的な問題の有無など多方面からのアプローチ（生物・心理・社会モデル）を行うことができる

　検査の組み合わせ方は、検査者の好みや経験ではなく、検査の**目的**や**対象**、**時
間的制約**などを考慮した上で決めることになります。その際に注意すべきことと
して、次のようなことがらが挙げられます。

■**検査の組み合わせ方の注意点**

● 検査者が各検査の長所・短所を含む諸特徴をよく把握しておくこと。

● 被検者の負担をできるだけ軽減するために、必要最小限の組み合わせ（せいぜい2〜4種類）で、最大限の情報が得られるよう心がけること。

● テストの施行順序も被検者や検査結果そのものに影響を与えるため、例えば、いきなりロールシャッハ・テストのような深層に触れる検査ではなく、質問紙法や描画法など、導入しやすい検査から始めるなど、よく考慮すること。

2 心理検査の諸問題

心理検査の諸問題として、心理検査の利点と限界について以下の点が挙げられます。

利点	● パーソナリティや能力について目的別に、詳細、かつ、客観的に評価できる可能性が高い ● 観察や面接ではあいまいで見過ごされる面を明確化できる ● 数値やプロフィールなど、具体的に視覚化され、他者と共有しやすい ● 投映法については、そのパーソナリティを力動的に理解できる ● 治療効果の評価が可能になる ● 検査の結果について、話し合うことで洞察に至る場合がある ● 描画法について、そのプロセスによってコミュニケーションが活性化されて心理療法的な効果をもたらすことがある
限界	● あくまでも被検者の一側面を測定しているだけであり、結果に対する過信はしてはならない ● 検査結果は、あくまでも検査時での情報でしかなく、必ずしも被検者の一般的な傾向とはいえない ● 検査時の状況や被検者の状態が検査結果に影響する場合がある ● 質問紙法では、被検者が回答を歪曲することが可能である ● 投映法では実施や評価が難しく、客観性が疑われる場合もある

　これらの利点や限界を踏まえて、心理検査についての諸注意事項を挙げると、次のようになります。

■主な注意事項

- 検査者がもつ態度や雰囲気、検査状況などの環境的要因や、検査者─被検者関係が実施や結果に影響を与えるため、十分配慮をすること。
- 検査の実施は、機械的に行うのではなく、被検者との間でラポールを形成するよう心がけること。
- 検査の実施の際には、事前に医師から被検者に説明があった場合でも、検査者からも説明を行い、インフォームド・コンセントを得ること。
- 被検者に関する成育歴などを可能な限り知っておくことも、解釈を行う上で有用である。
- 検査者が被検者に生じる不安を取り除く努力をしてもなお不安になる場合、被検者がその不安をどう対処するかを確認すること。
- 医師の診断と検査結果が食い違っていた場合でも、結果を歪曲したり医師の考えに迎合した報告をしたりすることなく、あくまで客観的な結果を提示し、検査者の主体的な態度・判断を示すこと。
- ある心理的特性について、二つの検査で異なる結果が解釈された場合、それがどのような心理的傾向によるものなのかを検討することによって被検者の理解につながっていく。

 Check

被検者にとってはいかなる検査も心理的ストレスになり、侵襲的である。しかし支援を行うためにはクライエントの状態を正確に把握し、見立てる必要がある。検査は検査のために行うのではなく、あくまでも支援のために行う。

医療機関においては、医師のニーズを踏まえた上で、検査の選択から実施、結果の報告に至るすべての過程で検査者の主体的判断は大切です。

16 面接・アセスメント結果の記録と報告

1 面接やアセスメント結果の記録　👉重要

　面接やアセスメントの結果について、**記録**を残すことには、次のような目的が
あります。

- ●援助過程が明らかになり、援助を振り返ることができるとともに、その後
  の援助方針を立てることができる。
- ●医師をはじめ、他のスタッフと共有することで、チーム・アプローチに役
  立つ。
- ●クライエントに対する責任を保持することができる。
- ●臨床家の成長や訓練に役立つ。

　ただし、**クライエントの前で記録を取ることは慎むのが原則**です。記録を取る
ことに気を取られ、**「今、ここ」**で生起しているクライエントの微妙な感情に焦
点を当て損なっては本末転倒です。また、初心者であるか熟練者であるかにかか
わらず、面接が終わったあとにその都度詳しく記録をつけておくことは、クライ
エントに対する**責任**であるだけでなく、臨床家本人の**成長**のためにも大切なこと
です。なお、記録しておくべき事柄は、クライエントの発言はもとより、態度や
振る舞い、感情状態、服装などですが、**客観的な事実**と臨床家の**主観的な感想**と
は、明確に分けて記しておくことが重要です。面接を**録音**する場合はクライエン
トの**許可**を得て行わなければなりません。

2 面接やアセスメント結果の報告　👉重要

　種々の面接や検査の結果を、医師やスタッフに報告する場合と、クライエント

本人またはその家族に報告する場合では、それぞれ次のようなことに配慮することが大切です。

1 医師やスタッフへの報告

医師やスタッフに報告する際に配慮すべきこととして、次のようなことが挙げられます。

- 難解な専門用語の使用を避ける。つまり、一般に用いられている、わかりやすい言葉で報告書を書く。
- 結果を細かくただ羅列するのではなく、クライエントの現状と今後が見通せるような報告であることを心がける。
- 結果を歪めずに報告する。不明瞭な点があれば、事実のままそれを記し、わかるところとわからないところ、事実と感想を明確に分けて報告する。
- クライエントの病理的側面にのみ焦点を当てるのではなく、健康な側面も評価し伝えること。このことは、臨床家として重要な視点の一つである。

2 クライエント本人やその家族への報告

クライエント本人に報告する際に配慮すべきこととして、まず、**伝達者**が誰であるかという問題があります。医療機関においては、情報の混乱を避けるために、**主治医**からクライエント本人やその家族に伝えられることが少なくありません。その上で、臨床家がクライエント本人やその家族に伝える場合は、次のようなことに配慮すべきであるとされます。

- 医師やスタッフへの報告以上に、わかりやすい言葉を用いる。
- 単に客観的事実をそのままに報告すればよいというのではなく、例えば、否定的側面であっても肯定的側面と組み合わせて伝えることにより、先の見通しが立つような工夫が必要である。
- 報告すること自体が心理面接であるという意識をもち、報告を機に話し合うことで、その後の治療面接への動機づけを高めることにもつながる。

家族や職場の上司など、他者へ報告しなければならない場合、事前にクライエント本人に了解を取っておかなければなりません。

第3章　心理アセスメント

次の問いに答えなさい。

Q1 心理アセスメントとは医学領域において問診や医学的な諸検査を行って診断し治療方針を立てることに対応するもので、クライエントの病理的な側面のみを発見し治療方針を立てる心理臨床行為である。

Q2 Y-G検査におけるD型（Director Type）は、左下がりのプロフィールを示す。情緒が安定し活動的で望ましいタイプであるとされる。

Q3 MMPIにおいて、F尺度得点が高い場合、受検態度が欺瞞的や防衛的である可能性がある。

Q4 包括システムは、実証主義的な研究に基づいたロールシャッハ・テストの実施・解釈法である。

Q5 TAT（主題統覚検査）の原版では、すべての図版に人間が描かれている。

Q6 P-Fスタディでは、被検者の反応をアグレッションの方向と型の二つの次元からとらえる。

Q7 バウム・テストの解釈では、Grünwaldの空間象徴図式が必ず適用される。

解答と解説

A1 × →病理的な側面のみでなく、健康的な部分にも注目する。

A2 × →D型は右下がり。左下がりはE型（Eccentric Type）。

A3 × →F尺度得点が高いと、教示や文章の誤解や非協力的態度、詐病、精神病の急性症状などを示しているとされている。

A4 ○ →Exner,J.がロールシャッハ・テストの膨大なデータを統計処理し、さまざまな知見を統合した実施・解釈法である。

A5 × →TATの原版では人間が描かれていない図版が3枚ある。

A6 ○ →P.153参照。

A7 × →バウム・テストの解釈にGrünwaldの空間象徴図式が用いられることもあるが、必ずではない。

Q8 風景構成法では、描画者が描画をする前に自ら用紙の端に沿って、周囲を四角く枠づけする。

Q9 内田クレペリン精神作業検査では、加算作業を前半15分間行い、10分間休憩し、後半15分間行う。

Q10 WISC-Ⅳでは、10の基本検査を実施することで、FSIQと4つの指標得点が算出される。

Q11 K-ABCⅡは、Luria,A.K.のCHC理論と、Cattell,R.B.の神経心理学理論に基づいて、結果を相補的に解釈できる。

Q12 MMSEは認知症の重症度を判定するための検査であり、言語性検査と動作性検査から構成されている。

Q13 トレイル・メイキング・テストとは、色やかたち、模様の数が異なったカードについて、その分類規則を推測させながら、被検者にカードを分類させる検査である。

Q14 被検者の全体を把握するためには、できるだけ多くの検査を組み合わせて実施すべきである。

Q15 検査の結果をクライエントにフィードバックする際には、否定的側面であっても肯定的側面と組み合わせて伝えることが望ましい。

解答と解説

A8 × →枠づけ法は、検査者が描画者の目の前で、用紙の端に沿って、周囲を四角く枠づけする方法である。

A9 × →休憩時間は10分間ではなく5分間である。

A10 ○ →P.174参照。

A11 × →P.176参照。

A12 × →MMSEは認知症のスクリーニング検査である。

A13 × →ウィスコンシン・カード・ソーティング検査である。

A14 × →被検者の負担を考慮し、できるだけ少ない検査で多くの情報を把握できることが望ましい。

A15 ○ →P.190参照。

第4章

心理的支援

▼▼▼

01 力動的心理療法

ブルーブリント中項目 代表的な心理療法並びにカウンセリングの歴史、概念、意義及び適応／要支援者の特性や状況に応じた支援方法の選択、調整／良好な人間関係構築のためのコミュニケーション

🔑 キーワード 精神分析、無意識、転移・逆転移、抵抗、解釈

力動的心理療法とは、**精神分析**を起源とし、**Freud,S.**の考え方を基礎として発展してきたさまざまな心理療法の総称をいいます。

✏️ Check
Freud,S.は、友人のBreuer,J.（ブロイヤー）の「症例アンナ・O」から、催眠下で症状に関連した心的外傷体験を想起すると症状が消失することを着想した。そして、Breuer,J.とともに『ヒステリー研究』を発表した。やがて、催眠法の代わりとして、前額法、自由連想法を開発し、精神分析の基礎が築かれていった。

1 精神分析理論　👉 重要

1 局所論と構造論

Freud,S.は、**Charcot,J.M.（シャルコー）**のもとで学んだ**催眠**によって、**ヒステリーを**治療する中で、精神分析にたどりつきました。彼は、心とは**意識・前意識・無意識**の３つの領域からなると考えました。これは、心を地理的な視点で説明したもので、**局所論**と呼ばれます。のちに、**Freud,S.**は、右図のような**心的装置**を想定し、**イド（エス）・自我・超自我**の３つの機能から、心の活動をとらえようとしました。これは**構造論**と呼ばれます。

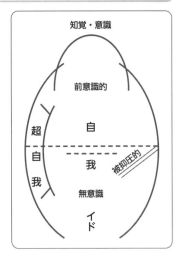

📖 用語解説

局所論
Freud,S.が提唱した、人の心は意識、前意識、無意識の３つの領域から構成されているという考え。意識とは、自分自身で直接認識できる心の領域をいう。前意識とは、普段は意識されてはいないものの、注意を向ければいつでも意識化できる心の領域をいう。無意識とは、自覚されていないものの、自分自身の行動や感情、思考などに大きな影響を与える心の領域をいう。

構造論

Freud,S. が提唱した、人の心を、イド（エス）、自我、超自我の3つの機能からとらえる考え。イド（エス）とは、生得的な本能的欲動で快楽原則に則り、リビドーの源泉であるとされている。自我とは、現実原則に則り、イド（エス）、超自我、外界のそれぞれの要求を調整する働きをする。自我はイド（エス）から分化されたものである。超自我とは、道徳原則に則って幼児期に親などからのしつけを通して内在化された良心や道徳観を司り、イド（エス）の本能的衝動を抑圧する。超自我は自我から分化されたものである。

2 心理―性的発達段階説

Freud,S. は、精神分析療法を通して患者が語る内容が、性的体験と関連していることが多かったことに着目し、**幼児性欲説**を提唱しました。例えば、母親の乳房を吸う乳児は、生理的満足を得ると同時に口唇で性的快感を感じていると考えました。発達過程における性的快感とそれをもたらす**身体的部位**との関係を、心の発達や後年における神経症の発現に結びつけたFreud,S. の理論を、**心理―性的発達段階説**といいます。

■心理―性的発達の5段階

口唇期	0歳～1歳半	母親の乳房を吸うことによって性的快感を得る
肛門期	1歳～3歳頃	排便するときに肛門から性的快感を得る。トイレットトレーニングの時期であり、快感を得るためにしなければならないことを学ぶ
男根期	3歳～6歳頃	ペニスに関心をもちはじめる。男の子は女の子にペニスがないことに気づくと、切られてしまったのだと考え、自分も去勢されることをおそれ、不安になる（去勢不安）。また、異性の親への性愛感情と同性の親への敵意感情をもつエディプス・コンプレックスが形成される
潜伏期	7歳～12歳頃	性的な発達が一時停止する
性器期	12歳以降	最終的な性の発達段階であり、性欲を満足させるものが性器へと集中していく

2　Freud,S. の精神分析療法

精神分析療法は、Freud,S. が創始、確立した治療技法です。しかし、現在では原法に則った**寝椅子**や**自由連想法**を用いた技法はほとんど用いられません。そのため、精神分析理論に基づきつつ、理論的・技法的な改訂が加えられたものを

精神分析的心理療法と称します。

1 Freud, S. の精神分析療法

　Freud, S. が編み出した原法は、クライエントを寝椅子に横たわらせ、そこで頭に浮かんでくることを包み隠すことなくそのまま話させるというものです。これを**自由連想法**といいます。クライエントが途中で黙り込むと、それを無意識に直面することへの**抵抗**であるととらえ、それを弱めるために**解釈**が行われます。これを**抵抗解釈**といいます。また、過去の重要な人物に対してもっていた感情を治療者に向ける**感情転移**も起こり、それを気づかせるための解釈を行います。これを**転移解釈**といいます。

　解釈により、クライエントは次第に自己に関する**洞察**を得るようになりますが、一方で、解釈に対する抵抗も続きます。そこでも抵抗に対する解釈は続けられます。このように**解釈と洞察**がくり返される一連の過程を**徹底操作**（ワークスルー）と呼びます。やがてクライエントは、**知的洞察**のみならず、生き生きとした情緒的体験をともなう**情緒的洞察**を得るに至って治癒に向かうと、精神分析では考えます。

　また、Freud, S. は、人が寝ているときに見る夢を「**無意識へ至る王道である**」として、重視しました。視覚化され、言語化可能な夢を**顕在夢**（けんざいむ）と呼び、願望の充足を求める無意識の**潜在夢**（せんざいむ）（または潜在

思考）が変形されたものであると考えました。この潜在夢を変形する作業を**夢の仕事**といいます。

　つまり、無意識に抑圧された願望が**潜在夢**であり、それがそのまま意識にのぼり顕在化されると**自我**にとって脅威となります。そこで、**夢の仕事**によって脅威の程度を弱めるかたちでその願望が歪められ、**顕在夢**となって現れるのです。このことから、夢とクライエントが示す症状はその形成過程が同様であると考えられています。

　そのため、**顕在夢**を手がかりにして、そこにどのような**夢の仕事**が介在し、その背後にどのような**潜在夢**があるかということを解釈していく夢の解釈（**顕在夢→夢の仕事→潜在夢**）は、精神分析療法における重要な技法の一つであるとされています。

② 精神分析的心理療法

　精神分析的心理療法は、一般に、カウンセラーとクライエントが**対面式**に座り、自らの問題についてクライエントが自由に語るという方法をとります。回数を重ねていくと、クライエントの**抵抗**や**転移**が生じ、それに対してカウンセラーは**中立的態度**を保持しつつ、解釈を与えます。そのプロセスは原法と変わりません。

　しかし、その技法はFreud,S.がかつて強調した、外傷的な経験の想起や夢の象徴解釈などではなく、**転移・逆転移**をめぐる治療関係に焦点を当て、**「今、ここ」**での体験から自己理解を深めるやりとりがその中心になっています。

　また、セラピストがクライエントに対して**支持的・肯定的**に対応することで、幼少期の重要な人物との関係の中で形成された不適応的な影響を、適応的な感情体験や認知傾向に修正しようとする**修正情動体験**も重視されています。

精神分析や精神分析的心理療法では、一般的に、特にいつまでという期間は限定せずに面接を継続していきます。面接の中で話される話題はなるべくクライエントの自由にまかせ、セラピストは思いつくままに話していくように促していきます。

02 | 分析心理学

ブループリント
中項目　代表的な心理療法並びにカウンセリングの歴史、概念、意義及び適応

🔑 キーワード　集合的無意識、自己個性化、コンプレックス、元型、拡充法

　Jung,C.G. は、Freud,S. の一番弟子でしたが、やがて師のもとを離れ、分析心理学を打ち立てました。

1 Freud,S. と Jung,C.G. の違い

　Freud,S. と Jung,C.G. の違いは、まず、**リビドー**のとらえ方にあります。Freud,S. はリビドーを**性的エネルギー**ととらえたのに対し、Jung,C.G. はそれを**心的エネルギー**とより広くとらえました。

　また、**無意識**のとらえ方にも違いがみられます。Freud,S. は、無意識をあくまで個人的な幼児期の性的体験や願望が含まれたものであるとしたのに対し、Jung,C.G. はそれを**個人的無意識**と人類に普遍的な**集合的無意識**に分けました。その上で、無意識には Freud,S. が強調した否定的な意味合いばかりでなく、**肯定的で創造的な意味合い**もあるとみなしました。また、Jung,C.G. は、意識と無意識は**相補的な関係**であると考え、それらが心の中心である**自己**によって統合されることにより、人は**個性化**（P.118参照）に至ると考えました。

■ Freud,S. と Jung,C.G. のとらえ方

	Freud,S.	Jung,C.G.
リビドー	性的エネルギー	心的エネルギー
無意識	個人的なものであり、幼児期の性的体験や願望	個人的無意識と集合的無意識
無意識のとらえ方	否定的	肯定的
症状のとらえ方	個人史における因果論	個性化に至る過程での苦しみ
治療	過去経験の分析による原因追究	症状の構成的・目的的治療

　このような違いは、症状のとらえ方や治療論の違いにも通じます。つまり、

Freud,S. は症状を個人の生活史の中で因果論的にとらえ、その治療はあくまで過去経験の分析による**原因追究的**なものです。

　一方、Jung,C.G. は症状を**個性化**に至る過程での苦しみの表出であるととらえます。そして、患者の夢の報告とその象徴的解釈を重視する治療は、夢や症状が全体的に何を意味し、**どこを目指しているのか**を問題にするといった、構成的かつ目的的な治療であるという特徴をもちます。

2 Jung,C.G. の心的構造論

　Jung,C.G. は、心的構造を意識と無意識に分けました。

■心的構造

意識	意識の中心が"自我（ego）" 根本的態度としての内向─外向
無意識	無意識の中心が"影（shadow）" 個人的無意識（personal unconscious） 集合的（＝普遍的）無意識 （collective unconscious）

用語解説

コンプレックス
(complex)
複合意識（または感情）のこと。
劣等感と訳されるのは、正式には inferiority complex を指す。

　まず、意識をその人の素質的かつ根本的態度とみなし、リビドーが自分の内面に向かう**内向型**と、外界に向かう**外向型**の２つのタイプに分けました。さらに、それとは別に、**思考、感情、感覚、直観**の４つの心理機能を想定し、計８つのパーソナリティのタイプを設定しました（P.83参照）。

　次に、無意識を**個人的無意識**と**集合的無意識**に分けて考えました。個人的無意識は、個人的な体験や感情などが抑圧や忘却によって無意識になったものですが、Jung,C.G. は、その中に**コンプレックス**が存在すると考えました。コンプレックスとは、何らかの感情によって結ばれている心的内容の集まりのことです。例えば、母親コンプレックスは、"母親にもっと愛されたい"と思う一方で、"束縛されたくない"という敵意をもつなど、母親に対するさまざまな感情が結びついています。Jung,C.G. は、このコンプレックスが自我の統制を超えて働くときに**神経症**が生じると考えました。

　一方、集合的無意識とは、人類の過去経験の蓄積が遺伝してできたものです。Jung,C.G. はその中に、人類共通の根源的表象である**元型**（げんけい）を仮定し、それは心像として、神話や伝説、夢や妄想などに現れるとしました。

Jung,C.G. は、意識と無意識、男性性と女性性など、心の中のあらゆる二元的対立は、常に**相補性**をもつと考えました。そして、**自己**によって、それらの対立はより高い次元で統合されると考えました。さらに、人間の心の発達は、自己へと向かう過程であり、それを**個性化**（P.118参照）の過程と呼んで、人生の最高の目標としたのです。

■**Jung,C.G. の心理構造図**

自我
意識
個人的無意識
自己
集合的無意識

3 分析心理学における夢の解釈

Freud,S. は夢を**願望充足**ととらえた一方、Jung,C.G. は、願望充足であるとともに、意識の欠けている面を夢が補っているとする**補償**という考え方を提唱しました。

分析心理学における夢の解釈は、**拡充法**という技法を使います。セラピストは、クライエントの夢を聞いたときのインスピレーションを大切にし、思いつく限りの神話やおとぎ話や伝説、宗教的考えや儀式の知識を夢解釈に援用します。いわば、夢を象徴的に解釈することによって、夢の意味を個人的なレベルから**集合的無意識**レベルへと拡張するのです。

分析心理学では、現在でも、この**拡充法（夢の象徴解釈）**が最も主要な技法として用いられています。

拡充法は、分析心理学に特徴的な技法ですが、場合によっては単なる知的な情報提供になってしまい、クライエントの夢の生きたイメージを損ねてしまう可能性があるため、慎重な態度が必要です。

重要度
★★★

03 | 行動療法

ブループリント中項目 代表的な心理療法並びにカウンセリングの歴史、概念、意義及び適応

🔑キーワード 学習理論、系統的脱感作法、エクスポージャー法、曝露反応妨害法、自律訓練法、バイオフィードバック、トークン・エコノミー、タイム・アウト法、ペアレント・トレーニング

行動療法という呼称は、1953年に、**Skinner,B.F.** らによる**統合失調症**のクライエントへの**オペラント条件づけ**に関する論文で初めて使用されました。一方、行動療法が治療技法として本格的に用いられ始めたのは、1959年に**Eysenck,H. J.** が**神経症**のクライエントを治療したのを最初とする見方が一般的です。

1 基本的な考え方 👉重要

　従来の心理療法は、**精神分析**の影響を受け、人間の行動の背後に**無意識**の存在があることを仮定していました。それに対して、行動療法家は、精神分析は科学的な実証性に乏しく、治療効果も検証不可能であると批判し、心理療法はすべて科学的に実証された**学習理論**に基づくべきであるとしました。

　学習理論を心理療法に用いる場合、臨床的な問題を**行動**としてとらえます。ほとんどの行動は**学習**によって形成されたものであり、行動の変容は新たな学習をすることによって可能になるという考え方を前提としています。つまり、不適応的な行動も学習の産物であり、それを治すためには、不適応的な行動を**消去**し、適応的な行動を**再学習**すればよいと考えます。そのために、現在の行動の内容を詳しく検証した上で、目標となる行動やそこへ到達する方法、その効果などを明らかにしながら治療が進められます。

　■**行動療法の基本的な特徴**
　①主に動物を用いた観察や実験を通して構築されてきた**学習理論**を基盤とする治療理論と治療技法
　②無意識などの内的過程を仮定せず、客観的に観察可能な**行動**に焦点を当てる
　③**症状の除去**や**行動の変容**を目標にし、人格の変容を直接の目標としない
　④効果が認められない場合は、**仮説か方法**が誤りであると判断する

---

2 古典的条件づけに基づく技法とその種類 重要

古典的条件づけに基づく技法とは、**古典的条件づけ**の理論（P.72参照）を応用した技法です。古典的条件づけに基づく技法の種類は次の通りです。

1 系統的脱感作法

系統的脱感作法は、古典的条件づけの応用による代表的な技法です。**Wolpe,J.**によって考案されたこの技法は、"弛緩状態と不安状態を同時に経験することはできない"という原理に基づいています。この原理を**逆制止**といいます。例えば、閉所で恐怖を感じる（ように学習してしまった）人には、閉所でリラックスすることを通して恐怖を制止することができます。

具体的な方法としては、まず、クライエントが不安を感じる場面を**自覚的障害単位（SUD）**に基づいて段階的に並べた**不安階層表**を作成します。また、**Schultz,J.H.（シュルツ）**の**自律訓練法**（P.203参照）などを用いて、全身をリラックスさせる筋弛緩（リラクセーション）を習得します。そして、そのリラックス状態と不安を感じる場面の**イメージ**を**対呈示**させることにより、不安を**逆制止**していきます。その際、不安の低いものから高いものへと**系統的**に行なっていくことが特徴です。

■**高所恐怖に対する不安階層表の例**

SUD	不安状況
100	ベランダから下を見下ろす
90	ベランダに出てみる
80	ベランダの扉を開ける
70	5階の開いた窓から外を見る
60	階段の一番上から下を見る
50	5階の閉まった窓から外を見る
40	グレーチングの上に立つ
30	3階の閉まった窓から外を見る
20	階段の2〜3段目から下を見る
10	下の見えないマンホールの上に立つ

📖 用語解説

不安階層表と自覚的障害単位（Subjective Unit of Disturbance：SUD）

不安階層表とは、クライエントが恐怖や不安を感じる刺激や状況を特定し、それらの強さを10段階程度に配列した一覧表をいう。自覚的障害単位とは、不安階層表の作成において、クライエントの主観的な恐怖や不安の程度を得点化したもののことである。

② エクスポージャー法

　不安や恐怖を感じる刺激にさらすことで、次第にそれに慣らしていく治療技法です。種類として、不安階層表に基づいて不安の程度の低いものから**段階的に**実際の刺激場面にさらすものと、不安や恐怖を**強く感じる場面**にいきなりさらす**フラッディング法**があります。しかし、フラッディング法は、**倫理的な問題**があるため適用には慎重を期す必要があります。

③ 曝露反応妨害法

　曝露反応妨害法は、エクスポージャー法を発展させた技法です。ある刺激場面によって引き起こされる恐怖や不安を低減しようとする**回避反応**を、他律的に**妨害し止めさせる**治療技法です。一定期間、回避反応を止め続けると、恐怖や不安は徐々に減るという考えに基づきます。

　例えば、強迫観念を引き起こす刺激にさらされたときに、それに引き続いて起こる強迫行為をクライエント自身、または治療者が妨害します。これをくり返すことで、強迫行為を行わなくて済むようになります。

　この治療法は、もともと**強迫症**の治療法として発展してきましたが、最近では**摂食症**などの治療法としても用いられています。

④ 自律訓練法

　自律訓練法は、注意集中や自己暗示によって心身をリラックスさせる、**Schultz,J.H.** が考案した一種の**自己催眠法**です。全般的な安静感をもたらす**背景公式**と、生理的安定についての６つの公式からなる**標準練習**を基本とし、必要に応じて特殊練習や黙想練習を取り入れます。その練習を１日に２〜３回、各10分程度行います。緊張や不安の減少、怒りや抑うつの減少、活気や爽快感の増加などの短期的効果と、心身の変化の気づきの増大、対人関係の安定、ストレス耐性の増大、自律神経機能の安定などの長

■標準練習の公式

背景公式	安静感	気持ちが落ちついている
第一公式	重感	両手両足が重たい
第二公式	温感	両手両足があたたかい
第三公式	心臓調整	心臓が静かに規則正しく打っている
第四公式	呼吸調整	楽に息をしている
第五公式	腹部温感	おなかのあたりがあたたかい
第六公式	頭部涼感	額が心地よく涼しい

期的効果があるとされます。

+α プラスアルファ

漸進的筋弛緩法

Jacobson,E.（ジェイコブソン）が開発したリラクセーション法である。筋肉の緊張と弛緩をくり返し行うことにより身体をリラックス状態に導く方法である。例えば、肩をすぼめて力を入れて10秒間緊張させたあとに一気に力を抜いて、その部分を20秒間弛緩させる。

5 嫌悪療法

嫌悪療法とは、**嫌悪条件づけ**の応用による治療技法です。**味覚嫌悪学習**や**正の弱化**（P.75参照）を用いて、不適応的な行動を起こすと不快感をもよおす刺激を与え、結果、その行動の生起頻度を**低減**させます。

例えば、アルコール依存の状態にあるクライエントにアルコールとともに嘔吐剤を処方したり、反社会的な行動に対して電気ショックを与えたりといった方法が用いられます。ただし、この技法は、クライエントに少なからぬ苦痛や嫌悪感を与えるため、**倫理上の問題**があるとされます。

3 オペラント条件づけに基づく技法とその種類 👉 重要

オペラント条件づけに基づく技法とは、**オペラント条件づけ**の理論（P.73参照）を応用した技法です。オペラント条件づけに基づく技法の種類は次の5つが挙げられます。

1 行動変容法（behavior modification）

行動変容法とは、一般に、オペラント条件づけの理論を応用した行動療法の総称をいいます。基本的な考え方は、不適応的行動には**消去**や**干渉**の手続きをとり、適応的な行動には**強化**の手続きをとるというものです。より適応的な目標行動を学習するためには、不適応な行動が生じやすい場面を分析した上で、目標行動が生じやすいように動機づけし、**スモールステップ**に分けて段階的に強化していく**シェイピング**の手法がとられます。

📖 用語解説

シェイピング

新たな行動を獲得させるために、目標行動をスモールステップに分け、達成が容易な順から段階的に形成していく技法である。単純な行動の強化から始め、徐々に強化の基準を厳しく設定していき、最終的には複雑な目標行動の獲得を目指していく。

② バイオフィードバック（biofeedback technique）

　バイオフィードバックとは、自らの意思ではコントロールできないさまざまな身体の状態を視覚的・聴覚的にモニタリングすることを通して、身体の状態を**意図的**にコントロールできるようにする訓練技法のことです。

　例えば、心拍数が一定値を超えるとランプが点滅したり、ブザーが鳴ったりする器具を使うことにより、意図的に心拍数を下げるように心身をリラックスさせる練習をします。そして最終的には、そのような器具がなくても自らの身体の変化を**察知**し、それを**コントロール**することができるようになることを目的とします。

③ トークン・エコノミー

　トークン・エコノミーとは、標的とする**適応的な行動**に対する**正の強化**に基づく介入技法です。クライエントが適応的な行動をしたときに、代理貨幣である**トークン**が**強化子**として与えられます。トークン自体にはそれほど高い価値はありませんが、一定数を集めると、クライエントにとって好ましい品物や活動といった**バックアップ強化子**と交換できます。例えば、発達障害をもつ子どもに対して家庭内だけで通用するトークンをつくり、その子があいさつをする、片づけをするといった適応的な行動をした場合に、トークンを与えます。そして、トークンが10枚集まると、おかしなどと交換されます。

　また、標的とする減少させたい**不適応的な行動**が見られたときに、**トークンを**取り上げる手続きを**レスポンスコスト**といいます。

④ タイム・アウト法

　タイム・アウト法は、子どもの攻撃行動や破壊行動といった問題行動を、**感覚遮断**によって沈静化させる訓練技法です。主に教育場面で用いられます。

　問題行動を制止するために子どもに向けられる**注意**は、逆に問題行動を**強化し維持させる場合**があります。そこで、問題行動が生じたら、教師や治療者はそれ

には取り合わずに、近くに用意してある小部屋であるタイム・アウト室に子どもを行かせて、問題行動の**沈静化**を図ります。

適用の際に留意すべき点として、タイム・アウト室がその子を楽しませたり、恐怖を感じさせたりするものではなく、**退屈を味わわせること**、タイム・アウト室の滞在は5～10分程度にして長過ぎないこと、タイム・アウト室の出入りの際、教師や治療者の態度は**機械的・事務的・穏やか**であることなどが挙げられています。

5 ペアレント・トレーニング

親が子どもの行動に対して**適切な関わり方**を学習するためのプログラムを指します。主に**AD/HD**や**自閉スペクトラム症**の子どもに対する支援方法として用いられています。

ペアレント・トレーニングでは、子どもに**してほしい行動**と**してほしくない行動**に焦点を当てて、してほしい行動には**ほめる**、してほしくない行動には**無視する**といった対応方法を親が身につけていきます。それによって、子どもの望ましい行動を**強化**し、望ましくない行動を**消去**していきます。

ペアレント・トレーニングの意義としては、①**日常生活**の中でも支援が可能である、②よりよい**親子関係づくり**の支援にもなる、③親の**エンパワメント**になるなどが挙げられます。

　行動主義に則って行われてきた行動療法においても、1960年代から1970年代にかけて**認知**という要素が重要視されるようになってきました。**Beck,A.T.** が**認知療法**を創始した後、認知療法と行動療法を統合的に使用する流れが現れ、**認知行動療法**が成立しました。

　1950年代に発展した**古典的条件づけ**と**オペラント条件づけ**の原理を応用した行動療法は「**第一世代**」と呼ばれています。1970年代にはBeck,A.T. が創始した**認知療法**と**行動療法**が統合されて認知行動療法となり、「**第二世代**」と呼ばれています。1990年代からの新しい流れはそれまでの認知行動療法の統合性をさらに高めるもので、**マインドフルネスやアクセプタンス**を重視しており、「**第三世代**」と呼ばれています。

📖 **用語解説**

アクセプタンス
自分に生じていることを防衛することなく、そのままを体験することをいう。

■世代間の比較

	目的	操作の対象	代表的な技法
第一世代	行動の変化	行動	系統的脱感作法、曝露反応妨害法
第二世代	気分や感情の変化	思考	認知再構成法
第三世代	気分や感情のコントロール	注意	マインドフルネス認知療法

1 Beck,A.T.の認知療法 👉重要

　無意図的にふと頭に思い浮かび、自らを否定するような考えである**否定的自動思考**に気づいて、それを修正していく技法が、Beck,A.T.の**認知療法**です。具体的には、**セルフ・モニタリング**によってクライエントが日々の活動記録（**思考記録表、コラム表**とも呼ばれる）をつけ、治療者との話し合いを通じて、自らの思考や感情を現実的に検討し直していく方法をとります。現在では、うつ病や不安症など、さまざまな精神疾患への治療効果が報告されています。

認知行動療法は、おおよそ１週間に１〜２回程度の面接を行い、15〜25回程度で終結することが多いです。また、**構造化**されており、問題の焦点は**現実の適応問題**に向けられています。面接では、次回の面接までに行う**ホームワーク（宿題）**が課されます。治療者と話し合ったことを**日常生活**の中で一人で取り組むことで、自ら問題に**対処できるようになる練習**にもなります。初回面接では、認知療法とはどんなものであるかといった**心理教育**を行います。また、治療者とクライエントの関係は、一緒に問題を解決していく**共同作業**になることを意識してもらいます。これをBeck,A.T.は**共同経験主義**と呼びました。

 用語解説

認知再構成法

精神的に動揺したときに瞬間的に浮かんでくる否定的自動思考について、現実と比較しながら、その歪みを修正し、それによってうつや不安などの気分を軽減したり、不適応的な行動を修正したりする技法である。適用する際には、思考記録表や行動実験を用いることが多い。

+α プラスアルファ

行動実験

クライエントの否定的自動思考や不合理な信念の妥当性について、実験的手法によって検証する方法である。例えば、社交不安症のクライエントは社会的な場面について、「私が話すとみんなが私を変わり者だと思うだろう」などの否定的な認知をもっている。実際にクライエントが社会的場面で行動することによって、おそれていることが生じるかどうかを検証していく。実験を通じて、おそれていることが実は起こりにくいことに気づき、適応的なとらえ方ができるように支援していく。

行動活性化

やりがいのある行動や楽しい活動をすることで正の強化が随伴する行動を増やしたり、負の強化が随伴する不快状況からの回避行動を減らすように介入する技法である。活動記録表を用いて、日々の生活の中での活動のモニタリングと行動実行のためのスケジュール化を行う。記録の際には、個々の活動における達成感（M：mastery）や楽しさ（P：pleasure）をクライエントが得点化する。数値を参考に、活動量の増加と達成感や楽しさが高められるように活動スケジュールを計画する。

自己教示訓練

Meichenbaum,D.H.（マイケンバウム）によるセルフ・コントロール技法である。対処的な言葉を自分自身に言い聞かせたり、行動の際にその手順を唱えることで自らの認知・感情・行動の変容を目指す。ストレス免疫訓練における認知的技法に含まれる。

問題解決技法

日常生活上の問題に対して有効な解決策の選択肢をいくつか見つけ出し、それらの中から最も有効な手段を見つけ出そうとする技法である。D'Zurilla,T.J.（ズリラ）とGoldfried,M.R.（ゴールドフリード）は問題解決のプロセスとして、①問題をどのようにとらえるか、考えるのかといった問題志向の段階、②問題を明らかにし、目標をどう設定するのかといった問題の定義と公式化の段階、③さまざまな解決策を考え出す解決策の産出の段階、④有効な解決策を選択する意思決定の段階、⑤実行した解決策が成功したか否かを評価する解決策の実行と評価の段階の５つを提唱した。

2 Ellis,A.の論理療法

　個人の問題を、認知的・感情的・行動的な面から多角的にとらえ、**積極的**に介入して問題解決を図ろうとする**Ellis,A.**による技法です。REBTは、Rational Emotive Behavior therapyの略で、訳語はいくつかありますが、**論理情動行動療法**などと呼ばれます。

　Ellis,A.によると、人は、ある事件（A）についての信念や思い込み（B）をもち、その結果（C）から否定的感情や悩みをもつようになります。治療においては、そのもとになっている**非合理的な信念**を論駁する（D）ことで、効果（E）として適応的な生活に必要な**セルフヘルプ機能**が向上すると考えます。Ellis,A.のこの考えは、**ABCDE理論**とも呼ばれます。

3 ソーシャル・スキル・トレーニング

　ソーシャル・スキル・トレーニング（Social Skills Training：SST）とは、生活の中で必要とされるさまざまな対人的行動の獲得を目的として行われる、小グループによる体験学習です。1970年代に**Liberman,R.P.（リバーマン）**らによって体系化され、日本には**前田ケイ**が紹介しました。

　日常の具体的場面を想定し、**ロールプレイング**によって会話技法や感情表現をトレーニングします。**オペラント条件づけ**の理論に基づきますが、メンバーは被訓練者に対して、肯定的な評価や共感的な対応といった**正のフィードバック**を与えるのが特徴です。

4 アサーション・トレーニング

　アサーション・トレーニング（assertion training）とは、他者も自分も大切にする自己表現のトレーニングのことです。具体的には、他者との合意を必要とする場面を想定し、**DESC法**や**Iメッセージ**などを用いてトレーニングを行います。

> 📖 **用語解説**
>
> ### DESC法
>
> Describe＝事実の客観的描写（例：声が小さい）、Express＝表現（とても聞き取りづらくて残念）、Specify＝提案（もう少し大きな声で話していただけませんか）、Consequence＝結果（すると聞き取りやすくなり、カウンセリングもスムーズに進むことでしょう）という表現方法のこと。

5　モデリング療法

Bandura,A.は、他者の行動やその結果を**観察**することによって学習が成立するという**観察学習**の理論を提唱しました（P.77参照）。この理論を心理療法に用い、行動の変容や症状の除去をしようとするものを**モデリング療法**といいます。

クライエントはモデルの行動を観察しますが、そのモデルが不適応的行動を行った場合には強化が与えられず、適応的行動を行った場合に強化が与えられる様子が提示されます。観察によってクライエントを**間接的**に強化する、**代理強化**を通して治療的変容を促します。観察の方法にはいくつかあり、モデルを**直接観察**する方法やビデオカメラなどの**記録機器**を用いる方法があります。

モデリング療法は、クライエントが獲得すべき適応的行動が**具体的**に示されるため認知的な変化を生じさせやすく、また、不適応的行動の**消去**と適応的行動の**獲得**が同時に進むため、**効率的**であるとされます。

6　マインドフルネス認知療法（MBCT）

Kabat-Zinn,J.（カバットジン）は、心理療法におけるマインドフルネスを「ある特定の方法で自分の体験に対して**能動的**に**注意**を向けること。意図的に、今この瞬間に**判断**することなく**注意を向けること**」と定義しています。

MBCTでは、**注意**を操作することで**気分**や**感情**をコントロールすることが目標になります。不快な気分や感情が生じることは避けられないため、それらに対してどのように**距離**を置いて対処するかを**コントロール**できることを目指します。

MBCTでは、**マインドフルネス瞑想**などを通してその瞬間の身体感覚や感情、思考への気づきを促し、今この瞬間に**注意**を向けて**判断**を下さずに情報に接することで、否定的な感情や思考に巻き込まれず、離れることができるようになるとされています。

アクセプタンス&コミットメントセラピー（ACT）

Hayes, S. C.（ヘイズ）が開発した心理療法である。問題や悩みを抱えている人は、不快な感情や思考、出来事を回避し、現実よりもネガティブなイメージにとらわれている認知的フュージョンによって、自分の価値に基づいた行動レパートリーが制限されていると考える。ACTでは、今この瞬間体験している出来事や感情、思考に対してあるがままに注意を向け、自分のネガティブな感情や思考をありのままにアクセプトするように促し、自分の価値に基づいた行動レパートリーを拡大させ、心理的柔軟性の促進を目指す。

重要度 ★★★

05 | 人間性心理学

ブループリント 中項目　代表的な心理療法並びにカウンセリングの歴史、概念、意義及び適応／良好な人間関係構築のためのコミュニケーション

キーワード　自己理論、無条件の肯定的配慮、共感的理解、自己一致、フォーカシング、フェルト・センス、ホット・シート、構造分析、やりとり分析、脚本分析、ロゴセラピー

1 クライエント中心療法

公認心理師のみならず、広く対人援助職に就く者の心構えとして重視される**クライエント中心療法（Client Centered Therapy）**を創始したのは、**Rogers,C.**です。

1 Rogers,C. の根本的な思想

Rogers,C. は、**精神分析**の診断と治療、**行動療法**の客観主義、そして両理論の背景にある否定的人間観を批判しました。そして、人間には**潜在的な成長力**や**自己実現**への欲求があると考え、自らの経験に対する**開かれた態度**を重視したのです。そして、自己の経験をありのままに自己に取り入れることができる人を**健康な人**であると考えました。

2 自己理論

Rogers,C. は、臨床経験をもとにパーソナリティと行動についての**自己理論**を提唱しました。彼は、個人は**「今、ここ」**の世界において、見てとらえるままに反応すると考えました。つまり、人は**「今、ここ」**において、意識する、しないにかかわらず、感覚的・内臓的な体験をします。その体験における個人的世界のことを、Rogers,C. は**経験**と呼びました。それはしばしば自己概念と矛盾したり無関係であったりするとされます。

一方、Rogers,C. は、体制化された客観的自己の全体像を**自己概念**と呼びました。個人が自らの性質や環境、他者との関係をどのようにとらえるかによって形成される自己概念は、人が体験したことから直接自己を価値づけたり、他者の評価から自己が価値づけられたりすることによって構成され、発達すると考えられます。

Rogers,C.は自己概念が経験と同化、すなわち一致している領域が多い状態にある人を**健康**だと考えました。そしてこの状態を**自己一致**と呼びました。

　逆に、人が自ら、重要な感覚的・内臓的体験を意識化あるいは象徴化することを拒否するときに**心理的不適応**をきたすとし、それを**不一致**と呼びます。

■**適応状態と不適応状態**

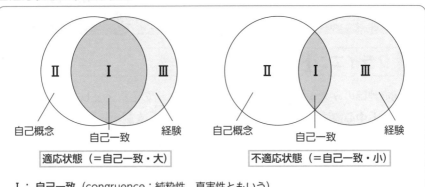

自己概念　　自己一致　　経験	自己概念　　自己一致　　経験
適応状態（＝自己一致・大）	不適応状態（＝自己一致・小）

Ⅰ：**自己一致**（congruence：純粋性、真実性ともいう）
　　感覚的・内臓的体験が否認されることなく自己として概念化されている領域
Ⅱ：**自己概念**（concept of self）
　　体制化された客観的自己の全体像
Ⅲ：**経験**（experience）
　　感覚的・内臓的体験における個人的世界

3 カウンセリングのプロセス

　Rogers,C.の**自己理論**をカウンセリングのプロセスにあてはめて考えてみると、次のようになります。

初期：クライエントの自己概念は固く、自己の体験に対しても閉じている。他者との関係も閉鎖的であり、不適応的な状態である。

▼

中期：カウンセリングが進むと、自己概念が柔軟になり、自己の体験や感情が自分のものであると実感するようになり、自分の中のネガティブな感情からも目をそむけない。全体的に自由で柔軟的であり、不適応的な状態は消えている。

▼

後期：体験の仕方は、さらに柔軟で流動的になる。また、他者との関係は開放的になる。このような状態をRogers,C.は**「十分に機能する人間」**と呼ぶ。

4 治療的人格変化の必要にして十分な条件

Rogers,C.は、1957年に「セラピーによる治療的人格変化の必要にして十分な条件」という論文を発表しました。その中で、次のような条件や状態がクライエントとカウンセラーとの間に、**一定期間存在している**ことが、クライエントの人格が**建設的な方向**に変容するためには必要だとしました。

■ 治療的人格変化の必要にして十分な条件

①	2人の人間が心理的な接触をもっている
②	クライエントは傷つきやすい不一致の状態にある
③	カウンセラーは関係の中で一致し、統合されている（自己一致）
④	カウンセラーはクライエントに対して、無条件の肯定的配慮を経験している
⑤	カウンセラーはクライエントの内的照合枠を共感的に理解し、そのことをクライエントに伝達するように努めている
⑥	カウンセラーの共感的理解と無条件の肯定的配慮がクライエントに必要最低限伝わっている

このうち①はカウンセリングの前提条件であり、②と⑥がクライエント側の条件とされます。そして、③・④・⑤が、カウンセラーの守るべき3つの態度であるとされています。これらの条件がそろった場合、クライエント中心療法は最も効果を発揮するといわれています。

用語解説

内的照合枠

外側からではうかがい知れないクライエントの様子である、気持ちのことを意味する。一方、外的照合枠とは、外側から見てクライエントの内面を察することのできる事柄、すなわち、表情・態度・服装などを意味する。

5 カウンセラーの守るべき3つの態度

Rogers,C.は、「セラピーによる治療的人格変化の必要にして十分な条件」にて、カウンセラーの守るべき3つの態度を提唱しています。

①無条件の肯定的配慮

カウンセラーが無条件に、つまり、「○○の場合だけあなたを認める」といった条件をつけずにクライエントを受け入れることです。カウンセラーの価値観や好みを押しつけることなく、クライエントのどのような側面にも偏りなく**肯定的な配慮**や**積極的な関心**を向けることを意味します。

②共感的理解

クライエントの私的な世界を、その微妙なニュアンスに至るまで、**あたかもその人自身であるかのように**感じ取っていることを意味します。ここで重要なことは、「**あたかも**」という性質を見失わないことです。これを見失うと、必要な心理的距離を見失ってしまい、クライエントの感情に巻き込まれる危険にさらされます。

③自己一致（純粋性、真実性ともいう）

カウンセラーが、クライエントから感じ取っていることやクライエントとの関わりにおいて、生じる感覚と自己概念を**柔軟**に結びつけることができる状態のことです。言い換えると、自分自身の気持ちに**嘘をついていない**ということができるでしょう。

> **+α プラスアルファ**
>
> ### マイクロカウンセリング
>
> Ivey,A.E.（アイビィ）によって開発された、多様な心理療法やカウンセリング理論の基本となっている面接技法に着目し、統合されたカウンセリングの基本モデル（メタモデル）である。各技法は細分化されて階層構造として示されており、下層から1つずつ学習を積み重ねていくことで、基本的なカウンセリング技術を身につけることができる。

6 クライエント中心療法の発展段階

クライエント中心療法は、以下のような発展段階をみせています。

非指示的療法（1940〜1950年）

▼

クライエント中心療法（1950年〜）

▼

フォーカシング（focusingまたは体験過程療法：1957年〜）

▼

人間中心のアプローチ
（**Person Centered Approach＝PCA**：1960年代半ば〜）

Rogers,C.は、後年、個人療法よりも**エンカウンター・グループ**（P.232参照）に関心の中心を移しました。彼は人間のもつ**潜在的な成長力**に信頼を置き、人種問題や民族紛争の解決にも取り組み、自らの立場を**人間中心のアプローチ（PCA）**と呼びました。

2 フォーカシング 重要

フォーカシングとは、**Rogers,C.**の共同研究者である**Gendlin,E.T.（ジェンドリン）**が創始した心理療法です。彼は、主に**統合失調症患者**の臨床経験から体験過程の理論を打ち立て、その主要技法としてフォーカシングを提唱しました。

1 体験過程

Gendlin,E.T.は、人がその時々に感じている主観的かつ漠然とした感情の流れを**体験過程**と呼びました。この過程は、今この瞬間に起こっていて、直接認めることができます。また、体験過程における感情の流れは、**言語化**される以前の段階にあるものであり、その中には豊かな意味が暗黙のうちに含まれているとされます。そして、それは人が**身体**を通して感じることのできるものであるとGendlin,E.T.は考えました。

彼は、不適応状態にある人は**体験過程**が滞っていると考え、それへの気づきを深めることが健康な人格につながるとしました。

2 フォーカシング

①フォーカシングとは

体験過程における感情の流れは、**身体感覚**として体験されます。これを明確化する過程が**フォーカシング**です。

フォーカシングでは、ある特定の状況における身体感覚を**フェルト・センス**と呼び、それがどこに向かっているかに気づき、その気づきを手に入れたときに感情体験が変化します。この変化の過程を**推進**といいます。そして、この変化をつかまえた瞬間の「これだ！」という感覚を**フェルト・シフト**と呼びます。

フォーカシングは、**フェルト・センス**に注意を向けることで、自らの**身体感覚**への気づきを深めることができるという考えに基づいて行われます。

プラスアルファ

フォーカシング簡便法

フォーカシングを行いやすくするためにGendlin,E.T.によって開発された技法である。ショートフォームとも呼ばれる。①間を置く、②フェルト・センス、③見出しをつける、④見出しとフェルト・センスを共鳴させる、⑤問いかけ、⑥受容の6段階から構成される。一般の人が問題解決や自己理解のために用いることができ、セルフヘルプ的展開に貢献している。

Check

フェルト・センスは強過ぎると、苦痛に圧倒されたり、混乱をきたすので、強ければよいものではない。フェルト・センスとの適度な心理的距離が必要である。

②フォーカシングの技法

　フォーカシングでは、**リスナー**と呼ばれる聴き手（カウンセラーにあたる）が、**フォーカサー**（クライエントにあたる）に起こる体験過程を傾聴し、それが推進されるのを支援します。

　リスナーは、フォーカサーの感情表現を伝え返す（**リフレクション**）、言葉と体験の照合を促す、感情体験を身体で実感するように促すなどの働きかけを行います。

リフレクション

フォーカサーの感情表現をできるだけ言葉を変えずに伝え返すことをいう。例えば、フォーカサーが「最近、気持ちがもやもやして……」と表現した場合、リスナーは「不安なのね」や「はっきりしないのね」などと言い換えることなく、「もやもやしている」といった漠然とした感覚そのものを伝え返す。

Check

Gendlin,E.T. は、フォーカシングを精神分析療法や行動療法、認知療法などのさまざまな心理療法の中に組み込むことを提案している。

3　ゲシュタルト療法

1　ゲシュタルト療法の理論

　ゲシュタルト療法は、Perls,F. が提唱した心理療法です。彼は、個人の欲求と体験との関係を**図と地**という**ゲシュタルト心理学**の用語を用いて説明し、排除されていた自己の部分が**統合**されることで個人のゲシュタルトが完成されるとしました。具体的には、生理的な**ホメオスタシス**（生理的均衡状態：P.87参照）が心理現象にも認められると考え、感情にもホメオスタシスがあり、意識されていない感情に気づくことの重要性を主張しました。

　実践的には、Perls,F. は、**精神分析**のような過去の体験や生育歴を探求するのではなく、クライエントの**「今、ここ」**での体験と、**身体と感情**の全体の関係性に重点を置きました。ゲシュタルト療法は、個人のみならず集団にも適用され、エンカウンター・グループやシステム・アプローチなどに影響を与えました。

2　ゲシュタルト療法の方法

　Perls,F. は、神経症などの症状は、二つ以上の**欲求**が分割され、図として統合されていない状態であるとみなしました。そして、**「今、ここ」**での怒りなどの不快な感情や感覚をとらえ、それらを言語的・身体的に表出し、最終的にはそれらについて**気づき**を得るように促します。この**気づき**により、排除されていた欲求が統合されることで、個人の**ゲシュタルト**が完成され、統合された人格におい

て円滑な欲求の**図地反転**が起こるとしました。

つまり、ゲシュタルト療法における治療者の役割は、クライエントの**「今、ここ」**における自明な現象を取り上げて、クライエントが**気づき**をもつ機会を提供することであるといえます。

③ 代表的な技法

ゲシュタルト療法の代表的な技法には、以下のようなものがあります。これらの技法を通じて、治療者は、クライエントの言葉だけでなく、**非言語的側面**についても意味を尋ねていきます。

■ゲシュタルト療法

ホット・シート （または、エンプティ・チェア）	自己や他者になり、空のイスを移動して座りながら対話を行う
ファンタジー・トリップ	イメージを活用し、ファンタジーの世界の中で未知の自己や他者に出会う旅をする
夢のワーク	夢の登場人物や事物になり、夢を体験する
ボディワーク	身体の一部分になり、表現する

■ホット・シート（エンプティ・チェア）

イメージの中で空のイスに「もう一人の自分」や「問題そのもの」を座らせ、語りかける。

4　交流分析

交流分析は、アメリカの精神科医Berne,E.が、「互いに反応し合っている人々の間で行われている交流を分析すること」を目的として開発した理論と、それに基づく治療技法です。

① 交流分析の理論

交流分析は、**「精神分析の口語版」**と紹介されることがあるように、精神分析からの影響を受けている面が少なくありません。

しかし、人は自分の存在を他者に認

✎Check

「人は自分の存在を他者に認めてもらうために交流（ストローク）を求める強い欲求がある」という交流分析の人間観・コミュニケーション観では、人は、陽性（好感情）のストロークが得られない場合は、陰性（悪感情）のストロークでさえも求めると考える。また陰性のストロークを得る手段となる慢性化した不快な感情をラケット感情と呼ぶ。

めてもらうために交流**（ストローク）**を求める強い欲求があるという基本的な人間観やコミュニケーション観をもち、無意識を仮定せずに**「今、ここ」**を重視することなどから、交流分析は、人間性心理学の中に位置づけられます。また、技術面では、**精神分析**よりも**認知行動療法**と共通するものを多く含んでいるとされます。

② 4つの分析

　交流分析は、心の構造や機能を、記号や図式を使ってわかりやすく説明するところに一つの特徴があります。

　具体的な分析方法としては、**構造分析・やりとり分析・ゲーム分析・脚本分析**の４つがあります。

①構造分析

　人には誰にでも、親（Parent）、大人（Adult）、子ども（Child）の３つの**自我状態**があるという考えに基づきます。そしてそれらは、各個人により、また、状況により優位となる自我状態が異なると考えます。

　下図のように、自我状態について、Pを批判的な親（CP）と養護的な親（NP）に分け、Cを自由奔放な子ども（FC）と順応した子ども（AC）に分けます。

　個人の中にある各自我状態の程度をグラフに表したものを**エゴグラム**と呼び、**Dusay,J.M.** が考案しました（P.140参照）。

■自我状態

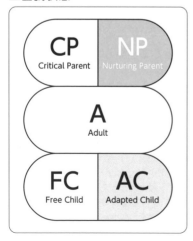

■エゴグラムパターン

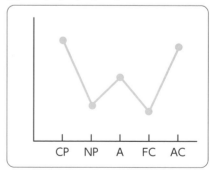

②やりとり分析

　二者間において相互にやりとりする言葉や態度が、どの自我状態から出ているのかをベクトルで分析するものです。この交流パターンは、**相補的交流**、**交差的交流**、**裏面的交流**の３つに分けられます。

■交流パターン分析

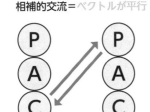

相補的交流＝ベクトルが平行

子ども「今日のごはんはなあに?」
母　親「カレーよ」

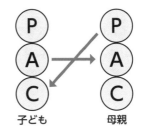

交差的交流＝ベクトルが交差

子ども「算数の教科書、どこにあるか知らない?」
母　親「きちんと整理整頓しないからよ!」

③ゲーム分析

　悪循環に陥った対人関係のパターンである**ゲーム**を分析するものです。個人がもつゲームの内容を明らかにし、それを修正することを目的とします。交流分析の中核をなします。

④脚本分析

　親からの**否定的なメッセージ**によって形成された、人が強迫的に従ってしまう**人生脚本**を分析します。その内容を知って**「今、ここ」**で書き換える決断（再決断）をし、新しい人生を歩み出すことが交流分析の最終的な目的とされます。

5　実存的心理療法

　20世紀の初めには Kierkegaard,S.A.（キルケゴール）や Nietzsche,F.W.（ニ

ーチェ）、Heidegger,M.（ハイデッガー）、Jaspers,K.（ヤスパース）、Sartre,J.P.（サルトル）などの実存主義哲学が盛んになり、広がりました。実存主義哲学によれば、人間はもともと**死**に向かう存在であり、**不安や苦悩**に満ちたものですが、絶えず自分自身を乗り越え、自らの**責任**において自分をつくっていく存在だとされています。実存的心理療法とは、これまでの人生や現在生きていることを**肯定的**に意味づけられるように積極的に話し合う心理療法を指します。

1 ロゴセラピー

　Frankl,V.E. は、**ロゴセラピー**を創始しました。ロゴセラピーでは、**「意味への意志」**を重視します。個人はそれぞれ、人生から意味を問いかけられており、いかなる状況でも価値を追求する**自由と責任**をもっているという考えです。

　Frankl,V.E. は、人が人生に意味と目的を見出せないときには**実存的空虚**を経験し、これが持続すると**実存的欲求不満**となり、さらに昂（こう）じると**神経症**になると考えました。

　ロゴセラピーの代表的な技法としては、症状に対して過度に注意が向いている患者に対して、症状を意識的に引き起こすよう指示を与えることにより、逆に症状の出現を抑制する**逆説志向**、意味や価値のあることに注意を向けることで症状から注意をそらす**反省除去**などがあります。

2 現存在分析

　現存在分析は、**Binswanger,L.（ビンスワンガー）**によって創始されました。現存在分析はFreud,S. の**精神分析**と、Heidegger,M. の**現存在分析論**に起源をもちます。しかし、Binswanger,L. は二つの考えを単に折衷したのではなく、独自の方法と厳密さを備えた臨床実践の研究方法にまで高めました。

　Binswanger,L. は**統合失調症者**を、その心的メカニズムや心的要素に還元することなく、病的な変容はあっても、あくまでも統一された一つの人格とみなし、病者の**生きる意味**などを実存主義的にアプローチしていきました。**「エレン・ウェストの症例」**は代表的な事例研究です。また、健常者であれば、自然な継続性を備えて一貫して展開する経験が、統合失調症者においてはその首尾一貫性が失われていると考え、統合失調症の基本障害として**「経験の首尾一貫性の喪失」**を提唱しました。

06 家族療法

ブループリント中項目 家族、集団及び文化が個人に及ぼす影響

🔑 **キーワード** システム論、円環的因果関係（律）、コミュニケーション学派、構造派、リフレーミング、ダブルバインド、ジェノグラム

1 家族療法の歴史と理論　重要

　家族療法の歴史と理論は、かなり複雑に入り組んでいて、すっきりとはとらえ難いとされます。さまざまな学派が存在し、もともとの創始者・開発者が誰であるかもはっきりとしていません。

　そのような中で、家族療法を標榜する各学派に共通しているのは、以下の特徴です。

> ①**システム論**に依拠していること
> ②家族間の**コミュニケーション**を重視していること
> ③**チーム**によって治療にあたること

　家族療法は、基本的に、**システム論**に基づきます。システム論では、家族全体を一つの有機体としてとらえる見方をしています。そのため、クライエントの問題の原因が、特定の家族の成員にあるという**直接的因果関係（律）**ではとらえません。クライエントの問題を解決するだけでは、家族全体の問題の解決にはならないと考えるからです。そのため、家族全体のシステムといった、**円環的因果関係（律）**の観点を重視します。

　家族療法において、症状や問題を抱えた人を**IP（Identified Patient）**と呼びます。これは**「みなし患者」**という意味をもち、家族

✎ **Check**

家族療法がチームによって治療にあたる際に使われるのが、ワンウェイ・ミラー、インターホン、VTRの3つ。ワンウェイ・ミラー越しに、スーパーバイザーが、家族と向き合っているセラピストにインターホンでやりとりの指示を出したり、事後的にVTRを使って振り返ったりする。

+α **プラスアルファ**

サイバネティクス

逸脱を増幅する正のフィードバックと、逸脱に対抗し安定性を維持する負のフィードバックによって、家族システムが制御されることを指す。

システムの病理を代表してたまたま症状や問題が現れている人のことを指します。

2 さまざまな家族療法

家族療法のうちの主な学派を挙げると、以下のようになります。

学派	創始者	特徴
コミュニケーション学派	Jackson,D. D. (ジャクソン)	Bateson,G.（ベイトソン）の家族研究プロジェクトのメンバーであった Jackson,D.D. が創設した MRI（Mental Research Institute）で行われたアプローチを指す
構造派家族療法	Minuchin,S. (ミニューチン)	家族のシステム構造に重点を置いたアプローチ。適切な世代間境界をもつ家族構造の再構築を目指す
戦略的家族療法	Haley,J. (ヘイリー)	さまざまな技法を戦略的に駆使して、積極的に介入していく
多世代派家族療法	Bowen,M. (ボウエン)	ジェノグラムを用いて家族投影過程や多世代伝達過程の情報を集め、その情報に基づいて家族関係を変化させることを目指す
その他		
システミック家族療法	Palazzoli,M.S.（パラゾーリ）らを中心とするミラノ派の家族療法。家族関係を明らかにするような情報収集に重きが置かれ、円環的質問を特徴とする	
精神力動的家族療法	Ackerman,N.（アッカーマン）が代表的研究者。精神分析的概念を家族力動の中で考察し、「全体としての家族」を提唱した。また、「母として」「妻として」などの、家族関係における役割意識がパーソナリティ構造に与える影響について注目した	

　治療にあたっては、まず、顕在化している問題が、その家族集団の中でどのように関連して起こっているのかを見立てます。それに基づき、家族成員がどのようなかたちで実際に**治療に参加できるか**を知る必要があります。その後、一般的には、問題行動をもつ個人を含めた参加者全員に、治療における目標、期待を聞いていきます。そして、家族成員間で**合意の得られた目標**を定めた上で、それぞれの理論に基づいて介入を行っていきます。

　セラピストの役割は、依って立つ理論や家族の状況により異なります。非指示的な場合もあれば、直接的な指示を出したり、あるいはそれ以上に積極的な役割をとる場合もあります。

1 コミュニケーション学派

　コミュニケーション学派は、家族をコミュニケーションの相互作用システムととらえます。家族成員の内面の問題は取り上げず、コミュニケーションの**機能不全的な連鎖**に介入し、それを修正することを目的としています。

　具体的には、症状や問題が継続している状況を詳細に検討することから始めます。そこに存在する解決の努力、つまり、それまで家族が試みてきた数々の問題解決の行動こそが**問題**であるとの視点から、これまでの問題解決とは異なった行動を促すことによって、家族システム内の**コミュニケーション**に変化をもたらすことを目指します。

ダブルバインド（二重拘束）

Bateson,G. が提唱した統合失調症患者とその家族にみられるコミュニケーションの病理に関する理論である。言語メッセージと同時に、それとは矛盾した非言語的メッセージが伝達されることをいう。例えば、母親が「いい子ね、おいで」と子どもにいいながら、冷たい表情やいい方をするといったことが挙げられる。子どもは矛盾するメッセージに混乱し、どうすればよいか身動きがとれなくなる。Bateson,G. は、このようなコミュニケーションがくり返されることで統合失調症が発症すると考えた。

第4章 心理的支援

2 構造派家族療法

　構造派家族療法は、家族の**システム構造**に重点を置いたアプローチです。家族は、夫婦・親子・兄弟姉妹などの**サブ・システム**から成立しており、各システム間には境界があります。

　治療対象となっている家族はシステム間の**境界**に問題があると考えられています。境界があいまいな状態を**纏綿（てんめん）状態**といい、家族成員はお互いに過剰に反応し合って、問題に巻き込まれており、各自の**自律性**が阻害されています。また、境界が硬直している状態を**遊離状態**といい、お互いに**依存し合う**ことがまったくない状態です。そこで治療者は、家族の交流の中に**参加（ジョイニング）**し、家族内の葛藤を顕在化させながら、適応的な交流パターンの形成を促し、適切な家族構造への**再構造化**を目指します。

エナクトメント

家族構造を理解するために、セラピストの前で実際に非機能的な家族交流パターンを再現させる技法である。

連合

家族成員同士が結束して別の家族成員と敵対することをいう。

3 戦略的家族療法

　戦略的家族療法は、系譜としてはコミュニケーション学派の延長線上に位置づ

けられています。家族が現在悩んでいる問題や症状をさまざまな技法を駆使しながら**速やかに**解決することを目的とします。人間的成長などの長期にわたる目標設定は避け、現実的で効果的な**問題解決**を目指した治療的介入を優先します。

プラスアルファ

リフレーミング
あることに対する否定的な見方を再解釈し、肯定的にとらえ直させることで、問題の解決や心理的な苦痛の軽減をもたらす技法である。

逆説的介入（治療的ダブルバインド）
症状や問題の消失とは矛盾するような介入を行うことによって、それから逃れられないという性質を治療的に利用する技法である。

④ 多世代派家族療法

多世代派家族療法は、**分化**と**融合**の概念から、個人内・個人間システムを説明します。そして、**ジェノグラム**を用いて**家族投影過程**や**多世代伝達過程**の情報を集め、家族成員に自覚を促します。セラピストは、融合も遊離もしない高度に分化したモデルとして家族システムに参加し、家族成員の分化を促し、家族関係を変化させます。なお、この理論は、精神分析の影響を強く受けていることから、家族成員の中の**力動性**に重点を置いています。

プラスアルファ

情緒的遮断
親から離れて物理的にも情緒的にも交流しないことで、情緒的に巻き込まれないようにすることをいう。

用語解説

ジェノグラム
セラピストが家族関係を理解するために作成する図をいう。複数世代を盛り込むことによって、過去と現在における家族のパターンを視覚的に見つけて、家族構造がもつ課題を探っていく。

分化と融合
例えば、親子関係において、感情的・知性的にどの程度親子が別人格として分かれているか、分かれていないかの程度をいう。

家族投影過程
親の融合（未分化）の程度が、子どもに伝承される過程をいう。例えば、母の分化度が低く、子と融合関係にある場合、必然的に子の分化の機会を妨げることにつながる。その結果、子は分化度の低い行動傾向を示す可能性が高くなる。

多世代投影過程
家族投影過程が、多世代に伝承されることを指す。例えば、親子が融合関係にある場合、子の分化度は低いと考えられる。その子の分化度は、孫の分化度に影響を与え、その過程は代々続いていく。

ナラティブ・セラピー

ナラティブ・セラピーは、**物語療法**とも訳され
ています。もともとは家族療法の影響を受けて発
展し、**社会構成主義**を背景にしています。White,M.
（ホワイト）らによって創始されました。

📝Check

ナラティブとは、「物語」の
内容であると同時に、「物語
る」行為も意味している。

1 社会構成主義とナラティブ・セラピー 👉重要

従来、世界（社会）は、観察や測定・調査などが可能な**客観的事実**によって成
り立っているという、科学的立場が支配的でした。

一方で社会構成主義は、私たちは自身のもつ認識の枠組みや知識を使って**主観
的**に意味を構成し、世界（社会）をつくり上げているのだととらえます。個人が
理解している世界は、現存の社会や文化、価値観などに根差しています。この社
会構成主義の考え方をもとに、クライエントの語る**ナラティブ（物語）**を通して
支援を行うのが**ナラティブ・セラピー**です。

ナラティブ・セラピーは、クライエントの語る問題も一つの物語であり、その
物語が支援者との間で語り直されることで**書き換えられていく**と考えます。それ
は、その人にとって優勢となっている物語を書き換え、一つの物語を生きること
ではありません。クライエントの中にあるいくつもの物語が重なり合い、交差し、
並行して進行することを許容しながら、**豊かな現実**を生きられるように支援しま
す。物語を書き換えることでクライエントのさまざまな**能力**や**有用性**を引き出し
ていくことがナラティブ・セラピーの目的です。

2 ナラティブ・セラピーの方法 👉重要

ナラティブ・セラピーにおいて、セラピストはクライエントの話を理解しよう

とします。しかし、その理解に終わりはなく、「唯一正しい理解」もないと考えます。理解するとは、そこにある何かを把握することではなく、**新しい意味**を構成することであり、違った何かを生み出すことなのです。そこで、セラピストは**「無知の姿勢」**をとることが求められます。つまり、セラピストが偏見をもつのは免れませんが、偏見に基づいてクライエントの経験を解釈せず、クライエントの語りに対して**好奇心**をもって耳を傾け、早急な理解を避けながら会話を続け、その文脈の中で理解を**共同探索**していく姿勢が求められるのです。

3 ナラティブ3学派

一般に、「ナラティブ3学派」と呼ばれるのが以下の3学派です。

White,M. と Epston,D.（エプストン）のナラティブ・セラピー	「ユニークな結果」に焦点を当て、共有していくことで新しい物語へと書き換えていく
Goolishan,H.（グーリシャン）と Anderson,H.（アンダーソン）の会話モデル	セラピストはクライエントに対し「無知の姿勢」を保つべきとする
Andersen,T.（アンデルセン）のリフレクティング・チーム	「客観的な観察者としてのセラピストという立場」を放棄する

+α プラスアルファ

ドミナント・ストーリーとオルタナティブ・ストーリー

ドミナント・ストーリーとは、クライエントを支配する問題の浸透したストーリーをいい、オルタナティブ・ストーリーとは望ましく書き換えられたストーリーをいう。ナラティブ・セラピーでは、ドミナント・ストーリーをオルタナティブ・ストーリーに書き換えることで、クライエントをエンパワメントしていく。

問題の外在化

問題の原因を個人の内面ではなく個人の外にあるととらえ、個人と問題を切り離す技法である。それによって、人が問題ではなく、「問題が問題である」といった理解がもたらされる。例えば、子どもの暴力について、その原因を子どものパーソナリティに帰するのではなく、「イライラ菌」と名づけて擬人化することで、「『イライラ菌が引き起こす問題』が問題である」との認識がもたらされ、それにどう対応していくのかといった支援につながる。

日本で生まれた心理療法

1 森田療法　👉重要

1 概要

　森田療法は、**森田正馬**が考案した、日本独自の心理療法です。これは、**「あるがまま」「事実唯真」「目的本位」**といった思想を背景としています。

　森田は、自己内省的、完全主義的で、よりよく生きたい、向上したいという**生の欲望**の強い人が神経症に陥りやすいと考えました。すなわち、そういった性格の人が、何らかのきっかけで自らの**心身の状態**に**注意**を向けるようになり、その注意が心身の感覚をさらに**鋭敏**にさせ、いっそう心身の状態に**注意**を払わざるを得ないといった悪循環に陥ると考えたのです。このメカニズムを**精神交互作用**と呼びます。

　森田療法の目的は、神経症的症状を何とかしようと思わずに**「あるがまま」**を受け入れることです。それによって、精神交互作用を生み出す**「とらわれ」**や**「はからい」**を打破し、**生の欲望**を建設的な方向に発揮させることが重要だとされています。

　森田療法の対象は、**「森田神経質」**と呼ばれる神経症者です。「森田神経質」とは、普通神経質（いわゆる神経衰弱）、強迫観念（恐怖症）、不安神経症（不安症）といった**ヒポコンドリー性基調**を基盤とする、いわゆる神経症全般ですが、変換症（いわゆる**ヒステリー**）は対象外であるとされます。

2 方法

　治療は、最初の1週間は一切の活動が禁じられ、ただ寝るだけの**絶対臥褥**により活動意欲を活性化し、徐々に外界と接していくという方法がとられます。

　その後、クライエントは、症状があることを自然な事実として**「あるがまま」**に受け止めながら、心身の不調を抱えたまま具体的な作業を実行していきます。

「この症状さえなければ（**防衛単純化**）」という考えで動けなくなっているクライエントは、作業を行う中で症状から**注意**が離れる瞬間を体験し、回避していた問題にも直面するようになるとされます。

治療者は、原因や理論を追求しない**「不問的態度」**が重視され、通院治療の場合は、主にクライエントの日記をもとに指導を行います。

■森田療法の治療段階

①絶対臥褥期	4〜7日間	食事、洗面、トイレ以外は寝るだけであり、その他一切の活動が禁じられる
②軽作業期	4〜7日間	一人で行う軽作業だけが許されるようになる
③重作業期	7〜14日間	共同作業が許されるようになる
④生活訓練期	1〜2週間	実生活に戻ることにより、社会復帰への準備を進める

2 内観療法

1 概要

内観療法は、「身調べ」という浄土真宗の精神修養法をもとに、**吉本伊信**が考案した、日本独自の心理療法です。

自分の身近な母親、父親、配偶者、子どもなどに対する過去の関わりについて、**「していただいたこと」「して返したこと」「迷惑をかけたこと」**の3点（**内観3問**）について、くり返しひたすら思い出していく方法をとります。それによって、自分や周囲の人々への**理解**が深まり、人間への**信頼**を回復し、自己の**責任**を自覚し、**意欲的**な行動ができるようになるとされます。内観療法は、もともと、いわゆる一般健常成人の人格陶冶、修養、人生上の悩みの解決に用いられてきました。つまり、心理療法というよりは、むしろ**精神修養**や**自己啓発**といった趣の強いものです。

一方で、アルコールや薬物の依存症者、神経症全般、不登校など、その適用対象は広範囲にわたります。

2 方法

外部からの刺激を遮断した、狭く静かで屏風に囲まれた薄暗い空間を使用します。一般に、朝6時から夜9時まで1週間かけて継続的に内観を行います。クライエン

Check
内観によって一般に、「反省→ざんげ→感謝→報恩」という内的変化が起こるとされる。

トは自分の身近な人々に対して、**内観3問**に基づいて具体的事実を**過去から現在まで3～5年**刻みで回想します。それを1～2時間ごとに訪れる面接者に対して数分にまとめて**報告**します。面接者は**礼節**を重んじ、受容的に**傾聴**します。これを**集中内観**といいます。

また、集中内観経験者が日常生活の中で継続的に短時間内観することを**日常内観**といい、内観の効果の持続を図ります。

内観による過去の人生への深い内省により、従来の罪深く**自己中心的**な自分が、他者の愛で生かされてきたという安心感によって、自己中心的態度からの脱却を促し、**肯定的**な自他の認知へと変化します。

他の療法に比べ、**治療構造**の堅固さと、**礼節**を重んじつつクライエントと距離を置く治療関係を保つことにより、クライエントは自力で**自己洞察**を深化させていきます。

3　動作法

1 概要

動作法は、**成瀬悟策**（なるせごさく）が開発した日本独自の心理療法です。もともと、脳性まひ児の肢体不自由の改善を目的として開発されました。

成瀬によると、動作とは、自分の意図通りの身体運動を実現しようと努力する主体者の能動的な活動のプロセスをいいます。つまり、意図した運動パターンと実現する身体運動パターンを一致させていく、**自己コントロール活動**であるといえます。それは、「**意図─努力─身体運動**」として図式化されます。

動作法は、現在では、**自閉スペクトラム症**や**知的障害児**、**統合失調症者**や各種**神経症者**、ひいてはスポーツ選手など、幅広い対象に効果があるとされています。例えば、神経症者に対しては、身体感覚面を重視し、身体への気づきに基づいて精神的な状態についての**洞察**が得られるように促します。動作は、意識しない活動や感情体験を含んでいるので、言葉による面接と違い、**虚偽がない**という利点があります。

2 方法

一般に、動作は、実際に遂行するのに先立って、ある部位を意図したかたちで動かそうとする**イメージ**が形成されます。そして、それに近い動きがとれるよう

に筋肉を動かし、身体の感じを**フィードバック**として自ら受け取りながら調整していきます。

　しかし、実際には、イメージ通りには動かない場合も少なくありません。そこで、動作法では、**意図した通り**の身体運動ができるようになることを目的として、**動かしている過程**の感じ、**力の入れ方**などに訓練の焦点を当てていきます。

　例えば、始めは、仰臥位(ぎょうがい)でゆっくりと肩をまわして、腕と肩の周辺の力を緩め、不適切な緊張を取り除きます。そして、クライエントにとって意味のある動作を課題として選択し、必要に応じてセラピストがクライエントの身体各部位を動かしながら、動きが妨害される位置で**弛緩させること**をくり返します。この場合、あくまでクライエント自らが**主体的**に力を緩める方法を身につけることが大切です。このような自分の身体への**能動的な関わり**を通して、活動的、自己統制的、自己確実的な体験の仕方が獲得され、それが日常的な体験の仕方にも及んでいき、**安定感**や**適応感**をもって生きていけるようになるとされます。

　そのため、セラピストはより適切な課題を選び、設定された動作がよりよく、より容易にできるよう、あるいは不適切な体験をしないように、全過程を通して適切に援助することが役割になります。**身体への関わり**が中心ですが、セラピストは、常に**言葉がけ**を行うことが重視されます。

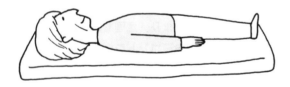

仰臥位とは仰向けの状態のことを
指します。

動作法では、クライエントが自然に変化するのではなく、セラピストの援助を受け入れ、その一体的な協力の体験を通して、臨床的に望ましい、よりよい変化を目指して自ら努力していくことを前提とする。そのため、より適切な課題を選んだり、あるいは失敗などの不適切な体験をせずに済むように、適切に援助、協力することがセラピストの役割である。また、心理療法の多くは心理的な問題の内容や意味を扱うが、動作法ではそれらを特に対象とはしない。クライエントが話題にすれば、セラピストは傾聴し受容はするが、心理療法の展開の主要因としては扱わない。

09 | 集団療法

🔑 キーワード　エンカウンター・グループ、心理劇、補助自我

1 集団療法とは　👉 重要

　集団療法（group therapy） とは、一般に、複数名のメンバー（クライエント）が集まって行う心理療法のことを指します。集団心理療法ともいいます。

　集団療法の特徴としては、①集まったメンバー同士が相互に影響を及ぼし合うこと、②過去よりもその場で起こっている **「今、ここ」** に焦点を当てることについて、それぞれ重視するということが挙げられます。

　また、集団療法においてセラピストは、メンバー間の相互作用を活性化するための **ファシリテーター（促進者）** としての役割を果たすことが原則であるとされます。

　それによって、集団そのものの **凝集性** が高まります。そして、その **集団体験** を通じてメンバーの人間関係パターンに変化が生じたり、内的世界の再構成が促進されたりするなどの効果が期待されます。

> ✎ Check
>
> Yalom,I.D.（ヤーロム）は、集団療法の治療要因として、①希望をもたらすこと、②普遍性、③情報の伝達、④愛他主義、⑤社会適応技術の発達、⑥模倣行動、⑦カタルシス、⑧初期家族関係の修正的くり返し、⑨実存的因子、⑩グループの凝集性、⑪対人学習を挙げている。

2 代表的な集団療法

　代表的な集団療法としては、参加者が率直な気持ちを表現し、他者との出会いや自分自身について新たな気づきを経験する Rogers,C. の **エンカウンター・グループ** や、参加者が台本のない劇の中で即興的に役割を演じることで他者への共感性や自分自身についての気づきを深める **Moreno,J.L.（モレノ）** の **心理劇** などがあります。

3 エンカウンター・グループ

　エンカウンター・グループ（encounter group）は、代表的な集団療法の一つです。もともと、**Rogers,C.** がカウンセラー養成のためのワークショップとして始めたものであり、それがのちにさまざまな対象に援用されるようになりました。**ベーシック・エンカウンター・グループ**とも呼ばれます。

　メンバーはお互いに尊重し合う**自由な雰囲気**のもとで、それぞれが感じたことを**率直に**話し合います。ファシリテーターは、メンバーが「今、ここ」で率直に**自己開示**をすることや、自分や他者についての**受容や気づき**を促していきます。エンカウンター・グループの基本仮説はクライエント中心療法と同様です。

実施形態	10 名程度の参加者と、1〜2名のファシリテーターから構成される。1回のセッションを3時間程度で行う。期間は1泊2日から1週間程度の合宿形式で行うのが一般的である
基本仮説と目的	グループにはメンバーの潜在的能力を促進させる力があり、グループ自体が建設的な方向に発展していくものであるという仮説に基づいている。各メンバーは、受容的な雰囲気の中で、日頃の社会的役割を離れ、「今、ここ」の率直な気持ちを表現する。そして他者との出会いや自分自身についての新たな気づきを経験する
グループの発展段階	グループに不安を感じる段階　→　目的を模索する段階　→　メンバー間で否定的感情が表明される段階　→　メンバー間の相互信頼が確立される段階　→　親密感が深まる段階　→　さまざまな深い気づきが得られる段階　→　終結

4 心理劇

　心理劇（psychodrama）は、**サイコドラマ**とも呼ばれ、即興劇の方法を用いた集団療法の一技法です。心理劇は、精神科医の **Moreno,J.L.** が創始しました。

　Moreno,J.L. は、人生の価値は創造性にあると考えました。そして、心理劇は、個人の自発性を刺激して創造性を引き出すのに有効な手段であり、それによって個人が癒されるだけでなく、人間社会がより高いレベルに向上していくことが可能だと考えたのです。

　心理劇では、参加者は、台本のない劇の中で特定の役割を**即興的**かつ**自発的**に演じることで、他者への**共感性**や自分自身についての**気づき**を深めることができるとされます。

1 心理劇の構成要素

心理劇の構成要素は次の5つです。

監督	劇の責任者。場面設定、配役、進行を行う
演者	劇の中で実際に演じる人。中心的役割を担う人物は"主役"
補助自我	主役が劇中で行き詰まったとき、劇に参加して主役の演技を助ける。あるいは、助監督として監督を補佐する役目も担う
観客	観劇する人々のこと。ただし、観客が演者になったり、演者が観客となったり、役割を交替しながら進める
舞台	劇を演じる場所

2 心理劇の技法

　目的や対象によっても異なりますが、心理劇では、一般的に、グループの人数は10人前後が適当であるとされています。また、1回のセッションは60分から90分で行われます。

　一連の時間を共有する中で、参加者は、個々の問題に対する**直面化**、**内面の洞察**、**カタルシス**、**他者との共感**などを体験します。

　心理劇の流れは、以下のように進行します。

①**ウォーミングアップ**：演技のための準備。自己紹介や、軽い身体運動をともなったゲームを行い、心身の緊張をほぐす。
②**ドラマ**：実際に即興劇を演じる。
③**シェアリング**：皆で劇を振り返り、そこで気づいたこと、得られたことを共有する。

　また、以下のような技法が駆使されます。

役割交換	劇中で演者が役割を交換することにより、他者の視点から自分を見つめることが可能になる
二重自我	演者が演じきれていない部分を補助自我が補い、両者があたかも一体であるかのように演じること
自我分割	演者の葛藤を表現するために、葛藤の一方を補助自我が演技することにより、お互いの気持ちを話し合う

10 | 遊戯療法

　遊戯療法（プレイセラピー） は、主に子どもを対象として、遊具・玩具を使って遊びながら行う心理療法です。子どもは十分な**言語表現活動**を行えないため、遊びにこそ、その**内的な世界**が現れるという考え方に基づきます。

1　一般的な技法

　遊戯療法を行うには、まず、誰にも介入されずに自由に遊べる空間が必要です。つまり、玩具や遊具を備えた**遊戯治療室（プレイルーム）** などで行われます。

　セラピストは、子どもの**主体性**を尊重して、**受容的**に接します。そうすることが、子どもにとって「ここでは何をやっても自由であり、しかもセラピストとの関係において守られている」という確信を得ることにつながります。そのような**信頼**に満ちた**あたたかい人間関係**によって、子どもは**ありのままの自分**を表現することが可能になり、内的な葛藤を解決し、自己成長をすることができるのです。

Check
子どものアセスメントにおいて、発達状況の把握だけでなく、養育者との関係性やプレイセラピーでの様子、セラピストとの関わり方等をとらえることも重要である。また、それらをできる限り直接観察することで、より適切なアセスメントが可能になる。

2　代表的な遊戯療法　👉重要

① 児童中心療法

　児童中心療法は、**クライエント中心療法**を子どもにあてはめたものです。**Rogers,C.** の弟子である **Axline,V.（アクスライン）** が提唱しました。Axline,V. は、児童中心療法において **「8つの原則」** を打ち立てましたが、その原則は、理論的立場の違いを超えて、遊戯療法の基本原則を示しているといえます。

■児童中心療法における「8つの原則」

①子どもとの間に**あたたかい友好的な関係**をつくる

②子どもの**あるがままの姿**を受容する

③**受容的な感情**をもつ

④子どもの感情を敏感に察知し、**伝え返してあげる**

⑤選択し、変化するかどうかの**責任**は子どもにあるということを尊重する

⑥**非指示的態度**で臨む

⑦子どもの変化には長い時間を必要とするので、**進行を急がない**

⑧治療を現実の世界に関係づけておくのに**必要最低限の制限**のみを与える

② 精神分析的遊戯療法 （児童分析：child analysis）

精神分析的遊戯療法における、**Freud,A.（アンナ・フロイト）** と **Klein,M.** の対照的な理論は有名です。Freud,A. は、子どもの**超自我**が未発達であることを指摘し、治療を進めるにあたって**親や教師**との連携が不可欠であると考えました。つまり、子どもとの**現実的な関わり**を重視し、遊びの中で示される無意識の葛藤を象徴的に解釈することには慎重な姿勢をとりました。

Klein,M. は、Freud,S. の考えよりも早く、3歳くらいの子どもにもすでに**超自我**が形成されていると考えました。そして、子どもが遊びを通して示す**不安**を言語によって**解釈**することで、子どもは**洞察**を深めることが可能であると主張しました。つまり、大人の分析治療と同じ**中立性・受動性**を貫いたのであり、親面接などはあくまで二次的なものであるとしました。

Check

子どものセラピーの内容を知りたいという気持ちは、親であるならば当然でもあるので、その気持ちを受け止めることが大切である。その一方で、子どもとセラピストの関係性を守る配慮も必要である。一般的に観察できることを親に伝え、具体的な遊びの内容や発言等の詳細については明かさないのが適切である。

+α プラスアルファ

対象関係論

Klein, M.によって発展した精神分析の一学派である。彼女は遊戯療法の実践から、発達早期の乳幼児が母親との関係によって構築する精神内界の幻想（ファンタジー）に注目し、その幻想的な内的対象との関係の重要性を指摘した。対象関係論では、内的対象と自己の交流のありようが、その人のパーソナリティや心のありようを規定すると考える。対象関係論の発展によって、発達早期の乳幼児―母親の二者関係からクライエントやその病理を理解する視点がもたらされた。

11 | 箱庭療法

ブループリント
中項目 | 代表的な心理療法並びにカウンセリングの歴史、概念、意義及び適応

🔑キーワード | Lowenfeld,M.、世界技法、Kalff,D.M.、河合隼雄、自由にして保護された空間、母と子の一体性

箱庭療法は、木箱に入った砂の上に自由にミニチュアを並べたり、砂で山をつくったりして**イメージ表現**を行う心理療法です。**言語**を必要としない表現技法で

あるため、自分の内的な感情を**言語化**することが困難なクライエントに対しても適用可能です。箱庭を制作していく過程において**自己治癒力**が働き始めたり、でき上がった作品からクライエントが**洞察**を得たりする効果があるとされます。

1 小史

 重要

箱庭療法は、**Lowenfeld,M.（ローエンフェルト）**の創始した**世界技法**に由来します。これは、Klein,M. に教育分析を受けたクライン派の Lowenfeld,M. が、精神分析的な技法を用いず、子どもに対して適用可能なものとして創案しました。

のちに**Kalff,D.M.（カルフ）**が、師である**Jung,C.G.** の理論をベースに箱庭療法を発展させました。1965年、同じくユング派の**河合隼雄**は、箱庭が日本の盆栽に通じるところがあることから日本に紹介し、その後、飛躍的な普及を見せました。

 Check

木箱の寸法は国際規格で規定されている。木枠の高さ：7cm、横：72cm、縦：57cm

2 箱庭療法の諸特徴

　箱庭療法には、遊び的な要素と、何かをつくり上げるといった構成的な要素があります。一般には、**遊戯療法**の一つとして、子どもに対して用いられる一方で、大人にも適用されます。大人の場合は、言語的なやりとりに行き詰まったようなときに、セラピストが紹介し、導入することがあります。つまり、箱庭だけで心理療法を行うわけではありません。

　箱庭療法の諸特徴を挙げると、以下のようになります。

■箱庭療法の諸特徴

・絵を描くことに抵抗を示す人も、箱庭にはそれほど抵抗を示すことは少ないため、導入がより容易である。

・セラピストは、**「自由にして保護された空間」**におけるクライエントの自己治癒力に信頼を置くことが大切であるとされる。

・Kalff,D.M. は、箱庭療法におけるセラピストとクライエントの関係性を、**「母と子の一体性」**と表現し、この関係性の中で、クライエントは十分な自己表現をすることで、自分自身についての洞察を得ることになるとされる。

・セラピストは、専門的知識をもち、それに基づいて箱庭作品を継列的、象徴的に解釈することも時として必要である。しかし、Kalff,D.M.の指摘した関係性の表現から、基本的には、セラピストはクライエントに**寄り添い、鑑賞する態度**を保つことがより重要だとされる。

・箱庭療法において、受容と解釈は相補的関係にある。また、箱庭表現の解釈においては、一回の箱庭表現だけを見るのではなく、くり返し制作された箱庭表現の流れを**系統的**に見ていくことで、一連のテーマを見出し、クライエントの内的世界の理解を深めることもできる。一般的に、治療過程の初期には、クライエントが日常、対外的に演じている役割などの状態がよく表現され、次第に内的な問題を示す象徴が現れてくるとされる。

・空間象徴理論では、箱庭の左側はその人の内的世界である**無意識的世界**を、右側は外的世界である**意識的世界**を示すといわれる。

・箱庭療法は、クライエントの内的イメージを深くゆさぶってしまう危険性をはらんでいる。よって、**自我の統制力**の弱い精神病水準のクライエントについては、寛解期以外は適用しないのが原則である。作品が了解困難な混乱した表現で、自我の崩壊の危険性が疑われる場合は、セラピストが制作を**中止**させることもある。

 用語解説

自由にして保護された空間

箱庭療法においては、囲まれた空間としての箱庭の枠を指す。この枠が攻撃的、破壊的な表現からクライエントの自我を守りつつ、自由な表現を促進すると考える。箱庭療法においては、箱庭の枠に加えて、セラピスト―クライエント関係といった枠（治療構造）の「二重の守り」が存在するとされる。

 Check

制作の過程の中で、クライエントがミニチュアを動かして遊んだり、砂の感触を楽しんだりして、箱庭作品にならないことも多い。しかし、これも自然な流れであり、大切な体験である。セラピストは制作された箱庭だけでなく、箱庭に向かっているときの過程そのものも受け止めることが求められる。

箱庭療法で使用するミニチュアは特に決まりがなく、規格化もされていないため、セラピストが自由に集めてよいとされています。

12 | 統合的心理療法

1 統合的心理療法とは　　　　👉重要

　統合的心理療法とは、さまざまな治療理論の領域を超えて、それぞれの治療技法における**共通点**や**相補点**を組み合わせて一つのまとまりをもった新しい治療アプローチを指します。実際の心理臨床においてクライエントの抱える問題は、その要因が**多次元**にわたって**複雑**にからまっている場合があります。このような問題に対しては、単一の理論や技法で対応するには不十分になることがあり、**生物心理社会モデル**に基づいた対応が求められます。そのため、複数の理論や技法を組み合わせた支援が試みられるようになってきました。つまり、複雑な事例に対応するためには、さまざまな方法を用意し、それらを**有機的**に組み合わせて、事例が抱える複雑さに対応できる統合的な心理療法を構成していく必要があります。

2 歴史

　1950 〜 1960年代頃は、三大心理療法である**精神力動系**、**認知・行動系**、**人間性心理学**のそれぞれが、自分の治療方法のみに治療効果があり、他の心理療法には効果がないと考えていました。しかし、1970年頃から次第にそうした考え方はされなくなり、1980年代の**心理療法統合**への動きにつながっていきました。

　1980年代の**心理療法統合**の動きは、既存の心理療法理論を踏まえたより上位の理論を構築することを目指すものではなく、人間の行動における新たな説明原理を見つけ出し、より**効果的な治療法**を開発しようとするものでした。

3 クライエントの状況に合わせた理論と技法の選択

　例えば、クライエントの心理的側面を理解するためには、**クライエント中心療**

法、**精神分析療法**、**分析心理学**、**ナラティブ・セラピー**、**内観療法**などの理論が有効です。また、社会的側面を理解するためには**家族療法**や**コミュニティ心理学**などの考え方や技法が役立ちます。生物学的側面を理解するためには**精神医学**が重要な役割を果たします。

その上で、クライエント一人ひとりに合わせて、さまざまな技法を用いることが大切です。技法の選択にあたっては、事例の**全体的な状況**を踏まえながら、他の方法を組み合わせて用いる**統合的視点**が重要となります。

4 代表的なアプローチ

統合的心理療法には大きく分けて、次の4つのアプローチがあります。

■ 統合的心理療法の4つのアプローチ

理論的統合	さまざまな学派の理論を、潜在する共通性や両立可能性または対立する点に注目しながら、詳細に検討することを通して、既存の学派の理論的枠組みを超えた新しい理論的枠組みを切り開こうとする立場
技法的折衷主義	同じような心理的問題に対して何が最も効果的であったかという実証的データに基づき、クライエントの心理的問題や特性に対して最も適切な治療を選択する立場
共通要因アプローチ	さまざまな異なる学派の心理療法が共通して備えている基本的な治療要因こそが重要であると考え、それらを明らかにしようとする立場
同化的統合	セラピストがもともと依拠していた基盤的アプローチに、他のアプローチの視点や技法、態度を組み入れていく立場

こうした考え方に基づいて、新たな治療体系が生み出されたものとしては、**弁証法的行動療法**（P.317参照）や**EMDR**（P.294参照）、**認知行動分析システム精神療法**、**感情焦点化療法**、**スキーマ療法**が挙げられます。

用語解説

認知行動分析システム精神療法

McCullough,J.P.（マカロウ）が開発した慢性うつ病を対象とした心理療法である。慢性うつ病の原因を成熟発達の停止と考え、またうつ病を個人と環境の相互作用からとらえる。治療として、社会的な問題解決能力と社会的相互作用における共感的反応性の促進を目標とする。ある出来事について、「それをどう考え、どう行動して、どんな結果が得られたか、どんな結果を望んだのか」を分析し、不適応的な考え方や行動の修正を行っていく状況分析を行う。また、行動修正のために治療者との関係を活用する。

感情焦点化療法

Greenberg,L.S.（グリーンバーグ）によって開発された、認知科学と感情理論に基づき、感情と体験を重視する心理療法である。セラピストは、クライエントが共感や肯定によるあたたかい治療関係を拠りどころとしながら、セラピストとの協同的な相互作用の中で感情体験を深め、治療課題へ取り組めるよう援助していく。また、単に感情を体験することを目指すのではなく、感情体験がどのように自己をつくり出し、自己によって感情体験がどのようにつくり出されるかといった循環的なプロセスを重視する。

スキーマ療法

Young,J.E.（ヤング）が開発したパーソナリティ症を対象とした統合的心理療法である。伝統的な認知行動療法を拡張し、愛着理論やゲシュタルト療法、対象関係論などを統合した治療モデルをもつ。クライエントは、発達の初期段階で形成され、維持されている、自滅的な認知と感情のパターンである早期不適応的スキーマを同定し、その起源を理解し、修復する。それにより、クライエントが発達の初期段階で満たされなかった、他者との安全なアタッチメントや自律性・有能性・自己同一性の感覚といった中核的感情欲求を満たすための適応的な方法を習得することを目指す。

5 心理療法の効果研究

これまでの心理療法の効果研究の結果として、以下のことが示されています。

● 心理療法には効果があり、その多くは長期間維持される。

● さまざまな学派の間には、効果に大きな違いはみられない。

● 心理療法の効果には、理論の違いよりも理論間の類似点（共通点）が影響を与えている。

　心理療法の効果に影響する共通要因について、Lambert,M.J.（ランバート）は、①クライエントや環境などの**治療外要因**が40％、②治療同盟や共感、受容などの**治療関係要因**が30％、③プラセボ効果も含めたクライエントの**期待要因**が15％、④その心理療法に特徴的な**技法要因**が15％であることを明らかにしています。治療関係の中でも、**治療同盟**と**介入効果**には**相関関係**があることがさまざまな研究で明示されています。

　また、**メタ分析**（P.48参照）では、ある心理療法に関する複数の効果研究について**効果量**を算出することで、比較・統合します。

13 | コミュニティ心理学

🔑 キーワード　コミュニティ、人と環境の適合性、予防、危機介入、心理教育、コンサルテーション、ソーシャルサポート、自助グループ、Caplan,G.

1　コミュニティ心理学とは

　コミュニティ心理学とは、**地域社会**で生活する人々に対して、**心理的支援**や**社会的スキルの向上**、**生活環境の整備**、**心に関する情報の提供**などを行うアプローチを指します。

　コミュニティ心理学の誕生には、**地域精神保健運動**の高まりが大きな影響を与えたとされています。それまでの伝統的な心理的支援のモデルは、相談室でクライエントを待ち、相談室の中での対話を通じての支援であり、来談しない人々に対するアプローチ方法がありませんでした。

　1965年に開催された**ボストン会議**において、「**コミュニティ心理学**」という言葉が初めて正式に使用されたといわれています。この会議によって、**コミュニティ**の抱える問題に対して、心理学の独自性を保ちながらいかに貢献していくかを検討し、これまでの伝統的な心理的支援のモデルを超えた立場として**コミュニティ心理学**が提唱されました。

　コミュニティ心理学における「コミュニティ」とは、単に、場の共有を前提とする**地理的コミュニティ**を意味するだけではありません。例えば、サークル活動やPTA、労働組合といった価値や信念、関心などを共有する人々からなる**関係性コミュニティ**も含みます。**Sarason,S.B.（サラソン）**は、コミュニティに集う人々が、そこでのつながりに対して所属感をもち、そのコミュニティを維持、

+α プラスアルファ

参加的理論構成者
1965年のボストン会議で、Tyler,F.B.（タイラー）によって示されたコミュニティ心理学者の姿勢をさす。アームチェアの理論家やモデル検証のための研究者ではなく、まず地域社会の問題に実践家として取り組み、その経験を通して、それを概念化し、理論にまとめ、方法論や技術論へと明確化していくことが求められる。

発展させたいと感じていることを**コミュニティ感覚**と呼びました。

2 コミュニティ心理学に基づく介入方法

　コミュニティ心理学を基盤とした介入は、人と環境の両方に働きかけて、**人と環境の適合性**を高めることを目指しています。そのため、問題が個人と環境の関係においてどのように生じているのか、その要因は何かを**アセスメント**することが求められます。

　個人と環境に働きかけるアプローチとして挙げられるのは、**予防**、**危機介入**、**心理教育**（P.245参照）、**コンサルテーション**（P.371参照）、**ソーシャルサポート**（P.270参照）の構築、**自助グループ**（P.244参照）の支援など、さまざまなものがあります。

■コミュニティ心理学に基づく介入方法

	コミュニティ	本人
直接的	心理教育	カウンセリング、アウトリーチ
間接的	社会変革運動	アドボカシー、コンサルテーション

① 予防

　コミュニティ心理学の理念の一つとして、**予防の重視**があります。Caplan,G.（カプラン）は精神医療に**公衆衛生学的発想**を取り入れ、**予防精神医学**や**地域精神医療**に大きな影響を与えました。彼によれば、予防は以下の３つに分類されます。

■Caplan,G.の予防の分類

第一次予防	目的：健康な人々に働きかけて問題の発生を未然に防ぐ（発生率を下げる）
	→ 啓発活動（心理教育）、予防センターの設置
第二次予防	目的：ハイリスクの人々を対象に行われる早期発見と早期介入（有病率を下げる）
	→ 効果的な診断技術、有効な治療方法
第三次予防	目的：すでに問題を抱えている人々に対する悪化・再発の防止や社会復帰（再発率を下げる）
	→ 退院に向けたプログラム、自助グループ・福祉施設による支援、復職支援

用語解説

自助グループ（セルフヘルプ・グループ）

同じ問題や困難を抱えた人たちが自発的に集まり、気持ちを分かち合い、相互に援助し合いながら、自己の回復を図っていくグループ。伝統的な治療関係における治療者一患者関係を否定し、治療者や指導者を置かずにあくまでも自助を原則とする。代表的なものとしては、アルコール依存症者のグループであるAA（Alcoholic Anonymous）や断酒会、薬物依存症者のグループであるDARC（Drug Addiction Rehabilitation）、アルコール依存症者の配偶者や親などの家族のグループであるAl-Anonがある。

② 危機介入

危機とは、その人なりの習慣的な対処方法を用いても解決できない、困難な事態のことです。そのような事態に陥った人に対して、タイミングを逃さずに、速やかに、かつ、積極的に支援を行うことを、**危機介入**といいます。

危機介入の目的は、危機に直面して混乱・動揺し、心理的・身体的に不均衡状態に陥った人を、できるだけ早く**元の状態**に回復することです。

支援者主導	危機にある人ができるだけ早くその事態から抜け出すことを優先するため、一般的なカウンセリングとは異なり、支援者主導で援助を行う
活用し得る資源は最大限活用する	危機状態にある人の家族や友人、同僚などといった非専門家であっても、危機状態から脱け出すために支援の協力を要請することがある
危機状態は病気ではない	危機状態に置かれると、さまざまな情緒的反応や認知的な混乱をきたすが、それは誰もが陥る当然の反応である
危機状態は成長を促す可能性をもつ	新たな対処パターンを身につけるなどにより、危機状態からうまく脱け出すことができれば、危機状態が人を成長させることがある
危機状態は1〜6週間	危機状態は無限に続くものではなく、たいてい1週間〜6週間で元の状態に回復するか、新たな健康的かつ適応的な対処パターンを獲得する
短期的・回数限定的介入	危機介入の目的から、短期的かつ回数限定的な介入が行われるのが望ましいため、パーソナリティの変容を目指すといった長期間にわたる課題は設定しない

また、米国医学研究所（IOM）によって提唱された、精神障害に対する**介入スペクトラム**における予防的介入があります。ただし、IOMでは予防を、臨床的に診断可能な精神障害の発症以前に行われる対応と定義しています。大集団を対象とする**普遍的（universal）介入**による予防、リスクのある人を対象とする**選択的（selective）介入**による予防、病気の初期兆候がみられる人への**指示的（indicated）介入**による3つに分類されています。

14 | 心理教育

1 心理教育とは

　心理教育とは、心理学の**専門的な知識**や対人関係の**スキル**を広く教授することを通して、個人の抱えている問題や、今後起こり得るかもしれない問題に備えて、**よりよく豊か**に生活するための教育を指します。また、本人や家族が**知識**をもち、**対処スキル**が増えることで**再発率**を低下させたり、**医療費**が削減できるといった効果も期待されます。

　心理教育は、もともとは**統合失調症**の再発予防のための家族教室から生まれたものですが、現在では、**問題の予防**や健康増進のために、教育や福祉、産業など心理臨床のさまざまな領域で行われています。また、病気や貧困などの問題を抱えた人だけでなく、**健康な人**を含めたすべての人が、その対象になっています。

　心理教育では、病気を患者個人の問題であると考え、原因を見つけて治す**医学モデル**ではなく、**地域**でよりよく生きていくために、個人と環境に働きかける**予防モデル**を重視します。

> 📝 **Check**
> 心理教育が行われるようになった背景に、統合失調症患者の家族における感情表出（EE）研究がある。統合失調症患者に対して、批判的であったり、敵意を抱いていたり、あるいは情緒的に巻き込まれ過ぎているといった感情表出が多い高EE家族のほうが、感情表出が低い低EE家族よりも再発率が高いことが明らかにされた。

2 方法

　心理教育は1対1の心理的支援の中でも行われますが、専門的な知識や情報は、参加者へ一方向的に伝えられるのではなく、参加者の**体験**に結びつけることが有効であるとされています。そのため、**構成的エンカウンター・グループ**や**ロールプレイ**などのグループ・アプローチが活用されることが多いです。これらによる体験を通じて、参加者が気づき、知識を手に入れ、必要に応じて使うことができ

るようにすることを目指します。また、グループ・アプローチを用いることで、ありのままの自分でいられる居場所が提供されたり、他の参加者と体験を分かち合うことで**ピアサポート**が形成されたりします。そして、心理教育の最終的な目標は個人の**エンパワメント**（P.350参照）にあります。

また、心理教育には、専門的な知識や情報、対人関係スキルの**教授**という側面に加えて、**啓蒙的・自己啓発的**な側面も備えています。例えば、病院や保健所などに設置された疾病に関する**ポスター**や**リーフレット**などが挙げられます。

📖 **用語解説**

構成的エンカウンター・グループ

國分康孝によって開発された、集中的なグループ体験を通した参加者相互の感情交流と自己発見による、参加者の行動変容や人間的成長を目的としたグループ・アプローチを指す。参加者間の関係性を高め、自己開示、他者理解を促進するためのエクササイズ（課題）を中心に、セッションが進んでいく。グループで一斉にエクササイズを実施するので、参加者にはエクササイズに対する能動的な取り組みが求められる。また、ファシリテーターには、エクササイズの実施を先導し、必要であれば、ファシリテーター自らが自己開示し、エクササイズへの取り組みが消極的なメンバーに対して直面化させるといった積極性が求められる。学校現場でも用いることができ、レディネスに応じて学級や子どもの状態を考慮した体験を用意できる。Rogers,C.のエンカウンター・グループを、非構成的エンカウンター・グループと呼ぶこともある。

+α **プラスアルファ**

ブレインストーミング

少人数のグループで、メンバー全員が自由に意見やアイデアを出し合うことで、考えをまとめたり、新しい発想を生み出す手法である。ブレインストーミングの4原則とは、①自由なアイデアを制限するような批判は慎む、②自由奔放な意見を重視する、③量を重視する、④他者の意見を改良したり、組み合わせたりすることも推奨される、である。

家族への心理教育・家族支援

心理的問題を抱えたクライエントの最も近くにいる家族は、クライエントにさまざまな影響を与える。そのため、家族への心理教育や家族支援はクライエントへの間接的支援となり重要である。具体的には、精神疾患やクライエントの状態、本人への関わり方について理解を深めてもらったり、家族の思いを受け止め、孤立感を和らげる。これらは家族を支える機能ももつ。

15 治療構造

ブループリント
中項目　代表的な心理療法並びにカウンセリングの歴史、概念、意義及び適応

🔑 キーワード　治療構造、制限、保護、行動化、抵抗

1 治療構造とは　👉重要

　心理療法やカウンセリングなどの心理的支援における内的・外的な枠組みを**治療構造**といいます。**インテーク面接**（P.130参照）や**心理検査**などによる**アセスメント**によって、介入が可能であると見立てられると、**契約**が結ばれることになります。**契約**とは、クライエントとセラピストとの間で取り交わされる心理的支援に関する取り決めごとを指します。その内容が心理的支援における**枠組み**となり、クライエントとセラピストの双方にとって、**制限**であると同時に**保護**としての機能をもちます。

内的な治療構造	心理的支援の目的とそれを達成するための具体的な方法 クライエント・セラピスト双方の義務と権利
外的な治療構造	場所と時間（1回の時間や遅刻・キャンセルの扱いなど） 料金（1回の金額と支払い方法）

■治療構造の機能

● セラピスト─クライエント関係が支えられ、クライエントは安心して自由な表現ができる。

● 枠組みがあるために、枠組みを守ろうとしないクライエントの心的力動が明らかにされる。

● 非日常的な治療場面と日常場面の境界が明確になり、クライエントの治療意欲が高められる。

2 治療構造においてみられる諸現象　👉重要

　治療構造（心理的支援場面）においてみられる諸現象として、**転移**（P.196参

照）のほかに、**抵抗**や**行動化**があります。

① 抵抗と行動化

　抵抗とは、クライエントが、**治療手続き**や**治療の進行**に抗（あらが）おうとすることを指します。また、行動化は、クライエントが**抵抗**の心理を言葉で表さずに、行動で示すことをいいます。抵抗と行動化は似ており、どちらもほとんどが**無意識**のうちに起こりますが、抵抗のほうが行動化よりも広い意味合いをもちます。

　抵抗や行動化の現れとしては、**治療構造**を守らない（遅刻や欠席、時間が来ても退室したがらないなど）、不自然に**沈黙**が続く、**議論**をふっかけてくる、治療者を**喜ばせる**ような話ばかりする、治療者に語れなかったことを後で**友人に話す**などが挙げられます。

Check
カウンセリング場面における沈黙の意味は、ときには肯定や受容であり、ときには疑問や保留であるなどさまざまである。

② 抵抗や行動化に対する介入

　抵抗や行動化が生じた場合、セラピストは介入を行います。

> ■**介入の留意点**
> ● 抵抗や行動化がみられた場合、見守りながらも、そのことを具体的に指摘（直面化）し、その意味を一緒に考え、話し合うことが大切である。
> ● クライエントが抱いた何らかの感情を、治療者に受け入れてもらえなかったと思っているのではないかという、あくまで気持ち（＝無意識）に焦点を当てたアプローチが必要である。
> ● 特に思春期・青年期のクライエントの場合、抵抗や行動化が、自立に向けての積極的な意味合いをもつこともある。

📖 **用語解説**

直面化（対決）
セラピストがクライエントの矛盾や葛藤に気づき、それをクライエントにフィードバックして、クライエントがそれに自ら向き合うことを支援する技法である。直面化は、クライエントに怒りや回避を招くおそれがあることから、ラポールが十分に形成されてから行うことが望ましい。

第4章 心理的支援

次の問いに答えなさい。

Q1 精神分析的心理療法において、クライエントの過去の重要な人物との関係が、治療者との関係の中に移されることを逆転移という。

Q2 分析心理学における夢の解釈は、自由連想法を用いる。

Q3 系統的脱感作法は、古典的条件づけに基づく行動療法である。

Q4 ソーシャル・スキル・トレーニング（SST）では、日常の具体的場面を想定し、イメージのみによって会話技法や感情表現をトレーニングしていく。

Q5 クライエント中心療法におけるカウンセラーの守るべき態度として、無条件の肯定的配慮、同情、自己一致が挙げられる。

Q6 家族療法におけるコミュニケーション学派では、家族成員の内面の問題に起因するコミュニケーションの機能不全的な連鎖に介入し、家族成員の内面の問題を解消することを目的とする。

Q7 ナラティブ・セラピーにおいて、クライエントを支配する問題の浸透した物語をドミナント・ストーリーと呼ぶ。

解答と解説

A1 × →逆転移ではなく転移である。

A2 × →分析心理学は拡充法、自由連想法は精神分析療法の技法。

A3 ○ →P.202参照。

A4 × →イメージではなくロールプレイングによってトレーニングする。

A5 × →無条件の肯定的配慮、共感的理解、自己一致である。

A6 × →家族成員の内面の問題は取り上げず、家族内コミュニケーションの機能不全的な連鎖に介入し、それを修正することが目的。

A7 ○ →P.226参照。

Q8 森田療法における治療対象は、メランコリー性基調を基盤とするいわゆる神経症全般であるが、変換症（ヒステリー）は対象外である。

Q9 エンカウンター・グループの基本仮説は、クライエント中心療法とは異なる。

Q10 児童中心療法における8原則には、子どもに必要な制限を与えることが含まれている。

Q11 箱庭療法では、どのようなクライエントの表現も妨げてはならない。

Q12 統合的心理療法における理論的統合とは、セラピストがもともと依拠していた基盤的アプローチに、他のアプローチの視点や技法、態度を組み入れていく立場である。

Q13 Caplan,G.の予防において、効果的な診断技術や治療法の開発は、第一次予防にあたる。

Q14 心理教育では専門的な知識や情報は参加者へ一方向的に伝えられる。

Q15 治療構造が設定されることで、クライエントは安心してセラピストの前で自由な表現ができる。

解答と解説

A8 × →メランコリー性基調ではなく、ヒポコンドリー性基調である。

A9 × →基本仮説はクライエント中心療法と同様であり、グループには建設的な方向に発展していく潜在的能力があると考える。

A10 ○ →P.235参照。

A11 × →精神病水準のクライエントにおいて、箱庭制作で自我の崩壊の危険性が疑われる場合などは、制作を中止させることもある。

A12 × →理論的統合ではなく、同化的統合の説明である。

A13 × →第一次予防ではなく第二次予防である。

A14 × →構成的エンカウンター・グループやロールプレイなどのグループ・アプローチを用いて、体験的に知識を得ていくことが多い。

A15 ○ →P.247参照。

第5章
精神疾患とその治療

01 心身機能と身体構造

ブループリント
中項目
 心身機能、身体構造及びさまざまな疾病と障害

🔑 キーワード Scammon,R.E. の発育曲線、粗大運動、微細運動、加齢の影響

1 正常発達 👉 重要

　成長とは身体の**量的**な増大のことであり、発達とは機能的な**成熟**を意味します。また、ヒトの成長や発達は、**生物的・心理的・社会的**な影響を受けます。

① Scammon,R.E.（スキャモン）の発育曲線

　成長・発達の過程は器官や臓器によって異なります。その発育具合をグラフで示したものが**スキャモンの発育曲線**です。この発育曲線では、**20歳**時点での発育を100%としたときの発育パターンを一**般型**、**神経型**、**生殖型**、**リンパ型**に分けています。

■スキャモンの発育曲線

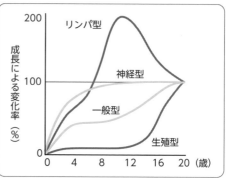

■ Scammon,R.E. の発育曲線

	身体の関連部位	発達の特徴
一般型	身長や体重、筋肉や骨格、呼吸器や消化器	乳幼児期まで急速に発達し、その後は次第に緩やかになり、第二次性徴が出現し始める思春期に再び急激に発達する
神経型	脳や脊髄、視覚器	出生直後から急激に発達し、4〜5歳までには成人の80%程度（6歳で90%）に達する
生殖型	生殖器、乳房、咽頭	小学校前半まではわずかに成長するだけだが、思春期に急激に発達する
リンパ型	胸腺、リンパ節、扁桃	生後から12〜13歳までにかけて急激に発達し、大人の水準を超えるが、思春期以降は成人の水準に下がっていく

② 身体の発達

　ヒトの身長は、出生時おおよそ**50cm**で、生後１年で約**1.5倍**になり、その後の増加の割合は次第に低下して**4歳**頃で約２倍になります。思春期に入ると再び急激に伸び、**12歳**頃で出生時の約３倍になります。体重は、生後**3～4ヵ月頃**には出生時の約２倍、**1歳**で約３倍に増加します。ただし、身体的な発達は遺伝や栄養状態、環境の影響も受けています。

Check

WHOでは出生体重2500g未満の新生児を低出生体重児と定義する。また、1500g未満の新生児を極低出生体重児、1000g未満の新生児を超低出生体重児としている。日本における低出生体重児の出生比率は９～10％を推移している。低出生体重児は、単胎児よりも多胎児に多く、若年妊婦や高齢妊婦にみられる傾向がある。また、低体温症になりやすく、運動障害や知的障害などの合併症の頻度が高いことが指摘されている。

③ 運動発達

　運動は身体の**粗大運動**と**微細運動**に分けられます。粗大運動とは、**胴体**と**四肢**の筋肉の協応によって**姿勢**や**移動**などについての**全身**を用いた動きを指します。微細運動とは、**腕**や**手**の筋肉を使い、何かを**操作する**ような動きを指します。

■ 微細運動の発達

4～6ヵ月	手全体で握る
1歳	つまむ
1歳半	なぐり描き
2歳	直線を引く
3歳	ハサミを使う

■ 粗大運動の発達

3～4ヵ月	首がすわる
5～6ヵ月	寝返り
7～8ヵ月	おすわり
8ヵ月	ハイハイ
12ヵ月前後	立つ
12～15ヵ月	歩く
2歳児	階段をのぼる
3歳児	全身運動ができる

2　加齢による影響

① 運動機能

　筋肉を構成する**筋繊維数**の減少と、**筋繊維**の萎縮により**筋肉量**が低下します。骨は加齢により、古い骨が破壊される**骨吸収**が増加するとともに、**骨形成**が減少することで徐々に**骨密度**や**骨量**が低下し、場合によっては**骨粗鬆症**を発症します。関節は、関節の**軟骨**が次第にすり減ってくることで、関節のかたちや動きが変化する**変形性関節症**を起こしやすくなります。このような変化により運動機能は低下していきます。加齢にともない、身体の予備能力が低下して健康障害を起こし

やすくなった状態を**フレイル**といいます。

② 感覚機能

　ヒトの視力は**20歳**頃がピークとされており、それ以降は次第に低下していきます。**40歳**以降になると、**水晶体**の弾力性が低下することでピントを調節しにくくなり、いわゆる**老眼**になる人が多くなっていきます。**水晶体**の物質変化によって**老人性白内障**になる人も現れます。

　聴覚も**20歳**頃がピークとされており、それ以降は内耳の**コルチ器官**や**蝸牛神経伝導路**などの機能が低下し、**老人性難聴**がみられるようになります。特に**高周波数**の音（**高音**）を聞く力が低下します。なお、主観的な音の大きさであるラウドネスの単位は**フォン**といいます。また、音源定位には両耳間時間差と両耳間強度差が用いられます。

　さらに、味覚や嗅覚、平衡感覚といった感覚機能も全般的に低下するとされています。

> **+α プラスアルファ**
> **メニエール病**
> 内リンパ水腫により難聴、耳鳴りなどの聴覚症状をともなうめまい発作を繰り返す疾患である。

3　人体の部位

① 骨格

　人体がそのかたちを保っているのは、体の軸としての骨が**骨格**をつくっているからです。体の骨格は、頭部、頸部、胸部、腹部、骨盤部からなる**体幹**と、上肢と下肢に分かれる**体肢**に大きく分かれます。体幹には多くの**内臓**があり、体幹の骨は**内臓**を収めるための器の骨組でもあります。体肢である上肢や下肢は、中心に軸となる骨があり、そのまわりに**筋肉**がついています。骨と骨はお互いに動けるように**関節**によってつながれていて、**筋肉**が縮むことで骨が動かされます。この運動を起こす筋肉を**骨格筋**といいます。

② 血液

　血液は**液体成分**と**細胞成分**に大きく分けられます。液体成分はやや**黄白色**がかった透明であり、**血漿**と呼ばれます。細胞成分には**赤血球**、**白血球**、**血小板**が含まれています。ケガなどで出血した際の血液の凝固には、血漿中の**フィブリノーゲン**や**血小板**が深く関わっています。

③ 呼吸器系

　呼吸器系は、大きく**気道**と**肺胞**から構成されています。気道は空気の通路であり、肺胞は血液との間で**酸素**や**二酸化炭素**を取り交わしています。気道にある**咽頭**は空気の通り道であるとともに、食物の通り道でもあるため、**喉頭**が切り替えて空気だけを肺に送ります。

　肺動脈を流れてくる血液は、**二酸化炭素**を含んでおり、赤血球の**ヘモグロビン**は酸素と結合していません。この血液が**肺胞壁**にある毛細血管を流れる際に、**二酸化炭素**を肺胞内に放出し、肺胞内の空気から**酸素**が血液中に溶け込んで**ヘモグロビン**と結合します。これを**外呼吸**といいます。また、全身の組織で、細胞が血液中から**酸素**を取り込み、不要な**二酸化炭素**を排出することを**内呼吸**といいます。

④ 消化器系

　消化器系は、口腔に始まり、咽頭、食道、胃、小腸、大腸、肛門まで体をつらぬく管でできています。その働きは主に、体内に取り入れた食物を体が取り込めるかたちに分解する**消化**と、分解された栄養素を体内に取り込む**吸収**に分かれます。口腔から小腸を通る間に、炭水化物は**単糖類**、たんぱく質は**アミノ酸**、脂質は**モノグリセリド**と**脂肪酸**に分解され、吸収されます。大腸では、食物の残りかすから**水分**を吸収します。その後、便にして肛門から排泄されます。

⑤ 泌尿器系

　泌尿器系は、老廃物などの不要なものを体外に排出するための器官の集まりです。血液をろ過して**尿**をつくり出す**腎臓**と、腎臓でつくられた尿を膀胱まで運ぶ**尿管**、尿を排泄するまで一時的にためておく**膀胱**、膀胱内の尿を体外に排出する管である**尿道**から構成されています。腎臓は、**そら豆**のようなかたちをした握りこぶしくらいの大きさの臓器で、腰のあたりに左右対称に二つあります。

Check

■胆汁は、乳化作用を有し、脂肪の分解を助ける。

■臓器移植において、臓器を提供する意思表示は15歳以上から有効になる。ただし、本人に拒否の意思がなければ、15歳未満でも家族の承諾があれば提供は可能である。また、脳死後に提供できる臓器は心臓、肺、肝臓、腎臓、膵臓、小腸、眼球であり、心臓が停止した死後に提供できる臓器は腎臓、膵臓、眼球である。なお、肺、肝臓、腎臓、膵臓、小腸は生体移植も行われている。

　血管系と心臓を合わせて循環器系といいます。心臓は血液を流すためのポンプの働きをしており、心臓から血液が出ていく経路を動脈といいます。心臓から出る動脈は２本あり、一つは肺に向かう肺動脈、もう一つは全身に向かう大動脈です。大動脈は頭頸部、上肢、内臓などに向かう枝を出しながら、下肢に向かいます。それぞれの枝はさらに分かれながら細くなっていき、最終的には毛細血管となって全身に広がっていきます。

　心臓に向かって血液が流れていく経路を静脈といいます。静脈は毛細血管が合流することで生じ、各部位からの静脈が合流することでさらに太くなり、最終的には上半身の血液を集める上大静脈と、下半身の血液を集める下大静脈となり、心臓に入ります。また、心臓から肺に向かう肺動脈は分枝をくり返して毛細血管となり、再び合流して肺静脈となって心臓に向かいます。

　そして、大動脈から酸素を多量に含んだ動脈血を全身に流し、全身の細胞に酸素を供給し二酸化炭素を多量に含んだ静脈血を大静脈から心臓に戻す経路を体循環、肺動脈を通して静脈血を肺に送り、動脈血として肺静脈から心臓に戻す経路を肺循環といいます。

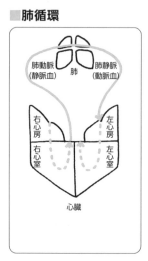

■肺循環

肺動脈
（静脈血）
肺
肺静脈
（動脈血）
右心房
左心房
右心室
左心室
心臓

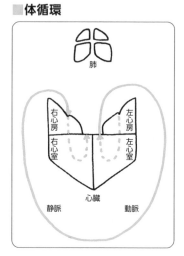

■体循環

肺
右心房
左心房
右心室
左心室
心臓
静脈
動脈

[7] リンパ系

　リンパ系では、毛細リンパ管に取り込まれたリンパ液が、リンパ管を通じて全身をめぐり、最終的に静脈に合流します。毛細リンパ管から静脈までの間にリンパ管は合流をくり返しますが、その部分にそら豆のようなかたちをしたリンパ節があります。リンパ系の役割の一つが免疫機能です。体内に異物が入ると、血液の中の白血球に含まれる免疫細胞の

Check
免疫担当細胞には、B細胞やT細胞、好酸球や好塩基球、好中球、単球などがある。

一つである**樹状細胞**が、それを取り込んで**リンパ節**に移動します。そして、異物に関する情報を他の**免疫細胞**に伝え、それらを活性化させ、異物を排除させます。

+α プラスアルファ

アナフィラキシー

アレルギー反応の中でも特に重篤な状態であり、アレルゲン等の侵入により全身の複数の臓器にアレルギー症状が生じ、生命に危機を与え得る過敏反応をいう。主な症状として、発疹やかゆみ、紅潮、浮腫などの皮膚・粘膜症状、呼吸困難、気道狭窄、喘鳴、低酸素血症などの呼吸器症状、血圧低下、意識障害などの循環器症状、腹部疝痛、嘔吐などの消化器症状が挙げられる。

8 内分泌系

体内の特定の臓器に作用する物質を**ホルモン**と呼び、ホルモンを分泌する器官を内分泌腺といいます。体にはいくつかの内分泌腺があり、大きく二つに分類できます。一つは、**下垂体や松果体**、**甲状腺**、**副腎**などのように他の器官と独立して内分泌機能のみを有する器官です。もう一つは、膵臓の**ランゲルハンス島**、精巣や卵巣の**性ホルモン分泌細胞**などのように他の器官の一部としてホルモン分泌細胞が入り込んでいるものです。ホルモンの分泌は身体の**ホメオスタシス**を維持するために**フィードバック機構**により調節されています。あるホルモンが一定の濃度まで上昇すると、そのホルモンの分泌を抑制するように作用します。これを**ネガティブフィードバック機構**といいます。

 Check

■甲状腺ホルモンには基礎代謝を促進する働きがある。甲状腺機能異常としては甲状腺機能亢進症と甲状腺機能低下症がある。甲状腺機能亢進症はバセドウ病が代表的な疾患であり、頻脈、眼球突出、多汗、食欲亢進、体重減少などがみられる。20〜40代女性で好発する。甲状腺機能低下症は橋本病が代表的な疾患であり、徐脈、低体温、傾眠傾向、低血圧などの症状がみられる。30〜40代女性で好発する。

■ストレスを受けると副腎皮質よりコルチゾールが分泌され、血管を収縮し、血圧を高める。また、慢性的なコルチゾールの分泌過剰によって、満月様顔貌（ムーンフェイス）、野牛肩、中心性肥満、菲薄化、腹部赤色皮膚線条、近位筋の筋力低下といった特徴的な身体症状がみられる状態をクッシング症候群という。

■閉経の過程では、卵胞刺激ホルモンの血中濃度が上昇する。

+α プラスアルファ

更年期障害

閉経の前後5年間を更年期という。この期間に現れるさまざまな症状のうち、器質的変化に起因しない症状を更年期症状と呼び、これらの症状の中で日常生活に支障をきたす病態を指す。主な症状として、上半身ののぼせやほてり、発汗などが起こるホットフラッシュがある。更年期症状や更年期障害の主な原因は卵巣機能の低下によるエストロゲンの減少であり、これに加齢にともなう身体的な変化、精神・心理的要因、社会文化的な環境要因などが複合的に影響することによって症状が発現すると考えられている。

重要度 ★★★

02 | さまざまな疾病と障害

ブループリント 中項目 心理的支援が必要な主な疾病

🔑 キーワード がん、脳血管疾患、虚血性心疾患、生活習慣病、メタボリックシンドローム、糖尿病、難病

1 がん

　がんとは、臓器を構成する細胞に異常が発生し、その結果として、身体が必要としていないのに細胞が分裂を続け（**自律性増殖**）、がん細胞が発生した臓器や周囲の臓器に障害を与え、血液の流れに乗って別の場所にある臓器にも新しい病巣を形成し（**浸潤と転移**）、身体に必要な栄養素を奪い衰弱させる（**悪液質**）病気のことです。がんの名称は、一般的には発生した臓器、組織などにより分類されます。

　がんの治療は、技術の進歩や研究の成果とともに変化します。現時点で得られている科学的な根拠に基づいた最もよい治療のことを**標準治療**といいます。標準治療は、**手術、薬物療法、放射線治療**を単独あるいはいくつかを組み合わせた方法で行われます。ほとんどの種類のがんにおいて、手術、薬物療法、放射線治療以外の方法は、科学的に有効性が確認されていません。多くの場合は**標準治療**を受けることが、最もよい選択です。

> ✏️ Check
>
> がんの進行の程度は、ステージ０期からⅣ期までの５段階であり、ステージⅣが最も進行している状態である。ステージの判定は、Ｔ：がんの大きさと浸潤、Ｎ：リンパ節への転移、Ｍ：他の臓器への転移（遠隔転移）の３つの要素を組み合わせたTNM分類によって行われる。

　また、がんそのものに対する治療に加えて、がんにともなう体と心の辛さを和らげる**緩和ケア**（P.263参照）も行われます。

2 循環器系

　がんに次いで、日本人の死因で大きな割合を占めているのが循環器系疾患です。代表的な循環器系疾患として、脳の血管の異常による**脳血管疾患**と、心臓の血管の異常による**虚血性心疾患**があります。

脳血管疾患は、脳の血管の詰まりや破裂によって起こる疾患です。血管が詰まることで血液の流れが悪くなり引き起こされる**脳梗塞**と、脳内の細かい血管が破れて起こる**脳出血**や、**脳動脈瘤**という血管にできたこぶが破裂してくも膜下腔に出血がみられる**くも膜下出血**があります。

虚血性心疾患は、心臓に血液を送る**冠動脈**の狭窄や閉塞によって起こる疾患です。冠動脈が狭くなって起こるのが**狭心症**です。一般的には、強い胸の痛みや圧迫感、息切れなどの症状がみられます。一方、冠動脈が完全に閉塞して起こるのが**心筋梗塞**です。典型的な症状としては激しい胸の痛みや圧迫感、息苦しさがあり、場合によっては冷や汗や嘔吐、意識喪失も起こります。

+α プラスアルファ

起立性調節障害

自律神経系の機能不全により、起立時に脳や身体への血流が低下することで、たちくらみ、失神、朝起き不良、倦怠感、動悸、頭痛、腹痛などの症状がみられる状態をいう。思春期に好発する。また、これらの症状は午前中に強く、午後から軽減し、夜には感じなくなる傾向がある。

3 呼吸器系疾患

主な呼吸器系疾患には、以下のようなものが挙げられます。

■呼吸器系疾患の種類

慢性閉塞性肺疾患（COPD）	たばこの煙を主とする有害物質を長期に吸入、曝露することで生じた肺の炎症性疾患。喫煙習慣を背景に中高年に発症する生活習慣病でもある
気管支ぜんそく	気道の慢性炎症から、さまざまな刺激に対して気道が敏感になり、発作的に気道が狭くなることをくり返す。咳や痰が出て、ゼーゼー、ヒューヒューという音をともない息苦しくなる
気胸	胸の中で肺を包む胸膜腔の中に空気が溜まる状態。気胸になると息を吸っても肺が広がりにくく呼吸がうまくできない
睡眠時無呼吸症候群（SAS）	睡眠中に無呼吸をくり返すことで、さまざまな合併症を起こす病気。主な症状として、睡眠中のいびきや呼吸停止、日中の眠気や疲労感などが挙げられる。空気の通り道である上気道が狭いことが原因で、首まわりの脂肪が多いと上気道は狭くなりやすいことから、肥満との関連が指摘されている。扁桃肥大や舌が大きいこと、鼻炎なども原因となる

4 筋・骨格系疾患

主な筋・骨格系疾患には、以下のようなものが挙げられます。

■筋・骨格系疾患の種類

関節リウマチ	関節が炎症を起こし、痛みや腫れ、こわばりなどがみられる。進行すると、軟骨や骨が破壊されて関節の機能障害が生じる。発熱や全身倦怠感、食欲低下などもみられる
骨粗鬆症	骨の構造が海綿状になることで、強度が低下し骨折しやすくなる状態。特に女性に多く、女性ホルモンの一種であるエストロゲンは、骨吸収を緩やかにして骨からカルシウムが溶け出すのを抑制する働きがある。そのため、閉経後にエストロゲンの分泌が低下すると、急激に骨密度が減少しやすい
ロコモティブシンドローム	運動器の障害により移動機能が低下し、要介護になるリスクの高い状態。関節リウマチや変形性膝関節症など運動器自体の疾患によるものと、四肢や体幹の筋肉の低下など加齢にともなって起こる運動器の機能低下によるものがある
廃用症候群	過度に安静にしたり、活動性が低下したりすることによって、心身にさまざまな症状がみられる状態。身体を動かさなくなると、筋肉がやせ衰え、関節の動きが悪くなる。それがさらに活動性を低下させ、悪循環をきたし、ますます全身の身体機能に悪影響をもたらす

5 感染症

感染症とは、**ウイルス**や**細菌**などの病原体が体内に侵入して増殖し、さまざまな症状が発現する病態をいいます。病原体が病気を起こす力である**病原性**がヒトの**抵抗力**よりも強い場合に感染が成立します。病原体の数が増えて病原性自体が強くなったり、もともとの病原性が非常に強い場合は多くの人が感染します。その一方で、ヒトの抵抗力が非常に弱い場合、健康な人では問題にならないような菌に感染し、症状が発症することもあります。これを**日和見感染**といいます。

Check

■感染症の標準予防策は、感染症の有無にかかわらず、全ての患者に対して行われる基本的な感染対策であり、患者と医療従事者双方にとって院内感染の危険性を減少させる予防策である。全ての患者の血液、体液、粘膜、損傷した皮膚を感染の可能性のある物質として対応する。手指衛生はその基本であり、体液などを扱う際は手袋、分泌物が飛散する可能性がある場合にはマスク、ゴーグル、ビニールエプロンを使用するなど、処置行為に応じた予防策を行う。

■B型肝炎ウイルスは、血液や精液、膣分泌液によって感染する。

6 先天性疾患

先天性疾患とは、**出生前**に身体の形態的・機能的病態が生じる疾患をいいます。先天異常、染色体異常、先天代謝異常などに分類されます。出生時には認められなくても、しばらくしてから現れる異常も含まれます。遺伝的要因によって発症するものもありますが、遺伝的要因と環境的要因の相互作用によって発症するものも多いです。

■先天性疾患の種類

先天異常	無脳症、水頭症、口唇口蓋裂、心室中隔欠損症、先天性腸閉鎖症など
染色体異常	ダウン症（21トリソミー）、13トリソミー、18トリソミー、5pモノソミーなど
先天代謝異常	フェニルケトン尿症、メープルシロップ尿症、ガラクトース血症、ミトコンドリア病、ムコ多糖症など

7 生活習慣病

生活習慣病とは、食事や運動、喫煙、飲酒、ストレスなどの**生活習慣**が深く関与し発症の原因となる疾患の総称です。代表的な生活習慣病は次の通りです。

■生活習慣病の種類

食習慣	2型糖尿病、肥満、高脂血症、痛風、循環器系疾患、大腸がん、歯周病など
運動習慣	2型糖尿病、肥満、高脂血症、高血圧症など
喫煙	肺扁平上皮がん、循環器系疾患、慢性気管支炎、肺気腫、歯周病など
飲酒	アルコール性肝疾患など

用語解説

2型糖尿病

インスリンは、膵臓のβ細胞でつくられるホルモンで、血糖値を下げる働きがある。2型糖尿病は、インスリンの分泌不足や作用不足によって、血液中の血糖値が正常より高くなる病気である。血糖値を高いまま放置すると、徐々に全身の血管や神経が障害され、いろいろな合併症を引き起こす。三大合併症として、糖尿病網膜症、糖尿病腎症、糖尿病神経障害が挙げられる。2型糖尿病は体質といった遺伝的要因に加えて、食べ過ぎや運動不足などの環境的要因が組み合わさって発症すると考えられている。

生活習慣病の多くは、食べ過ぎや運動不足、喫煙などの積み重ねによって**内臓脂肪型肥満**となり、これが原因となって引き起こされます。生活習慣病の予防と早期治療のために**メタボリックシンドローム（内臓脂肪症候群）**という状態が提唱されました。

メタボリックシンドローム（内臓脂肪症候群）とは、内臓脂肪型肥満（ウエス

ト周囲径が男性85cm以上、女性90cm以上）に加えて、①**高血圧**である、②**血糖値**が高い、③**HDLコレステロール**が低いあるいは**中性脂肪（トリグリセライド）**が高いの３つのうちいずれか二つ以上があてはまる状態をいいます。

Check

■2型糖尿病とは異なり、1型糖尿病は自己免疫により膵臓のランゲルハンス島にあるβ細胞が壊されることで発症する。子どもや青年に多くみられる。なお、1型、2型問わずインスリンの自己注射療法を行っている場合は血糖自己測定が有効とされる。また、運動療法としては有酸素運動が適している。ブドウ糖に結合したヘモグロビンであるHbA1cの正常範囲は4.6〜6.2%とされており、糖尿病のリスクを評価する指標の一つである。

■低血糖は血糖値が著しく低下した状態であり、薬物療法を受けている糖尿病患者に高い頻度でみられる。初期症状としては、発汗、手足のふるえ、動悸、不安感などの交感神経症状がみられる。さらに血糖値が下がると、頭痛、集中力の低下、眠気、目のかすみなどの中枢神経症状がみられる。対処しないと、やがて意識障害が起こり、異常行動やけいれんがみられ、昏睡に陥る。

8 難病　

　原因が明らかになっておらず、治療法も確立されていない難病は、長期間療養が必要であり、患者は大きな負担を強いられます。

　2017年に、「難病の患者に対する医療等に関する法律」（**難病法**）が施行され、難病患者に対する**医療費助成制度**が大きく変わりました。難病法の対象疾患として指定を受けた難病のことを**指定難病**といいます。難病法による医療費助成の対象となるのは、原則として**指定難病**と診断され、かつ**病状**の程度が一定程度以上の場合です。

+α プラスアルファ

慢性疲労症候群

6ヵ月以上持続する、生活に支障をきたすほどの疲労の症候群である。一般にそれまで健康で活動的であった人が発症するが、原因は不明である。男性より女性に多く、著しい倦怠感、睡眠障害や筋肉痛などがみられる。

後天性免疫不全症候群（AIDS）

ヒト免疫不全ウイルス（HIV）に感染することによって生じ、適切に治療されないことで免疫機能が低下し、日和見感染症や悪性腫瘍が起こった状態のことをいう。治療薬の開発が進んでおり、早期に服薬治療を受けることで、免疫機能の低下を防ぐことができ、通常の生活を送ることが可能となっている。

03 がん、難病等に対する心理的支援

重要度 ★★★

ブループリント中項目 心理的支援が必要な主な疾病、医療現場における心理社会的課題と必要な支援、心理療法及びカウンセリングの適用の限界

キーワード 緩和ケア、死の受容、喪の作業、慢性身体疾患、ソーシャルサポート、動機づけ面接

1 緩和ケア

　がんは日本人の死因の**第一位**であり、がん罹患者数は年々増加しています。がんという病が日本国民の生命や健康にとって重大な課題になっている現状から、2007年に**がん対策基本法**が施行されました。

　この法律に基づいて定められる**がん対策推進基本計画**の中で取り組むべき課題として挙げられているものの一つに、治療の**初期段階**からの**緩和ケア**の実施があります。これまで緩和ケアは、**抗がん剤治療**が難しくなった患者や**終末期**の患者などに提供されるものとされてきました。しかし、2002年にWHOが「緩和ケアとは、生命を脅かす疾患による問題に直面している患者とその家族に対して、疾患の**早期**より痛み、身体的問題、心理社会的問題、スピリチュアルな問題に関してきちんとした評価を行い、それが障害とならないように**予防**したり**対処**したりすることで、**QOL**を改善するためのアプローチである」と提言しました。現在では、緩和ケアはがんの**早期**からの対応と位置づけられ、病の全過程を通じた**全人的ケア**とされています。

+α プラスアルファ

がん診療連携拠点病院

全国どこでも質の高いがん医療を提供することができるよう、専門的ながん医療の提供、地域のがん診療の連携協力体制の整備、患者や住民への相談支援や情報提供などの役割を担う病院として、厚生労働大臣によって指定されたものをいう。各都道府県で中心的役割を果たす都道府県がん診療連携拠点病院と、都道府県内の各地域（がん医療圏）で中心的役割を果たす地域がん診療連携拠点病院等がある。

オピオイド

がんの疼痛治療に適用される医療用麻薬である。副作用として、悪心・嘔吐、便秘、眠気、せん妄、呼吸抑制、排尿障害などがある。

サイコオンコロジー（精神腫瘍学）とは、腫瘍学や心理学、心身医学や精神医学など学際的に、がんが患者やその家族、または医療従事者に与える影響や、患者やその家族を取り巻く環境ががんに与える影響を明らかにすることで、がん患者およびその家族に**適切なケア**を提供することを目的とする学問領域です。

2　死の受容

Kübler-Ross,E.（キューブラー・ロス） は、死の宣告を受けた患者が最終的に死を**受容する**に至るまでのプロセスを、5段階で示しました。

（死の宣告後、衝撃と不信→）**否認→怒り→取り引き→抑うつ→受容**

Kübler-Ross,E.は、死の宣告を受けた患者のほとんどが、これと同じプロセスを経たとしています。

死の宣告を受けた患者は、まず、衝撃と不信という反応を示したあと、すぐに事実を**否認**します。その後、**怒り**の感情に襲われ、ときとして周囲にあたり散らします。どうしてもそれが事実だと知ると、例えば、何でもいうことを聞くから治してほしいという**取り引き**の段階が訪れます。

それでもなお死は免れないとわかると、**抑うつ**感情が生起するものの、最後に死を**受容する**ようになることを見出しました。

3　家族へのケア

患者の家族は、**第二の患者**といわれるように、患者の病状や心理状態によって家族の心も影響を受けます。**予期的悲嘆**とは、愛する人との永遠の別れなど、喪失を**予期して**嘆き悲しむことをいい、死別に対する**心の準備**を整え、死が現実になったとき、その衝撃や悲嘆を少しでも**軽くする**のに役に立つとされています。

予期的悲嘆への支援は、遺される家族の**不安**や**絶望感**を和らげつつ、患者への**サポート力**を引き出し、遺される家族の**その後の生活**についてに視点を置いて行

われることが大切です。

　また、**子ども**に親の病気や死をどのように伝えるのかということが問題になることがあります。子どもの年齢や性格や、家族それぞれの考え方もあり、これが適切な方法であるとは一概にはいえません。しかし、子どもは**その年齢なりの理解の仕方**で、親の病気や死を受け止めることができるという視点をもって、対応することが望ましいでしょう。

4 喪の作業 重要

　親しい人と別れる、住み慣れた環境を離れる、所有していた物を失うなど、愛着や依存の対象を失うことを**対象喪失**といいます。対象喪失によって生じる心的過程が**喪（悲哀）**になります。

1 喪の作業とは

　喪の作業（mourning work：モーニングワーク）とは、人が、喪失した対象から離れていくためにとる心理的過程のことです。**Freud,S.**が提唱しました。

　人は、対象喪失によって外界への興味・関心を失います。そして、**悲嘆**とともに、失ったものを追慕（ついぼ）する感情が生じてきます。そのような喪において生じるのは、けっして対象への**愛情**だけにとどまりません。対象への罪悪感や憎しみ、悔いなどを含む、愛憎半ばする**両価的感情**であり、そのような感情を受容していくことが、**喪の作業**にほかなりません。Freud,S.は、人は**喪の作業**を経ることによって、失った対象から**離脱**し、新しい対象を求めることが可能になるとしました。

> ✎ Check
>
> Freud,S.の考えでは、喪の作業による喪失対象の断念が強調されたが、現在では喪失対象との「持続する絆」の維持が求められる。また、喪の作業においては現実検討が必要である。

2 喪の作業に関するさまざまな理論

　Freud,S.の精神分析理論に始まる喪の作業は、のちにさまざまな理論を生み出しました。

① Bowlby,J.のモーニングの4段階

　Bowlby,J.は、乳幼児は対象喪失後、**4つ**の心理過程を経ると考えました。そ

の過程を**モーニング**と名づけ、その過程における落胆や絶望の感情を**悲哀**と呼びました。

対象喪失後	①**情緒危機**	急性のストレス反応（数時間～1週間持続）
	②**抗議**	喪失を否認し、失った対象を探し求めたり、いるかのように振る舞ったりする
	③**断念**	喪失を受け入れ、激しい絶望と失意を体験する
	④**離脱**	失った対象に対して穏やかな感情が生起し、立ち直りや再建の努力を始める

②二重過程モデル（dual process model）

　Stroebe,M.（ストロベ）とSchut,H.（シュト）は、死別後の**対処**には二つの方向性（次元）が必要であるとしました。一つは、**喪失**に焦点を当てた対処であり、**感情**を整理する過程です。もう一つは、自分で家事をする、人生に楽しみを見出すといった**生活回復**に焦点を当てた対処です。死別後の対処は、このような二つの方向性が**並行的**に行われる過程であるとしました。

■Lindemann,E.（リンデマン）は、大火災によって亡くなった人々の遺族への臨床的介入によって得られた知見から、身体的症状や故人への思慕、罪悪感などの段階がみられる急性悲嘆反応を提唱した。また、病的な悲嘆では、悲嘆反応が死別の直後ではなく数週間前から数年後の期間を経て顕在化したり、心身の疾患の発症や躁病的な過活動がみられるなど、悲嘆反応が歪曲されることを明らかにした。そして、死別後の精神衛生に対する予防的介入として、グリーフワークの必要性を指摘した。

■Worden, J. W.（ウォーデン）は、悲哀の課題として、①喪失の事実を受容する、②悲嘆の苦痛を乗り越える、③故人のいない環境に適応する、④故人との永続的なつながりを見出し新たな生活を設計する、を挙げている。

5 慢性身体疾患患者への心理的支援

　慢性身体疾患患者の中には、さまざまな**心理的・社会的要因**がからむことで症状や病態の悪化がみられることがあります。慢性身体疾患の経過に影響を及ぼす心理的・社会的要因とは、夫婦問題、親子問題、職場や学校の人間関係、経済的問題、生きがいなどです。それ以外の要因で、慢性身体疾患の経過を見ていく上で重要なのは、**生活習慣**と**ソーシャルネットワーク**です。生活習慣は、長い闘病

生活から乱れやすく、睡眠、食事、運動、嗜好品などを具体的に修正していくことが有効です。行動は**可視的**であり、**プログラム**を立てやすく、**内面**を扱うより修正しやすいという長所があります。ときには**コンプライアンス**（**服薬遵守**：P.321参照）が困難になったり、**アドヒアランス**（治療継続性：P.321参照）が低下したりすることがありますが、その意味を取り上げることにより、よりよい治療関係をつくるきっかけにすることができます。また、長い闘病生活によって、職場や学校での人間関係が疎遠になりやすくなっていることがあります。**社会的孤立**は生命的予後を悪化させるという知見があります。その一方で、**ソーシャルサポート**（P.270参照）は、予後も含めて心身に良好な影響をもたらすことが知られています。そのため、慢性身体疾患患者の心理的支援では、**ソーシャルネットワーク**の構築が目指されます。代表的な例として**患者会**が挙げられます。

動機づけ面接

Miller,W.R.（ミラー）とRollnick,S.（ロルニック）によって開発された、個人が本来もっている変化への動機づけを引き出し、コミットメントを高める面接技法である。行動変容にともなう相談者の「変わりたい、でも、変わりたくない」といった両価性に対して、面接者は「正したい」という反射を抑え、相談者の発話から変化に向かう言葉であるチェンジトークを選択的に強化したり、引き出したりすることで、相談者の両価性を解消し、行動変容につなげる。動機づけ面接を行うにあたっては、面接者の姿勢や心構えとして、協働（Partnership）、受容（Acceptance）、思いやり（Compassion）、喚起（Evocation）の精神が基盤としてある。また、関わる（Engaging）、焦点化する（Focusing）、引き出す（Evoking）、計画する（Planning）という4つのプロセスの中で、OARSと呼ばれる戦略的な面接スキルである開かれた質問（asking Open question）、是認（Affirming）、聞き返し（Reflecting）、要約（Summarizing）を用いながら、チェンジトークを強化し引き出すことで、相談者自らの宣言による自己動機づけに結びつけていく。

Check

Prochaska,J.O.（プロチャスカ）らが提唱した多理論統合モデルによると、人が行動を変える場合は無関心期→関心期→準備期→実行期→維持期の5つの行動変容ステージを経る。無関心期とは、6ヵ月以内に行動変容に向けた行動を起こす意思がない時期である。関心期とは、6ヵ月以内に行動変容に向けた行動を起こす意思がある時期である。準備期とは、1ヵ月以内に行動変容に向けた行動を起こす意思がある時期である。実行期とは、明確な行動変容が観察されるがその持続がまだ6ヵ月未満である時期である。維持期とは、明確な行動変容が観察されその期間が6ヵ月以上続いている時期である。次の行動変容ステージに進むには、クライエントが今どのステージにいるかを把握し、そのステージに合わせた働きかけが必要となる。

04 ストレス理論

1 汎適応症候群(General Adaptation Syndrome:GAS) 重要

　カナダの生理学者**Selye,H.（セリエ）**は、生体が外部から物理的、心理的、社会的に受けるさまざまな環境刺激を**ストレッサー**と呼びました。また、ストレッサーに適応しようとして起こる一連の反応を**ストレス反応**と呼びます。

　あらゆるストレッサーに対して生体が適応しようとする**非特異的反応**を、**汎適応症候群（GAS）**といいます。GASは、刺激に対して一時的に抵抗力が弱まる**ショック相**と、抵抗力が高まる**反ショック相**からなる**警告反応期**、高まった抵抗力が維持される**抵抗期**、そして持続するストレッサーに抵抗力が弱まる**疲憊期**からなります。

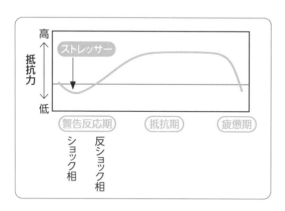

+α プラスアルファ

**緊急反応
（闘争―逃走反応）**
生体が危険に曝されたときに、生存のためにその危険に立ち向かうか、逃げ出すかを選択しなければならない。その準備として、副腎髄質からアドレナリンが分泌される。Cannon,W.B.が提唱した。

2 社会的再適応評価尺度(Social Readjustment Rating Scale:SRRS)

　Holmes,T.H.（ホームズ）と**Rahe,R.H.（レイ）**は、生活上の変化に人が再適応するまでの労力が健康に影響を及ぼし、その労力が一定以上になるとストレス関連の疾患を引き起こすと考えました。

社会的再適応評価尺度（SRRS）は、その労力をマグニチュードといった数量で表したものです。この尺度は、マグニチュード100を示す「配偶者の死」をはじめとして43項目からなりますが、「結婚」などの喜ばしい出来事もストレッサーとして挙げているのが特徴です。

+α プラスアルファ

デイリーハッスル（日常いらだちごと）

日常的な生活場面で生じる些細ないらだちごとを指す。例えば、満員電車で足を踏まれる、上司の小言が多い、勉強がはかどらないなどが挙げられる。Lazarus,R.S.（ラザラス）が提唱した。彼は、ライフイベントのような大きなストレッサーではなく、デイリーハッスルのような些細ではあるが、持続的で慢性的なストレッサーがストレス状態を引き起こすと考えた。

3 ストレスのトランスアクショナルモデル

　Lazarus,R.S.は、ストレッサーがそのままストレス反応に直結するのではなく、ストレッサーを受けた生体側の認知を重視し、ストレスの**トランスアクショナルモデル**を提唱しました。

　ストレッサーに曝された生体は、まず、それがどの程度の**脅威であるのか**を評定する**一次的評価**を行います。次に、それに**対処できるかどうかの二次的評価**を行います。それらの評定によって生体にストレス反応が生じます。

　ただし、ストレス反応はそれを軽減するための行動である**コーピング**（対処方略）の影響も受けます。コーピングには、ストレッサーによる感情的な苦痛を和らげることを目的とした**情動焦点型コーピング**と、問題状況を打破しようとする**問題焦点型コーピング**に分けられます。ある特定のコーピングが常に適応的であるのではなく、**状況**によってコーピングを使い分けることができる**コーピングの柔軟性**を備えていることが、ストレス反応を低減する上で重要だとされています。

　また、心理的・社会的資源はコーピングを支えるものとして考えられています。例えば、心身の健康や社会的スキル、**ソーシャルサポート**（P.270参照）などが含まれます。特にソーシャルサポートが充実している場合、ストレスの悪影響を受けにくいことが確認されています。

+α プラスアルファ

コーピングのコスト

コーピングを行い続けていることによって疲労が蓄積することをいう。

Check

ソーシャルサポートはストレッサーの高さに関係なく、健康に対して直接的な効果をもつことが明らかにされている。また、ストレッサーに対して、ソーシャルサポートの高い人が健康を維持することができるといった緩衝効果ももつとされている。

4 職場のストレスモデル

　近年、産業・労働分野における労働者のメンタルヘルスの重要性が指摘されていることから、さまざまな職場のストレスモデルが提唱されています。

1 仕事要求度—コントロールモデル

　Karasek,R.（カラセック）によって提唱された、仕事の**要求度**の高低と仕事の**コントロール**（裁量度）の高低との組み合わせによって、**高ストレイン群**、**活性化群**、**低ストレイン群**、**不活性化群**に分けた職業ストレス理論です。活性化群は活性水準が高まり**生産性**が上がることから、職場での**満足感**が高いことが報告されています。一方、要求度が高いにもかかわらず十分な裁量度が与えられていない高ストレイン群は**心身のストレス反応**が強いとされています。

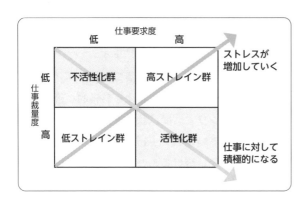

+α プラスアルファ

ワーク・エンゲイジメント

Schaufeli, W. B.（シャウフェリ）によって提唱された、活力、熱意、没頭によって特徴づけられる、仕事に関連するポジティブで充実した心理状態をいう。バーンアウト（P.297参照）と対極に位置づけられる。

2 努力—報酬不均衡モデル

　Siegrist,J.（シーグリスト）によって提唱された、職務遂行のために行われる**努力**に対して、その結果として得られる**報酬**が少ないと感じられる場合に、ストレス反応が生じるとする職業ストレス理論です。報酬には**金銭**だけでなく、**正当な評価**や**昇進**も含まれています。

精神疾患の診断

ブループリント 中項目 代表的な精神疾患の成因、症状、診断法、治療法、経過、本人や家族への支援

キーワード 内因、外因、心因、操作的診断、ICD、DSM

これまで日本ではドイツ精神医学の古典的な診断分類が用いられてきました。これは、**内因・外因・心因**の3つから分類するものです。表面的にはわかりやすいことから一定の評価を得ています。

	主な精神疾患	原因（病因）
内因性精神疾患	統合失調症・双極症	神経伝達物質の分泌異常、遺伝要因
外因性精神疾患	認知症・自閉スペクトラム症・AD/HD・アルコール関連症	脳の器質的・機能的異常
心因性精神疾患	PTSD・適応反応症	ストレッサー

しかし、精神疾患は**原因**や**病態生理**が不明なものも多く、内因・外因・心因が互いに影響し合っているため、一つの原因に特定することが困難です。また、診断の際に**主観**の影響が大きく、ばらつきもみられていました。そのため、現在では**症状**の特徴から暫定的に診断し、それに基づいて治療を行います。観察できる**症状**がいくつ、どのくらいの期間みられるのかといった診断基準を定め、それによって診断を行う方法を**操作的診断**といいます。WHOの疾患分類であるICDやアメリカ精神医学会のDSMがこの方法を採用しています。

📖 **用語解説**

ICD (International Statistical Classification of Diseases and Related Health Problems：国際疾病分類)

正式名称は「疾病及び関連保健問題の国際統計分類」である。WHOによって国際的に統一した基準で定められた死因および疾病の分類である。わが国では、公式な分類として公的統計に適用されている。医学的分類として医療機関における診療録の管理などにおいても広く活用されている。

DSM (Diagnostic and Statistical Manual of Mental Disorders)

アメリカ精神医学会が作成した「精神疾患の診断・統計マニュアル」である。臨床医や研究者による精神障害の診断と分類のために多くの国で使用されている。客観的な症状の評価のために診断基準は簡潔で明確である。

神経発達症群
知的発達症（知的能力障害）

ブループリント 中項目 代表的な精神疾患の成因、症状、診断法、治療法、経過、本人や家族への支援／身体障害、知的障害及び精神障害／障害者（児）の心理社会的課題と必要な支援

🔑 **キーワード** 適応機能、概念的領域、社会的領域、実用的領域、ダウン症

DSM-5-TRにおける神経発達症群には、知的発達症、自閉スペクトラム症、注意欠如多動症、限局性学習症、発達性協調運動症などが含まれています。

1 定義

知的発達症は**18歳**までに生じ、**知的機能**と**適応機能**の明らかな制約によって特徴づけられる能力障害をいいます。知的機能は、一般的にIQが平均値よりも**2標準偏差**分下回ることを基準として、低いと判断されます。WISC（P.173参照）やWAIS（P.173参照）では、平均値が**100**、標準偏差が**15**の**正規分布**になるように設定されており、2標準偏差分低い値は**70**です。つまり、IQ70以下が知的発達症を診断する基準の一つになります。

また、知的機能が低いだけでなく、概念的や社会的、実用的領域における**適応行動**においても困難さが認められる場合に、知的発達症と診断されます。また重症度は、軽度、中等度、重度、最重度に分かれます。

✏️ **Check**

■概念的領域とは記憶や言語、数学的思考、問題解決などの認知、コミュニケーション、学業に関わる領域を指す。また、社会的領域とは共感や対人コミュニケーションスキルなどの社会的能力に関わる領域、実用的領域とはセルフケアや金銭管理、仕事の責任、学校や仕事の課題の調整といった自立生活に関わる領域を指す。

■知的障害の人たちに対する、公的サービスを提供する基準としては、軽度（IQ50〜70）、中等度（IQ35〜50）、重度（概ねIQ20〜35）、最重度（概ねIQ20以下）に分けられる。

■知的障害者に交付される療育手帳には法律による規定がない。療育手帳の交付に関わる判定業務は、18歳未満に対しては児童相談所、18歳以上に対しては知的障害者更生相談所が行う。

2 原因

知的発達症の原因はさまざまであり、特定できないことも多いですが、遺伝的

要因と環境的要因が相互に関連しているとされています。原因が明確な知的発達症の中で、最もみられるのは**染色体異常**で、特に**ダウン症**が多いです。ダウン症は、**21番目の染色体**が1本多く、**3本**存在する常染色体異常（**トリソミー型**）とも呼ばれています。高年齢での出産であるほど、その頻度が高くなり、40歳以上の出産で子ども100人に1人の確率と

Check

ダウン症の症状として、知的な発達の遅れや、全体的に平坦な顔つきやつり上がった眼といった特徴のある顔立ちが挙げられる。また、身体的な合併症が生じることも多く、心臓や消化器系の疾患、甲状腺機能低下症、難聴、斜視などがみられることがある。

されています。また、脆弱X症候群は、**X染色体**の異変によるものであり、**男子**に多く起こります。

3 支援

 重要

　原因疾患が明らかな場合は、それに対する治療が行われます。乳幼児期の**スクリーニング検査**により、初期からの治療が可能になれば、知的発達症の発症や進行を防ぐことができます。**合併症**の治療が予後に影響することが知られています。

　また、日々の生活の中で感じるストレスをうまく解消できずに、情緒的な混乱や身体症状、問題行動がみられることもあります。こうした問題について、一時的に薬物療法を行うことが有効な場合があります。知的発達症を治すことは難しいですが、**本人の能力**を高める**資源**の活用法を検討することで、適応も可能になっていきます。

　それらと併せて、育児支援や**レスパイトケア**による家族への支援も重要です。

 用語解説

レスパイトケア
自宅で障害者（児）や高齢者などを介護している家族に対して、介護を一時的に代替して、日頃の身体的・精神的な疲労を回復できるように支援するサービスをいう。

療育手帳は、知的障害児・者が指導や相談、またはさまざまな援助措置を受けやすくするために、児童相談所あるいは知的障害者更生相談所から知的障害と判定された者に対して、都道府県知事または指定都市市長から交付されます。

07 | 神経発達症群 自閉スペクトラム症

重要度 ★★★

ブループリント 中項目 代表的な精神疾患の成因、症状、診断法、治療法、経過、本人や家族への支援／身体障害、知的障害及び精神障害／障害者(児)の心理社会的課題と必要な支援

🔑 キーワード 自閉症スペクトラム、Wing,L.、Kanner,L.、早期幼児自閉症、SST、TEACCH、応用行動分析

---

1 定義

　自閉スペクトラム症は、**DSM-5-TR**においては、**社会的コミュニケーションと対人的相互反応における持続的な欠陥**と、**行動、興味または活動の限定された反復的な様式**という二つの診断基準から診断されます。また、後者の基準については、**感覚刺激に対する過敏さ、または鈍感さ**が含まれます。

　自閉スペクトラム症の特徴として、以下のことが挙げられます。

①対人的なやりとりに問題がある	● 視線が合わない ● 表情や身振りなどの非言語的なやりとりを使うことができない ● 仲間をつくることができない
②コミュニケーションの取り方に問題がある	● ことばに遅れがみられる ● 会話ができても、続けられない ● 相手のことばを同じようにくり返したり（反響言語＝エコラリア）、独特のことばを使ったりする ● 比喩や冗談を理解できない
③活動や興味の領域が狭く、その狭い中で同じことがくり返される	● 特定の習慣や儀式にこだわる ● 同じしぐさや行為・行動をくり返したり（常同的かつ反復的な行動）、奇妙な行動を行ったりする ● ごっこ遊びやものまね遊びができない ● 物の一部などに極端にこだわり続ける

📖 用語解説

自閉症スペクトラム

Wing,L.（ウィング）が提唱した、重度の典型的な自閉症から、知的能力に遅れのない自閉症、さらには自閉症に通じるような何らかの特性をもちつつも特に問題なく生活を送っている人までを包括した概念である。また、Wing,L. は「社会性」、「コミュニケーション」、「想像力」を自閉症スペクトラムに共通する問題として、「三つ組の障害」と呼んだ。

■自閉スペクトラム症者の認知的特徴として、知覚情報を処理する際に、部分や細部の処理が優先される傾向があり、そのため、全体的な統合が二次的に低下すると考えられている。これを弱い中枢性統合仮説という。

■自閉スペクトラム症における中核的障害に関する議論には変遷がある。かつては言語や認知の機能障害と考えられていた時期もあったが、言語機能の障害が認められないにもかかわらず、自閉スペクトラム症に共通の特徴をもつ人が存在することが示されたことから、現在では社会性の障害が中核的障害であると考えられている。

2 原因

　自閉スペクトラム症の中心に位置づけられるのは自閉症です。**自閉症**は、**Kanner, L.（カナー）**が、1943年に「**早期幼児自閉症**」を提唱したのが最初であるとされています。自閉症の原因は、内因や心因がさまざまなかたちで議論されてきましたが、現在では、**外因（中枢神経系の機能障害）**であるとみなされています。ただし、わかっていないことも多いとされます。

＋α プラスアルファ

心の理論

他者や自分の意図や願望といった心の状態を理解する能力をいう。この能力によって、人は他者や自分の行動の意味を理解したり予測したりすることができることから、円滑なコミュニケーションを行うために重要である。自閉スペクトラム症の人たちは、一般的に幼児期以降に獲得されるこの能力の発達が遅れているため、社会的コミュニケーションに障害がみられると考えられている。

自閉スペクトラム症のアセスメントとして、質問紙による自閉症スペクトラム指数（AQ）、乳幼児期自閉症チェックリスト修正版（M-CHAT）、半構造化面接による親面接式自閉スペクトラム症評定尺度（PARS-TR）、行動観察と半構造化面接による自閉症診断観察検査（ADOS 2）がある。

3 支援

　近年、自閉症児・者を対象として、心理や医療はもとより、教育、福祉などの多方面からのアプローチが提唱されています。**SST**（P.209参照）による対人関係を円滑に行うための**社会的スキル**の獲得や**問題行動**の除去、**自発的な行動形成**などに焦点が当てられています。

　また、**TEACCH**や**応用行動分析（ABA）**なども有効であることが指摘されて

います。必要に応じて、**感覚統合療法**（P.281 参照）を行うことがあります。

 用語解説

TEACCH

Shopler,E.（ショプラー）が提唱した、自閉症児のために開発された行動変容を目指す治療教育プログラムである。特徴としては、自閉症の特性を理解することから出発し、家族との協力関係を重視することや、本人の能力を促進させたり困難を補ったりするように環境を整えること、構造化の手法を中心とした指導・教育を行うことなどが挙げられる。

応用行動分析（Applied Behavior Analysis：ABA）

Skinner,B.F.の行動理論をさまざまな問題行動の改善に応用した学問体系である。行動を環境と個人の相互作用から理解し、環境の変化により行動変容をもたらすことを目的とする。三項随伴性（P.74参照）から、問題行動（B）の先行条件（A）と結果（C）についての情報を収集し、問題行動の機能を推測する機能分析を行い、介入計画を立てていく。

+α プラスアルファ

絵カード交換式コミュニケーション・システム
(Picture Exchange Communication System：PECS)

応用行動分析に基づいて、自閉スペクトラム症やコミュニケーション障害のある子どもの自発的なコミュニケーションを促すための絵カードを使った代替コミュニケーション方法である。PECSは6つの指導段階（フェイズⅠ〜Ⅵ）から構成されている。例えば、フェイズⅠでは、あるアイテムについて、それが描かれた1枚の絵カードを子どもからコミュニケーション・パートナーに渡し、絵カードとそのアイテムを交換する。その後、フェイズが進むにつれて弁別や文構成、修飾語、質問への応答、コメントなどが内容に加わっていく。PECSにより非言語および言語による自発的なコミュニケーション行動の拡大に加え、問題行動の減少なども報告されている。

自閉スペクトラム症では、共同注意（P.111 参照）の障害がみられることも指摘されています。

08 | 神経発達症群 注意欠如多動症

ブループリント中項目　代表的な精神疾患の成因、症状、診断法、治療法、経過、本人や家族への支援／身体障害、知的障害及び精神障害／障害者(児)の心理社会的課題と必要な支援

キーワード　注意欠如多動症、不注意、多動性‐衝動性、メチルフェニデート、ペアレント・トレーニング、反抗挑戦症、素行症、二次障害

1 定義

注意欠如多動症（Attention-Deficit/Hyperactivity Disorder：AD/HD）とは、**DSM-5-TR**において使用されている診断名です。**ICD**では、**多動性障害(Hyperkinetic Disorder)** という診断名が用いられています。この障害の特徴は、**不注意**の問題と**多動性‐衝動性**の問題という二つの特徴をもちます。

不注意の問題	活動に集中できず、持続性が低い
多動性‐衝動性の問題	静止状態が保ちにくく、過度に落ち着きがない

DSM-5-TRでは、このような不注意、多動性・衝動性が本人の年齢や発達水準に比べて著しく低いことから適応に支障をきたしており、かつそれらが**12歳**以前に、**二つ以上の状況**においてみられる場合に診断がなされます。

例えば、授業中、教師の話に意識を向け続けることができない、座っていられず頻繁に席を離れて動き回る、座っていても常に体の一部が動いていたりする、といったようなことがみられます。**不注意**は多くの子どもが成長後も抱え続けますが、**多動性**は成長とともに目立たなくなるとされています。**衝動性**は、環境やパーソナリティの影響を受けやすいとされています。

2 原因

AD/HDの病因には、遺伝的要因と環境的要因が関連するとされています。**双生児研究**からは高い遺伝率が示されています。

発症には**ドーパミン神経系**の機能不全が指摘されています。また、AD/HDの子どもの研究から、計画、遂行状況のモニタリング、衝動性の制御、方略の修正など**実行機能**が不良であることも指摘されています。

■AD/HDの有病率は、小児期では男児のほうが女児より高いが、成人になると性差がみられなくなる。なお、女性は男性よりも不注意を示す傾向にある。

■AD/HDのアセスメントとして、質問紙によるADHD評価スケール（ADHD-RS）、コナーズ3（Conners 3）、コナーズ成人ADHD評価スケール（CAARS）、認知機能検査による連続遂行課題（Continuous Performance Test：CPT）がある。

3 支援　重要

　AD/HDの治療方法として、薬物療法が一定の効果があるとされています。例えば、**メチルフェニデート**や**アトモキセチン**、抗うつ薬などが有効であるとされています。一方で、心理療法も欠くことのできない支援方法です。特に、不注意や多動といった行動面の変容には**行動療法**が有効であるとされます。

　例えば、**トークン・エコノミー**（P.205参照）や**ペアレント・トレーニング**（P.206参照）といったオペラント条件づけに基づくものや、**SST**（P.209参照）が適しているとされています。また、家族や周囲の人たちの協力を得ながら、**集中しやすい環境**を整えることも重要です。

　AD/HDの子どもは、その行動上の特徴から大人からの叱責を受けやすく、友だちからも非難されることが多いため、**自己評価**は低いとされています。青年期や成人期において症状が持続することで**うつ病**や**不安症**などを発症しやすく、

用語解説

反抗挑発症

同年代の子どもの行動範囲の限度を明らかに超えた水準で、大人や社会に対して非常に挑発的であったり、反社会的な行動によって適応上の問題がみられたりするものをいう。例えば、大人と口論したり、故意に他者をいらだたせたりするといった行動がみられる。しかし、法律に触れたり、他者の権利を侵害したりするような行動はみられない。

素行症

他者の基本的人権を侵害したり、または年齢相応の社会的規範に従わなかったりすることをくり返し行うといった適応上の問題がみられるものをいう。例えば、人や動物を殴るなどの攻撃的な行動や、物の破壊、または窃盗や詐欺など犯罪行為がみられる。

周囲の人たちの理解不足や不適切な対応によって、自分を受け入れてくれない周囲に対する敵意や怒り、嫌悪から**反抗挑発症**や、より反社会性が強まった**素行症**が現れる場合があります。適切な支援によって、問題行動だけでなく、AD/HDの子どもの自尊心や自己肯定感を高めていくことが、**二次障害**の予防にもつながっていきます。

09 | 神経発達症群 限局性学習症

1　定義　👉重要

第5章 精神疾患とその治療

　DSM-5-TRにおいて、**限局性学習症 (Specific Learning Disorder：SLD)** とは、知的能力には障害が認められないにもかかわらず、学習面において読字、書字表出、算数に障害がみられることを指します。医学的には**微細脳機能不全 (Minimal Brain Dysfunction：MBD)** の一種と考えられてきました。はっきりとした原因は明らかにされてはいませんが、**中枢神経系**に何らかの機能障害が生じ、その結果として、学習能力の習得に困難が生じていると考えられています。

　限局性学習症の特徴として、以下のことが挙げられます。

読字の障害	書かれた単語の意味が理解できない
	行を飛ばして読んだり、同じところを読んだりするなど、読んでいるところがわからなくなる
	漢字を間違えて読む
書字表出の障害	鏡文字になる
	漢字を自己流で書く
	句読点の使い方がわからない
	文法の誤りが多い
算数の障害	数を正確に数えられない
	計算問題はできても文章問題ができない
	グラフが読み取れない

Check
限局性学習症のアセスメントとして、他者評価式尺度によるLD判断のための調査票 (LDI-R) がある。

+α プラスアルファ
ディスレクシア
読み書きの正確性および流暢性に困難を示す状態であり、SLDの中核を成す。また、書字のみに困難を示す状態をディスグラフィア、計算や数学的推論に困難を示す状態をディスカリキュアと呼ぶ。

　また、**学習障害**はもともと教育用語であり、文部科学省による定義をまとめると次のようになります。

■学習障害の定義

- 基本的には全般的な知的発達に遅れはない。
- 聞く、話す、読む、書く、計算するまたは推論する能力のうち、特定のものの習得と使用に著しい困難を示す。
- その原因として、中枢神経系に何らかの機能障害があると推定されるが、視覚障害、聴覚障害、知的障害、情緒障害などの障害や、環境的な要因が直接の原因となるものではない。

📖 用語解説

微細脳機能不全（MBD）

1950年代に提唱された概念であり、脳腫瘍や脳炎、脳出血などの目に見える病理学的所見や、麻痺や知的な発達の遅れなどの重篤な症状もないが、読み書きや計算の困難さや、落ち着きのなさ、不器用さなどの学習・行動上の問題がある状態をいう。微細な脳の損傷が中枢神経系の機能不全をもたらした結果、特定の領域における学習の困難さや多動などの問題を引き起こすと考えられていた。しかし、根拠となる脳機能障害を明らかにできないことや、中核的な症状がさまざまであることから、学習上の問題はSLDに、行動上の問題はAD/HDに引き継がれた。

■発達障害の領域イメージ

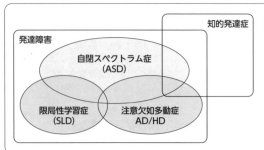

発達障害の境界は曖昧であるとされ、互いに重なり合っていることも少なくない。例えば、自閉スペクトラム症とAD/HDのどちらにも診断基準があてはまる場合、DSM-5-TRでは重複診断が可能になった。また、療育手帳あるいは精神障害者保健福祉手帳の交付基準に該当する場合、いずれかの手帳を取得できる。

吃音は、発話に非流暢性がみられる状態をいう。具体的には、「お、お、おかあさん」といった音のくり返しである連発や、「おーーかあさん」といった音の引き伸ばしである伸発、「………おかあさん」といった言葉が出ずに間が空いてしまうブロック（難発）が特徴である。吃音の9割は小児期に発症する発達性吃音である。また、有病率は男性のほうが多い。

+α プラスアルファ

発達性協調運動症

神経・筋疾患をともなわないにもかかわらず、その人の生活年齢や学習機会に応じて期待される協調運動技能の獲得や遂行に困難が認められ、日常生活や学習活動に支障が生じている状態をいう。

2 限局性学習症のアセスメントと支援 👉 重要

限局性学習症のアセスメントと支援では、以下のような点に注意する必要があります。

1 アセスメント

限局性学習症は、一般に**知的**に問題がなく、発達の遅れが比較的軽いため、幼少期での発見は難しいとされます。また、就学後は、単なる怠けと間違われることも少なくないため、発見されにくいとされます。

ただし、就学前であれば、**不器用さ**や**多動**などの行動面での不自然さや**ことばの遅れ**などによって、就学後では、**学業不振**を契機として不登校に陥るなどがきっかけで発見されることがあり、**行動観察**と**各種知能検査**などからアセスメントを行う必要があります。

2 支援

限局性学習症の支援においては、学習上の支援がその中心となります。その際、一人ひとりの子どもの**認知特性**について、苦手なことだけでなく得意なことについても**アセスメント**した上で、それに応じた**個別の支援**を行っていきます。苦手な部分は課題を**スモールステップ**に分けて丁寧に指導することで、その能力を引き上げていきます。また、パソコンや電卓などの補助的な機器などを用いて、**苦手な面**を補うことも有効です。

就学後、学業上の困難は子どもにとって重大な問題となります。**学業成績**の優劣からも**自己評価**が行われ、限局性学習症の子どもは自分に**自信**がもてなかったり**自己評価**が低かったりします。そのため、**二次障害**を予防することも重要です。周囲や本人が障害を**理解**し、**得意なこと**をさらに伸ばすことで**自信**をもたせることが大切です。

+α **プラスアルファ**

感覚統合療法

Ayres,A.J.（エアーズ）が考案したリハビリテーションである。人は自分の体を環境の中で適応的に反応させるために、さまざまな感覚情報を整理し、統合している。この感覚統合がうまく機能しないことが、学習や行動、コミュニケーションなどのさまざまな問題に影響すると考え、体を使ったさまざまな活動を通して、感覚情報処理機能を改善する支援方法である。特に、体の傾きや速さ、回転を感じる前庭系や、体の位置や動き、力加減を感じる固有受容覚、触覚での感覚情報処理が重視される。

10 | 統合失調症

1 統合失調症

統合失調症とは、さまざまな精神機能のまとまりを失ってしまう疾患のことをいいます。従来、**内因性**の精神疾患といわれ、神経伝達物質である**ドーパミン**の放出異常や遺伝など、生物学的原因によるものであるとされています（**ドーパミン仮説**）。しかし、その原因を含めて不明な点は少なくありません。

発症率に性差はあまりなく、地域や文化差も少ないです。

原因	神経伝達物質（ドーパミン）の放出異常や遺伝によるとされている		
発生頻度	全人口の 0.7 ～ 0.8%	好発年齢	10 代半ば～ 30 代半ば

2 統合失調症の症状

統合失調症の症状は、自我障害や認知機能障害などきわめて多様で複雑なものです。通常ではみられない妄想や幻覚（**陽性症状**）や、発話の統合不全、**カタトニア**も含んだ運動行動の著しい統合不全、感情の平板化や意欲の低下といった**陰性症状**などがみられます。

■統合失調症で生じる幻覚は、一般的に幻聴が多い。

■統合失調症のアセスメントとして、神経心理学的テストバッテリーによる統合失調症認知機能簡易評価尺度（The Brief Assessment of Cognition in Schizophrenia：BACS）、他者評価式尺度による陽性・陰性症状評価尺度（PANSS）がある。

思考（発話）の統合不全 （思考形式の障害）	連合弛緩（思考や観念のまとまりのなさ）やことばのサラダなど
運動行動の著しい統合不全または異常	子どもじみた行動や予測できない行動、カタトニア性の行動

用語解説

自我障害

自分についての意識である自我意識の障害をいう。例えば、自分の考えが他者に筒抜けになっていると感じたり（考想伝播）、他者の考えが自分の中に直接入ってくるように感じたり（考想吹入）、他者が自分の思考を奪ってしまうと感じたり（考想奪取）、自分の思考や行動が自分の意思ではなく、誰かに操られているように感じたりする（させられ体験）。

カタトニア

DSM-5-TRにおいては、昏迷やカタレプシー、蝋屈症、無言症、拒絶症、姿勢保持、わざとらしさ、常同症、外的刺激の影響によらない興奮、しかめ面、反響言語、反響動作といった精神運動性の障害を特徴とする病態をいう。DSM-Ⅳでは統合失調症の一病型としてとらえられていたが、双極症やうつ病、器質性精神障害においてもみられる場合がある。カタトニア性の昏迷では基本的な生活活動が困難になる場合が多く、入院治療や家族による身体管理が必要となる可能性がある。

3 経過と予後および支援

　統合失調症は、慢性、進行性の病であり、発症年齢が**若い**、**遺伝的要因**の影響が大きい、**未治療期間**（Duration of Untreated Psychosis：DUP）が長いと、予後はよくないとされます。

　治療は**薬物療法**が中心です。現代医学をもってしても「治癒する」とはいい切れず、継続的に**抗精神病薬**を服用することが必要です。このとき、初期のほうが慢性期よりも、**陽性症状**のほうが陰性症状よりも薬の効果は高いとされています。薬物療法と併せて、**SST**（P.209参照）をはじめとする**行動療法的アプローチや家族療法**、あるいは、デイケア・ナイトケアなどの**リハビリテーション**を組み合わせることにより、症状をもちながらも**社会復帰**することは十分可能であるとされています。

第5章 精神疾患とその治療

双極症及び関連症群・抑うつ症群

双極症群と抑うつ症群の代表的な疾患は、以下の通りになります。

■主な双極症群

双極症Ⅰ型	躁エピソードのみ、または、躁エピソードと抑うつエピソードの反復。単一性と反復性に分かれる
双極症Ⅱ型	軽躁エピソードと抑うつエピソードの反復
気分循環症	軽躁症状と抑うつ症状を反復する期間が2年以上続く

■主な抑うつ障害群

うつ病	抑うつエピソードが2週間以上続く。単一性と反復性に分かれる
持続性抑うつ症	抑うつ気分が2年以上続く
重篤気分調節症	7〜18歳で診断される慢性的で激しい持続的な易怒性

1 双極症の症状と原因

双極症及び関連症群の主な症状は、以下になります。

抑うつエピソード	●抑うつ気分、あるいは興味や喜びの減退 ●食欲低下または増加：DSM-5-TRでは、1ヵ月で5％以上の体重の変化 ●不眠または過眠　●疲労感・気力の減退 ●無価値感、罪責感　●思考力や集中力の減退、決断困難 ●希死念慮（死についての反復的思考）や自殺企図

躁エピソード	●気分が異常かつ長い時間高揚する　●自尊心の肥大・誇大 ●睡眠欲求の減少　●多弁　●注意散漫 ●観念奔逸（次から次へとさまざまなイメージが湧いてくること） ●困った結果につながる可能性が高い活動への熱中 ●目標指向性の活動の増加または精神運動焦燥

※このような症状が1週間続くのが**躁エピソード**、4日間続くのが**軽躁エピソード**

双極症Ⅰ型はときには妄想や幻覚をともなうことがあります。また、1年間で4回以上、抑うつ・躁エピソードを体験する場合は、**ラピッドサイクラー（急速交代型）**と呼ばれます。双極症の抑うつエピソードは、単極性のうつ病と比較して、悲しさよりも**意欲の乏しさ**がまさっている、不安よりも**精神運動**の抑制がみられる、不眠よりも**過眠**が多い、**食欲不振**や**体重減少**が少ないなどが挙げられます。また、抑うつエピソードは躁エピソードよりも長く続きます。双極症の病因は、何らかの**遺伝子**が関与していることが双生児研究や家族研究から示唆されています。つまり、気分の周期的な揺れを引き起こす**遺伝的要因**が関与しており、環境的な**ストレッサー**との相互作用によって発症するという考え方が一般的です。

Check

双極症のアセスメントとして、構造化面接による精神科診断面接マニュアル（SCID）、軽躁病面接ガイド（HIGH-R）、他者評価式尺度によるヤング躁病評価尺度（YMRS）、自己評価式尺度によるアルトマン自己評価躁病尺度（ASRM）、気分障害質問紙（MDQ）、内的状態尺度（ISS）がある。

2 双極症の支援

双極症の治療には、気分の波を和らげる**気分安定薬**を中心とした薬物療法が行われています。**炭酸リチウム**や**カルバマゼピン**、**バルプロ酸ナトリウム**が使用され、エピソードの予防効果が期待されます。抑うつエピソードに転じた場合には、気分安定薬を継続しながら**抗うつ薬**を処方していく場合があります。ただし、抗うつ薬は**躁転**の一因になるため、注意が必要です。

双極症には、**生物学的要因**の影響の重大性と、**薬物療法**の重要性が指摘されていますが、クライエントやその家族が双極症のプロセスを理解し、症状を管理できるようにするための**心理教育**も行われています。

3 うつ病の原因

うつ病の原因論は、次のように考えられています。

内因性	神経伝達物質のセロトニンの調節の不具合		
反応（心因）性	ストレッサーや性格		
身体因性	身体の病気	季節性	季節（気候や天候）

Check

うつ病の男女比は、1：2で女性に多いとされる。

ただし、一つの原因によって、うつ病が発症することはないとされます。**内因性**のうつ病であっても、**ストレッサー**が重なっている場合も少なくないです。また、多くの抗うつ薬が共通して**モノアミン伝達系**に作用していることから、うつ病の**モノアミン仮説**が提唱されています。モノアミンとは、**ノルアドレナリン**、**アドレナリン**、**ドーパミン**、**セロトニン**などを含む神経伝達物質であり、これらが減少することで症状が出現するとされています。

■うつ病の三大妄想とは、貧困妄想、罪業妄想、心気妄想である。

■うつ病のアセスメントとして、構造化面接による精神科診断面接マニュアル（SCID）、ハミルトンうつ病評価尺度（HAM-D）がある。

+α プラスアルファ

マタニティ・ブルーズ

産後3〜10日以内に始まり、産後2週間以内におさまる一過性の抑うつ状態をいう。主な症状として、不安定な気分、敏感な気持ちの高まり、疲労、集中力の低下、孤独感、絶望感などが挙げられる。なお、産後うつ病とは、産後数ヵ月以内に発症するうつ病をいう。産後うつ病のスクリーニングを目的としたアセスメントとして、エジンバラ産後うつ病自己評価票（Edinburgh Postnatal Depression Scale：EPDS）がある。なお、EPDSは妊娠中に用いられることもある。

月経前不快気分障害

日常生活に支障をきたすほどの気分の不安定性や易怒性、抑うつ、不安などの著しい精神的症状が月経周期における月経前期にくり返し出現し、月経開始前後またはその直後に回復する疾患をいう。行動的、身体的症状をともなう場合もある。また、月経前症候群は、月経前3日〜10日の間みられる精神的あるいは身体的症状で、月経開始とともに軽快、消失する。

---

4 うつ病の支援

　うつ病は、基本的に、薬物療法と安静・休養により治癒する疾患であるとされています。うつ病の心理療法としては、近年、**認知行動療法**（P.207参照）が有効であることが明らかになってきており、**服薬**と併用することでいっそうの治療効果が見込まれるとされています。

12 | 不安症群

DSM-5-TRでは、分離不安症、場面緘黙（かんもく）、限局性恐怖症、社交不安症、パニック症、広場恐怖症、全般不安症などが不安症群を構成しています。

1 | 社交不安症

社交不安症とは、**他者からみられる**可能性のある状況について過度な**恐怖**や**不安**を感じる状態をいいます。恐怖や不安を感じる状況はさまざまです。こうした状況にいることをクライエントは回避したり、または強い不安や苦痛をともなって耐え忍んでいます。社交不安症の病因としては、双生児研究や家族研究などによって、**遺伝的要因**がある程度関与していることが指摘されています。ただし、他の精神疾患と同様に、環境的要因との**相互作用**によると考えられています。

社交不安症の支援は、**ベンゾジアゼピン系抗不安薬、モノアミン酸化酵素阻害薬（MAO）、選択的セロトニン再取り込み阻害薬（SSRI）**などの薬物療法が有効であり、**認知再構成法**（P.208参照）や**エクスポージャー法**（P.203参照）、**SST**（P.209参照）といった心理療法を組み合わせたりもします。また、**自助グループ**（P.244参照）に参加することもあります。

■社交不安症のアセスメントとして、構造化面接による精神科診断面接マニュアル（SCID）、自己記入式による社会恐怖尺度（SPS）、社会的相互作用不安尺度（SIAS）、否定的評価懸念尺度（FNE）、リーボヴィッツ社交不安尺度（LSAS）がある。

■社交不安症の心理的支援として、スピーチ等を行う様子をビデオで撮影し、クライエントが思っていた印象とビデオを観た印象を比較評価して認知を修正するビデオ・フィードバックや、自己注目を外部情報へと柔軟に切り替えられるようにすることを目指す注意シフト・トレーニングがある。

2 パニック症

　パニック症とは、予期しない**パニック発作**がくり返し生じることに加えて、発作後のさらなる発作やその結果について過度な**心配**が続いたり、発作のために日常生活に支障をきたす状態をいいます。

> **■パニック発作の症状**
> ①動悸、心悸亢進、または心拍数の増加　②発汗　③身震いまたは震え
> ④息切れ感または息苦しさ　⑤窒息感　⑥胸痛または胸部の不快感
> ⑦嘔気または胸部の不快感
> ⑧めまい感、ふらつく感じ、頭が軽くなる感じ、また気が遠くなる感じ
> ⑨寒気または熱感　⑩異常感覚（感覚麻痺またはうずき感）
> ⑪現実感消失（現実ではない感じ）または離人感（自分自身から離脱している）
> ⑫抑制力を失うまたは「どうかなってしまう」ことに対する恐怖
> ⑬死ぬことに対する恐怖

　パニック症のきっかけとなるパニック発作は、貧血や低血糖などの**身体的要因**やカフェインやアルコールなどの**物質**から生じている可能性があります。そのため、身体疾患の有無を検討することが大切です。また、家族研究によって**遺伝的要因**や、**ストレッサー**が発症に関与していることも確認されています。パニック症の支援では、**SSRI**を第一選択薬とする**薬物療法**、**認知行動療法**、**自助グループ**への参加が行われています。

DSM-5-TRでは、上記の症状の4つ以上が突発的に起こり、数分以内に頂点に達した場合をパニック発作とする。また、パニック症は、明らかなきっかけがなくパニック発作が起こる場合にのみ診断される。

3 広場恐怖症

　広場恐怖症とは、公共交通機関、広い空間や狭い空間、混雑したところや外出先で一人でいるときといった状況のうち、**二つ以上の状況**で過度の**恐怖**や**不安**を体験している状態です。パニック症患者の多くが**広場恐怖症**を併発しているとされています。パニック症は強い恐怖体験であるパニック発作によって起こるため、発作が起きそうな場所を避けるようになります。また、そのような場所に行けた

としても過剰な恐怖を抱き続ける可能性があります。

　広場恐怖症の病因として、**遺伝的要因**や神経症的な傾向や不安過敏性といった**性格、強いストレッサー**が指摘されています。広場恐怖症の支援では、パニック症と同様に、**薬物療法**や**認知行動療法**が行われています。

■広場恐怖症の具体的な状況

①公共交通機関の利用（例：自動車、バス、列車、船、航空機）

②広い場所にいること（例：駐車場、市場、公園）

③囲まれた場所にいること（例：店、劇場、映画館）

④列に並ぶまたは群衆の中にいること　　　⑤家の外に一人でいること

パニック症のアセスメントとして、パニック症重症度評価スケール（PDSS）がある。

4　全般不安症

　全般不安症は、日常生活における出来事や活動に対して過剰な**不安**と**心配**がある状態です。不安や心配は、その実現可能性や影響と比べて**不釣り合い**であり、さまざまな**身体症状**をともなっていることから、患者の**主観的な苦痛**は大きいです。病因は、家族研究によって**遺伝的要因**や、神経症的な傾向や不安過敏性といった**性格、ストレッサー**が発症に関与していることが指摘されています。全般不安症の支援は、他の不安症群と同様に、**SSRI**や**抗不安薬**による薬物療法、**認知行動療法**が行われています。また、不安のもとにある無意識的な**葛藤**を明らかにし、**洞察**によって不安を解消していく**力動的心理療法**を行うこともあります。

■DSM-5-TRにおける全般不安症の症状

①落ち着きのなさ、緊張感、または神経の高ぶり　②疲労しやすいこと

③集中困難、または心が空白となること　④易怒性　⑤筋肉の緊張

⑥睡眠障害　このうち3つ以上をともなうことが診断基準の一つである。

全般不安症のアセスメントとして、GAD-7がある。

5 分離不安症

　分離不安症とは、家または愛着をもっている人物からの分離について、**発達的に過剰**で不適切な**恐怖**や**不安**を抱いている状態をいいます。愛着をもっている人物から分離させられた際に、その人の健康や死について心配したり、分離の恐怖のために一人で出かけたり、一人でいることを拒否したりします。過剰な恐怖や不安のために、**本人**または**家族**の日常生活に支障をきたします。分離不安症は、**喪失体験**のような大きなストレッサーのあとに発症することがあります。また、双生児研究から**遺伝的要因**の影響も指摘されています。分離不安症の支援として、**家族療法**や**認知行動療法**、**薬物療法**などが行われています。

6 場面緘黙

　場面緘黙（かんもく）とは、家族のいる自宅では話しますが、学校や職場など特定の**社会的状況**において発話に困難がある状態をいい、発症は小学校入学前であることが多いとされています。もともと口数が少なく、発言に対する**不安**をもちやすい傾向の子どもが、発言をしたことで**傷ついたあと**に続いて起こることがあります。ただし、明確なきっかけがなく、発症する場合も多いです。社交不安症との重複がかなりみられることから、共通した**遺伝的要因**の影響も指摘されています。

　場面緘黙の支援は、**非言語的なアプローチ**を中心とした**遊戯療法**（P.234参照）を行います。また、安心して話すことができるような**環境調整**も大切です。

7 限局性恐怖症

　限局性恐怖症とは、ある特定の対象や状況に対して、不釣り合いなくらい過剰な**恐怖**を抱き、それらを**回避**したり、耐え忍んでいる状態をいいます。ある特定の対象や状況に対して恐怖を感じることは多くの人にも認められますが、限局性恐怖症の場合、その恐怖が**過剰**です。限局性恐怖症の支援として、**エクスポージャー法**（P.203参照）や抗不安薬による**薬物療法**などが行われています。

例えば、状況や自然環境、動物を恐怖対象とする人は交感神経系の覚醒を示しやすく、血液や注射、負傷を恐怖対象とする人はしばしば血管迷走神経系失神に近い反応がみられやすい。

13 強迫症及び関連症群

**ブループリント
中項目**　代表的な精神疾患の成因、症状、診断法、治療法、経過、本人や家族への支援

🔑キーワード　強迫観念、強迫行為、曝露反応妨害法、置き換え、反動形成

　強迫症及び関連症群とは、適切な範囲を超えた没頭や習慣を特徴とする疾患をいいます。強迫症、身体醜形症、ためこみ症、抜毛症などがあります。

1 強迫症

　強迫症とは、**侵入的**で不適切なものとして体験され、強い**不安**や**苦痛**を引き起こす**反復的**な思考やイメージである**強迫観念**や、それによる不安や苦痛を**予防**、**中和**するために**反復的**に行われる**強迫行為**によって、日常生活に支障をきたすことをいいます。1日1時間以上の時間を消費することで、適応的な生活習慣や、職業や学業の機能、他者との人間関係を著しく阻害し、強い苦痛が生じます。

　DSM-Ⅳ-TRでは、強迫症状に関連する**病的不安**が中核的病理とされ、強迫性障害として不安障害の中に含まれていました。しかし、**不安**に乏しい、あるいは**洞察**が不十分な場合も認められることや、病因や精神病理、生物学的病態などさまざまな側面において他の不安障害との相違が明らかにされてきたことから、DSM-5では独立しました。

> **Check**
> ■強迫症における「洞察」とは、強迫症にまつわる信念の正しさについての認識を指す。
>
> ■強迫症のアセスメントとして、構造化面接による精神科診断面接マニュアル（SCID）、半構造化面接によるエール・ブラウン強迫観念・行為尺度（Y-BOCS）、自己記入式尺度によるモーズレイ強迫神経症質問紙（MOCI）、パドゥア調査票（PI）がある。

2 強迫症の解釈と支援

1 学習理論による解釈と支援

①解釈

　学習理論では強迫観念を**レスポンデント条件づけ**による条件反応とみなします。

また、強迫行為を不安や恐怖に対する能動的な**回避行動**として説明します。

②治療

行動療法は、従来、強迫症の治療に有用であるといわれてきました。**曝露反応妨害法**（P.203参照）が代表的な治療技法です。

② 精神分析的な解釈と支援

①解釈

精神分析的には、強迫症状は親への攻撃性の**置き換え**、**反動形成**であるとされ、攻撃性をコントロールする**防御機制**が、クライエントの感情を**抑圧**していると考えられます。本当は攻撃性も含めて自分の感情を体験、表出したいのですが、そうすることによって親から罰せられたり、見捨てられたりする不安や恐怖があります。抑圧している**攻撃性**とそれを表出することによる親からの**罰**、それらから自己を守るために強迫症状が現れると解釈されます。

②支援

強迫観念によって生じる不安や恐怖は、過去の**心的外傷**によるものであり、その不安や恐怖の原因についての**洞察**を得ることで症状を取り除きます。

> ✎ **Check**
>
> ■精神分析では、強迫症の人は、発達的に肛門期に固着しているのだとみなされる。
>
> ■強迫症に類似した臨床症状を呈し、病因や生物学的機序、治療などを特異的に共有する障害群について、強迫スペクトラム障害という概念が注目されている。例えば、摂食症群やチック症、依存症などがこの中に含まれる。

> 📖 **用語解説**
>
> **防衛機制**
>
> 心理的な葛藤によって、自我の対外的・統合的な機能が崩壊しないように無意識に行われるさまざまな心理的作用をいう。自我が受け入れがたい記憶や観念、感情を意識から追い払う抑圧、自我が受け入れがたい感情や観念とは反対方向の行動や態度に置き換えることである反動形成、自我が受け入れがたい感情や観念を自我が受け入れやすい別の表象に向けることである置き換えなどが挙げられる。Freud,S.が最初に提唱し、その娘であるFreud,A.が体系化した。

> **+α プラスアルファ**
>
> **窃盗症**
>
> 自らに用いるためでもなく、またその金銭的価値のためでもなく、物を盗もうとする衝動に抵抗できないことがくり返される状態をいう。窃盗の前には緊張の高まりを、窃盗におよぶときには快感や満足、解放感を経験する。盗んだ物は本人にとってほとんど価値のないものであり、その代金を払うことが可能にもかかわらず盗み、盗んだ後は人に譲ったり処分したりしてしまう。本人は自らの行為が不適切であり、意味がないことにも気づいている。また、逮捕されることを恐怖し、罪悪感も抱いている。女性のほうが多いとされる。

14 | 心的外傷及び ストレス因関連症群

ブルークリント
中項目 代表的な精神疾患の成因、症状、診断法、治療法、経過、本人や家族への支援／
災害時等の心理的支援

🔑 キーワード PTSD、反応性アタッチメント症、脱抑制型対人交流症、EMDR、
持続エクスポージャー、サイコロジカル・ファーストエイド

---

1 心的外傷及びストレス因関連症群

心的外傷及びストレス因関連症群とは、心的外傷となるような出来事、または
強いストレッサーへの曝露による、さまざまな症状をともなう疾患です。

1 反応性アタッチメント症と脱抑制型対人交流症

反応性アタッチメント症は、苦痛なときでも、めったにまたは最小限にしか養
育者に対してアタッチメントを示さないといった**情動的にもひきこもった行動**や、
養育者との威嚇的でない交流の間でも、説明することが難しい恐怖や悲しみ、い
らだちといった**陰性の情動のエピソード**を示すことが
特徴です。また、脱抑制型対人交流症は、見慣れない
大人に対して、**過度に馴れ馴れしく**近づき交流すると
いった行動が特徴です。両者とも、社会的ネグレクト
や養育者の頻回な変更といった乳幼児期の**適切な養育
の欠如**が病因とされています。

> 📝 Check
>
> 反応性アタッチメント症
> について、養育者が微笑
> みかける、撫でるなど、
> それまでに欠けていた情
> 動体験を補うような関わ
> りが心理療法として有効
> であるとされている。

2 心的外傷後ストレス症

心的外傷後ストレス症（Post-Traumatic Stress Disorder：PTSD）とは、
次のいずれかの形式によって強い**心的外
傷（トラウマ）**になるような出来事、つ
まり、実際にまたは危うく死ぬ、重傷を
負う、性的暴行を受けるといった出来事
に曝露されたことにより、心理的・身体
的に特有な症状が生じる状態をいいます。
その症状とは、**侵入症状、回避症状、認**

> +α プラスアルファ
>
> **複雑性PTSD**
>
> DVや虐待など極度の脅威や恐怖をともな
> ない、かつ逃れることが困難な状況の中
> で日常的にくり返されてきた出来事によ
> って、単回性PTSDに生じる症状に加え
> て、感情制御障害や否定的自己像、対人
> 関係障害がみられる状態をいう。

知や気分の否定的変化、過覚醒症状の 4 つになります。

■心的外傷的出来事へのいずれかの形式による曝露

①	心的外傷的出来事を直接体験する	②	他人に起こった出来事を直に目撃する
③	近親者または親しい友人に起こった心的外傷的出来事を耳にする。家族または友人が実際に死んだ出来事または危うく死にそうになった出来事の場合、それは暴力的なものまたは偶発的なものでなくてはならない		
④	心的外傷的出来事の強い不快感を抱く細部に、くり返しまたは極端に曝露される経験をする（例：遺体を収集する緊急対応要員、児童虐待の詳細にくり返し曝露される警官）		

※④は仕事に関連しない限り、電子媒体、テレビ、映像、または写真による曝露には適用されない。また、6 歳以下の子どもの診断基準には含まれない。

■PTSD における症状の分類

侵入症状	心的外傷的出来事をくり返し想起したり、夢に見たり、それが起こっているかのように感じたり行動したりすること
回避症状	心的外傷的出来事に関する場所や人や活動、思考や感情を避けたり、避ける努力をすること
認知や気分の否定的変化	心的外傷的出来事の重要な部分を想起できなかったり、自分や他者、世界に対する否定的な信念や感情を持続的に体験したり、また、肯定的な感情を持続的に体験することができないこと
過覚醒症状	いらだちや激しい怒りを示したり、自己破壊的な行動をとったり、集中困難、入眠・睡眠維持が困難になること

症状の持続期間が **1 ヵ月以上**であることが PTSD の診断基準になります。また、症状が **3 日〜1 ヵ月以内**の場合は**急性ストレス症（ASD）**と診断されます。

Check

PTSD のアセスメントとして、構造化面接による精神科診断面接マニュアル（SCID）、外傷後症状尺度面接（PSS-I）、PTSD 臨床診断面接尺度（CAPS）、自己記入式尺度による改訂出来事インパクト尺度（IES-R）、外傷後ストレス診断尺度（PDS）、外傷後認知尺度（PTCI）がある。また、8 歳〜16 歳の子どもを対象にした、トラウマ性体験の影響を評価する検査として、子供用トラウマ症状チェックリスト（TSCC）がある。

2 PTSD の支援　

1 EMDR

EMDR（Eye Movement Desensitization and Reprocessing：眼球運動による脱感作と再処理法）とは、Shapiro,F.（シャピロ）によって開発された主にPTSD を対象とした認知行動療法の一種です。EMDR は、トラウマ体験を想起しつつ、治療者による大きく左右に動く**指運動**を追視しながら眼球運動を行うこと

で、**ワーキングメモリー**を妨害しトラウマ記憶の鮮明さとその感情を弱めます。また、脳の右半球と左半球をつないでいる**脳梁**を通じて、**言語**や**論理的思考**を司る**左半球**の活性化を行うことで、トラウマ記憶やその感情に圧倒されずに外傷的な出来事を理性的に受け止められるようになります。

② 持続エクスポージャー

持続エクスポージャーは、トラウマ記憶やそれを想起させるような刺激にくり返し直面してもらう治療法です。Foa,E.（フォア）が提唱しました。このような刺激に直面する際に生じる、さまざまな不快な情動や苦痛との関わりを増やし、トラウマ記憶の**統合**を促進していきます。エクスポージャーを通じて、トラウマ体験の想起は**危険なもの**ではなく、再体験するのと同じことではないこと、恐怖刺激から逃避・回避をしなくても不安を**コントロール**できることを体験していきます。

+α プラスアルファ

適応反応症
はっきりと確認できるストレス因に反応して、その始まりから3ヵ月以内に情動面または行動面の症状が出現し、著しい苦痛や社会的機能に重大な障害をもたらしている状態をいう。

3 サイコロジカル・ファーストエイド　 重要

サイコロジカル・ファーストエイドとは、自然災害や事故、戦争、暴力などを体験し、深刻なストレス状況にさらされた人々に対する**応急処置的**な支援方法です。WHOでは、活動前の「**準備 (Prepare)**」と、活動中の「**見る (Look)**」、「**聞く (Listen)**」、「**つなぐ (Link)**」の**P＋3L**を原則として、**専門家以外**の人も行うことが可能とされています。つまり、現地に入る前には、現場の状況について**正確な情報**を可能な限り収集することが望ましく、また、支援中はより適切な支援が行えるように**周囲の状況**を確認し、支援を求めている人の気持ちに**寄り添い**、必要に応じて社会的支援に**結びつける**ことが求められます。心的外傷的出来事をすぐに語らせる**心理的ディブリーフィング**は有効性がないことが指摘されています。

Check
危機的な状況においてリスクが高く、特別な支援を必要とする可能性があるのは、（青年を含む）子ども、健康上の問題や障害をもった人、差別や暴力を受けるおそれがある人である。

+α プラスアルファ

レジリエンス
深刻な逆境経験があるにもかかわらず、成功した適応の過程や能力、結果をいう。

災害後ストレス反応

大規模な災害に遭遇後、人々が経る時期・段階は以下の通りです。

①茫然自失期（衝撃期）：災害後数日間続く	災害により心理的なショックを受け、茫然自失の状態に陥る時期。感情麻痺や現実感喪失を体験し、注意力が研ぎ澄まされ警戒心も高まる。一方で、日常からは想像できない力が発揮でき、疲労感を感じないことがある
②蜜月期（ハネムーン期）：災害後数週間から数ヵ月間続く	災害を被った者同士の連帯感や共同体意識が芽生え、愛他的精神も高まることにより、復旧活動に積極的になる時期。失ったものより維持できたことへの喜びが湧くこともある。一方で、イライラが募り多弁になったり、災害直後の恐怖が再燃したりする時期でもある
③幻滅期：災害発生後数週間後から数年続く場合もある	災害直後の混乱が収まり始め、マスメディアが報じなくなり、被災地以外の人々の関心も薄れ始める時期。被災者間の被害格差があらわになったり、支援の遅れた人々が恵まれた人々を恨んだり、疲労感や虚脱感等の心理的症状や不眠や食欲不振等の身体的症状が現れたりする
④再建期	復旧が進み、今後の生活の目途が立ち始める時期。気持ちも安定し、将来のことを考えることができるようになる

 Check

被災体験後に起こる強い症状は、異常な体験に対する正常な反応であるとされる。また、その後、PTSD症状が強くみられる人、そうでない人等、経過はさまざまである。災害支援の際にまず必要なことは、安全・安心・安眠の確保である。

+α プラスアルファ

サバイバーズ・ギルト

大災害や戦争などから生き延びた人たちが、犠牲者たちに対して抱く罪悪感をいう。

心のケアチーム

精神科医師、看護師・保健師、精神保健福祉士、子どものメンタルヘルス専門家（児童精神科医など）の数名で構成される。災害救助法に基づき厚生労働省が派遣する。災害によって障害された既存の精神医療システムの機能を支援、災害のストレスによって新たに生じた精神的問題を抱える一般住民への対応、地域の医療従事者や被災者のケアを行っている職員の精神的ケアを行う。

災害時健康危機管理支援チーム（DHEAT）

災害が発生した際に、被災都道府県の保健医療調整本部および被災都道府県等の保健所が行う、被災地方公共団体の保健医療行政の指揮調整機能等を応援するため、専門的な研修・訓練を受けた都道府県等の職員により構成する応援派遣チームである。災害発生時の健康危機管理に必要な情報収集・分析や全体調整などが円滑に実施されるよう、被災都道府県の保健医療調整本部および被災都道府県等の保健所を応援することが主な業務である。

災害派遣精神医療チーム（DPAT）

自然災害や航空機・列車事故、犯罪事件などの集団災害のあと、被災地域に入り精神科医療および精神保健活動の支援を行う、専門的な研修・訓練を受けたチームである。都道府県および政令指定都市によって組織され、被災都道府県等からの派遣要請に基づき活動する。精神科医師、看護師、業務調整員（医師・看護師以外の医療職および事務職員）を含めて数名で構成される。DPATを構成する班のうち、発災から概ね48時間以内に被災した都道府県等において活動できる班を先遣隊という。

災害派遣医療チーム（DMAT）

大地震および航空機・列車事故等の災害時に被災者の生命を守るため、また、被災地に迅速に駆けつけて救急治療を行うために、厚生労働省の認めた専門的な研修・訓練を受けたチームである。医師、看護師、業務調整員で構成される。DMATの派遣は被災地域の都道府県の派遣要請に基づく。

広域災害救急医療情報システム（EMIS）

インターネット上で災害時の医療情報の共有を図るシステムである。災害時に被災した都道府県を越えて医療機関の稼動状況など災害医療に関わる情報を共有し、被災地域での迅速かつ適切な医療・救護に関わる各種情報を集約・提供することを目的としている。

災害拠点病院

災害時における初期救急医療体制の充実強化を図るための医療機関であり、厚生労働省が指定する。以下を含む8つの要件を満たしている必要がある。①24時間緊急対応し、災害発生時に被災地内の傷病者等の受け入れおよび搬出を行うことが可能な体制を有すること。②災害発生時に、被災地からの傷病者の受け入れ拠点になること。③災害派遣医療チーム（DMAT）を保有しその派遣体制があること。

5 支援者のケア

　災害時の心理的支援では、業務を通じて深刻な被災状況を目撃したり、傷ついた被災者に接したりする支援者のケアも重要となります。

共感疲労	Figley,C.R.（フィグレイ）が提唱した、支援者がクライエントに共感的に関わり続けることによって生じる身体的・情緒的に疲弊した状態をいう。もともとは、心的外傷的出来事を経験したクライエントに共感的に関わることで、支援者も苦痛を経験し、クライエントと同じようなストレス反応を示すことを「二次的外傷性ストレス」と呼んでいた。その後、クライエントに深く共感するために起こる疲労という、支援者としての肯定的な側面に目を向けた「共感疲労」と呼ばれるようになった
バーンアウト（燃え尽き症候群）	熱心に仕事に打ち込んでいた人が、あたかも燃え尽きたかのように仕事への意欲を失い、抑うつや心身の不調など社会的不適応に陥ることをいう。Freudenberger, H. J.（フロイデンバーガー）が提唱した。もともとは医療や福祉などの対人援助職者を対象として研究がされてきた。Maslach,C.（マスラック）は、バーンアウトを測定する尺度として「情緒的消耗感」「脱人格化」「個人的達成感の低下」からなるMBI（Maslach Burnout Inventory）を開発した

15 解離症群

ブループリント
中項目　代表的な精神疾患の成因、症状、診断法、治療法、経過、本人や家族への支援

🔑 キーワード　解離性健忘、解離性同一症、離人感・現実感消失症、現実検討力

1 解離症群とは

解離症群とは、強い**ストレッサー**等により、意識、記憶、同一性、情動、知覚などの統合が損なわれる疾患をいいます。

📖 用語解説

解離

意識や記憶、同一性、知覚、運動、感情などの通常は統合されている心的機能の統合性の喪失をいう。解離は、自らの意識や記憶を自分と切り離すことで、ストレスを感じないようにする防衛機制である。解離は、例えば、退屈な授業中に空想に耽って我を忘れるなど健康な人にも起こり得るが、解離が不適切に頻繁に用いられるようになると解離症とされる。

2 解離症群の分類

DSM-5-TRにおいて、解離症は以下のように分類されています。

1 解離性健忘

解離性健忘とは、ストレッサーを原因とする記憶喪失のことです。自分の生活史のほとんどまたはすべての記憶を忘れる**全般性健忘**と、ある限定された期間に生じた出来事を忘れる**限局性健忘**、ある限定された期間に生じた出来事の一部は想起できるが、その他の部分は忘れる**選択的健忘**、重要な情報の中である特定のカテゴリーの想起ができない**系統的健忘**があります。

解離症との併存や鑑別に注意を要するものとして、統合失調症、ボーダーラインパーソナリティ症、双極症、うつ病、てんかん、作為症、詐病などが挙げられる。

健忘した記憶は時間の経過とともに徐々に思い出されることが多いとされます。

② 解離性同一症

　解離性同一症とは、一人の人間の中に、二つ以上の人格が存在するという疾患です。ある時点で優勢となった人格がその人の意識や行動を支配するようになるとされますが、別々の人格がお互いの人格を知っている程度については、さまざまであるとされます。原因は、多くが幼少期における性的虐待をはじめとする、**深刻な心的外傷体験**であるとみなされています。つまり、本来の人格の一部が心理的な脅威から自己を守るために解離し、表現することのできなかった怒りや衝動性、甘えなどの欲求を、**解離した人格**を通して満たそうとしているのだと理解されています。

Check

心的外傷体験やその記憶の扱いには十分な慎重さを要する。

③ 離人感・現実感消失症

　離人感・現実感消失症とは、離人感、現実感の消失、またはその両方について持続的、反復的な体験を有する疾患です。離人感とは、**自分**の思考、感情、感覚、身体、行為について、非現実感や離脱（親しみのなさ）を特徴とします。また、自分が自分から離れて、**傍観者**のように感じる場合もあります。現実感消失とは、非現実感、または**外界**からの離脱（親しみのなさ）を特徴とします。周囲の環境を生命がないように感じたり、**視覚的**に歪んで体験される場合もあります。ただし、離人感・現実感消失症では、**現実検討力**は正常に保たれます。

Check

■解離性健忘は、エピソード記憶（P.65参照）の障害である。また、そのエピソード記憶の障害は、ある時点から過去の出来事が思い出せない逆向性健忘に限られ、ある時点以降の新しい出来事が覚えられない前向性健忘をともなわない。一方で、知能や手続き記憶（P.65参照）は保たれる。

■解離体験のアセスメントとして、解離性体験尺度（DES）がある。

身体症状症及び関連症群

1 身体症状症及び関連症群とは

　身体症状症および関連症群とは、苦痛と機能障害に関連する身体症状を特徴とする疾患を指します。主な疾患として、**身体症状症、病気不安症、機能性神経学的症状症（変換症）**があります。

① 身体症状症

　苦痛をともなう、または日常生活に混乱を引き起こす**複数の進行中の身体症状**を有する疾患をいい、病気に関する**きわめて高い不安**があるのも特徴です。

② 病気不安症

　重篤な身体疾患にかかっている、またはかかりつつあるという**とらわれ**を引き起こす疾患をいいます。身体症状は**存在しないか**、あっても**ごく軽度**であり、その不安ととらわれは**過度**で**不釣り合い**なものです。

③ 機能性神経学的症状症（変換症）

　機能性神経学的症状症（変換症）とは、その症状が神経疾患によって説明されないにもかかわらず、**運動機能**（麻痺や歩行障害など）や**感覚機能**（失声や視覚障害など）に障害がみられる疾患をいいます。精神分析的には、**心理的葛藤**が身体症状に転換されたと解釈されます。

2 心と身体の関連性についての諸事項　重要

　心と身体の状態にはさまざまな関連があるとされています。

1 心身症

身体疾患の中で心理的な問題が密接に関与すると考えられるものを指します。偏頭痛、胃潰瘍、円形脱毛症をはじめ、以下の身体疾患が心身症とされます。

過敏性腸症候群（IBS）	排便により改善する腹痛や下痢・便秘などの症状が１ヵ月以上にわたり継続する消化管の機能障害である。内臓痛覚の閾値の低下が認められることにより、腹痛を感じやすい状態が生じるとされる。原因は不明だが感染性腸炎のあとに発症しやすい。日本における有病率は10〜20%とされており、一般的に男性は下痢型、女性は便秘型が多いとされる。治療では食事療法や運動療法による生活習慣の改善、消化管機能調整薬やプロバイオティクス、高分子重合体といった薬物療法が用いられる
慢性疼痛	３ヵ月以上、または通常の治癒期間を超えて持続する痛みである。慢性関節リウマチなど発痛物質が局所に放出され、侵害受容器が持続的に刺激されて発現する侵害受容性疼痛、糖尿病性神経障害のように疼痛伝達などに関わる神経線維の働きが異常をきたして発現する神経障害性疼痛、明確な身体的異常がなく心理社会的要因が関与した心理社会的疼痛などがある。薬物療法や理学療法、神経ブロック、リハビリテーション、心理療法などを組み合わせた集学的治療を行い、日常生活の改善を目標にすることが重要になる
本態性高血圧症	生活習慣などの環境因子や遺伝的因子により生じる高血圧症であり、高血圧症患者のうち９割を占める。心理的ストレスで悪化している場合は心身症と考える。減塩・減量・運動の推進・節酒・禁煙を中心とした生活習慣の改善が治療の基本となる。血圧を上昇させるホルモンの異常や心臓・腎臓・血管の病気などで生じ、若年者に多い高血圧症は二次性高血圧である

2 その他

アレキシサイミア	心身症の患者に特有の性格傾向を指す。日本では失感情症とも呼ばれ、Sifneos,P.E.（シフネオス）が提唱した。想像力や空想力に乏しく、自分の感情や葛藤状態をことばにするのが苦手で、事実をくどくどと語るが感情がともなわず、対人関係が貧困で機械的な対応が多いという特徴が挙げられる
タイプA行動パターン	虚血性心疾患に罹患しやすい人々に共通する性格傾向をいう。Friedman,M.（フリードマン）らが提唱した。性格面は競争的、野心的、活動的であり、行動面は機敏で、常に仕事に追われているという特徴がある。そのため、自らストレスの多い生活を選び、ストレスを多く受けているにもかかわらず、それをあまり自覚せずに過ごす傾向にある。また、ストレスに対する反応の仕方も、交感神経系優位の反応が現れやすく、虚血性心疾患の発症に関連していると考えられている
タイプC行動パターン	がんになりやすい人々に共通する性格傾向をいう。Temoshok,L.（テモショック）らが提唱した。真面目、几帳面、忍耐強い、感情抑制、自己犠牲的、協力的、従順という特徴が挙げられる

摂食症群

1 診断と分類　☞ 重要

摂食症群は精神疾患の中でも**致死率**が高く、危険な疾患であるとされます。

1 神経性やせ症

- 体重が**有意に低い**
- 有意に低い体重であるにもかかわらず、**体重増加・肥満への強い恐怖**がある
- **自分の体重・体型への認識**が歪んでいる

【神経性やせ症の病型】

- 過食／排出型…むちゃ食いや自己誘発性嘔吐や下剤等による排出行動を行う
- 摂食制限型…むちゃ食いや排出行動がない

■体重が有意に低いとは、体重の正常下限を下回ること、子どもや青年の場合は、期待される最低体重を下回ることである。

■神経性やせ症のスクリーニング検査として、摂食態度調査票（EAT-26）がある。

■重症度は成人の場合、BMI数値に基づく。17kg/㎡以上で軽度、16～16.99kg/㎡で中等度、15～15.99kg/㎡で重度、15kg/㎡未満で最重度とされる。

+α **プラスアルファ**

リフィーディング症候群

長期間栄養不良が続いている状態に急激な栄養補給を行うと、低リン血症により発熱や意識障害、不整脈、心不全などが引き起こされる代謝合併症である。神経性やせ症や低栄養の高齢者、アルコール依存症などの高リスク患者では、栄養補給の初期はエネルギーを制限し、必要なミネラルやビタミンが投与される。

2 神経性過食症

- **むちゃ食いエピソード**（大量に食べる、それを制御できない）をくり返す
- 体重増加を防ぐための**不適切な代償行動**（排出行動等）をくり返す

- むちゃ食いと代償行動はともに、**3ヵ月にわたり週1回**は起こっている
- **自己評価**が体重や体型に過度に左右される

③ むちゃ食い症

- **むちゃ食いエピソード**（大量に食べる、それを制御できない）をくり返す
- むちゃ食いは**3ヵ月にわたり週1回**は起こっている
- むちゃ食いに関して明らかな**苦痛**が存在する
- むちゃ食いエピソードは、通常よりずっと**速く**食べる、苦しいくらい**満腹**になるまで食べる、身体的に空腹を感じていないときに**大量**に食べる、自分がどんなに多く食べているか恥ずかしく感じるため**一人**で食べる、あとになって**自己嫌悪**、**抑うつ気分**、または強い**罪責感**を感じるなどと関連する

2 支援

　著しい体重減少がみられる場合、体重回復が人命救助のために最優先となり、入院による栄養補給が行われます。

　病識がない場合もあり、クライエントの治療はまず、「これは病気である」ということの認識をもってもらうこと、つまり依存症者同様、**治療への動機づけ**が重要であるとされます。

Check

神経性過食症の治療でSSRIが用いられることがある。

　従来は**行動療法**による食行動の管理と、**精神分析的アプローチ**による親子関係の振り返りが併用されてきました。現在では、**認知行動療法**による身体知覚や自己像の歪みの修正なども試みられ、自助グループ**NABA（Nippon Anorexia Bulimia Association）**などへの参加も勧められています。

+α プラスアルファ

回避・制限性食物摂取症

食事や食物への無関心、食物の感覚的特徴に対する嫌悪などから、摂食または栄養摂取の回避や制限があり、有意の体重減少や栄養不足、経腸栄養または経口栄養補助食品への依存、心理社会的機能の著しい障害がみられる状態をいう。なお、自分の体重や体型に対する感じ方に障害はみられない。

18 睡眠・覚醒障害群

　DSM-5-TRでは、不眠障害、過眠障害、ナルコレプシー、概日リズム睡眠・覚醒障害群などが睡眠・覚醒障害群を構成しています。睡眠と覚醒に関わる問題の要因としては、**5P分類**が理解しやすいとされています。

> ✏️**Check**
>
> 5P分類とは、①身体的（痛み、かゆみ、発熱、頻尿など）、②生理的（交代勤務、入院などの環境や生活時間帯）、③心理的（ストレスや緊張など）、④精神医学的（精神疾患）、⑤薬理学的（薬物の副作用、カフェインやニコチン摂取）であり、これらが複合的に睡眠と覚醒に関わる。

1 診断と分類

① 不眠障害

　①**入眠困難**、②**中途覚醒・睡眠維持困難**、③**早朝覚醒**のいずれか、またはその組み合わせによる**睡眠の量と質**に関する不満足な状態をいいます。不眠障害は夜間の睡眠困難だけでなく、**疲労感や気力減退**、**気分の障害**などの日中の訴えや症状をともなうことがあります。

② ナルコレプシー

　日中に**耐えがたい眠気**にくり返し襲われる疾患です。夜間に十分な睡眠をとっていても、昼間に**耐えがたい眠気や居眠り**がくり返し現れます。一般的に、**大きな感情の動き**にともなって、全身あるいは体の一部に筋緊張消失が起きる**情動脱力発作（カタプレキシー）**がみられ、発作中は意識があることが多いです。また、**入眠時幻覚**や**睡眠麻痺**もみられます。

　病因としては、神経伝達物質である**オレキシン**を産生する神経細胞の障害が指摘されています。ナルコレプシーの治療では、過眠症状に対しては、メチルフェニデート、ペモリン、モダフィニルなど**中枢神経刺激薬**が用いられます。情動脱

力発作には三環系抗うつ薬やSSRI、SNRI などの**抗うつ薬**が用いられています。

③ 概日リズム睡眠・覚醒障害

　体内の**概日リズム**と外的な**生活時間**のズレにより、望ましい時刻に睡眠・覚醒することが困難になる障害群です。睡眠開始と覚醒時間が後退しており、希望する早い時刻での入眠と覚醒ができない**睡眠相後退型**、睡眠開始と覚醒時間が前進しており、希望する遅い時刻まで覚醒と入眠が維持できない**睡眠相前進型**、睡眠と覚醒時間が24時間において少なくとも３つの周期に断片化されている**不規則睡眠・覚醒型**、24時間の明暗周期と体内概日リズムのズレから、睡眠時間帯が毎日徐々に遅れ、睡眠時間が日中になる**非24時間睡眠・覚醒型**、午前８時から午後６時までの時間帯以外に仕事をする人にみられる**交代勤務型**があります。

④ 睡眠時随伴症候群

　睡眠、特定の睡眠段階、または睡眠・覚醒の移行に関連してみられる**行動異常**をいいます。不完全な覚醒状態であり、睡眠中にみられる複雑な運動行動や、睡眠からの突然の覚醒をくり返す**ノンレム睡眠からの覚醒障害**や、睡眠中に発声や複雑な運動行動により覚醒する**レム睡眠行動障害**が含まれます。なお、**ノンレム睡眠からの覚醒障害**は覚醒エピソードについての**健忘**がみられ、**レム睡眠行動障害**は覚醒エピソードについての記憶があるとされています。

📝 **Check**

■睡眠障害へのアプローチとして睡眠衛生指導があり、厚生労働省より「健康づくりのための睡眠指針2014 ～睡眠12箇条～」が示されている。

■睡眠スケジュール法とは、睡眠日誌をもとに、主観的な睡眠時間＋αに就床時間を圧縮するように就床時間と起床時間を設定することで、寝床＝眠るところであることを再学習させる技法である。

■刺激制御法とは、寝床を睡眠以外には使用しないように指導することで、寝床と睡眠を条件づける技法である。

　レストレスレッグス症候群（むずむず脚症候群）とは、就寝時や就寝中の脚や腕を動かしたい欲求で特徴づけられる知覚運動性、神経性睡眠障害です。鉄欠乏性貧血や腎不全による人工透析を受けている人や、女性、特に妊婦が発症しやすいとされています。**ドーパミン作動薬**による薬物療法や**運動不足**の解消が有効とされています。

19 | 性別違和

ブループリント
中項目　心理的支援が必要な主な疾病

🔎 キーワード　性別違和、ジェンダー、不一致、ホルモン治療、性別適合手術

1 性別違和とは　

　性別違和とは、その人により経験または表出されるジェンダーと、出生時のジェンダーとの間の**不一致**にともなう苦痛を意味します。同性の二卵性双生児よりも一卵性双生児において一致率が高いことから遺伝的関与が示されています。

2 診断　

　DSM-5-TRにおける診断基準は、**子ども**と**青年および成人**とで診断基準がわけられています。ただし、以下の二つについては共通した基準となっています。

- その人が体験し、または表出するジェンダーと、指定されたジェンダーとの間の著しい不一致が少なくとも6ヵ月ある。
- 臨床的に意味のある苦痛、または社会、学校・職業、他の重要な領域における機能障害が生じている。

1 子どもの性別違和

　標準的に発達している男児と女児における一般的な行動上の性差を中核的基準とします。以下のうち、**6つ以上**該当することによって診断されます。

1．反対のジェンダーになりたいという強い欲求、または違うジェンダーであるという主張
2．反対のジェンダーに典型的な衣服を身に着けることを強く好み、女児の場合は典型的な女の子の服装への強い抵抗感を示す
3．ごっこ遊びや空想遊びにおいて反対のジェンダーの役割を強く好む
4．反対のジェンダーに定型的な玩具やゲーム、活動を強く好む
5．反対のジェンダーの遊び友達を強く好む　6．自分の性器の構造を強く嫌悪する
7．指定されたジェンダーに定型的な玩具やゲーム、活動を強く拒む

8．自分が体験するジェンダーに合う第一次および第二次性徴を強く望む

② 青年および成人の性別違和

自認する性別と**身体の性**の**不一致**が診断の中心的特徴です。以下のうち、**2つ以上**該当することによって診断されます。

1．体験するジェンダーと第一次性徴、第二次性徴の間の著しい不一致
2．著しい不一致のために第一次性徴、第二次性徴から解放されたいという強い欲求
3．反対のジェンダーの第一次性徴、第二次性徴を強く望む
4．反対の、あるいは異なるジェンダーになりたいという強い欲求
5．反対の、あるいは異なるジェンダーとして扱われたいという強い欲求
6．反対の、あるいは異なるジェンダーに定型的な感情や反応をもっているという強い確信

性別違和をもつ青年と成人では、**ホルモン治療**や**性別適合手術**を求めることもありますが、性別の再適合を行う前には、**自殺念慮**、**自殺企図**、**自殺遂行の危険性が高い**とされています。

③ 性別違和が抱える問題と支援

異なるジェンダーになりたいという願望は、どの年齢においてもさまざまな問題を生じさせます。子どもの場合には、仲間集団からの**孤立**、**いじめや嫌がらせ**、**不登校**などの問題が生じる可能性があります。また、感情および行動上の問題として**不安症**や**うつ病**を併存することも多いとされます。青年や成人の場合には、性的関係の問題を含む**対人関係上の困難**、それにともなう学校や仕事における問題、偏見や差別による**否定的自己概念**の形成などの問題を生じる可能性があります。そのため心理社会的問題を抱えるクライエントに対する、学校や職場等における支援が重要とされています。

LGBT

Lはレズビアン、Gはゲイ、Bはバイセクシャル、Tはトランスジェンダーを示す。LとGは性的指向が同性、Bは性的指向が両性の人のことである。Tは出生時に指定された性と自らが認識する性別である性自認との間に不一致がある人のことである。

Check

①2人以上の医師により、性同一性障害であることが診断されている、②18歳以上である、③現に婚姻をしていない、④現に未成年の子がいない、⑤生殖腺がないこと又は生殖腺の機能を永続的に欠く状態にある、⑥他の性別の器官の部分に近似する外観を備えているといった要件のいずれにも該当する者は、性別の取扱いの変更の審判を申し立てることができる。

依存症
（物質関連症及び嗜癖症群）

ブループリント
中項目　代表的な精神疾患の成因、症状、診断法、治療法、経過、本人や家族への支援／
心理的支援が必要な主な疾病

🔍キーワード　物質使用症、ギャンブル行動症、中毒、離脱、自助グループ、治療への動機づけ

1　依存症とは

　依存症（addiction） とは、ある対象に過度に耽（ふけ）って溺れ、不適応状態に陥っていることをいいます。依存対象には、アルコール、薬物、ギャンブル、性、ニコチン、買い物、食（行動）などがありますが、依存のメカニズム自体は、対象にかかわらず基本的に同じであるとされています。

2　診断

　依存症は、DSM-5-TRでは**物質関連症及び嗜癖症群**に分類されています。そのうち、物質に関連した重大な問題が生じているにもかかわらず、使用し続けることを示す**物質使用症**は、以下の基準によって診断されます。

■**DSM-5-TRの物質使用症の診断基準**

①意図していたよりもしばしば大量に、または長い時間にわたって使用する。

②物質の使用の制限に対する持続的な欲求や努力の不成功がある。

③物質を得るために必要な活動、その使用、その作用からの回復に費やされる時間が大きい。

④渇望、つまり物質使用への強い欲求、または衝動がある。

⑤物質使用をくり返した結果、職場、学校、または家庭で果たすべき重要な役割責任を果たすことができなくなる。

⑥物質の作用によって引き起こされたり悪化したりした、社会上、対人関係上の問題が持続したり、くり返されたりしてもなお、物質使用を続ける。

⑦物質使用のために、社会的・職業的・娯楽的活動を放棄、縮小する。

⑧身体的に危険な状況で物質をくり返し使用する。

⑨持続的または反復的な身体的または精神的な問題が物質によって引き起こされたり、悪化したらしいとわかっていても、物質使用を続ける。

⑩耐性がみられる。　　　⑪離脱がみられる。

■薬物の依存性

①興奮作用をもたらす薬物	精神依存	身体依存
コカイン、MDMA（合成麻薬）	＋＋＋	－
覚醒剤（アンフェタミン類）	＋＋＋	－
ニコチン（たばこ）	＋＋	±
②抑制作用をもたらす薬物	精神依存	身体依存
ヘロイン、モルヒネ（あへん類）	＋＋＋	＋＋＋
大麻	＋	±
有機溶剤（トルエン、シンナー）	＋	±
アルコール	＋＋	＋＋

＋－：依存の有無および相対的な強さ

精神依存は、物質乱用→物質への**渇望**が高まる→**耐性**が形成される→さらに**渇望**が高まる→物質探索行動が促進される→乱用を続けるといった悪循環によって形成されます。また、身体依存は、物質乱用→その物質の**耐性**が形成される→**離脱症状**が出現する→物質探索行動が促進される→乱用を続けるといった悪循環によって形成されます。

DSM-5-TRでは、非物質関連症として、反復性の問題賭博行動である**ギャンブル行動症**が含まれています。

 用語解説

物質関連症群
「物質使用症群」と「物質誘発症群」に２分類される。前者は物質に関連した重要な問題が生じているにもかかわらず、物質を使用し続けていることを示す認知的、行動的、生理学的症状である。後者は物質を摂取または中止することによる特異的症状を示し、中毒（摂取したことによる症状）と離脱（中止したことによる症状）などが含まれる。

耐性
物質を反復して使用していると効果が次第に減弱し、使用初期の頃と同じ効果を得るためには用量を増やさなければならない状態を指す。

離脱（＝禁断）症状
依存対象を中止したあと、数時間から数日後に現れる。精神的には、依存対象を渇望し、それをいかに入手するかばかりを四六時中考える状態に陥る。身体的には、発汗、不眠、不安などが出現し、振戦せん妄や体感幻覚などが現れたりする。

3 治療 👉重要

治療は、身体的な離脱症状に対しては**薬物治療**が行われます。

依存症に対しては、例えば、**アルコール依存症者**に対する**抗酒剤**の投与といった薬物治療も行われますが、いったん依存症と診断されると、生涯、依存対象を断つ以外にありません。いくら長い期間断っていたとしても、少しでも摂取してしまうと再発します。そのため、**治療への動機づけ**が重要になります。

依存対象を断ち続けるために、治療者だけでなく、家族や周囲の人々からの支援が欠かせません。アルコール依存症の場合は断酒会や**AA（Alcoholic Anonymous）**、薬物依存症の場合は**ダルク（DARC：Drug Addiction Rehabilitation Center）やNA（Narcotics Anonymous）**などの自助グループに参加することが勧められています。

依存症からの回復は**長い時間**を要し、はじめから依存対象を断つことに成功する例はきわめて稀です。一定期間、依存対象を断っていた人が再使用してしまうことを、**スリップ（リラプス）**といいます。スリップは取り返しのつかない**失敗ではないこと**を本人や家族、周囲が理解しておくことが大切です。

Check

■家族や周囲の人々が行う、依存症による問題を軽減しようと依存症者の面倒をみてしまうことによって、かえって依存が維持される行動をイネイブリングという。

■アルコール依存症によってビタミンB1不足に陥ると脳器質的な変化が起こり認知症に至る。ただし、ウェルニッケ脳症に続いてコルサコフ症候群を発症することがあることから、ウェルニッケーコルサコフ症候群と呼ばれる場合もある。ウェルニッケ脳症は、眼球運動や歩行障害などの運動障害や、取り乱したり興奮したりといった意識障害を特徴とする。コルサコフ症候群よりも発症率は高いとされる。コルサコフ症候群は、記銘力障害、健忘、作話、失見当識を主症状とする。人格の変化がみられ、一般に、被暗示性が高いとされる。

+α プラスアルファ

ハームリダクション

依存対象について、必ずしも使用量が減ることはなくても、使用によって生じる身体的・心理的・社会的な悪影響を低減させることを目的とするアプローチを指す。

神経認知障害群

ブループリント中項目 代表的な精神疾患の成因、症状、診断法、治療法、経過、本人や家族への支援／福祉現場において生じる問題とその背景

キーワード アルツハイマー型認知症、血管性認知症、レビー小体型認知症、前頭側頭葉変性症、抗認知症薬、回想法、リアリティ・オリエンテーション

1 神経認知障害群

　神経認知障害群とは、主に**認知機能**の欠損を特徴とする疾患をいいます。なお、神経発達症群のように、出生時や発達期からみられる認知障害ではなく、以前に**獲得した機能**の水準からの低下を示すものです。せん妄や認知症、軽度認知障害などが含まれます。認知症および軽度認知障害とは、脳の神経細胞の**萎縮**や**病変**、**損傷**などによって、日常生活におけるさまざまな認知機能が低下する状態をいいます。

　認知機能の低下によって、日常生活の自立が**阻害されている状態**を認知症、日常生活の自立は困難であるが**阻害されてはいない状態**を軽度認知障害といいます。

■ DSM-5-TRにおける神経認知障害群における認知領域

	具体例
複雑性注意	テレビや会話といった複数の刺激のある環境での対応に困難が生じる。新しい情報を保持することが困難である
実行機能	複雑な計画を放棄する。計画や意思決定をするのに他者を頼らなくてはならない
学習と記憶	同じ会話の中で同じ内容をくり返す。買い物をするときに品物を思い出すことができない
言語	言語の表出や受容にも著しい困難がある。症状が進むと、友人や家族の名前すら出てこない
知覚ー運動	以前から慣れていた活動を行うことが困難になる。夕暮れどきに明るさの低下によって混乱がみられる
社会的認知	服装や会話の内容について社会的基準を気にしなくなる。家族や友人に配慮せずに行動する

2 認知症の分類 重要

認知症および軽度認知障害は、一般に、以下のようなものが挙げられます。

■主に老年期に発症する認知症

アルツハイマー型認知症	脳全体が萎縮することにより、記憶をはじめとする種々の認知機能が全体的かつ漸進的に悪化する。人格の変化や感情の平板化がみられ、予後は悪いとされる。有病率は女性のほうが高いとされる
血管性認知症	脳出血や脳梗塞などによって発症し、運動・感覚機能に障害がみられる。精神機能はまだら状（部分的）に侵されることが多く、進行も階段状（段階的）である。人格は比較的保たれることが多いが、感情は変わりやすい。男性に多いとされる
レビー小体型認知症	発病初期から幻視やパーキンソン症状がみられる。前者は「目の前で子どもが騒いでいる」等、より具体的で生々しいものであり、後者は身体が硬くなり歩行障害等がみられる。自律神経症状やレム睡眠行動障害がみられることもある。アルツハイマー型に次いで多い認知症で、男性の有病率が高いとされる
前頭側頭葉変性症	前頭葉と側頭葉に萎縮や変性がみられる。代表的なものにピック病があり、多くが50歳〜60歳に発症する。漸進的に進行し、万引きなどの反社会的行為にまで及ぶような大きな人格変化と、言語機能の障害をともなうことが特徴である

 Check

主に記憶障害を隠すための取り繕い反応は、他の認知症に比べてアルツハイマー型認知症でよくみられる。また、同じ話を繰り返すことも指摘されている。認知症の初期に生じやすいとされる物盗られ妄想は、財布や現金、通帳などの財産に関連するものを盗まれたと思い込む被害妄想である。

+α プラスアルファ

中核症状

認知症によって、脳細胞が変性したり、死滅したりすることで生じる記憶障害、見当識障害、理解力や判断力の低下、実行機能障害、失語、失行・失認などの認知機能の障害を指す。

BPSD（Behavioral and Psychological Symptoms of Dementia）

認知症にともなう行動・心理症状を指す。具体的には、暴力や暴言、徘徊、拒絶、食行動異常、妄想、幻覚、抑うつ、不安、多幸感、睡眠障害などが含まれる。認知症や他の疾患に起因する神経生物学的・遺伝的要因に加えて、心理学的要因や社会的要因がからみあって出現する。BPSDは薬物療法や非薬物治療、環境調整などによって改善することが多い。

プラスアルファ

老年期うつ検査-15（GDS-15）

高齢者用のうつのスクリーニング検査である。高齢になると、身体症状を併発する可能性が高く、それによって気分の変調をきたすことがある。GDS-15では、身体症状に関する項目が含まれておらずうつ気分を正確に測定できること、回答の選択肢に「はい」「いいえ」を用いていることから答えやすく、時間がかからないことが特徴として挙げられる。

MoCA-J

軽度認知障害のスクリーニング検査である。記憶、言語、実行機能、注意機能、視空間認知、見当識など認知機能を多面的に評価する。30点満点中、25点以下で軽度認知障害が疑われる。

Check

早期発見・早期治療により治癒可能な認知症として、正常圧水頭症、慢性硬膜下血腫、甲状腺機能低下症、ビタミンB1欠乏症、代謝性疾患、薬剤による認知機能障害などがある。

3　支援

認知症は、現代医学をもってしても治癒するとはいえない疾患です。

一方で、アルツハイマー型認知症やレビー小体型認知症においては、その進行を遅らせるために、**抗認知症薬**による薬物療法が行われています。また、**BPSD（周辺症状）** に対しては、抗精神病薬や抗うつ薬、抗不安薬、睡眠薬、気分安定薬などを症状に合わせて適宜用います。薬物療法以外には、以下の方法も用いられます。

回想法	Butler,R.N.（バトラー）が提唱した。高齢者に昔のことを思い出してもらう方法。昔の玩具や生活用品、音楽などを回想のための刺激として用いることもある。自尊感情が高まるといった個人的効果や対人関係を促進させる社会的効果が期待される
リアリティ・オリエンテーション	Folsom,J.（フォルソン）が提唱した。高齢者に対して日常生活のさまざまな機会に「今」の状況を確認できる言葉によって日時や場所の見当識を向上・維持させるために行われる
バリデーション	認知症高齢者とのコミュニケーション法。認知症であっても失われない感情機能に注目し、尊敬と共感をもって関わる
パーソンセンタード・ケア	Kitwood,T.（キットウッド）が提唱した。認知症者の状況を「脳の障害」「性格」「生活歴」「健康状態」「社会・心理的要因」の相互作用からとらえる。当事者を一人の人間として尊重し、その人の立場に沿った理解とケアが必要と考える。「自分らしさ」「結びつき」「携わること」「共にあること」「くつろぎ」という5つの心理的ニーズを満たすことを重視している

4 せん妄

　急性で日内あるいは日間で**変動する意識・注意**の障害をいいます。**不穏**で活動量の増加がみられる**過活動型**、無関心や活動量の低下がみられる**低活動型**、それらの**混合型**があります。原因は加齢や疾患、薬の副作用や入院などさまざまです。アセスメントによってせん妄の原因を特定することは、治療を進めていく上で重要です。**夜間せん妄**とは、昼間は比較的しっかりしているのに夜間に症状が強く現れ、興奮したり、暴れたりと豹変する状態を指します。特に**高齢者**は陥りやすいとされています。

■せん妄の発症要因

直接因子：単一でせん妄を起こしうる要因
（1）中枢神経系への作用をもつ物質の摂取
（2）依存性物質からの離脱
（3）中枢神経疾患：脳血管障害、頭部外傷、脳腫瘍、感染症など
（4）全身性疾患
誘発因子：単独ではせん妄を起こさないが、他の要因と重なることでせん妄を起こしうる要因
（1）身体的要因：疼痛、便秘、脱水、ドレーンなどの留置、身体拘束など
（2）精神的要因：抑うつ、不安
（3）環境変化：入院、転居、明るさ、騒音
（4）睡眠障害
準備因子：せん妄の準備状態となる要因
高齢、認知機能障害、重篤な身体疾患、頭部疾患既往、アルコール多飲

+α プラスアルファ

特発性正常圧水頭症
高齢者に好発し、脳室内に脳脊髄液が過剰に貯留することで、軽度の健忘や歩行障害、尿失禁がみられる。過剰な脳脊髄液を腹腔内に排出させるシャント手術によって症状を改善させる。

現代の医学では治癒するとはいえないとされている認知症に対して、どのような治療がなされているのか、また、認知症にはどういった分類があるのかを覚えておきましょう。

パーソナリティ症群

1 パーソナリティ症群とは

パーソナリティ症群とは、その人格的特徴が、社会規範や一般常識とは違って著しく偏り・歪んでいて、そのために本人が社会生活に支障をきたしたり、周囲に迷惑をかけたりする障害群です。

その偏りや歪みは、一時的なものではなく、人格構造として**持続的**に存在しているものと考えられます。また、その行動や考え方は、本人にとっては自然であると感じられていることが多いとされます。

2 分類

パーソナリティ症群は、DSM-5-TRでは、次の3群に分けられています。

【A群（Cluster A）「奇妙で風変わりなタイプ」】

猜疑性 P.D.	他人の動機を悪意あるものととる。不信と疑い深さが強い
シゾイド P.D.	社会的関係から離脱し、対人関係で感情を表さない
統合失調型 P.D.	親密な関係を形成できず気楽でいられない。認知や行動が風変わりで奇妙である

【B群（Cluster B）「演技的、情緒的、移り気なタイプ」】

反社会性 P.D.	他人の権利を無視し侵害する（18歳以上で診断され、15歳以前は素行症の症状が出現している）
ボーダーライン P.D.	対人関係、自己像、感情の不安定さや著しい衝動性を示す
演技性 P.D.	過度な情緒性と、演技的な反応で人の注意を引こうとする行動を示す
自己愛性 P.D.	誇大性、称賛されたいという欲求が強く、一方で共感の欠如を示す

【C群（Cluster C）「不安や恐怖を感じやすいタイプ」】

回避性 P.D.	社会的抑制、不全感、否定的評価に対して過敏である
依存性 P.D.	面倒を見てもらいたいという過剰な欲求のため、従属的にしがみつき、分離に対する不安を感じる
強迫性 P.D.	秩序や完全主義、あるいは対人関係の統制にとらわれて、柔軟性、開放性、効率性が犠牲にされる

Kernberg,O.（カーンバーグ） は、**自我の統合度**や**防衛機制**の高（自我の防衛機制）・低（原始的防衛機制）、**現実吟味力**の高低から、**人格構造**と発症しやすい**パーソナリティ症**、そして**病態水準**の対応を示しました。

> 📖 用語解説
>
> **病態水準**
>
> 神経症（健常的）から精神病（病的）までを系列的に並べて、自我の統合度・防衛機制・現実吟味力の観点から、それらの健常度または病的度を示したもの。神経症か精神病かを区別することが治療上必要であることから、病態水準の考え方はその区別のポイントをつかむために用いられてきた。

■カーンバーグによる対応表

	統合度高・高次防衛機制・現実吟味高⇔統合度低・低次防衛機制・現実吟味低		
人格構造	神経症的人格構造（NPO）	境界性人格構造（BPO）	精神病的人格構造（PPO）
DSM-5	C群パーソナリティ症	B群パーソナリティ症	A群パーソナリティ症
病態水準	神経症水準	境界水準（境界例）	精神病水準

> 📖 用語解説
>
> **原始的防衛機制**
>
> 自他の区別が未分化な、より発達早期の自我によって用いられる防衛機制である。自己や対象を「よい」「悪い」に別々のものとして切り離す分裂や、自己の中の「よい部分」（「悪い部分」）を対象の中へ投影し、対象を操作、支配しようとする投影性同一視などがある。

3 ボーダーラインパーソナリティ症

　ボーダーラインパーソナリティ症は、相手を過度に理想化したかと思えば、逆に極端にこきおろすといった、著しく**不安定**な対人関係パターンを示します。また、**衝動的**で、ときには激しい怒りを示すこともあります。自殺企図や浪費癖、むちゃ食いや著しく逸脱した性行為、薬物乱用などがくり返されることも少なく

ありません。感情的には慢性的な**空虚感**にさいなまれ、**見捨てられること**に対する不安が非常に強いのが特徴です。

Check

Masterson,J.F.（マスターソン）は、ボーダーラインパーソナリティ症の病因がMahler,M.S.（マーラー）の提唱した分離―個体化理論における再接近期の失敗にあると考えた。つまり、16ヵ月〜25ヵ月の再接近期において適切な母子関係が成立しなかったために、思春期における心理的な自立の際に、「母親に見捨てられるのではないか」という見捨てられ不安が顕在化すると考えた。

4 支援 重要

精神症状（例えば、不安や抑うつ）に対しては薬物療法を行いつつ、内省的な方法はあまりとらずに現実的な問題に対して**支持的**にかかわる方法や、**精神分析的アプローチ、認知行動療法**が行われています。その際、治療全体のマネジメントは精神科医（Administrator：管理医）、心理的支援は心理臨床家（Therapist：治療者）が行うといった、**A-Tスプリット**を採用することも少なくありません。

+α プラスアルファ

弁証法的行動療法

ボーダーラインパーソナリティ症の治療法として、Linehan,M.M.（リネハン）が開発した。第三世代の認知行動療法と呼ばれており、ボーダーラインパーソナリティ症だけでなく、アルコール依存など、衝動性に問題があるクライエントに応用されている。弁証法的行動療法は、ボーダーラインパーソナリティ症に特徴的な症状を系統立てて、改善しようとするものである。ボーダーラインパーソナリティ症に不足しているスキルとして、①対人関係を保持するスキル、②感情を統制するスキル、③欲求不満耐性スキル、④マインドフルネススキルが挙げられる。こうしたスキルを半年間24回のトレーニング・グループで学んでいく。さらに、週1回の個人療法、24時間の電話対応が組み合わされている。

Check

パーソナリティ症の支援においては、治療の全体的なデザインに従って環境整備を行うことが重要である。具体的には、薬物療法は必要か、入院が必要か、通院で対応するのであれば通院頻度はどのくらいか、どのような心理療法を行うのかなど、クライエントの問題の程度に合わせて、詳細なデザイン、つまり治療構造（P.247参照）を設定していく。特に、不安定さを特徴とするボーダーラインパーソナリティ症のクライエントにとっては、こうした構造があることで混乱を防ぐことができる。また、治療者にとっても、自分の能力を超えた抵抗をコントロールすることができ、結果的に長期的で現実的な支援が可能になる。また、ボーダーラインパーソナリティ症の治療では、治療者はクライエントへの支援だけではなく、必要に応じてクライエントに関わるスタッフへの支援も行う。

23 | てんかん

重要度
★★★

ブループリント
中項目　心理的支援が必要な主な疾病

🔑 キーワード　部分発作、全般性発作、症候性てんかん、特発性てんかん、抗てんかん薬

1　てんかん

👉 重要

てんかんとは、くり返し起こる発作を主な症状とする、慢性的な脳の障害です。多くが乳幼児期に発症するとされます。

発作は、**脳の神経細胞（ニューロン）**の過剰な**電気的興奮**が原因で起こるとされています。

てんかん発作は、過剰な電気的興奮が起こった場所や興奮の広がり方によって**部分発作**と**全般性発作**に分けられます。

+α プラスアルファ

前兆

てんかん発作が起こる前の自覚症状。手足のしびれや体温の変化、不安やいらだち、頭痛など人によってさまざまであるが、その人においてはパターン化されていることも多く、発作をある程度予測することができる。

■てんかん発作の種類

部分発作：電気的興奮が脳の一部に限定して起こることによる発作	
単純部分発作	意識障害をともなわない。過剰な電気的興奮を起こす部位によって、症状に違いがある。視覚野で起これば光がチカチカ見える、手の運動野で起これば手がピクピク動く
複雑部分発作	意識障害や記憶障害がみられる。急に動作を止め、顔をぼーっとさせる発作や、フラフラと歩き回ったり、手をたたいたり、口をモグモグさせたりといった無意味な動作をくり返す（自動症）などの症状がみられる
全般性発作：大脳の広い範囲で過剰な電気的興奮が起こることによる発作。発作時にほとんど意識はない	
強直発作	突然意識を失い、口を固く食いしばり、呼吸が止まり、手足を伸ばした格好で全身を硬くする。強直したまま激しく倒れ、ケガをすることもある
間代発作	手足をガクガクと一定のリズムで曲げたり伸ばしたりするけいれんが起こる

脱力発作	全身の筋肉の緊張が低下・消失してしまうことで、くずれるように倒れてしまう発作
ミオクロニー発作	全身あるいは手足など身体の一部の筋肉が一瞬ピクッと収縮する発作。転倒したり、持っている物を投げ飛ばしたりすることもある
欠神発作	数十秒間にわたり突然意識がなくなる発作であるが、けいれんを起こしたり、倒れたりはしない。注意力がない、集中力がないなどと思われて、まわりの人がてんかん発作であることに気づかないことがある

2 診断と分類

てんかんの診断は、**脳波検査**による所見と**てんかん発作**等の臨床像から行われます。特に、脳波計上に**棘波・鋭波**と呼ばれる、鋭角的な波形が記録されるのが特徴です（P.91 参照）。また、その病因から二つに分類されます。

症候性てんかん	脳に何らかの器質的な病変を見出すことができるもの
特発性てんかん	脳に器質性の病変を証明することができない病因不明のもの

3 てんかんの治療

治療は**抗てんかん薬**を継続的に服用する**薬物治療**が中心となります。てんかんそのものが治癒することは少ないとされますが、薬物治療によりかなりの程度、症状を抑制することが可能であるとされます。薬物療法以外には**外科治療**があります。また、心理療法が**補助的**に用いられる場合もあります。

 Check

てんかんは、自動車の運転中に意識を失う発作が起こってしまうと事故を起こす危険がある。
ただし、医師の診断によって、以下の条件を満たした場合には、運転免許の取得が可能である。
①発作が過去5年間なく、今後発作が起こるおそれがないと診断された場合
②発作が過去2年間なく、「今後、X年程度であれば、発作が起こるおそれがない」と
　診断された場合
③1年間の経過観察ののち、「発作が意識障害及び運動障害をともなわない単純部分発作に限られ、
　今後症状の悪化のおそれがない」と診断された場合
④2年間の経過観察ののち「発作が睡眠中に限って起こり、今後症状の悪化のおそれがない」と
　診断された場合
※②に該当する場合については、一定期間（X年）後に臨時適性検査を行うこととする。

24 | 向精神薬による薬理作用

1 　向精神薬　　　　　　　　　　　　　　　

　　精神症状を示す患者に対して、心理療法や心理教育などの心理的支援を行う際
に、**薬物療法**を併用することが多いです。薬物療法の目的は、①精神症状を軽減
し、日常生活を送る上での**苦痛**や**困難**を緩和する、②心身の状態を改善すること
で、**自己治癒力**を高める、③**再発**を防止するなどが挙げられます。

　　脳の**中枢神経系**に作用してさまざまな精神疾患の
治療に使用される薬物の総称を**向精神薬**といいます。
向精神薬は右のように分類されます。

　　ただし、向精神薬による治療は、精神疾患の原因
を治すものではなく、その症状を軽減する**対症療法**
です。また、向精神薬の効果は、個人差が非常に大
きく、その効果を予測することも難しいです。

　　脳の中枢神経系に関連する主な神経伝達物質には、
以下のものが挙げられます。

■向精神薬の分類

向精神薬	抗精神病薬
	抗うつ薬
	気分安定薬
	抗不安薬
	睡眠薬
	抗認知症薬

■主な神経伝達物質

ドーパミン	意欲や情動、学習などに関わる。働きが強過ぎると幻覚・妄想を引き起こす。働きが低下していると、パーキンソン症状がみられる
ノルアドレナリン	不安や意欲などに関わる。働きが強過ぎると攻撃的・焦燥的・不安になる。働きが低下していると意欲が減退し無気力になる
セロトニン	気分の調整や睡眠などに関わる。働きや量が低下していると抑うつや不安がみられる
GABA（γ-アミノ酪酸）	セロトニンと同様に、気分や睡眠などに関わる。少ないと不安や不眠などがみられる

2　薬理作用　 重要

　薬物が生体に及ぼす作用を薬理作用といいます。薬物を生体に与えると、組織や細胞は器質的あるいは機能的変化を起こします。体内に摂取された薬物は、**吸収**、**分布**、**代謝**、**排泄**の段階をたどり、この過程を**薬物動態**といいます。

■薬物の段階

吸収	薬剤が投与方法に応じた経路によって、血液中に入り込むこと
分布	血液に入り込んだ薬剤が、血管を通って全身を循環し、体内の目的組織にたどり着いて薬効を発現すること
代謝	薬効を発現し終わった薬剤を、体外に排出しやすいかたちに変化させること。多くの向精神薬は、肝臓の肝チトクローム P450 酵素により代謝される
排泄	薬剤の代謝物が、尿中や便中に排出されること。向精神薬は、汗や唾液、母乳中にも排出される

　コンプライアンス（服薬遵守）とは、患者が医師の指示通りに服薬することをいいます。コンプライアンスの低下は薬物療法の効果に大きな影響を及ぼします。コンプライアンスを低下させる要因は、患者側の**心理的要因**、**物理的・経済的要因**、**疾患への理解不足**、**精神症状**などのほかに、服薬についての**説明不足**などの治療者側の要因、薬物療法に**懐疑的**な周囲の人たちの態度、**副作用**が強いといった薬物自体の要因も挙げられます。

　もともとコンプライアンスには、医師の指示に**受身的**に従う患者像が前提にありました。しかし、最近では、患者が服薬の意味を理解し**主体的**に服薬を継続する**アドヒアランス（治療継続性）**ということばが使われるようになってきています。この背景には、**インフォームド・コンセント**の考えが普及されるにつれて、患者自身が自らの疾患や治療法を知り、**選ぶ権利**が主張されるようになってきたことがあります。

　アドヒアランスを高めるためには、まずは医師─患者の間で信頼できる**協力関係**を築く必要があります。また、服薬回数が少ない薬剤や**デポ剤**の開発など薬物療法自体を工夫することも大切です。

📖 用語解説

デポ剤

注射剤の一種で、体内に投与後、薬効成分を少しずつ放出し続けるため、作用が数週間程度持続するメリットがある。経口薬と比べて投薬の頻度が明らかに少なくなるため、薬を飲むことを忘れがちな患者や拒薬する患者への投与に適している。また、投与できる薬の量が経口薬よりも多いため、経口薬だけでは十分な効果が得られない患者にも適用されている。

3 主な向精神薬

1 抗精神病薬

抗精神病薬は、主に**幻覚**や**妄想**、**精神興奮**などを改善するために使用されます。適応は、主に**統合失調症**や**躁エピソード**、器質性精神障害、物質関連症などの精神病状態です。

種類	作用機序	薬品名
定型抗精神病薬	ドーパミン D_2 受容体遮断	ハロペリドール、クロルプロマジン
非定型抗精神病薬	ドーパミン D_2 受容体遮断 セロトニン 5-HT_2 受容体遮断など	リスペリドン、オランザピン、クエチアピン

定型抗精神病薬は、**幻覚**や**妄想**への治療効果があり従来から広く用いられていましたが、過剰な鎮静や**錐体外路症状**、**抗コリン作用**などの副作用が強いという欠点がありました。それらを改善して開発された**非定型抗精神病薬**は、副作用が少なく**陰性症状**や**認知機能障害**への有効性も示されており、統合失調症の薬物療法では第一選択薬となっています。

■主な副作用

錐体外路症状によるもの	
アカシジア	足がむずむずして歩き回りたくなる症状
アキネジア	随意運動能力の低下によって動きが緩慢になる症状
振戦	主に手が震える症状
急性ジストニア	急に筋緊張が亢進して、眼球が上転したり、頸部が曲がったりする症状
遅発性ジスキネジア	舌を突き出したり、口をモグモグさせたりといった口舌部の異常運動や、四肢や体幹の異常運動

精神疾患の治療においては、薬物療法が基本になります。多職種連携を踏まえて、各治療薬についてしっかり押さえておきましょう。

抗コリン作用によるもの	
中枢神経系	記憶障害、せん妄、幻覚、失見当識
循環器系	頻脈、動悸、不整脈、めまい
泌尿器系	排尿障害
眼科	眼圧上昇、散瞳
消化器系	口渇、唾液・消化液分泌抑制、便秘

非定型抗精神病薬であるオランザピンとクエチアピンは、血糖値を上昇させる副作用があることから糖尿病患者には禁忌となっている。また、抗精神病薬の副作用として、乳汁分泌や性機能障害がみられる高プロラクチン血症がある。

② 抗うつ薬

　抗うつ薬は、**抑うつ気分**、**精神運動制止**、**不安・焦燥**などの症状を緩和するために使用されます。適応は、主に**うつ病**ですが、一部の抗うつ薬は**強迫症**、**パニック症**、**全般不安症**、**摂食症**などにも用いられています。

■抗うつ薬

種類	作用機序	薬品名
三環系抗うつ薬	モノアミントランスポーター阻害作用	イミプラミン、クロミプラミン
四環系抗うつ薬	ノルアドレナリン再取り込み阻害作用、α_2アドレナリン受容体遮断作用	マプロチリン、セチプチリン
選択的セロトニン再取り込み阻害薬（SSRI）	セロトニントランスポーター阻害作用	パロキセチン、フルボキサミン
セロトニン・ノルアドレナリン再取り込み阻害薬（SNRI）	セロトニンおよびノルアドレナリントランスポーター阻害作用	ミルナシプラン、デュロキセチン

　三環系抗うつ薬は副作用が強いことから、四環系抗うつ薬、SSRI、SNRIが開発されました。抗うつ薬の副作用には、口渇、便秘、眠気、立ちくらみなどがあります。また、不安や焦燥、不眠、衝動性や攻撃性の亢進などの**賦活症候群**が生じることもあります。抗うつ薬の効果がみられるまでに、一般に投与から**2週間程度**を要します。

③ 気分安定薬

気分安定薬は、**気分**を安定させ、躁状態やうつ状態の軽減や予防に効果があります。適応は**双極症**です。

■気分安定薬

種類	薬品名
リチウム	リチウム
抗てんかん薬	カルバマゼピン、バルプロ酸

リチウム以外は、もともと**抗てんかん薬**として用いられていました。

リチウムの副作用としては、悪心や嘔吐などの**消化器症状**、**多尿**、**振戦**、**甲状腺機能低下**などがあります。また、**血中濃度**が高くなった場合に、意識障害やけいれん、腎障害などが現れ、死に至ることもあるので、定期的な血中濃度測定が必要です。

④ 抗不安薬

抗不安薬には、**不安**や緊張の緩和、**鎮静・催眠作用**、**筋弛緩作用**、**抗けいれん作用**、**自律神経調整作用**があります。適応は、**不安症**に限らず、**うつ病**、**統合失調症**、**心身症**における不安や緊張、抑うつ、**睡眠障害**、**自律神経失調症**などに用いられています。

■ベンゾジアゼピン系抗不安薬

種類	作用機序	薬品名
ベンゾジアゼピン系	GABA受容体活性化	エチゾラム、ロラゼパム

ベンゾジアゼピン系抗不安薬は、**GABA受容体**と複合体を形成している**ベンゾジアゼピン受容体**に作用します。GABAは**抗不安**や、**催眠・鎮静**などに関わっており、ベンゾジアゼピン系抗不安薬が**GABA**の働きを助けることで抗不安作用や鎮静・催眠作用が現れます。作用時間や強さによって分類があります。

ベンゾジアゼピン系抗不安薬の副作用には、**眠気**、**疲労感**、**筋弛緩**、**注意力低下**、**記憶障害**、**運動失調**などがあります。また、**依存**や**耐性**

+α プラスアルファ

半減期
体内に入った薬物が、代謝や排泄などによって半分に減るまでに要する時間を指す。薬学では血中薬物濃度が半減するまでに要する時間をいう。半減期が短いということは、薬物が素早く代謝、排泄されることを示し、薬の作用時間が短いことを意味する。

が生じやすいため、常用量依存の問題が指摘されています。

⑤ 睡眠薬

睡眠薬は、**睡眠**を誘発し持続させる薬剤をいいます。代表的なものとして、抗不安薬でもある**ベンゾジアゼピン系**のものが多いです。作用時間によって、超短時間作用型、短時間作用型、中間作用型、長時間作用型に分けられ、**入眠困難**、**中途覚醒**、**早朝覚醒**といった症状に対応しています。

使用においては、**アルコール**との併用は作用を増強させるため、**アルコール**を摂取しないように指示します。

■ 睡眠薬

種類	作用機序	薬品名
ベンゾジアゼピン系	GABA 受容体活性化	フルニトラゼパム、クアゼパム
非ベンゾジアゼピン系	ベンゾジアゼピン受容体に作用	ゾルピデム、ゾピクロン
その他	メラトニン受容体、オレキシン受容体などに作用	ロゼレム、スボレキサント

Check

オレキシン受容体拮抗薬とメラトニン受容体作動薬は、ベンゾジアゼピン系の睡眠薬とは異なり、耐性や依存といった問題は少ないとされている。ただし、重篤ではないが、オレキシン受容体拮抗薬では傾眠、めまい、頭痛、疲労、悪夢、メラトニン受容体作動薬では傾眠、頭痛、めまい、倦怠感といった副作用がみられることがある。

⑥ 抗認知症薬

抗認知症薬は、認知症の進行を抑える薬剤です。適応は、一般的には**アルツハイマー型認知症**ですが、**レビー小体型認知症**にも用いられるものもあります。

アセチルコリンエステラーゼ阻害薬は、**記憶障害**や**見当識障害**の症状を抑制したり、行動や感情、言語を活発化したりする効果があります。主な副作用としては、**吐き気**、**嘔吐**、**食欲不振**、**下痢**、**興奮**などがあります。

NMDA受容体拮抗薬は、患者の行動や感情を**安定化**させる、あるいはやや抑制的に作用する効果があります。暴力や暴言、不穏、拒絶などの**BPSD**（P.312参照）によって介護に困難をきたす場合に用いられることが多いです。副作用としては、**めまい**、**頭痛**、**傾眠**などがあります。

種類	作用機序	薬品名
アセチルコリンエステラーゼ阻害薬	アセチルコリンエステラーゼ活性阻害作用	塩酸ドネペジル、ガランタミン
NMDA受容体拮抗薬	NMDA受容体チャンネル阻害作用	メマンチン

高齢者は、加齢にともない生理的機能が低下してくる。具体的には、心拍血量の低下や脳血流量の低下、胃酸分泌量の低下、消化管血流や消化管運動の低下、腎機能の低下などである。また、体脂肪率の増加や体水分量の減少、筋肉量の低下などの生理学的変化もみられる。そのため、通常の成人量投与時でも薬効が増大する危険性が高い。高齢者への薬物療法においては、通常成人量の1/2〜1/3程度の量から投与し、様子を見ながら調整していくことが推奨されている。また、高齢者はさまざまな疾患を抱えていることが多く、結果として多くの薬物が投与されている場合がある。そのため、薬物相互作用による有害反応の出現や、薬剤の重複処方に注意が必要である。

7 AD/HD治療薬

AD/HD治療薬は、不注意や多動性・衝動性といった症状を抑える効果があります。

種類	作用機序	薬品名
中枢神経刺激薬	ドーパミン再取り込み阻害	メチルフェニデート
非中枢神経刺激薬	ノルアドレナリン再取り込み阻害	アトモキセチン
	α_{2A}アドレナリン受容体刺激	グアンファシン

中枢神経刺激薬はAD/HDだけでなく、ナルコレプシーにも用いられます。投与後、速やかに効果が現れますが、**不眠**や**食欲不振**などの副作用が生じることがあります。非中枢神経刺激薬のうち、ノルアドレナリン再取り込み阻害作用のあるものは、投与後2週間から4週間で効果が現れますが、眠気、吐き気、腹痛などの副作用があります。α_{2A}アドレナリン受容体刺激作用のあるものは、投与後1週間から2週間で効果が現れますが、眠気、頭痛、血圧低下などの副作用があります。

作用機序についても出題されているので、しっかりおさえておきましょう。

第5章　精神疾患とその治療

次の問いに答えなさい。

Q1 がんの進行の程度は、ステージⅠ期～ステージⅤ期の5段階である。

Q2 閉経後の女性に骨粗鬆症が多くみられるのは、女性ホルモンの一種であるエストロゲンの分泌が低下することが要因の一つである。

Q3 メタボリックシンドロームとは、内臓脂肪型肥満に加えて、高血圧、高血糖、脂質異常のすべてがあてはまる状態をいう。

Q4 緩和ケアとは、末期がんの患者に限られて行われるQOLを改善するためのアプローチである。

Q5 知的発達症は18歳までに生じる、知的機能の明らかな制約によってのみ特徴づけられる能力障害をいう。

Q6 自閉スペクトラム症は、家庭での養育に問題があるため、社会的コミュニケーションに障害がみられると考えられている。

Q7 注意欠如多動症への支援として、トークン・エコノミーなどの古典的条件づけにおける行動療法が有効であるとされている。

解答と解説

A1	×	→ステージ0期～ステージⅣ期の5段階である。
A2	○	→P.260参照。
A3	×	→P.261参照。
A4	×	→P.263参照。
A5	×	→知的発達症は18歳までに生じる、知的機能と適応機能の明らかな制約によって特徴づけられる能力障害をいう。
A6	×	→P.274参照。
A7	×	→古典的条件づけではなくオペラント条件づけである。

Q8 限局性学習症は、その特異な知的発達の遅れから、比較的幼少期に発見されやすい。

Q9 統合失調症の原因の一つとして、セロトニンの放出異常が指摘されている。

Q10 気分循環症とは、軽躁症状と抑うつ症状を反復する期間が2年以上続く状態を指す。

Q11 広場恐怖症とは、公共交通機関や広い空間、混雑した場所などさまざまな状況のうち、一つ以上の状況で過度の恐怖や不安を体験している状態をいう。

Q12 強迫症の治療においては、その強迫観念に共感的理解を示すクライエント中心療法が標準治療である。

Q13 心的外傷後ストレス症は、自らが強い心的外傷を受けるような体験をしないと診断されない。

Q14 離人感・現実感消失症においては、現実検討力は損なわれていない。

Q15 認知症の高齢者への支援として、昔のことを思い出してもらうリアリティ・オリエンテーションがある。

解答と解説

A8 × →限局性学習症は、一般的に知的に問題がなく、幼少期で発見されにくい。また、就学後は、怠けと間違えられることもある。

A9 × →セロトニンではなく、ドーパミンの放出異常が指摘されている。

A10 ○ →P.284参照。

A11 × →一つ以上ではなく二つ以上である。

A12 × →クライエント中心療法ではなく、曝露反応妨害法である。

A13 × →心的外傷後ストレス症の診断基準には、自らの直接体験だけでなく、他者に起こった出来事を目撃する、近親者や親しい友人に起こった出来事を耳にする、仕事として心的外傷的出来事の強い不快感を抱く細部にくり返し曝露される場合なども含む。

A14 ○ →P.299参照。

A15 × →リアリティ・オリエンテーションではなく回想法である。

第6章

関係行政論

01 | 保健医療分野

1　医療法

　医療は、**病院**や**診療所**などの医療施設を通じて提供されますが、その提供体制を定めているのが**医療法**です。医療法の目的は、第一章「総則」第一条に、以下のように規定されています。

> **第一条**　この法律は、医療を受ける者による医療に関する**適切な選択**を支援するために必要な事項、医療の安全を確保するために必要な事項、**病院、診療所**及び**助産所**の開設及び管理に関し必要な事項並びにこれらの施設の整備並びに医療提供施設相互間の機能の**分担**及び**業務**の連携を推進するために必要な事項を定めること等により、医療を受ける者の**利益の保護**及び**良質かつ適切な医療**を**効率的**に提供する体制の確保を図り、もって**国民の健康**の保持に寄与することを目的とする。

　第一条の二には、**医療提供の理念**について規定されています。

> **第一条の二**　医療は、**生命の尊重**と**個人の尊厳**の保持を旨とし、医師、歯科医師、薬剤師、看護師その他の医療の担い手と医療を受ける者との信頼関係に基づき、及び医療を受ける者の心身の状況に応じて行われるとともに、その内容は、単に**治療**のみならず、疾病の**予防**のための措置及び**リハビリテーション**を含む良質かつ適切なものでなければならない。
>
> **2**　医療は、国民自らの健康の保持増進のための努力を基礎として、**医療を受ける者の意向**を十分に尊重し、**病院、診療所、介護老人保健施設、介護医療院**、調剤を実施する**薬局**その他の医療を

提供する施設（以下「**医療提供施設**」という）、医療を受ける者の**居宅**等（居宅その他厚生労働省令で定める場所をいう）において、医療提供施設の機能に応じ効率的に、かつ、福祉サービスその他の関連するサービスとの**有機的な連携**を図りつつ提供されなければならない。

また、医師、歯科医師、薬剤師、看護師などの医療の担い手の**責務**について、以下のように定めています（第一条の四）。

①医師、歯科医師、薬剤師、看護師その他の医療の担い手は、**良質かつ適切**な医療を行うこと。

②医師、歯科医師、薬剤師、看護師その他の医療の担い手は、医療を提供するにあたり、**適切な説明**を行い、医療を受ける者の理解を得るよう努めること。

③医療提供施設にて診療に従事する医師及び歯科医師は、施設相互間の機能の**分担**及び業務の**連携**に資するために、必要に応じて、医療を受ける者を他の施設に**紹介**したり、医療を受ける者に関するその診療に必要な情報を他の施設にて従事する医師若しくは歯科医師又は薬剤師に提供したりするなどの措置を講ずるように努めること。

④病院又は診療所の管理者は、退院する患者が引き続き療養を必要とする場合に、保健医療サービス又は福祉サービスを提供する者との**連携**を図り、患者が適切な環境の下で**療養**を継続できるように配慮すること。

⑤医療提供施設の開設者及び管理者は、医療技術の普及及び医療の効率的な提供に資するために、その**建物**または**設備**を、その施設に勤務しない医療の担い手にも**利用**させるように配慮すること。

医療法第三十条の四では、都道府県は医療提供体制の確保を図るための基本方針に即して、かつ、地域の実情に応じて、当該都道府県における医療提供体制の確保を図るための計画（医療計画）を定めることが規定されている。また、医療計画の中で、病院および診療所の病床の整備を図るべき地域的単位として区分される医療圏を定める。医療圏は、地理的条件や日常生活の需要の充足、交通事情などの社会的条件を考慮して、一体の区域として医療を提供することが相当である単位として設定される二次医療圏と、都道府県の区域を単位として設定される三次医療圏がある。

なお、医療法において**病院**や**診療所**などは次のように定義されています。

■病院・診療所の定義

病院	医師又は歯科医師が、公衆又は特定多数人のため医業又は歯科医業を行う場所であって、20人以上の患者を入院させるための施設を有するもの
診療所	医師又は歯科医師が、公衆又は特定多数人のため医業又は歯科医業を行う場所であって、患者を入院させるための施設を有しないものまたは19人以下の患者を入院させるための施設を有するもの
助産所	助産師が公衆又は特定多数人のためその業務（病院または診療所において行うものを除く）を行う場所であり、妊婦、産婦又は産褥婦10人以上の入所施設を有してはならない

医療法には、医療の安全の確保のための措置に関する規定も設けられており、医療機関の**管理者**に以下の事項を義務づけています。なお、医療事故調査・支援センターは、**厚生労働大臣**によって指定されます。

> **第六条の十** 病院、診療所又は助産所（以下「病院等」という）の管理者は、医療事故（当該病院等に勤務する医療従事者が提供した医療に起因し、又は起因すると疑われる死亡又は死産であって、当該管理者が当該死亡又は死産を予期しなかったものとして厚生労働省令で定めるものをいう）が発生した場合には、遅滞なく、当該医療事故の日時、場所及び状況その他厚生労働省令で定める事項を**医療事故調査・支援センター**に報告しなければならない。
>
> **2** 病院等の**管理者**は、医療事故の報告をするに当たっては、あらかじめ、医療事故に係る死亡した者の**遺族**又は医療事故に係る死産した胎児の父母その他厚生労働省令で定める者（以下「遺族」という）に対し、説明しなければならない。

第六条の十一 病院等の管理者は、医療事故が発生した場合には、速やかにその原因を明らかにするために必要な調査（以下**「医療事故調査」**という）を行わなければならない。

2 病院等の管理者は、医学医術に関する学術団体その他の厚生労働大臣が定める団体（以下**「医療事故調査等支援団体」**という）に対し、医療事故調査を行うために必要な支援を求めるものとする。

3 **医療事故調査等支援団体**は、医療事故調査に必要な支援を行うものとする。

4 病院等の管理者は、医療事故調査を終了したときは、遅滞なく、その結果を**医療事故調査・支援センター**に報告しなければならない。

5 病院等の管理者は、前項の規定による報告をするにあたっては、あらかじめ、**遺族**に対し、説明しなければならない。

第六条の十二 病院等の管理者は、**医療の安全**を確保するための指針の策定、従業者に対する**研修の実施**その他の当該病院等における医療の安全を確保するための措置を講じなければならない。

+α プラスアルファ

特定機能病院

①高度の医療を提供する能力を有すること、②高度の医療技術の開発および評価、研修を行う能力を有すること、③400床以上の病床を有すること、④医療安全管理体制が整備されていることなどが要件であり厚生労働大臣の承認を得た病院。

地域医療支援病院

①原則として国、都道府県、市町村、社会医療法人、医療法人等が開設主体であること、②紹介患者中心の医療を提供していること、③救急医療を提供する能力を有すること、④建物、設備、機器等を地域の医師等が利用できる体制を確保していること、⑤地域医療従事者に対する研修を行っていること、⑥200床以上の病床を有することなどが要件であり都道府県知事の承認を得た病院。

臨床研究中核病院

①特定臨床研究に関する計画を立案し、および実施する能力を有すること、②他の病院または診療所と共同して特定臨床研究を行う場合にあっては、主導的な役割を果たす能力を有すること、③他の病院または診療所に対し、特定臨床研究の実施に関する相談に応じ、必要な情報の提供、助言、その他の援助を行う能力を有すること、④特定臨床研究に関する研修を行う能力を有すること、⑤400床以上の病床を有することなどが要件であり厚生労働大臣の承認を得た病院。

2 地域保健法

地域保健法の目的は第一章「総則」第一条に、以下のように規定されています。

> **第一条** この法律は、**地域保健対策**の推進に関する基本指針、**保健所**の設置その他地域保健対策の推進に関し基本となる事項を定めることにより、母子保健法その他の地域保健対策に関する法律による対策が地域において**総合的**に推進されることを確保し、もって**地域住民の健康の保持及び増進**に寄与することを目的とする。

また、地域保健において重要な位置づけにあるのが**保健所**です。保健所は、**都道府県、政令指定都市、特別区**などに設置されています。地域保健法の第六条において、保健所の**業務**が定められています。

①地域保健に関する思想の普及及び向上に関する事項

②人口動態統計その他地域保健に係る統計に関する事項

③栄養の改善及び食品衛生に関する事項

④住宅、水道、下水道、廃棄物の処理、清掃その他の環境の衛生に関する事項

⑤医事及び薬事に関する事項　⑥保健師に関する事項

⑦公共医療事業の向上及び増進に関する事項

⑧母性および乳幼児並びに老人の保健に関する事項

⑨歯科保健に関する事項　⑩精神保健に関する事項

⑪治療方法が確立していない疾病その他の特殊の疾病により長期に療養を必要とする者の保健に関する事項

⑫エイズ、結核、性病、伝染病その他の疾病の予防に関する事項

⑬衛生上の試験及び検査に関する事項

⑭その他地域住民の健康の保持及び増進に関する事項

また、**市町村保健センター**は、地域住民に対し、**健康相談、保健指導**および**健康診査**その他地域保健に関し必要

母子保健法

母性や乳幼児の健康の保持、増進を図ることを目的とした法律である。母子保健に関する知識の普及、妊産婦や乳幼児を対象とした健康診査と保健指導、妊娠の届出と母子手帳の交付、妊産婦および新生児や未熟児の訪問指導、低体重児の届出、養育医療の給付、産後ケア事業、母子健康包括支援センターの設置などが規定される。

な事業を行うことを目的とする施設です（第十八条第二項）。

健康日本21

健康増進法第七条に規定される、国民の健康の増進の総合的な推進を図るための基本方針に基づいて行われる「21世紀における国民健康づくり運動」をいう。令和6年度からは健康日本21（第3次）が実施され、栄養・食生活、身体活動・運動、休養、飲酒、喫煙、歯・口腔の健康の分野において具体的な目標項目と数値が定められている。社会とのつながり・こころの健康の維持・向上につながる社会環境整備として、地域の人々とのつながりが強いと思う者の増加、社会活動を行っている者の増加、地域等で共食している者の増加、メンタルヘルス対策に取り組む事業場の増加、心のサポーター数の増加が目標に設定されている。

Check

2018年に改正された健康増進法において、特定施設等における喫煙の禁止等、受動喫煙を防止するための措置が規定された。

3 精神保健福祉法

1 精神保健福祉法の目的と定義

精神保健福祉法は、正式名称を「精神保健及び精神障害者福祉に関する法律」といいます。その目的は、第一章「総則」第一条に、次のように記されています。

> **第一条** この法律は、精神障害者の**医療及び保護**を行い、障害者の日常生活及び社会生活を総合的に支援するための法律と相まってその**社会復帰の促進**及びその**自立と社会経済活動への参加の促進**のために必要な援助を行い、並びにその**発生の予防**その他**国民の精神的健康の保持及び増進**に努めることによって、精神障害者の福祉の増進及び国民の精神保健の向上を図ることを目的とする。

また、**精神障害者**の定義は、第五条に、次のように記されています。

> **第五条** この法律で「精神障害者」とは、**統合失調症、精神作用物質による急性中毒又はその依存症、知的障害、精神病質その他の精神疾患を有する者**をいう。

2 精神保健福祉法のポイント

①入院形態

精神障害者の入院形態としては、**任意入院・措置入院・医療保護入院・応急入**

院の４つが規定されています。

①任意入院 （第21条）	本人の同意により入院する。本人が申し出た場合は退院できる
②措置入院 （第29条）	本人の同意を必要としない。指定医2名以上の一致により自傷他害のおそれがあると診断された精神障害者を、都道府県知事が精神科病院または指定病院に入院させることができる
③医療保護入院 （第33条）	家族等（またはその代理となる市町村長）の同意があれば、本人の同意を必要としない。指定医の診察により、医療・保護が必要と認められた精神障害者を、精神科病院の管理者が入院させることができる
④応急入院 （第33条の7）	本人や家族等の同意を必要としない。指定医の診察により、急速を要する医療・保護が必要と認められた精神障害者を、精神科病院の管理者が72時間を限度として入院させることができる

Check

「家族等」とは、配偶者・親権を行うもの、扶養義務者、後見人、保佐人である。「家族等」として認められない者は、行方の知れない者、当該精神障害者に対して訴訟をしている（またはした）者とその配偶者および直系血族、家庭裁判所により罷免された法定代理人・保佐人または補助人、心身の故障により前項の規定による同意または不同意の意思表示を適切に行うことができない者として厚生労働省令で定めるもの、未成年である。

緊急措置入院

急速を要し正規の措置入院の手続きがとれず、指定医1名の診断に基づき、自傷他害のおそれがある精神障害者を都道府県知事の権限により72時間を限度として入院させることができる。

また、医療保護入院については、本人の同意を得ることなく行われる入院であることを踏まえて、**人権擁護**の観点から可能な限り**早期治療・早期退院**ができるように、病院の**管理者**に対して、以下の措置を義務づけています。

■**医療保護入院者の退院における病院管理者の措置**

①精神保健福祉士等の退院後生活環境相談員による退院後の生活環境に関する相談及び指導

②必要に応じた地域援助事業者の紹介

③地域生活移行促進のための体制整備

Check

入院患者等からの不服申し立てや入院継続の必要性について審議する機関に精神医療審査会がある。委員は、精神障害者の医療に関する学識経験者（指定医に限る）2名以上、精神障害者の保健または福祉に関する学識経験者1名以上、法律に関する学識経験者1名以上の5名から構成される。

Check

精神保健福祉法では、通報について以下のように定めている。
・検察官は、精神障害者またはその疑いのある被疑者あるいは被告人について、不起訴処分をしたとき、または裁判が確定したときには、都道府県知事に通報しなければならない。
・警察官は、精神障害のために自傷他害のおそれがあると認められる者を発見したときは、最寄りの保健所長を経て都道府県知事に通報しなければならない。
・保護観察所の長は、保護観察に付されている者が精神障害者またはその疑いのある者であることを知ったときは、都道府県知事に通報しなければならない。
・矯正施設の長は、精神障害者またはその疑いのある者を釈放、退院または退所させようとするときは、あらかじめその収容者の帰住地の都道府県知事に通報しなければならない。

用語解説

指定医
（精神保健指定医）

精神科3年以上を含む5年以上の臨床経験を有する医師が、講習を受けること、患者に関する報告書を5分野5症例提出することで、資格を得ることができる。

②精神障害者保健福祉手帳

　精神障害者保健福祉手帳（以下、手帳）は、精神障害者が、**都道府県知事**に申請して交付を受けることになります（第四十五条）。また、交付を受けた場合、**2年ごと**に更新することが定められています。

　手帳の表紙には、プライバシー保護などの観点から**「障害者手帳」**とのみ書かれてあります。また、手帳には、氏名・住所・障害の等級などが記されていて、**写真の貼付**が義務づけられています（ただし、貼付をしなくてよいとする自治体もあります）。**病名**は記載されていません。

　障害の程度は、1級〜3級に分かれます。判定は、**精神保健福祉センター**で行われ、等級によって受けられるサービスが異なります。

1級	日常生活の用を弁ずることを不能ならしめる程度
2級	日常生活が著しい制限を受けるか、または、日常生活に著しい制限を加えることを必要とする程度
3級	日常生活もしくは社会生活が制限を受けるか、または、日常生活もしくは社会生活に制限を加えることを必要とする程度

4　医療観察法　重要

　医療観察法は、正式名称を「心神喪失等の状態で重大な他害行為を行った者の医療及び観察等に関する法律」といいます。**心神喪失**または**心神耗弱**の状態で、重大な**他害行為**を行った人に対して、適切な医療を提供し、病状の改善と再他害

行為の防止を図り、社会復帰を促進することを目的としています。ここでいう重大な他害行為とは、**殺人**、**放火**、**強盗**、**強制性交等**、**強制わいせつ**、**傷害**といった行為を指します。

心神喪失または心神耗弱の状態で重大な他害行為を行い、**不起訴処分**となるか**無罪**等が確定した人に対して、**検察官**が医療観察法による医療および観察を受けさせるべきかの申立てを**地方裁判所**に行います。申立てがなされると、鑑定を行う医療機関での入院等が行われるとともに、**裁判官**と**精神保健審判員**の各1名からなる合議体による審判が行われます。また、審判において**精神保健参与員**は精神保健福祉の観点から必要な意見を述べます。

審判の結果、医療観察法による入院処遇を受けた人に対しては、**厚生労働大臣**が指定する指定入院医療機関において、専門的な医療の提供が行われるとともに、この入院期間中から、保護観察所に配置されている**社会復帰調整官**により、退院後の**生活環境の調整**が実施されます。

また、医療観察法による通院処遇を受けた人および退院を許可された人については、保護観察所の**社会復帰調整官**が中心となって作成する**処遇実施計画**に基づいて、原則として**3年間**、地域において、厚生労働大臣が指定する指定通院医療機関による医療を受けることになります。

> ### 用語解説
>
> **心神喪失と心神耗弱**
>
> 刑法では、犯罪行為を行った者に対して刑罰を科すには、その行為者に責任能力がなければならないとしている（刑法第39条）。責任能力とは、①行為の違法性を弁識し（弁識能力）、かつ、②弁識能力に従って自分の行為を制御する能力（行動制御能力）を指す。これらの能力の有無や程度により心神喪失と心神耗弱は区別される。心神喪失とは、精神の障害により①弁識能力がまったくない状態、または、②行動制御能力がまったくない状態をいう。心神耗弱とは、精神の障害により①弁識能力が著しく低い状態、または、②行動制御能力が著しく低い状態をいう。

5 医療保険制度

医療保険制度とは、保険医療機関の受診により発生した**医療費**について、その一部または全部を**保険者**が給付するしくみです。日本では、すべての国民はいずれかの医療保険に加入することになっています（**国民皆保険制度**）。このため医療を受けた場合は、業務上の**災害**により医療を受ける場合や**美容整形**などを除いて、医療保険が適用されます。

医療保険は、会社員や公務員など被用者が加入する**被用者保険**と、自営業者な

どが加入する**国民健康保険**、75歳以上で加入する**後期高齢者医療制度**に大きく分けられます。医療保険による医療を受ける場合は、保険医療機関で**被保険者証**を提示し、一部負担金を支払うだけで診療が受けられる**現物給付**が中心です。

■**医療費の自己負担**

年齢	自己負担割合
小学校入学前	2割
小学校入学後〜70歳未満	3割
70歳以上75歳未満	2割（現役並み所得者は3割）
75歳以上（後期高齢者医療制度）	1割（現役並み所得者は3割、現役並み所得者以外の一定所得以上の者は2割）

※子どもの医療費の自己負担分については、各自治体が実施する「こども医療費助成制度」によって自治体が負担するため窓口での支払いが不要となる場合がある。

保険医療機関は、残りの医療費について、保険者に対して、1ヵ月分の診療行為をまとめた**診療（調剤）報酬明細書（レセプト）**を作成し、請求します。保険者は、医療費の支払いを行うにあたって、その請求が適正であるかどうかの**審査**を行う必要があります。

しかし、医療費の請求・支払いを保険医療機関、保険者がそれぞれ個別に行うのは事務負担が大きいため、**保険者**は審査・支払業務を**審査支払機関**に委託することで、保険医療機関は医療費を保険者に直接請求するのではなく、**審査支払機関**に請求します。審査支払機関は保険者に代わって**審査**を行い、保険者に**請求**を行います。保険者は請求された医療費を**審査支払機関**へ払い込み、審査支払機関が**保険医療機関**へ支払いを行います。

6 医療倫理

医療倫理の基本4原則とは、①「自律的な患者の意思決定を尊重せよ」という**自律尊重原則**、②「患者に利益をもたらせ」という**善行原則**、③「患者に危害を及ぼすのを避けよ」という**無危害原則**、④「利益と負担を公平に配分せよ」という**正義原則**の4つです。

医療場面において、患者の自律性を尊重することとは、患者が自分で決定できるように、重要な情報の提供や疑問への丁寧な**説明**などを行い、患者の決定を**尊重し従うこと**を医療従事者および患者の家族などの患者に関わる周囲の人々に対して求めることを意味します。

患者をケアする医療従事者にとって、善行とは**客観的な評価**によって、患者に**最善の利益**をもたらす決定をすることと解釈されやすいです。しかし、患者の最善の利益とは、医療従事者の考える患者にとっての最善の利益ではなく、**患者自身**の考える最善の利益についても考慮したものを意味しています。

医療従事者の無危害の責務とは、患者へ**危害**を加えない責務および**危害のリスク**を背負わせない責務を含みます。

医療現場では十分な医療資源をすべての人に提供できるわけではありません。そのため、公平性として、さまざまな状況において医療従事者は、各患者に費やすことができる**資源**の範囲、提供できる**治療の限界**について判断することを求められます。

医療場面における、一般的な倫理的意思決定の流れは、①**医学的事実**を明確にして整理する、②当該事例についての関係者の意思、特に**患者および家族の希望**を明確にする、③関連する**倫理的問題**を明確にする、④患者に対する診療行為の目的と誰が最終的に**治療決定権**をもつのかを明確にする、⑤決定を実行し、その結果を**再評価**するというプロセスになります。倫理的問題を検討するためのツールとして、Jonsen,A.R.（ジョンセン）は、直面したケースを整理し、より適切な問題解決に至るためのシートとして**4分割法**を提案しています。

■**医療倫理の4分割表**

【医学的適応】	【患者の意向】
●診断と予後　●治療目標の確認 ●医学の効用とリスク　●無益性	●患者の判断能力　●インフォームド・コンセント ●治療の拒否　●事前の意思表示　●代理決定
【QOL】	【周囲の状況】
● QOL の定義と評価 ●誰がどのような基準で決めるか ● QOL に影響を及ぼす因子	●家族や利害関係者　●守秘義務 ●経済的側面・公共の利益 ●施設の方針、診療形態、研究教育 ●法律、習慣、宗教　●その他

+α プラスアルファ

シェアード・ディシジョン・メイキング（SDM）
共同意思決定ともいわれる。医師がもつ医学的情報やエビデンスと、患者の生活背景や価値観などを相互に共有しながら、治療方針を一緒に決定していくプロセスのことである。

アドバンス・ケア・プランニング
患者の意思決定能力の低下に先立って、終末期における治療方針について患者の意向を、患者と家族、医療者が一体となって話し合うプロセスをいう。

02 福祉分野（児童）

1　児童福祉法

　児童福祉法とは、児童の健全な育成、児童の福祉の保障とその積極的推進を規定した**児童福祉実践**の中心となる法律です。**社会福祉六法**の一つでもあります。第一章「総則」第一条と第二条にその理念が定められています。

第一条　全て児童は、**児童の権利に関する条約**の精神にのっとり、適切に養育されること、その生活を保障されること、愛され、保護されること、その心身の健やかな成長及び発達並びにその自立が図られることその他の福祉を等しく保障される権利を有する。

第二条　全て国民は、児童が**良好な環境**において生まれ、かつ、社会のあらゆる分野において、児童の年齢及び発達の程度に応じて、その意見が尊重され、その最善の利益が優先して考慮され、**心身ともに健やかに育成されるよう努めなければならない。**

　　　2　児童の**保護者**は、児童を心身ともに健やかに育成することについて**第一義的責任**を負う。

　　　3　**国及び地方公共団体**は、児童の保護者とともに、児童を心身ともに健やかに育成する責任を負う。

　児童福祉法は、**児童虐待**の増加とその深刻化への対応や、**子育て支援**の推進を目的として、適宜、改正されています。令和2年4月に施行された改正児童福祉法は、児童相談所長（第三十三条の二第二項）、児童福祉施設の長やファミリーホームの養育者、里親（第四十七条第三項）の**体罰禁止**が明記されています。

特定妊婦

児童福祉法第六条の三第五項に規定される、出産後の養育について出産前から支援を行うことが特に必要と認められる妊婦を指す。そのリスク要因としては、支援者がいない妊婦、望まない妊娠、経済的困窮、若年妊娠、精神疾患、母子健康手帳未交付、妊婦健康診査未受診などが挙げられる。

Check

社会福祉六法とは、生活保護法、児童福祉法、母子及び寡婦福祉法、老人福祉法、身体障害者福祉法、知的障害者福祉法である。

2 児童の権利に関する条約

　児童の権利に関する条約（子どもの権利条約）は、子どもの**基本的人権**を国際的に保障するために定められた条約です。**18歳未満**の児童を、権利をもつ主体と位置づけ、大人と同様に、一人の人間としての**人権**を認めるとともに、成長の過程で特別な**保護や配慮**が必要な子どもならではの権利も定めています。日本は1994（平成6）年に批准しました。

　第三条では、**子どもの最善の利益の実現**を理念としています。

> 1　児童に関するすべての措置をとるに当たっては、公的若しくは私的な社会福祉施設、裁判所、行政当局又は立法機関のいずれによって行われるものであっても、児童の最善の利益が主として考慮されるものとする。

3 児童虐待防止法

1 児童虐待防止法

　児童虐待防止法は、正式名称を「児童虐待の防止等に関する法律」といいます。**児童虐待**の定義は第二条に記されています。

> **第二条**　この法律において、「児童虐待」とは、保護者（親権を行う者、未成年後見人その他の者で、児童を現に監護するものをいう。以下同じ。）がその監護する児童（**18歳に満たない者**をいう。以下同じ。）について行う次に掲げる行為をいう。

　「次に掲げる行為」とは、次の4つになります。

①身体的虐待	児童の身体に外傷が生じ、または生じるおそれのある暴行を加えること
②ネグレクト （育児放棄）	児童の心身の正常な発達を妨げるような著しい減食、または長時間の放置、その他、保護者としての監護を著しく怠ること
③心理的虐待	児童に対する著しい暴言または著しく拒絶的な対応、児童が同居する家庭における配偶者に対する暴力、その他の児童に著しい心理的外傷を与える言動を行うこと
④性的虐待	児童にわいせつな行為をすること、または児童にわいせつな行為をさせること

貧困と児童虐待の発生には関連がみられることが指摘されている。

② 通告・出頭要求など

　児童虐待防止法には、**児童虐待を受けたと思われる児童**を発見した者は、市町村、都道府県の設置する**福祉事務所**、もしくは**児童相談所**、または児童委員を介して市町村、都道府県の設置する福祉事務所もしくは児童相談所に**通告**しなければならないと規定されています。また、通告を受けた側は、**通告者**を漏らしてはならないとも定められています。さらに、**都道府県知事**により、児童虐待を行っているおそれのある保護者に対して、以下のような手順で出頭要求などを出すことができます。

出頭要求	児童虐待を行っているおそれのある保護者に対して、都道府県知事は当該の児童を連れて出頭することを要求し、調査などを受けさせることができる
立入調査	保護者が児童虐待を行っているおそれがあったり、保護者が出頭要求に応じない場合、都道府県知事は当該の児童の居所に立ち入り調査などを命じることができる
再出頭要求	正当な理由なく保護者が立ち入り調査などを拒んだ場合、都道府県知事は保護者に対して再出頭要求を行うことができる
臨検・捜索	保護者が出頭要求や立ち入り調査にも応じない場合、都道府県知事は地方裁判所または家庭裁判所または簡易裁判所の裁判官の許可状を得て、児童の居所の臨検・児童の捜索を行うことができる

児童相談所への児童虐待相談件数は年々増加している。相談の種別としては、「心理的虐待」が多く、次いで「身体的虐待」が多い。子どもの面前の家庭内暴力（DV）や、きょうだい児への虐待が心理的虐待とみなされるようになったことや、警察との連携強化により警察からの通告が急増したことなどが相談増加の背景と考えられている。虐待を受けた児童の年齢は小学生が最も多いが、小学校入学前の児童の割合も高い。虐待者は実父母が多く、特に実母が多いとされている。

マルトリートメント

大人の子どもに対する不適切な関わりを指す。児童虐待より広い概念であり、大声による叱責や事故防止への配慮の欠如など、虐待とはいえないが子どもの心身の健康に重篤な影響を及ぼす。

要保護児童対策地域協議会

児童福祉法第二十五条の二に規定される、要保護児童や要支援児童およびその保護者、特定妊婦（支援対象児童等という）の適切な保護や支援を図るために、福祉・医療・教育・司法等の関係機関等により構成される組織である。必要な情報の交換を行うとともに、支援対象児童等に対する支援の内容に関する協議を行う。

代理によるミュンヒハウゼン症候群

親が子どもに病気や障害を負わせて診察や治療を受けさせる、児童虐待に関連する精神疾患である。親は甲斐甲斐しく子どもの面倒を見るが、親を子どもから分離すると子どもの症状が改善することが特徴である。

乳児家庭全戸訪問事業

市町村を実施主体とする、生後4カ月までの乳児のいるすべての家庭を訪問し、さまざまな不安や悩みを聞き、子育て支援に関する情報提供等を行うとともに、親子の心身の状況や養育環境等の把握や助言を行い、支援が必要な家庭に対しては適切な機関につなげることを目的としたサービスをいう。

③ 保護者に対する指導など

　児童虐待を行った保護者には、児童虐待を受けた児童が**良好な家庭的環境**で生活するために、**親子の再統合**への配慮その他の必要な配慮のもとに適切な指導が行われなければなりません。その指導に従わない場合、都道府県知事は、児童を**一時保護**することができます。一時保護が行われた場合、児童相談所長および一時保護施設の長は、保護者の児童との**面会・通信**を**制限**することができます。

■親子の再統合とは、親子が安全かつ安心できる状態でお互いを受け入れられるようになることであり、必ずしも親子が一緒に住み暮らすことではない。支援を提供しながら、子どもと親および家族との関係を再構築していく過程で、最適とされる統合形態がその親子（家族）にとっての再統合のかたちになる。その統合形態は、子どもの利益を最優先するという視点から子どもと家族のニーズを考慮し、さらに子ども、親、家族、支援者が納得できるかたちで導き出されることが求められる。

■児童虐待の防止等を図り、児童の権利利益を擁護する観点から、民法第八百三十四条では不適当な親権行使等により子の利益を著しく害するような場合における親権喪失、民法第八百三十四条の二では不適当な親権行使等により子の利益を害するような場合における2年以内の親権停止の審判が規定されている。

4 DV防止法

1 DV防止法

　DV防止法の正式名称は「配偶者からの暴力の防止及び被害者の保護等に関する法律」になります。DV防止法における**「配偶者からの暴力」**は、第一章「総則」第一条において、次のように規定されています。

> **第一条**　この法律において「配偶者からの暴力」とは、**配偶者からの身体に対する暴力**（身体に対する不法な攻撃であって生命又は身体に危害を及ぼすものをいう。）又はこれに準ずる**心身に有害な影響を及ぼす言動**（以下この項において「身体に対する暴力等」と総称する。）をいい、配偶者からの身体に対する暴力等を受けた後に、その者が離婚をし、又はその婚姻が取り消された場合にあっては、**当該配偶者であった者から引き続き受ける身体に対する暴力等**を含むものとする。

　このとき、「配偶者」とは、**事実上婚姻関係**にある者も含まれます。また、「離婚」についても、事実上離婚同様の事情にある者も含まれます。

2 配偶者暴力相談支援センター

　DV防止法に規定されている**配偶者暴力相談支援センター**は、配偶者からの暴力の防止および被害者の保護のための中核的な機能を担う施設で、都道府県や市町村が設置します（市町村は**努力義務**）。配偶者暴力相談支援センターには、業務上、次のような6つの機能があります。

> **■配偶者暴力相談支援センターの機能**
> ①相談や相談機関の紹介
> ②医学的または心理学的、その他の必要な指導
> ③被害者やその同伴家族の一時保護
> ④自立支援のための就業促進・住宅確保等の情報提供など
> ⑤保護命令制度の利用についての情報提供など
> ⑥被害者を居住させ保護する施設の利用についての情報提供など

③ 通報

　ＤＶ防止法には、ＤＶを受けている者を発見した者は、**配偶者暴力相談支援センター**が**警察官**に**通報**するよう努めなければならないと定められています。ただし、この通報は**「身体に対する暴力」**に限るとされています。

　また、医師等医療関係者も、ＤＶを受けたと認められる**当事者の意思**を尊重するよう努めた上で通報することができるとされます。

④ 保護命令

　保護命令とは、ＤＶの被害者を保護するために、被害者からの申し出を受けた**地方裁判所**が、加害者に対して表のような事項を命じることをいいます。これは、配偶者からの**身体に対する暴力**や**生命・身体に対する脅迫**が対象になります。

　また、接近禁止命令は、被害者と同居する未成年の**子ども**（**15歳以上**の子どもについては本人の同意が必要）や**親族**に対しても適用されます。

接近禁止命令 （６ヵ月間）	被害者の住居や身辺に近寄らないこと
退去命令 （２ヵ月間）	被害者の住居から退去すること

✎ Check

■保護命令では、接近禁止命令と同時に、あるいはその後に電話等禁止命令が発令される。これは、①面会の要求、②行動を監視していると思わせるような行為、③著しく粗野・乱暴な言動、④無言電話、または緊急時を除く、電話やFAX、電子メールの連続送信、⑤緊急時を除く、午後10時～午前６時の間の電話やFAX、電子メールの送信、⑥汚物、動物の死体などの著しく不快・嫌悪なものの送付、⑦名誉を害する行為、⑧性的羞恥心を害する行為などの迷惑行為を禁じたものである。

■DVには、①暴力が起こる前の加害者に苛立ちがみられる緊張形成期、②何かのきっかけで加害者の暴力が起こる爆発期、③加害者が被害者に対して謝罪したり優しくなるハネムーン期といった３つの時期からなるサイクルがあることが指摘されている。

5 児童相談所

児童相談所とは、**児童福祉法第十二条**に基づいて、子どもに関するより専門的な相談に応じる行政機関です。都道府県、指定都市、児童相談所設置市に設置されています。児童相談所の主な基本的機能に以下が挙げられます。

■児童相談所の機能

市町村援助機能	市町村による児童家庭相談への対応について、市町村相互間の連絡調整、市町村に対する情報の提供その他必要な援助を行う
相談機能	子どもに関する家庭その他からの相談のうち、専門的な知識及び技術を必要とするものについて、必要に応じて子どもの家庭、地域状況、生活歴や発達、性格、行動等について専門的な角度から総合的に調査、診断、判定（総合診断）し、それに基づいて援助指針を定め、自ら又は関係機関等を活用し一貫した子どもの援助を行う
一時保護機能	必要に応じて子どもを家庭から離して一時保護する。ただし、保護期間は2ヵ月を超えてはならない（児童相談所長又は都道府県知事は、子どもの親権者等の意に反して、2ヵ月を超えて引き続き一時保護を継続する場合、又は引き続き一時保護を行った後2ヵ月を経過するごとに、家庭裁判所の承認を得なければならない）
措置機能	子どもやその保護者を児童福祉司、児童委員、児童家庭支援センター等に指導させ、又は子どもを児童福祉施設、指定医療機関に入所させ、又は里親に委託する

児童相談所長は、親権者が虐待などの子どもの福祉を損なう行為をする場合には、親権者の**親権停止**や**親権喪失**の請求、**未成年後見人**の選任や解任の請求を**家庭裁判所**に対して行うことができます。

児童相談所では、**18歳未満**の児童と家庭に関するさまざまな相談を扱っています。具体的には、①心身に障害がある児童に関する**障害相談**、②しつけや性格行動などの児童の育成上の問題に関する**育成相談**、③養育困難や養育環境に問題のある児童に関する**養護相談**、④触法行為や問題行為のある児童に関する**非行相談**などが挙げられます。

児童相談所に寄せられた問題の効果的な解決を図るためには、専門的な科学的知見に基づき問題の本質、性質を分析することにより、合理的・客観的見地から問題について最善の援助を検討する必要がある。この過程が診断であり、児童福祉司による社会診断、心理職員による心理診断、医師による医学診断、一時保護所の児童指導員や保育士による行動診断等がある。これらの各専門家がそれぞれの診断結果を持ち寄り、協議した上で総合的見地から児童相談所としての援助方針を立てるのが判定（総合診断）である。

6 社会的養護

　社会的養護とは、保護者のない児童や、保護者に監護させることが適当でない児童を、**公的責任**で社会的に養育し、保護するとともに、養育に大きな困難を抱える家庭への支援を行うことです。社会的養護は、「子どもの**最善の利益**のために」と「**社会全体**で子どもを育む」を理念として行われています。

　社会的養護は、子どもを養育する場所によって、**施設養護**と**家庭養護**に分けられます。

■主な施設養護

乳児院	乳児（特に必要のある場合には、幼児を含む）を入院させて、これを養育し、併せて退院した者について相談その他の援助を行う
児童養護施設	保護者のない児童（特に必要のある場合には、乳児を含む）、虐待されている児童その他環境上養護を要する児童を入所させて、これを養護し、併せて退所した者に対する相談その他の自立のための援助を行う
児童心理治療施設	家庭環境、学校における交友関係その他の環境上の理由により社会生活への適応が困難となった児童を、短期間入所させ、または保護者の下から通わせ、社会生活に適応するために必要な心理に関する治療及び生活指導を主として行い、退所した者について相談その他の援助を行う
児童自立支援施設	不良行為をなし、又はなすおそれのある児童および家庭環境その他の環境上の理由により生活指導等を要する児童を入所させ、または保護者の下から通わせて、個々の児童の状況に応じて必要な指導を行い、その自立を支援し、併せて退所した者について相談その他の援助を行う
母子生活支援施設	配偶者のない女子またはこれに準ずる事情にある女子およびその者の監護すべき児童を入所させて保護するとともに、自立の促進のためにその生活を支援し、併せて退所した者について相談その他の援助を行う
自立援助ホーム（児童自立生活援助事業）	義務教育終了後、児童養護施設、児童自立支援施設等を退所し、就職する児童等に対し、共同生活を営むべき住居において、相談その他の日常生活上の援助及び生活指導並びに就業の支援を行い、併せて退所した者に対する相談その他社会的自立の促進のための援助を行う

小規模グループ ケア	児童養護施設等において、虐待を受けた子ども等に対して、小規模なグループによるできる限り家庭的な環境の中で職員との個別的な関係を重視したきめ細かなケアを行う
地域小規模児童 養護施設	地域社会の民間住宅等を活用して、近隣住民との適切な関係を保持しつつ、家庭的な環境の中で生活経験を積むことにより、入所している児童の自立の促進のための援助を行う

■主な家庭養護

養育里親	何らかの事情により家庭での養育が困難な子ども等に、温かい愛情と正しい理解をもった家庭環境の下での養育を行う。委託された子どもが親元に帰れるまで、または満18歳になって独立するまで養育する
小規模住居型 児童養育事業 （ファミリーホーム）	養育者の住居において、複数の要保護児童等が養育者の家庭を構成する一員として相互の交流を行いつつ、児童の自主性を尊重し、基本的な生活習慣を確立するとともに、豊かな人間性及び社会性を養い、委児童の自立を支援するための援助を行う
特別養子縁組	子どもの福祉の増進を図るために、養子となる子どもが実親との法的な親子関係を解消し、養親との間に実子と同じ親子関係を結ぶ。原則、養子の年齢は家庭裁判所に審判を請求する際に15歳未満までとされる

Check

■里親には、養育里親のほかに、祖父母等の3親等以内の親族が養育を行う親族里親、特別養子縁組を前提にした養子縁組里親、虐待された子どもや非行等の問題を有する子ども、障害のある子どもなど、専門的な支援を必要とする子どもを養育する専門里親がいる。

■乳児院から児童養護施設等へ措置変更される子どもにとって、慣れた乳児院の生活や人間関係から変化することは心理的負担となるため、慣らし保育の実施などによりできる限りスムーズに新しい環境に馴染み、人間関係が築けるよう丁寧な養育のつなぎが必要である。

+α プラスアルファ

アロマザリング

子どもを取り巻く母親以外の者が世話（育児）をすること。

トラウマ・インフォームド・ケア

クライエントと支援者の間で、クライエントのトラウマ体験がクライエントの心身の状態や行動にもたらす影響についての理解を共有することで、両者の安全感を高め、クライエントの自己コントロール感やエンパワメントを支える支援体制をいう。

アドミッション・ケア

里親や児童養護施設等に措置される前後に行われる、関係機関の連携による、子どもが安定した生活を送るための支援をいう。

リービングケア

社会的養護を離れる準備段階で行われる、自立に向けた支援をいう。

03 福祉分野（障害者・児）

ブループリント中項目 福祉分野に関する法律、制度／福祉現場において生じる問題とその背景

🔑 **キーワード** アウトリーチ、エンパワメント、ソーシャル・インクルージョン、障害者基本法、障害者総合支援法、発達障害者支援法、障害者虐待防止法、障害者差別解消法

1 障害者・児福祉の基本概念

　かつての社会福祉では保護や慈善を優先していましたが、現在では人間らしい生活のための**権利保障**としての福祉が定着しています。この中心的な役割を担ったのが、**障害者福祉分野**でした。わが国の障害者福祉サービスは、2003（平成15）年に従来の**措置制度**から**支援費制度**へと大きく転換されました。措置制度では行政がサービスの利用先や内容などを決めていましたが、支援費制度では障害者の**自己決定**に基づきサービスの利用ができるようになりました。

■障害者・児福祉の概念

アウトリーチ	援助者が利用者のもとに出向いて、潜在的なニーズを把握するよう努める積極的アプローチのこと
アカウンタビリティ	援助者の利用者に対する説明責任のこと。インフォームド・コンセント（説明をして同意を得ること）の関連用語
アドボカシー	自らの意思を表明することが困難な利用者の意思を、援助者が代弁すること。利用者の権利を擁護するといった広い意味でも使われる
エンパワメント	利用者がさまざまな社会的な権利や能力を獲得すること、または、それを促進すること
社会的包含（ソーシャル・インクルージョン）	不利益を被っている人々や抑圧されている人々をはじめ、すべての人々を孤立や孤独、排除や摩擦から守り、社会の一員として包み、支え合うという理念
ストレングス視点	ストレングスとは、生活上、または、社会的に活かすことのできる肯定的な力のことを指す。例えば、その人の特技や才能、長所といったことである。ストレングス視点とは、そのようなことがらに焦点を当てた福祉援助を指す
ピア・カウンセリング	ピアとは仲間という意味である。同じ問題を抱えた者同士が、お互いにカウンセリングし合うことを指す
ソーシャルロール・バロリゼーション	社会的に低い役割が与えられている障害者などの社会的マイノリティに対して、高い社会的役割を与え、なおかつそれを維持するように能力を高めるよう促すこと。社会意識の改善が目的

ノーマライゼーション	障害者や社会的マイノリティの人たちに一般市民と同じ普通（ノーマル）の生活や権利が保障されるように環境を整備すること

Check

Rapp,C.A.（ラップ）は、①障害者は回復し、生活を改善して質を高めることができる、②焦点は病理でなく個人の強みである、③地域は資源のオアシスとしてとらえる、④クライエントは支援プロセスの監督者である、⑤支援者とクライエントの関係が根本であり本質である、⑥支援者の仕事の場所は地域であるといったストレングス・モデルの6原則を提唱した。

2　障害者基本法　

1993（平成5）年に心身障害者対策基本法が改正され、障害者基本法と名称が変わりました。それにより、それまで病者として医療の対象とされていた**精神障害者**が、**身体障害者**や**知的障害者**とともに障害者施策の対象となりました。第一章「総則」第一条に目的が記されています。

第一条　この法律は、全ての国民が、障害の有無にかかわらず、等しく基本的人権を享有するかけがえのない個人として尊重されるものであるとの理念にのっとり、全ての国民が、障害の有無によって分け隔てられることなく、相互に**人格**と**個性**を尊重し合いながら共生する社会を実現するため、障害者の**自立**及び**社会参加**の支援等のための施策に関し、基本原則を定め、及び**国、地方公共団体等の責務**を明らかにするとともに、障害者の自立及び社会参加の支援等のための施策の基本となる事項を定めること等により、障害者の自立及び社会参加の支援等のための施策を総合的かつ計画的に推進することを目的とする。

また、第二条において、**障害者**および**社会的障壁**の定義がなされています。

第二条　この法律において、次の各号に掲げる用語の意義は、それぞれ当該各号に定めるところによる。
　一　障害者　**身体障害、知的障害、精神障害（発達障害**を含む。）その他の心身の機能の障害がある者であって、障害及び社会的障壁により継続的に日常生活又は社会生活に**相当な制限**を受ける状態にあるも

のをいう。

二　社会的障壁　障害がある者にとって**日常生活又は社会生活**を営む上
　　で障壁となるような社会における事物、制度、慣行、観念その他一
　　切のものをいう。

第四条では、**差別の禁止**や**合理的配慮**について規定しています。合理的配慮と
は、障害者が社会的障壁を除去するために何らかの対応を必要としているという
意思が伝えられた場合に、それに対して**重過ぎない範囲**で対応することを指します。

第四条　何人も、障害者に対して、**障害を理由**として、**差別すること**その他
　　　　の権利利益を侵害する行為をしてはならない。
2　社会的障壁の除去は、それを必要としている障害者が現に存し、かつ、
　　その実施に伴う負担が**過重でないとき**は、それを怠ることによって
　　前項の規定に違反することとならないよう、その実施について必要
　　かつ**合理的な配慮**がされなければならない。

■中途障害者の障害受容は、受傷してすぐの段階であり、障害が残る可能性がわからないために回
復を期待しているショック期、自分の身体的な状況に目が向くようになっているが、障害が残るこ
とを認められない否認期、障害を受け止めることができずに、他責的になったり、悲嘆や抑うつ状
態になる混乱期、怒りをぶつけたり、絶望しても問題解決にはならず、自らも努力することが必要
だと気づく解決への努力期、現実を受け止めて、残された機能の活用や価値の転換がなされる受容
期の5段階がある。これらの段階は一方向のプロセスではなく、行ったり来たりしながら徐々に適
応へと進んでいくとされる。

■Dembo,T.（デンボ）とWright,B.（ライト）は、中途障害者を対象に調査を行い、「価値範囲の
拡大」「障害の与える影響の抑制」「身体の外見を従属的なものにすること」「比較価値から資産価
値への転換」の4つの価値転換が障害受容をもたらすと考えた。彼らの理論は、一般的に価値転換
理論と呼ばれる。

3　障害者の権利に関する条約（障害者権利条約）

障害者の権利に関する条約は、2006（平成18）年12月に国連で採択されま
した。本条約は、障害者・児を治療や保護の客体ではなく、**人権の主体**としてと
らえることを前提にしています。**法的な拘束力**をもつ本条約が採択・発効された
ことにより、世界における障害者・児に対する施策を推進する上で、大きな意義

を有することになりました。

　わが国では、2007（平成19）年9月に署名をし、以降、批准に向けて国内の関連制度や施策の整備を進めてきました。例えば、**障害者基本法**の改正や、**障害者総合支援法**や**障害者差別解消法**の施行なども、本条約の批准に向けた具体的な取り組みです。2014（平成26）年1月に批准書を国連に寄託し、2月に締結国となりました。

　従来の障害のとらえ方は、障害は疾病や外傷などから生じる個人の問題であり、医療を必要とするものであるという**「医学モデル」**の考え方を反映したものでした。しかし、本条約では、障害は主に**社会との関係性**によってつくられた問題であるという**「社会モデル」**の考え方が反映されています。

　第一条に目的が記されています。

4　障害者総合支援法　

　障害者自立支援法は、2013（平成25）年に「障害者の日常生活及び社会生活を総合的に支援するための法律」（障害者総合支援法）へと名称が改められ、施行されました。第一章「総則」第一条に目的が定められています。

第一条　この法律は、**障害者基本法**の基本的な理念にのっとり、身体障害者福祉法、知的障害者福祉法、精神保健及び精神障害者福祉に関する法律、児童福祉法その他障害者及び障害児の福祉に関する法律と相まって、障害者及び障害児が基本的人権を享有する個人としての尊厳にふさわしい日常生活又は社会生活を営むことができるよう、必要な**障害福祉サービス**に係る給付、**地域生活支援事業**その他の支援を総合的に行い、もって障害者及び障害児の**福祉の増進**を図るとと

もに、障害の有無にかかわらず国民が相互に**人格**と**個性**を尊重し安心して暮らすことのできる**地域社会**の実現に寄与することを目的とする。

また、**基本理念**が第一条の二に記されています。

第一条の二 障害者及び障害児が日常生活又は社会生活を営むための支援は、全ての国民が、障害の有無にかかわらず、等しく**基本的人権**を享有するかけがえのない個人として尊重されるものであるとの理念にのっとり、全ての国民が、障害の有無によって分け隔てられることなく、相互に**人格**と**個性**を尊重し合いながら共生する社会を実現するため、全ての障害者及び障害児が可能な限りその**身近な場所**において必要な日常生活又は社会生活を営むための支援を受けられることにより**社会参加**の機会が確保されること及びどこで誰と生活するかについての**選択の機会**が確保され、**地域社会**において他の人々と共生することを妨げられないこと並びに障害者及び障害児にとって日常生活又は社会生活を営む上で**障壁**となるような社会における事物、制度、慣行、観念その他一切のものの除去に資することを旨として、総合的かつ計画的に行わなければならない。

障害者総合支援法では、制度の谷間のない支援を提供する観点から、障害者の定義に新たに**難病等**を追加し、障害福祉サービス等の対象としています。また、施設、居宅の枠組みを超えて、総合的な自立支援システムの構築が目指されています。具体的には、**自立支援給付**と**地域生活支援事業**を中心として、障害福祉サービス等のしくみが構成されています。自立支援給付は、介護給付、訓練等給付、相談支援、自立支援医療、補装具などに分けられます。地域生活支援事業は、意思疎通支援、移動支援、地域活動支援センターなどに分けられます。

また、障害者自立支援法における「障害程度区分」を**「障害支援区分」**に改め、その定義を「障害者等の障害の多様な特性その他の心身の状態に応じて必要とされる**標準的な支援の度合**を総合的に示すものとして厚生労働省令で定める区分」としました。この認定結果によって利用できるサービスの種類や量などが異なる

ため、すべて希望通りになるとは限りませんが、基本的には障害者自身がどのサービスを利用するかを**選択できる**しくみになっています。

5 発達障害者支援法

発達障害者支援法は、2016（平成28）年に改正されました。その目的は、第一章「総則」第一条に、次のように記されています。

目的 第一条 この法律は、発達障害者の心理機能の適正な発達及び円滑な社会生活の促進のために発達障害の症状の発現後できるだけ早期に発達支援を行うとともに、**切れ目なく発達障害者の支援を行うこと**が特に重要であることに鑑み、**障害者基本法**の基本的な理念にのっとり、発達障害者が基本的人権を享有する個人としての尊厳にふさわしい**日常生活又は社会生活を営むこと**ができるよう、発達障害を早期に発見し、発達支援を行うことに関する国及び地方公共団体の責務を明らかにするとともに、学校教育における発達障害者への支援、発達障害

者の就労の支援、発達障害者支援センターの指定等について定めることにより、発達障害者の自立及び社会参加のためのその生活全般にわたる支援を図り、もって**全ての国民が、障害の有無によって分け隔てられることなく**、相互に人格と個性を尊重し合いながら共生する社会の実現に資することを目的とする。

また、第二条において、本法律における**発達障害**は、次のように定義づけられています。

第二条 この法律において「発達障害」とは、**自閉症、アスペルガー症候群その他の広汎性発達障害、学習障害、注意欠陥多動性障害その他これに類する脳機能の障害**であってその症状が通常低年齢において発現するものとして政令で定めるものをいう。

2 この法律において「発達障害者」とは、発達障害がある者であって**発達障害及び社会的障壁**により日常生活又は社会生活に制限を受けるものをいい、「発達障害児」とは、発達障害者のうち**18歳未満**のものをいう。

3 この法律において**「社会的障壁」**とは、発達障害がある者にとって日常生活又は社会生活を営む上で障壁となるような社会における事物、制度、慣行、観念その他一切のものをいう。

4 この法律において「発達支援」とは、発達障害者に対し、その心理機能の適正な発達を支援し、及び円滑な社会生活を促進するため行う**個々の発達障害者の特性に対応した医療的、福祉的及び教育的援助**をいう。

さらに、第十四条には、**発達障害者支援センター**に関する機能が記載されています。

第十四条 都道府県知事は、次に掲げる業務を、社会福祉法人その他の政令で定める法人であって当該業務を適正かつ確実に行うことができると認めて指定した者（以下「発達障害者支援センター」という。）に行わせ、又は自ら行うことができる。

一 **発達障害の早期発見、早期の発達支援等に**資するよう、発達障害者及びその家族その他の関係者に対し、専門的に、その相談に応じ、又は情報の提供若しくは助言を行うこと。

二 発達障害者に対し、**専門的な発達支援及び就労の支援**を行うこと。

三 医療、保健、福祉、教育、労働等に関する業務を行う関係機関及び民間団体並びにこれに従事する者に対し発達障害についての**情報の提供及び研修**を行うこと。

四 発達障害に関して、医療、保健、福祉、教育、労働等に関する業務を行う**関係機関及び民間団体との連絡調整**を行うこと。

6 障害者虐待防止法

2012（平成24）年に、「障害者虐待の防止、障害者の養護者に対する支援等に関する法律」（障害者虐待防止法）が施行されました。第一章総則第一条に目的が示されています。

第一条 この法律は、障害者に対する虐待が障害者の尊厳を害するものであり、障害者の**自立及び社会参加**にとって障害者に対する虐待を防止することが極めて重要であること等に鑑み、障害者に対する**虐待の禁止**、障害者虐待の予防及び早期発見その他の障害者虐待の防止等に関する**国等の責務**、障害者虐待を受けた障害者に対する保護及び自立の支援のための措置、**養護者**の負担の軽減を図ること等の養護者に対する養護者による障害者虐待の防止に資する支援のための措置等を定めることにより、障害者虐待の防止、養護者に対する支援等に関する施策を促進し、もって障害者の**権利利益の擁護**に資することを目的とする。

第二条においては、**障害者**や**養護者**、**障害者虐待**などの定義がなされています。

第二条 この法律において「障害者」とは、**障害者基本法**第二条第一号に規定する障害者をいう。

2 この法律において「障害者虐待」とは、**養護者**による障害者虐待、**障害者福祉施設従事者等**による障害者虐待及び**使用者**による障害者

虐待をいう。

3　この法律において「養護者」とは、障害者を現に養護する者であっ
　　て障害者福祉施設従事者等及び使用者以外のものをいう。

4　この法律において「障害者福祉施設従事者等」とは、障害者の日常
　　生活及び社会生活を総合的に支援するための法律に規定する障害者
　　支援施設若しくは独立行政法人国立重度知的障害者総合施設のぞみ
　　の園法の規定により独立行政法人国立重度知的障害者総合施設のぞ
　　みの園が設置する障害者福祉施設又は障害者の日常生活及び社会生
　　活を総合的に支援するための法律に規定する障害福祉サービス事業、
　　一般相談支援事業若しくは特定相談支援事業、移動支援事業、地域
　　活動支援センターを経営する事業若しくは福祉ホームを経営する事
　　業その他厚生労働省令で定める事業に係る業務に従事する者をいう。

5　この法律において「使用者」とは、障害者を雇用する**事業主**又は事
　　業の**経営担当者**その他その事業の労働者に関する事項について事業
　　主のために行為をする者をいう。

　また、障害者虐待にあたる行為として、**身体的虐待**、**ネグレクト**、**心理的虐待**、**性的虐待**、**経済的虐待**が挙げられます。

　障害者への虐待は、虐待者が誰であるかや、緊急性の高さにかかわらず**通報義務**があります（第七条の一、第十六条の一）。その際の**守秘義務**の適用は除外され、通報による不利益な取扱いは禁止されています。

第七条　養護者による障害者虐待（十八歳未満の障害者について行われるも
　　　　　のを除く。）を受けたと思われる障害者を発見した者は、速やかに、
　　　　　これを**市町村**に通報しなければならない。

第十六条　障害者福祉施設従事者等による障害者虐待を受けたと思われる障
　　　　　害者を発見した者は、速やかに、これを**市町村**に通報しなければ
　　　　　ならない。

　　2　障害者福祉施設従事者等による障害者虐待を受けた障害者は、そ
　　　　の旨を**市町村**に届け出ることができる。

　　3　刑法の秘密漏示罪の規定その他の**守秘義務**に関する法律の規定は、
　　　　第一項の規定による通報（虚偽であるもの及び過失によるものを

除く。）をすることを妨げるものと解釈してはならない。

4 障害者福祉施設従事者等は、第一項の規定による通報をしたことを理由として、**解雇**その他**不利益な取扱い**を受けない。

7 障害者差別解消法

「障害を理由とする差別の解消の推進に関する法律」（障害者差別解消法）は、2016（平成28）年4月に施行されました。第一章「総則」第一条に目的が定められています。

第一条 この法律は、**障害者基本法**の基本的な理念にのっとり、全ての障害者が、障害者でない者と等しく、基本的人権を享有する個人としてその尊厳が重んぜられ、その尊厳にふさわしい生活を保障される権利を有することを踏まえ、障害を理由とする差別の解消の推進に関する基本的な事項、**行政機関等**及び**事業者**における障害を理由とする差別を解消するための措置等を定めることにより、障害を理由とする**差別の解消**を推進し、もって全ての国民が、障害の有無によって分け隔てられることなく、相互に**人格**と**個性**を尊重し合いながら共生する社会の実現に資することを目的とする。

第七条においては、**行政機関等**における障害を理由とする差別の禁止を義務づけています。

第七条 行政機関等は、その事務又は事業を行うに当たり、障害を理由として障害者でない者と**不当な差別的取扱い**をすることにより、障害者の権利利益を侵害してはならない。

2 行政機関等は、その事務又は事業を行うに当たり、障害者から現に社会的障壁の除去を必要としている旨の意思の表明があった場合において、その実施に伴う負担が**過重でないとき**は、障害者の権利利益を侵害することとならないよう、当該障害者の性別、年齢及び障害の状態に応じて、社会的障壁の除去の実施について必要かつ**合理的な配慮**をしなければならない。

第八条においては、**民間事業者**における障害を理由とする差別の禁止を義務づ

けています。ただし、**合理的配慮**（P.352参照）の提供については**努力義務**となっています。

> **第八条** 事業者は、その事業を行うに当たり、障害を理由として障害者でない者と**不当な差別的取扱い**をすることにより、障害者の権利利益を侵害してはならない。
>
> **2** 事業者は、その事業を行うに当たり、障害者から現に社会的障壁の除去を必要としている旨の意思の表明があった場合において、その実施に伴う負担が**過重でないとき**は、障害者の権利利益を侵害することとならないよう、当該障害者の性別、年齢及び障害の状態に応じて、社会的障壁の除去の実施について必要かつ**合理的な配慮**をするように努めなければならない。

合理的配慮によって取り除かれるべき社会的障壁には、障害者に対する偏見も含まれる。また、合理的配慮の対象は障害者手帳を持っている人に限らない。2024年4月に合理的配慮の提供を民間事業者に義務づける改正障害者差別解消法が施行される。

8 障害者雇用促進法

「障害者の雇用の促進等に関する法律」（障害者雇用促進法）は、2016（平成28）年4月に改正、施行されました（一部は2018（平成30）年施行）。第一章総則第一条に目的が定められています。

> **第一条** この法律は、障害者の雇用義務等に基づく雇用の促進等のための措置、雇用の分野における障害者と障害者でない者との**均等な機会及び待遇**の確保並びに障害者がその有する能力を有効に発揮することができるようにするための措置、**職業リハビリテーション**の措置その他障害者がその能力に適合する職業に就くこと等を通じてその職業生活において**自立すること**を促進するための措置を総合的に講じ、もって障害者の**職業の安定**を図ることを目的とする。

第三条、第四条では**基本的理念**が記されています。

第三条　障害者である労働者は、経済社会を構成する**労働者**の一員として、職業生活においてその能力を発揮する機会を与えられるものとする。

第四条　障害者である労働者は、職業に従事する者としての**自覚**を持ち、自ら進んで、その能力の開発及び向上を図り、有為な**職業人**として自立するように努めなければならない。

　第三十四条および第三十五条においては、**雇用の分野**における障害を理由とする差別的取扱いの禁止が定められています。

第三十四条　事業主は、労働者の**募集及び採用**について、障害者に対して、障害者でない者と均等な機会を与えなければならない。

第三十五条　事業主は、賃金の決定、教育訓練の実施、福利厚生施設の利用その他の待遇について、労働者が障害者であることを理由として、障害者でない者と**不当な差別的取扱い**をしてはならない。

Check

積極的な差別是正措置として、障害者を有利に取り扱うことは、差別には該当しない。

　また、障害者が職場で働くにあたっての支障を改善するための措置である**合理的配慮**の提供義務が定められています（第三十六条の二、第三十六条の三）。

第三十六条の二　事業主は、労働者の募集及び採用について、障害者と障害者でない者との均等な機会の確保の支障となっている事情を改善するため、労働者の募集及び採用に当たり**障害者からの申出**により当該障害者の**障害の特性**に配慮した必要な措置を講じなければならない。ただし、事業主に対して**過重な負担**を及ぼすこととなるときは、この限りでない。

第三十六条の三　事業主は、障害者である労働者について、障害者でない労働者との**均等な待遇の確保**又は障害者である労働者の有する能力の有効な発揮の支障となっている事情を改善するため、その雇用する障害者である労働者の**障害の特性**に配慮した職務の円滑な遂行に必要な施設の整備、援助を行う者

の配置その他の必要な措置を講じなければならない。ただし、事業主に対して**過重な負担**を及ぼすこととなるときは、この限りでない。

　一定の従業員数を超える企業や自治体が、法律で定められた雇用しなければならない障害者の人数の割合を**法定雇用率**といいます。これまで身体障害者と知的障害者がその対象でしたが、2018年の改正によって**精神障害者**が加えられました。法定雇用率が未達成の企業に対しては、**雇用計画**の提出が求められたり、未達成分に相当する**納付金の徴収**がなされます。

職業リハビリテーション

障害者に対して職業指導、職業訓練、職業紹介などの措置を講じることで、障害者の職業生活における自立を図ることを指す。

地域障害者職業センター

障害者に対する専門的な職業リハビリテーションサービス、事業主に対する障害者の雇用管理に関する相談や援助、地域の関係機関に対する助言や援助、職場適応援助者（ジョブコーチ）の養成・研修などを実施している機関である。障害種や障害者手帳の有無に関係なく利用することができる。

障害者就業・生活支援センター

障害者雇用促進法に規定される、就業及びそれにともなう日常生活上の支援を必要とする障害者からの相談に応じ、必要な指導及び助言を行うとともに、公共職業安定所、地域障害者職業センター、社会福祉施設、医療施設、特別支援学校その他の関係機関との連絡調整その他必要な援助を総合的に行う施設である。

Check

■障害者雇用促進法によって、国や地方公共団体、民間企業は、常時雇用している労働者数の一定の割合（法定雇用率）に相当する人数以上の身体障害者、知的障害者、精神障害者を雇用することが義務づけられている。

■特定障害者とは、特別障害者および障害者のうち精神に障害がある人をいう。特別障害者とは、①身体障害者手帳に身体上の障害の程度が一級又は二級と記載されている人、②精神障害者保健福祉手帳に障害等級が一級と記載されている人、③重度の知的障害者と判定された人などをいう。

福祉分野（高齢者）

1 老人福祉法

　高齢者福祉における制度や社会資源を規定するなど、**高齢者福祉実践**の中心となる法律は老人福祉法です。**社会福祉六法**の一つでもあります。老人福祉法は、高齢者福祉の推進や、高齢者の心身の健康の保持、生活の安定を目的として制定されました。第一章「総則」第一条に目的が定められています。

> **第一条** この法律は、老人の福祉に関する原理を明らかにするとともに、老人に対し、その**心身の健康**の保持及び**生活の安定**のために必要な措置を講じ、もって老人の福祉を図ることを目的とする。

　第二条および第三条では**基本的理念**が規定されています。

> **第二条** 老人は、多年にわたり社会の進展に寄与してきた者として、かつ、豊富な知識と経験を有する者として**敬愛**されるとともに、**生きがい**を持てる**健全で安らかな生活**を保障されるものとする。
>
> **第三条** 老人は、老齢に伴って生ずる**心身の変化**を自覚して、常に**心身の健康**を保持し、又は、その知識と経験を活用して、**社会的活動**に参加するように努めるものとする。
>
> 　**2** 老人は、その希望と能力とに応じ、適当な**仕事**に従事する機会その他**社会的活動**に参加する機会を与えられるものとする。

　高齢者福祉施設の多くは、老人福祉法に基づいています。入所型施設には、**特別養護老人ホーム**、**養護老人ホーム**、**軽費老人ホーム**などがあります。通所型施設には、**老人デイサービスセンター**などがあります。

介護保険法は、**介護保険制度**の運用を規定したものです。介護保険制度は、**40歳以上**の国民から徴収する保険料を財源に、**地方自治体**が介護を必要とする高齢者等に**介護サービス**を提供する制度です。介護サービスについては、老人福祉法よりも**介護保険法**の適用が優先されます。

第一章「総則」第一条に目的が定められています。

> **第一条**　この法律は、加齢に伴って生ずる心身の変化に起因する疾病等により**要介護状態**となり、入浴、排せつ、食事等の介護、機能訓練並びに看護及び療養上の管理その他の医療を要する者等について、これらの者が尊厳を保持し、その有する**能力**に応じ自立した日常生活を営むことができるよう、必要な**保健医療サービス及び福祉サービス**に係る給付を行うため、国民の**共同連帯の理念**に基づき介護保険制度を設け、その行う**保険給付**等に関して必要な事項を定め、もって国民の**保健医療の向上及び福祉の増進**を図ることを目的とする。

介護保険の保険料の**支払い義務**があり、介護保険の**給付対象**となる資格を有する者を**被保険者**といいます。被保険者のうち、65歳以上の者を**第1号被保険者**、40歳以上65歳未満の医療保険加入者を**第2号被保険者**といいます。

第1号被保険者が支払う保険料は、**市町村**ごとに定められ、市町村によって金額に差があります。市町村が**基準額**を設定し、**年間の所得**に応じて保険料を徴収します。第2号被保険者の保険料は、**医療保険**の保険料と併せて徴収されます。金額は本人が加入している**医療保険**の種類によって異なります。

被保険者は、原則として全員が**保険料**を支払うことになっていますが、すべての被保険者が**介護保険**の給付を受けられるとは限りません。日常生活動作や身体的な状態などの調査によって、介護が必要な状態であると**市町村**に認定されなければ、介護保険の給付対象にはなれません。

介護保険の利用対象者は、以下になります。

> ①第1号被保険者で、要介護、要支援状態の者
> ②第2号被保険者で、特定疾病が原因で要介護、要支援状態になった者

特定疾病とは、次の16種類です。

■特定疾病

- ・がん末期
- ・筋萎縮性側索硬化症
- ・後縦靭帯骨化症
- ・骨折をともなう骨粗しょう症
- ・多系統萎縮症
- ・初老期における認知症
　（アルツハイマー病、脳血管性認知症等）
- ・脊髄小脳変性症
- ・脊柱管狭窄症

- ・早老症
- ・糖尿病性神経障害、
　糖尿病性腎症および糖尿病性網膜症
- ・脳血管疾患
- ・進行性核上性麻痺、
　大脳皮質基底核変性症およびパーキンソン病
- ・閉塞性動脈硬化症
- ・関節リウマチ
- ・慢性閉塞性肺疾患
- ・両側の膝関節または
　股関節に著しい変形をともなう変形性関節症

Check

介護保険には予防給付と介護給付がある。また、介護サービスの種類には、訪問サービスとして訪問介護、訪問入浴介護、訪問リハビリテーション、居宅療養管理指導、訪問看護、通所サービスとして通所介護、通所リハビリテーション、短期入所サービスとして短期入所生活介護、短期入所療養介護、その他として住宅改修費の支給、特定福祉用具購入費の支給、福祉用具の貸与などがある。

+α プラスアルファ

地域包括支援センター

介護保険法第百十五条の四十六に定められている、地域住民の心身の健康の保持および生活の安定のために必要な援助を行うことにより、その保健医療の向上および福祉の増進を包括的に支援することを目的とする施設である。原則として、保健師、社会福祉士及び主任介護支援専門員を配置する。具体的な業務として、介護予防ケアマネジメント、総合相談・支援、権利擁護、包括的・継続的ケアマネジメント支援などを行う。

3 新オレンジプラン

　厚生労働省では、2015（平成27）年に、**認知症**の人の意思が尊重され、できる限り**住み慣れた地域**のよい環境で自分らしく暮らし続けることができる社会の実現を目指して、新たに「認知症施策推進総合戦略〜認知症高齢者等にやさしい地域づくりに向けて〜」**（新オレンジプラン）**を関係府省庁と共同で策定しました。関係府省庁とは、厚生労働省、内閣官房、内閣府、警察庁、金融庁、消費者庁、総務省、法務省、文部科学省、農林水産省、経済産業省、国土交通省の**12府省庁**です。「認知症高齢者等にやさしい地域づくり」を推進していくため、次の**7つ**の柱に沿って、施策を総合的に推進していきます。

Ⅰ　認知症への理解を深めるための普及・啓発の推進
認知症はすべての人にとって身近な病気であることを、普及や啓発等を通じて改めて社会全体に確認していく

Ⅱ　認知症の容態に応じた適時・適切な医療・介護等の提供
早期診断・早期対応を基本に、本人主体の医療・介護等の有機的連携によって、認知症の容態の変化に応じて、切れ目なく、そのときの容態に最適な場所で医療・介護等が提供される循環型の仕組みを実現する

Ⅲ　若年性認知症施策の強化
65歳未満で発症する若年性認知症は、就労や生活費等の経済的問題が大きいことなどから、居場所づくり等のさまざまな分野にわたる支援を総合的に行っていく

Ⅳ　認知症の人の介護者への支援
認知症患者の介護者への支援は、認知症患者の生活の質の改善にもつながるため、家族といった介護者の精神的・身体的な負担の軽減や、生活と介護の両立を支援する取組を推進する

Ⅴ　認知症の人を含む高齢者にやさしい地域づくりの推進
ソフト面およびハード面の生活環境の整備、就労・社会参加支援や安全確保を行い、認知症患者を含めた高齢者にやさしい地域づくりを推進する

Ⅵ　認知症の予防法、診断法、治療法、リハビリテーションモデル、介護モデル等の研究開発及びその成果の普及の推進
認知症の原因となる各疾患の病態解明や行動・心理症状（BPSD）等を起こすメカニズムの解明を通じて、認知症の予防法、診断法、治療法、リハビリテーションモデル、介護モデルなどの研究開発を推進する

Ⅶ　認知症の人やその家族の視点の重視
これまでは認知症患者を支える側の視点に偏りがちであったが、認知症患者やその家族の視点を重視していく。他の６つの柱のすべてに共通する、プラン全体の理念でもある

+α プラスアルファ

認知症初期集中支援チーム

複数の専門職が、家族の訴え等により認知症が疑われる人や認知症の人およびその家族を訪問し、アセスメントや家族支援などの初期の支援を包括的、集中的（おおむね６カ月）に行うチームをいう。40歳以上で在宅で生活しており、認知症が疑われる人または認知症の人で、医療サービスや介護サービスを受けていない人、または中断している人、あるいは医療サービスや介護サービスを受けているが認知症の行動・心理症状が顕著なため、対応に苦慮している人が対象である。

4　高齢者虐待防止法　

　2006（平成18）年に、「高齢者虐待の防止、高齢者の養護者に対する支援等

に関する法律」（高齢者虐待防止法）が施行されました。第一章「総則」第一条
に目的が示されています。

> **第一条** この法律は、高齢者に対する虐待が深刻な状況にあり、高齢者の尊
> 厳の保持にとって高齢者に対する虐待を防止することが極めて重要
> であること等にかんがみ、高齢者虐待の防止等に関する**国等の責務**、
> 高齢者虐待を受けた高齢者に対する**保護**のための措置、**養護者**の負
> 担の軽減を図ること等の養護者に対する養護者による高齢者虐待の
> 防止に資する支援のための措置等を定めることにより、高齢者虐待
> の防止、養護者に対する支援等に関する施策を促進し、もって高齢
> 者の権利利益の擁護に資することを目的とする。

　第二条においては、**高齢者**や**養護者**、**高齢者虐待**などの定義がなされています。
また、高齢者虐待にあたる行為として、**身体的虐待**、**ネグレクト**、**心理的虐待**、
性的虐待、**経済的虐待**が挙げられます。

> **第二条** この法律において「高齢者」とは、**六十五歳以上**の者をいう。
> 　**2**　この法律において「養護者」とは、高齢者を現に養護する者であっ
> 　　　て養介護施設従事者等以外のものをいう。
> 　**3**　この法律において「高齢者虐待」とは、**養護者**による高齢者虐待及
> 　　　び**養介護施設従事者**等による高齢者虐待をいう。
> 　**4**　この法律において「養護者による高齢者虐待」とは、次のいずれか
> 　　　に該当する行為をいう。
> 　**一**　**養護者**がその養護する高齢者について行う次に掲げる行為
> 　　**イ**　高齢者の身体に外傷が生じ、又は生じるおそれのある**暴行**を加
> 　　　　えること。
> 　　**ロ**　高齢者を衰弱させるような著しい減食又は長時間の放置、養護
> 　　　　者以外の同居人によるイ、ハ又はニに掲げる行為と同様の行為
> 　　　　の放置等**養護を著しく怠る**こと。
> 　　**ハ**　高齢者に対する著しい暴言又は著しく拒絶的な対応その他の高
> 　　　　齢者に著しい**心理的外傷**を与える言動を行うこと。
> 　　**ニ**　高齢者に**わいせつ**な行為をすること又は高齢者をして**わいせつ**
> 　　　　な行為をさせること。

> 二　**養護者**又は高齢者の**親族**が当該高齢者の財産を不当に処分すること
> その他当該高齢者から不当に**財産上の利益**を得ること。

　高齢者の生命や身体に重大な危険が生じているような、緊急性の高い場合には**通報義務**があります（第七条の一）。なお、**養介護施設従事者**等については、緊急性の高さにかかわらず**通報義務**が課せられています（第二十一条）。その際の**守秘義務**の適用は除外され、通報による不利益な取扱いは禁止されています。

> **第七条**　養護者による高齢者虐待を受けたと思われる高齢者を発見した者は、
> 当該高齢者の**生命又は身体**に重大な危険が生じている場合は、速や
> かに、これを**市町村**に通報しなければならない。
> 　2　前項に定める場合のほか、養護者による高齢者虐待を受けたと思わ
> れる高齢者を発見した者は、速やかに、これを**市町村**に通報するよ
> う努めなければならない。
> **第二十一条**　養介護施設従事者等は、当該養介護施設従事者等がその業務に
> 従事している養介護施設又は養介護事業において業務に従事す
> る養介護施設従事者等による高齢者虐待を受けたと思われる高
> 齢者を発見した場合は、速やかに、これを**市町村**に通報しなけ
> ればならない。
> 　2　前項に定める場合のほか、養介護施設従事者等による高齢者虐
> 待を受けたと思われる高齢者を発見した者は、当該高齢者の**生**
> **命又は身体**に重大な危険が生じている場合は、速やかに、これ
> を市町村に通報しなければならない。

　第六条では、**市町村**は養護者による高齢者虐待の防止や、養護者による高齢者虐待を受けた高齢者の保護のために、**高齢者**および**養護者**に対して、**相談**や**指導**、**助言**等を行うことが規定されています。また、第十四条第一項では、市町村は**養護者の負担の軽減**のために、**養護者**に対する**相談**、**指導**、**助言**その他必要な**措置**を講ずることが定められています。

> **第六条**　市町村は、養護者による高齢者虐待の防止及び養護者による高齢者
> 虐待を受けた高齢者の保護のため、**高齢者及び養護者**に対して、**相談**、

指導及び**助言**を行うものとする。

第十四条　市町村は、第六条に規定するもののほか、**養護者の負担の軽減**の
ため、養護者に対する**相談**、**指導**及び**助言**その他必要な措置を講
ずるものとする。

　2　市町村は、前項の措置として、養護者の心身の状態に照らしその
養護の負担の軽減を図るため緊急の必要があると認める場合に高
齢者が**短期間**養護を受けるために必要となる**居室**を確保するため
の措置を講ずるものとする。

国民の責務として、国民は高齢者虐待の防止、養護者に対する施策に協力する
よう努めなければならないと定められています（第四条）。また、立入調査にあ
たり、**市町村長**は警察署長に援助を求めることができると定められています（第
十二条）。

高齢者を介護する家族への支援は、**介護サービス**の導入による介護者の**負担軽
減**とともに、専門家による心理的な支援が必
要な場合があります。また被虐待者には要介
護高齢者が非常に多いことから、**要介護高齢
者本人の**心理的安定**が介護負担を減らし、**虐
待**を減らすという視点も重要です。

Check

家庭における高齢者虐待は男性（息
子・夫）によって行われているケー
スが多いことが特徴である。

Check

■介護保険指定基準において、「サービスの
提供にあたっては、当該入所者（利用者）又
は他の入所者（利用者）等の生命又は身体を
保護するため緊急やむを得ない場合」には身
体拘束が認められている。ただし、身体拘束
は、「切迫性」「非代替性」「一時性」の3つ
の要件を満たし、かつ、これらの要件につい
て身体拘束廃止委員会等のチームで検討、確
認し記録するといった手続きがきわめて慎重
に実施されている場合に限られる。

■高齢者虐待および障害者虐待によって、生
命または身体に重大な危険が生じているおそ
れがあると認められる場合、立入調査が行わ
れることがある。児童虐待が疑われる場合に
は、立入調査や臨検が行われることがある。

+α プラスアルファ

特定健康診査

高齢者の医療の確保に関する法律（高齢者医
療確保法）第二十条に規定される、40歳〜
74歳の人を対象にした、メタボリックシンド
ロームの予防や改善を目的とした健康診査で
ある。検査項目として、既往歴や身長、体重、
腹囲、血圧、肝機能、脂質などが含まれる。

特定保健指導

特定保健指導とは、高齢者医療確保法第二十
四条に規定される、特定健康診査の結果から
生活習慣病の発症リスクが高く、生活習慣の
改善による予防効果が期待できる人に対して、
医師や保健師等によって行われる保健指導で
ある。リスクの程度に応じて、動機づけ支援
と積極的支援がある。

第6章　関係行政論

05 教育分野

ブルーブリント
中項目 　教育分野に関する法律、制度／教育現場において生じる問題とその背景、
教育現場における心理社会的課題と必要な支援

🔑 キーワード　スクールカウンセラー、コンサルテーション、危機介入、チーム学校、
いじめ防止対策推進法、不登校、特別支援教育、通級、教育基本法

1 スクールカウンセラー

　1995（平成7）年、いじめや不登校対策として、**スクールカウンセラー**（学校臨床心理士）制度が開始されました。

1 スクールカウンセラーの業務

　スクールカウンセラーの業務は、基本的には、以下のようになります。

- 児童生徒に対する相談・助言
- 保護者や教職員に対する相談
- 校内会議等への参加
- 教職員や児童生徒への研修や講話
- 相談者への心理的な見立てや対応
- ストレスチェックやストレスマネジメント等の予防的対応
- 事件・事故等の緊急対応における被害児童生徒の心のケア

　これらのうち、教職員に対する**コンサルテーション**が重要になってきます。児童生徒に対する直接的な責任は、学級担任である教員にあります。よって、**教員への援助**を優先させ、児童生徒や保護者に対する直接的かつ個別的接触は、慎重に行うことが求められます。そのため、個人心理療法的な視点ではなく、学校というコミュニティ全体への支援という視点が求められます。

2 教育現場におけるカウンセリングの特殊性

　スクールカウンセラーの業務は、通常の心理臨床業務とは異なった**治療構造**（P.247参照）によって行われることが少なくありません。一般の心理臨床業務では、時間や場所の**枠組みを守る**のが原則ですが、教育場面では、求められれば

いつでも、どこでも、誰もが相談できるように、治療構造を**柔軟**にとらえて、**臨機応変**に対応することが求められます。例えば、校内でたまたますれ違ったのを機に相談にのること**（チャンス相談）**も必要な場合があります。

　スクールカウンセラーは、学校という一つの**組織**の中で活動しています。そこでは、教職員をはじめとする学校関係者との間で、ある程度の**秘密の共有**が必要とされます。現在では、一般に**チーム内守秘義務**と呼ばれています。だからといって、簡単に秘密保持義務を超えてよいというわけではありません。伝えてよい**秘密**かどうかの判断力をもつことが大切です。

③ コンサルテーション

　コンサルテーションとは、**コンサルタント**（相談に応じる立場の専門家）が**コンサルティ**（相談をもちかける立場の専門家）に対して、コンサルティのクライエントの問題について**専門的**かつ**間接的**な援助を行う一連の過程を指します。その特徴は、以下のようになります。

①コンサルタントは、コンサルティのクライエントやその環境など、**コンサルタントにとっては第三者の問題**を扱う。

②コンサルタントは、コンサルティのパーソナリティの成長を図るなど、**コンサルティの個人的な問題**は扱わない。

③コンサルタントは、一般に、**コンサルティの担当するクライエント**に、**直接、接触しない**。

④コンサルテーションは、一般に、具体的な**課題に焦点**を当て、**時間・回数制限的**に行われる。

⑤コンサルタントは、コンサルティに対して、**具体的な助言や方策**を与える。

⑥コンサルタントは、一般に、相談内容にともなうコンサルティの実際の業務について、**直接的な責任をもたない**。

　コンサルテーションとスーパービジョン（P.28参照）の違いは、次の2点に集約することができます。

関係性	コンサルタントとコンサルティの関係は、専門性が異なる専門家同士の関係であり、上下関係がないといえる。一方、スーパーバイザーとスーパーバイジーの関係は、専門を同じくする経験の深い者と経験の浅い者との関係である

ケースに対する責任	コンサルタントは、コンサルティの抱えるクライエントに対して、直接的な責任はないといえる。一方、スーパーバイザーは、スーパーバイジーの抱えるクライエントに対して、責任が生じることもある

④ 危機介入

子どもたちが巻き込まれる災害や事件、事故が起こると、教員や学校は児童生徒のこころのケアや保護者等への説明など、多くのことに対処しなければなりません。そのため、スクールカウンセラーが心理の専門家として学校へ**危機介入**を行うことがあります。

早期の介入において、必要なこころのケアは、**心理教育**（P.245参照）として、これから生じる可能性のある**ストレス反応とその対処の仕方**を伝えることです。基本的には、ケアの対応は、継続的に子どもと関わっていく**教員**が行い、スクールカウンセラーは心理教育の方法や資料を提供したり、また、必要に応じて教員と同席することがあります。その上で、**ストレス反応**が特に強い児童生徒や教職員に対しては、個別の支援にあたっていきます。

Check

学校における危機対応の基本は、事件や事故を未然に防ぐリスクマネジメントと、危機後の被害を最小化し、早期回復に取り組むクライシスマネジメントである。具体的には、リスクマネジメントでは、学校の施設や設備の点検・管理といった安全管理や児童生徒への安全教育、危機管理体制づくりやマニュアルの作成、研修の実施など、学校危機に対する積極的な準備が求められる。クライシスマネジメントでは、危機後の救助や安全確保をはじめ、教職員が役割分担をしながら状況を確認し、必要に応じて学外の関係機関へ支援要請を行っていくことが求められる。

+α プラスアルファ

学生相談

大学や短期大学などの高等教育機関における学生支援の中心的な役割の1つとして、学生が抱えるさまざまな悩みや問題行動に対する、個別面接を中心とした専門的な心理相談活動を指す。学生相談は、深刻な困難を抱える学生だけでなく、在籍するすべての学生が対象になる。個別相談のほか、教職員などに対するコンサルテーション、メンタルヘルスに関する講演会なども行われる。

2 チームとしての学校（チーム学校）

近年、学校が抱える課題は、複雑化しているだけでなく、多様化しています。このような課題に対して各教員が個別に取り組むのではなく、学校の**マネジメント**を強化し、**組織**として必要な**指導体制**を整備する必要があります。

また、生徒指導や特別支援教育等の充実を図るために、学校や教員が心理や福祉等の専門家や専門機関と**連携・分担**する体制を整備し、学校の**機能**を強化していくことも重要です。こうした背景の中、2015（平成27）年12月中央教育審議会は、答申「チームとしての学校の在り方と今後の改善方策について」を発表しました。

　文部科学省による「チームとしての学校」は、以下のように定義されます。

> 　校長のリーダーシップの下、カリキュラム、日々の教育活動、学校の資源が一体的にマネジメントされ、教職員や学校内の多様な人材が、それぞれの専門性を活かして能力を発揮し、子供たちに必要な資質・能力を確実に身に付けさせることができる学校

　「チームとしての学校」を実現するためには、次の3つの視点に沿って進めていくことが必要であるとされています。

■「チームとしての学校」を実現するための3つの視点

視点1：専門性に基づくチーム体制の構築

これからの学校教育に必要な教職員、専門スタッフ等の配置を進めるとともに、教員が授業等の専門性を高めることができる体制や、専門スタッフ等が自らの専門性を発揮できるような連携、分担の体制を整備することで、多様な教育活動をチームとして行う

視点2：学校のマネジメント機能の強化

学校がチームとして機能するように、校長や管理職がリーダーシップを発揮できるような体制の整備や、学校の教育目標のもとに、学校の企画・調整機能、事務体制など学校全体を動かしていく機能の強化を進める

視点3：教職員一人ひとりが力を発揮できる環境の整備

教職員一人ひとりが能力や専門性を発揮し、さらに伸ばしていけるように、人材育成や業務改善等の取り組みを進める

+α プラスアルファ

コミュニティ・スクール（学校運営協議会制度）

地方教育行政の組織および運営に関する法律第四十七条の六に基づく、学校と地域住民等が力を合わせて学校の運営に取り組む「地域とともにある学校」への転換を図るための制度である。その役割としては、校長が作成する学校運営の基本方針を承認する、学校運営について教育委員会や校長に意見を述べることができる、教職員の任用について教育委員会に意見を述べることができるなどが挙げられる。コミュニティ・スクールの委員は、対象学校の地域住民や保護者などから教育委員会が任命する。

3 学校心理学

① 学校心理学とは

　学校心理学とは、学校教育の一環として、一人ひとりの子どもの発達や、学校での問題についての解決を**心理教育的**に支援する学問体系をいいます。心理教育的な支援の対象は**すべての子ども**であり、心理教育的支援は教員、スクールカウンセラーなどから構成される**「チーム学校」**が家庭・地域と連携しながら進めていきます。

　すべての子どもが発達の過程で支援を必要としており、子どもの課題や問題に対するとらえ方、対応もさまざまです。多様で複雑化している子どもの課題や問題を支援するには、**「チーム学校」**と家庭・地域の**連携**が必要です。

　学校心理学は、生徒指導・教育相談、特別支援教育、学校保健などのさまざまな領域を超えて、子どもの学校生活を支援する知見を総合的に論じ、心理教育的支援の質の向上のための、共通の枠組みを提供してきました。子どもの成長を促進する**学校生活の質**（Quality of School Life）を維持向上するために、学校心理学が求められています。

② 3段階の心理教育的援助サービス

①一次的援助サービス

　一次的援助サービスは、**すべての児童生徒**を援助対象とします。すべての児童生徒は課題に取り組む上で何らかの援助を必要としています。一次的援助サービスには、多くの児童生徒が出会う**課題の困難**を予測し、事前に行う**予防的援助**と、児童生徒が課題に取り組む上で**必要なスキル**を高める**開発的援助**があります。

> ✎ Check
> 学校における自殺予防教育の目標は、早期の問題認識（心の健康）と援助希求的態度の育成である。

②二次的援助サービス

　二次的援助サービスは、登校を渋る、学習意欲をなくしてきたなど、**配慮**を必要とする児童生徒を対象とします。初期の段階で発見し、その問題が大きくなるのを**予防すること**が目的です。そのためには、援助者一人ひとりが日頃から児童生徒の様子を見てその**変化**に気づく目をもつことと、多くの援助者からの**情報**を

活かすことが求められます。

　一次的援助サービスや二次的援助サービスにおける予防とは、問題を完全に予防するようなことではなく、児童生徒が出会う問題に**取り組む能力**をつけること、その問題を乗り越えながら**成長する**こと、そして問題が児童生徒の発達を妨害するほど**重大にならないこと**を目指します。

三次的援助サービス
特別な教育ニーズのある
特定の子ども

二次的援助サービス
問題を乗り越えるための配慮を
必要とする子ども

一次的援助サービス
すべての子ども

③三次的援助サービス

　三次的援助サービスは、**特別な援助ニーズ**をもつ特定の児童生徒を対象とします。スクールカウンセラーや教職員が、援助チームをつくり、児童生徒の状況についてのより的確な**アセスメント**の実施とそれに基づく**個別プログラム**の作成を行います。

Check

■生徒指導とは、一人ひとりの児童生徒の人格を尊重し、個性の伸長を図りながら、社会的資質や行動力を高めることを目指して行われる教育活動を指す。学習指導要領には、生徒指導に関する規定がなされており、生徒指導の課題が示されている。

■生徒指導提要によれば、問題行動を起こした児童生徒への指導の進め方として、①問題行動の迅速な事実確認、②問題行動の原因の分析と個々の児童生徒に応じた指導方針の確立、③希望をもたせる指導、④保護者への説明と適正な手続きが挙げられる。

4 いじめ防止対策推進法　重要

　いじめが起こっている集団では、**被害者・加害者・観衆・傍観者**という４層の構造が多くみられるとされます。つまり、直接的な加害者だけでなく、観衆や傍観者の反応によって、いじめの**対象**や**方法**、**陰湿度**などが

Check

児童生徒の問題行動・不登校等生徒指導上の諸課題に関する調査における「暴力行為」とは、自校の児童生徒が故意に有形力（目に見える物理的な力）を加える行為を指す。暴力行為の対象によって、「対教師暴力」「生徒間暴力」「（対教師暴力、生徒間暴力の対象者を除く）対人暴力」「（学校の施設・設備等の）器物損壊」の４つに分けられる。ただし、家族や同居人に対する暴力行為は含まれない。

影響を受けます。さらに、加害者と被害者の立場が容易に**入れ替わること**も少なくないとされています。

　いじめ防止対策推進法は、2013（平成25）年に施行されました。

　第二条において、本法律における**いじめ**は、次のように定義づけられています。

第二条　この法律において「いじめ」とは、児童等に対して、当該児童等が在籍する学校に在籍している等当該児童等と**一定の人的関係にある他の児童等が行う心理的又は物理的な影響を与える行為（インターネットを通じて行われるものを含む。）**であって、当該行為の対象となった児童等が心身の苦痛を感じているものをいう。

　　2　この法律において「学校」とは、学校教育法第一条に規定する小学校、中学校、義務教育学校、高等学校、中等教育学校及び特別支援学校（幼稚部を除く。）をいう。

　本法律では、児童等に対して**いじめの禁止**（第四条）や、児童等がいじめを行うことがないように**保護者が指導する**こと（第九条）が規定されています。また、**国（文部科学大臣）、地方公共団体、学校**にはそれぞれ、いじめ防止等のための対策を総合的かつ効果的に推進するための**基本方針**を策定する義務があります（第十一条〜第十三条）。さらに、いじめ防止に対する施策として、学校に複数の教職員、心理、福祉等に関する専門的な知識を有する者やその他の関係者により構成される**いじめの防止等の対策のための組織**を置くこと（第二十二条）や、いじめによる「重大事態」として、①児童等の**生命、心身または財産**に重大な被害が生じた疑いがある場合、②児童等が相当の期間学校を**欠席すること**を余儀なくされている疑いがある場合（第二十八条）が定められています。

第二十二条　学校は、当該学校におけるいじめの防止等に関する措置を実効的に行うため、当該学校の**複数の教職員、心理、福祉等に関する専門的な知識を有する者**その他の関係者により構成されるいじめの防止等の対策のための**組織**を置くものとする。

第二十八条　学校の設置者又はその設置する学校は、次に掲げる場合には、その事態（以下**「重大事態」**という。）に対処し、及び当該重大事態と同種の事態の発生の防止に資するため、速やかに、当該学校の設置者又はその設置する学校の下に**組織**を設け、**質問票**

の使用その他の適切な方法により当該重大事態に係る**事実関係**を明確にするための調査を行うものとする。

一　いじめにより当該学校に在籍する児童等の**生命、心身又は財産**に重大な被害が生じた疑いがあると認めるとき。

二　いじめにより当該学校に在籍する児童等が相当の期間学校を**欠席すること**を余儀なくされている疑いがあると認めるとき。

■出席停止を命じる権限と責任は市町村教育委員会にある。ただし、出席停止は子どもの教育を受ける権利を制限することになるため、慎重な対応を求められている。

■被害児童生徒や保護者が詳細な調査や事案の公表を望まない場合であっても、学校が可能な限り自らの対応を振り返り検証することで再発防止や新たな事実の判明につながる可能性がある。そのため、被害児童生徒や保護者が望まないことを理由として、自らの対応を検証することを怠ってはならない。

5　不登校　

文部科学省は、**不登校**を次のように定義づけています。

　何らかの**心理的、情緒的、身体的あるいは社会的要因・背景**により、登校しないあるいはしたくともできない状況にあるために**年間30日以上**欠席した者のうち、**病気や経済的な理由による者**を除いたもの。

　文部科学省は、2003（平成15）年に「今後の不登校への対応の在り方について（報告）」をまとめた中で、不登校は**「どの児童生徒にも起こりうる」**問題であるとしています。実際に不登校になっている子どもたちの背景も、また学校に行かないことに対する反応もさまざまで、状況に応じた**個別の対応**が求められています。

　対応の一つとして、**適応指導教室**があります。これは、学校以外の場所や学校の空き教室などにおいて、退職教員などが不登校児童生徒に対して、**教科指導**などを行うものです。心理職が**カウンセリング**を行ったりもします。適応指導教室への参加は、一定要件を満たせば**指導要録上の出席**になります。また、保健室登校や相談室登校、放課後登校などを認めている学校もあります。

　不登校への支援は、「学校に登校する」という結果のみを目標にするのではなく、

児童生徒が自らの進路を**主体的**にとらえて、**社会的**に自立することを目指すことが大切です。児童生徒によっては、不登校が休養や自分を見つめ直すための期間といった**積極的な意味**をもつことがあります。その一方で、**学業の遅れや進路選択上の不利益、社会的自立へのリスク**が存在することにも留意しながら対応していかなくてはなりません。

Check

保健室登校とは、「常時保健室にいるか、特定の授業には出席できても学校にいる間は主として保健室にいる状態」と定義されている。保健室登校の児童・生徒が教室に戻れるようになることは重要なことではあるが、養護教諭には、教室への復帰を急ぐだけでなく、より広い視点でのケアが求められる。

　そのため、不登校児童生徒が主体的に社会的自立や学校復帰に向かうように、周囲の大人が児童生徒自身を見守りつつ、不登校のきっかけや継続理由に応じて、適切な支援や働きかけを行っていく必要があります。

6　特別支援教育　重要

　特別支援教育について、文部科学省は、次のように説明しています。

> 「**特別支援教育**」とは、障害のある幼児児童生徒の**自立**や**社会参加**に向けた主体的な取組を支援するという視点に立ち、幼児児童生徒一人一人の教育的ニーズを把握し、その持てる力を高め、**生活や学習上の困難**を改善又は克服するため、**適切な指導及び必要な支援**を行うものである。

　特別支援教育は、2007（平成19）年4月から、**学校教育法**に位置づけられています。

　特別支援教育の成立によって、従来の盲・聾・養護学校が**「特別支援学校」**に統合・転換されました。さらに、**自閉症者・学習障害者・注意欠陥多動性障害者**なども対象とした教育を明示していることも大きな特徴です（「学校教育法施行規則」　第八章「特別支援教育」百四十条）。具体的には、**自閉症者・学習障害者・注意欠陥多動性障害者**などが**特別支援学級**や**通級による指導**の対象に含まれるようになりました。

プラスアルファ

自立活動

障害のある子どもたちが自立や社会参加を目指し、障害による学習上または生活上の困難さを主体的に改善・克服するために、特別支援教育に設けられた領域である。障害のある子どもたちの教育において、教育課程上重要な位置を占めている。

なお、特別支援教育では、保護者や関係機関に対する学校の窓口として、また、学校内の関係者や福祉・医療などの関係機関との連絡調整の役割を担う者として、**特別支援教育コーディネーター**が位置づけられています。

■子どもの就学に際しては、市町村教育委員会に対して保護者と専門家への意見聴取が義務づけられている。また、市町村教育委員会は、保護者への情報提供や相談を十分に行うとともに、保護者の意見を十分に踏まえた上で、子どもにとって最も適切な就学先を決定することが求められる。

■特別支援学級や通級による指導は、小学校・中学校の教員免許状を有していれば担当することが可能である。特別支援学校の教員は、小学校・中学校・高等学校または幼稚園の教員の免許状のほかに、特別支援学校の教員の免許状を有していることが原則となっている。

■授業をユニバーサルデザイン化するための視点として、ねらいや活動を絞る焦点化、活動を見える化する視覚化、他者の考えを知りつながる共有化が挙げられる。

■学校における合理的配慮の提供プロセスは、原則として本人や保護者からの申し出によって、その検討が始まる。また、配慮が必要であるにもかかわらず、申し出がうまくできない状況にある場合には、本人の意向を確認しつつ、申し出ができるよう支援する。学校はどのような配慮が有効であるか、申し出された配慮が妥当であるかを判断するための根拠資料の提出を求めることができる。合理的配慮の内容は、本人や保護者、学校のあいだの建設的な対話をもとに可能な限り合意形成を図った上で決定される。

7　教育分野における主な法律

1　教育基本法

　教育基本法は、日本国憲法の精神に則り、教育の基本を確立し、その振興を図るために制定されました。また、2006（平成18）年に改正されました。第一章第一条にその目的が定められています。

> **第一条**　教育は、**人格の完成**を目指し、平和で民主的な国家及び社会の形成者として必要な資質を備えた心身ともに**健康な国民の育成**を期して行われなければならない。

　また、**教育の目標**が第二条に明記されています。

第二条　教育は、その目的を実現するため、**学問の自由**を尊重しつつ、次に掲げる目標を達成するよう行われるものとする。

一　幅広い知識と教養を身に付け、真理を求める態度を養い、豊かな情操と道徳心を培うとともに、**健やかな身体**を養うこと。

二　個人の価値を尊重して、その能力を伸ばし、創造性を培い、自主及び自律の精神を養うとともに、**職業及び生活**との関連を重視し、勤労を重んずる態度を養うこと。

三　正義と責任、男女の平等、自他の敬愛と協力を重んずるとともに、**公共の精神**に基づき、主体的に社会の形成に参画し、その発展に寄与する態度を養うこと。

四　生命を尊び、**自然**を大切にし、**環境の保全**に寄与する態度を養うこと。

五　**伝統と文化**を尊重し、それらをはぐくんできた我が国と郷土を愛するとともに、他国を尊重し、国際社会の平和と発展に寄与する態度を養うこと。

Check

2006年に改正された教育基本法では、生涯学習の理念、大学、私立学校、家庭教育、幼児期の教育、学校、家庭及び地域住民等の相互の連携協力、教育振興基本計画が新たに規定された。

2 学校教育法

　学校教育法とは**日本国憲法**および**教育基本法**の理念を受けて、学校教育の制度や基準について定めた法律です。第一章「総則」第一条に学校の定義が明記されています。

第一条　この法律で、学校とは、**幼稚園**、**小学校**、**中学校**、**義務教育学校**、**高等学校**、**中等教育学校**、**特別支援学校**、**大学**及び**高等専門学校**とする。

　学校教育法第十一条では、校長および教員の**懲戒権**が認められています。

第十一条　校長及び教員は、教育上必要があると認めるときは、文部科学大臣の定めるところにより、児童、生徒及び学生に**懲戒**を加えることができる。ただし、**体罰**を加えることはできない。

学校教育法第三十五条では、**教育委員会**による**出席停止**について定めています。なお、出席停止は、公立の**小学校**、**中学校**および**義務教育学校**に限られています。

> **第三十五条** 市町村の教育委員会は、次に掲げる行為の一又は二以上を繰り返し行う等性行不良であって他の児童の教育に妨げがあると認める児童があるときは、その**保護者**に対して、児童の出席停止を命ずることができる。
> 　一　他の児童に**傷害**、**心身の苦痛**又は**財産上の損失**を与える行為
> 　二　職員に**傷害**又は**心身の苦痛**を与える行為
> 　三　施設又は設備を**損壊する**行為
> 　四　授業その他の教育活動の実施を**妨げる**行為
> 2　市町村の教育委員会は、前項の規定により出席停止を命ずる場合には、あらかじめ保護者の意見を**聴取する**とともに、理由及び期間を記載した**文書**を交付しなければならない。

③ 学校保健安全法

学校保健安全法は、学校における児童生徒等および職員の**健康の保持増進**を図るための法律です。第九条では、**保健指導**が規定されており、養護教諭と学級担任などの関係職員が連携し、**健康相談**や日常的な**健康観察**などにより児童生徒等の心身の健康状態を把握し、問題があると認められる場合は遅滞なく**保健指導**を行うとともに、必要に応じて、保護者への助言を行うことが定められています。

　第十一条には**就学時の健康診断**の実施が、第十三条には児童生徒等の**健康診断**の実施が規定されています。

> **第十一条** 市（特別区を含む。以下同じ。）町村の教育委員会は、学校教育法第十七条第一項の規定により翌学年の初めから同項に規定する学校に就学させるべき者で、当該市町村の区域内に住所を有するものの就学に当たつて、その健康診断を行わなければならない。

④ 教育機会確保法

教育機会確保法は、「義務教育の段階における普通教育に相当する教育の機会の確保等に関する法律」が正式名称です。第三条に基本理念が定められています。

一	全ての児童生徒が豊かな学校生活を送り、安心して教育を受けられるよう、学校における環境の確保が図られるようにする
二	不登校児童生徒が行う多様な学習活動の実情を踏まえ、個々の不登校児童生徒の状況に応じた必要な支援が行われるようにする
三	不登校児童生徒が安心して教育を十分に受けられるよう、学校における環境の整備が図られるようにする
四	義務教育の段階における普通教育に相当する教育を十分に受けていない者の意思を十分に尊重しつつ、その年齢又は国籍その他の置かれている事情にかかわりなく、その能力に応じた教育を受ける機会が確保されるようにするとともに、その者が、その教育を通じて、社会において自立的に生きる基礎を培い、豊かな人生を送ることができるよう、その教育水準の維持向上が図られるようにする
五	国、地方公共団体、教育機会の確保等に関する活動を行う民間の団体その他の関係者の相互の密接な連携の下に行われるようにする

+α プラスアルファ

ルーブリック
学習到達状況を評価するための評価基準表である。成功の度合いを示す数レベル程度の尺度と、そのレベルに対応するパフォーマンスの特徴を示した記述語（評価規準）からなる評価基準表である。

適性処遇交互作用（Aptitude Treatment Interaction：ATI）
Cronbach,L.J.（クロンバック）が提唱した、学習者のもつ適性や特性と、教授法や学習方法といった処遇には交互作用があり、両者の組み合わせによって学習効果が異なるという考えである。

形成的評価と総括的評価
形成的評価とは、学習形成過程の改善を目的として、科目の目標を習得しているかどうか、もし習得していないのであれば、それを習得するために何をしなければならないかを判定するための評価である。それにより、学習者が学習を修正するため、また教師が教授方法を修正し、学習指導の指針を得るためのフィードバック資料となる。科目終了時の試験とは異なり成績評価はしないのが原則である。総括的評価とは、達成された学習成果の程度を総括的に把握する評価であり、科目終了の時期に行われる。

有意味受容学習

Ausubel, D. P.（オーズベル）が提唱した、新しい学習内容を学ぶ前に、学習者がすでにもつ知識を足がかりとし、それに新しい学習内容を組み込んだり、比較したりすることにより新しい知識を獲得する学習方略。新しい学習内容を学ぶにあたって、あらかじめ与えられた知識を先行オーガナイザーという。

学校文化

児童生徒や教職員によって学習、共有され、伝達される行動様式や生活様式をいう。

自己調整学習

学習者がメタ認知、動機づけ、行動において自分自身の学習過程に能動的に関与している学習をいう。

キャリア教育

一人ひとりの社会的・職業的自立に向け、必要な基盤となる能力や態度を育てることを通してキャリア発達を促す教育のことである。小学校（低学年・中学年・高学年）は進路の探索・選択にかかる基盤形成の時期、中学校は現実的探索と暫定的選択の時期、高等学校は現実的探索・試行と社会的移行準備の時期である。各時期において、人間関係形成能力、情報活用能力、将来設計能力、意思決定能力の4つの職業的発達を促すために育成することが期待される態度、能力が具体的にされている。

アクティブラーニング

教師による一方的な講義形式の教育とは異なり、学習者の能動的な学習参加を取り入れた教授法・学習法をいう。発見学習や体験学習、調査学習等が含まれるが、教室内でのディスカッションやグループワークなども有効な方法である。

潜在的カリキュラム

学校の顕在的なカリキュラムには含まれず、また教師が意図する、しないにかかわらず、学校生活の中から教えられていく知識や行動様式、意識やメンタリティなど子どもたちが学び取るすべての事柄をさす。

学生生活サイクル

大学生の時期を時間軸に沿って、1年生の入学期、2～3年生の中間期、4年生の卒業期、大学院進学後の大学院学生期の4つの段階からとらえ、それぞれの時期に特有の心理的課題から大学生を理解する考えをいう。具体的な心理的課題として、入学期では新しい生活への移行、中間期では学生生活の展開、卒業期では学生生活の終了と社会生活への移行、大学院学生期では研究者・技術者としての自己形成などが挙げられる。

06 司法・犯罪分野への支援

ブループリント 中項目　司法・犯罪分野に関する法律、制度／犯罪、非行、犯罪被害及び家事事件に関する基本的事項／司法・犯罪分野における問題に対して必要な心理的支援

🔑 キーワード　少年法、少年院、少年鑑別所、更生保護、遵守事項、犯罪被害者等基本法、司法面接

1 少年法

1 少年法の目的

少年法の目的は、第一章「総則」第一条において、次のように定められています。

> **第一章**　この法律は、少年の**健全な育成**を期し、非行のある少年に対して性格の矯正及び環境の調整に関する**保護処分**を行うとともに、少年の**刑事事件**について特別の措置を講ずることを目的とする。

2 非行理論

非行について説明する以下のような理論があります。

ラベリング理論	Becker, H. S.（ベッカー）が提唱した。逸脱とは、個人の内的属性ではなく、他者によって「逸脱者である」というレッテルを貼られたことによって生じると考える
非行下位文化理論	Cohen,A.K.（コーエン）が提唱した。下層階級地域の少年による非行とは、中産階級の文化に対する反発・反動として行われるものと考える
漂流理論	Matza,D.（マッツァ）が提唱した。非行少年は合法と非合法の間を漂流しており、非行は規範への同調の意思が中和されたことで生じると考える
分化的接触理論	Sutherland,E.H.（サザーランド）が提唱した。個人が所属する社会で行われる犯罪行為や逸脱行動が、そこに属する個人に影響を与え、そのあり方を学習させてしまうという考えである
文化葛藤理論	Sellin,T.（セリン）が提唱した。個人が行為の拠りどころとしている規範や文化が、その行為を犯罪として取り締まる別の規範や文化と接触、衝突し、葛藤することが非行の原因になる

社会的絆理論	Hirschi,T.（ハーシー）が提唱した。個人を社会につなぎとめておく社会的絆が弱くなったときに非行が発生するという考えである。社会的絆とは、大切だと感じる人との情緒的なつながりであるアタッチメント、逸脱行動に対する損得計算や社会的に承認されている目標の達成への関わりの程度であるコミットメント、慣習的な活動に巻き込まれている程度であるインボルブメント、社会的な法律や規範を正当なものと信じているビリーフの4つである

③ 非行少年

非行少年とは、**犯罪少年・触法少年・虞犯少年**の総称であり、少年法では以下のように規定されています。

犯罪少年	14歳以上20歳未満で罪を犯した少年
触法少年	14歳未満で法に触れる行為をした少年
虞犯少年	18歳未満で罪を犯すおそれのある少年

Check
2022年に改正少年法が施行され、罪を犯した18歳以上の少年は「特定少年」として位置づけられ、虞犯による保護処分の対象から除外された。

④ 事件処理および調査・審判から社会復帰までの流れ

■少年事件処理手続概略図①（非行少年発見から家庭裁判所送致まで）

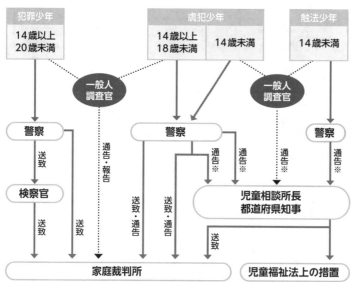

※保護者がいないか、または保護者に監護させることが不適当な者に限る
（内閣府平成22年版「子ども若者白書」より一部変更）

非行少年発見から家庭裁判所送致までの少年事件処理手続と、家庭裁判所における調査・審判から社会復帰までの流れは、前ページと下の図のようになります。

　家庭裁判所調査官は、家庭裁判所が少年事件を受理すると、裁判官から命じられて少年の性格や日頃の行動、少年を取り巻く環境などについて調査を行います。調査にあたって、家庭裁判所調査官は、少年に対して**反省**を促し、**再非行**を防止するための**面接指導**を行うほか、被害者の意見を聞かせたりする措置を行うこともあります。保護者に対しても**養育態度**の問題点を指摘したり、**監護責任の自覚**を促したりするなど、**少年の更生**のために必要な助言や指導を行います。少年本人や保護者との面接、心理検査、関係機関等への調査をもとに、報告書を作成して裁判官に提出します。裁判官は調査報告書に基づいて**少年の処分**を決定します。

■少年事件処理手続概略図②（家庭裁判所における調査・審判から社会復帰まで）

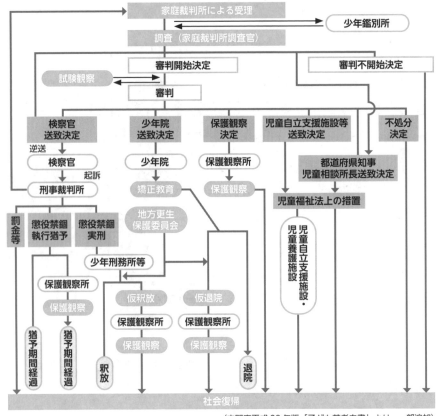

（内閣府平成22年版「子ども若者白書」より、一部追加）

Check

■少年の場合、「取り調べ」ではなく「調査」、「裁判」ではなく「審判」と呼ぶ。審判は、「懇切を旨として、和やかに行う」ことが少年法第二十二条に定められている。

■14歳以上の少年が犯罪を犯した場合、検察官はその被疑事件について捜査を行った結果、犯罪の嫌疑があるものと判断されるときは、家庭裁判所に送致しなければならない。これを全件送致主義という。

 用語解説

検察官送致

家庭裁判所が非行少年に対して行う処分の一つであり、事件の内容や少年の性格、心身の成熟度などから、保護処分よりも刑罰を科するのが相当と判断される場合に事件を検察官に送致することをいう。犯行当時14歳以上の犯罪少年に適用される。なお、少年が故意に被害者を死亡させ、犯行当時16歳以上であった場合、原則として事件を検察官に送致しなければならず、これを原則逆送制度という。

なお、2022年施行の改正少年法により、18歳以上の特定少年のときに犯した死刑・無期または短期1年以上の懲役・禁錮に当たる罪の事件も原則逆送制度の対象になる。

 Check

2022年施行の改正少年法により、特定少年の保護処分は、6ヵ月の保護観察、2年間の保護観察、少年院送致のいずれかが選択されることになる。

5 少年院と少年鑑別所

①少年院

少年院は、収容された少年に**矯正教育**を授ける施設です。

第1種少年院	保護処分の執行を受ける者であって、心身に著しい障害がないおおむね12歳以上23歳未満の者（第2種少年院対象者を除く）を収容する
第2種少年院	保護処分の執行を受ける者であって、心身に著しい障害がない犯罪的傾向が進んだおおむね16歳以上23歳未満の者を収容する
第3種少年院	保護処分の執行を受ける者であって、心身に著しい障害があるおおむね12歳以上26歳未満の者を収容する
第4種少年院	少年院において刑の執行を受ける者を収容する
第5種少年院	2年の保護観察処分において重大な遵守事項違反があった特定少年を収容する

②少年鑑別所

2015（平成27）年に少年院法が改正され、これまで少年院法で規定されていた**少年鑑別所**が独立し、**少年鑑別所法**として新たに制定されました。

少年鑑別所法において、以下の者を鑑別することが規定されています。

第十七条 少年鑑別所の長は、家庭裁判所、（略）、少年院の長又は刑事施設の長から、次に掲げる者について鑑別を求められたときは、これを行うものとする。

一 **保護処分**又は**少年法**の規定による措置に係る事件の**調査**又は**審判**を受ける者

二 **保護処分**の執行を受ける者

三 **懲役**又は**禁錮**の刑の執行を受ける者であって、**二十歳未満**のもの

また、少年鑑別所に収容する期間については、少年法第十七条第三項と第四項に収容期間は原則として**2週間**、最長**8週間**と規定されています。

少年鑑別所に勤務する**法務技官**（心理）は、少年の**資質の鑑別**を行う専門職です。法務技官（心理）の業務は、家庭裁判所での**観護措置**の決定を受けて送致されてきた少年に対して、面接や心理検査を行い、性格や知能などの資質の特徴、非行に至った原因、今後の立ち直りに向けた**処遇の指針**などを明らかにすることです。結果は、**鑑別結果通知書**として、家庭裁判所に提出され、家庭裁判所での**審判**や少年院、保護観察所での**指導や支援**に活用されます。

また、少年鑑別所では、子どもの問題などについて、一般の人たちからの相談にも対応しています。

法務省式ケースアセスメントツール（MJCA）

少年鑑別所において運用される、少年の再非行の可能性を把握するとともに、何を目標とした働きかけをすれば再非行を防止できるか等を定量的に評価することを目的としたアセスメントツールである。少年鑑別所に入所した少年の実証データに基づいて、統計学的な検討を経て開発された。生育環境や学校適応、本件態様といった教育等の働きかけによって変化しない静的領域と、保護者との関係性や社会適応力、自己統制力、逸脱親和性といった教育等の働きかけによって変化しうる動的領域から構成される。

法務少年支援センター

少年鑑別所は、法務少年支援センターとしてさまざまな機関と連携を図りながら、地域における非行・犯罪の防止に関する活動や、健全育成に関する活動の支援などに取り組んでいる。主な支援内容は、子どもの能力・性格の調査、問題行動の分析や指導方法の提案、子どもや保護者に対する心理相談、事例検討会等への参加、非行や子育ての問題についての研修・講演、法教育に関するさまざまな取り組みを行う法教育授業等などである。相談対象は未成年に限らず、成人も相談可能である。

2 更生保護

更生保護とは、犯罪者や非行少年が社会の一員として**自立し、改善、更生する**ことができるように、必要な指導や援護の措置を行うことによって、**社会**を保護し、**個人と公共の福祉**を推進することを目的とする制度をいいます。更生保護は、**社会内処遇**とも呼ばれ、具体的には**保護観察や応急の救護等および更生緊急保護、仮釈放、生活環境の調整、恩赦、犯罪予防活動**などが挙げられます。

保護観察とは、犯罪者や非行少年が社会の一員として更生するように、国の責任によって**指導監督**や**補導援護**を行う施策をいいます。国家公務員である**保護観察官**と民間ボランティアである**保護司**が協働して行います。保護観察の対象として、**保護観察処分少年、少年院仮退院者、仮釈放者、保護観察付執行猶予者**が挙げられます。**指導監督**では、面接その他適切な方法により保護観察対象者と**接触を保つ**ことで**行状**を把握し、遵守事項を守って生活するよう必要な指示や措置を行ったり、特定の犯罪傾向を改善するための専門的処遇を行います。**補導援護**とは対象者が**自立**した生活を送るための**援助・助言**であり、住居や宿泊場所の確保、医療や療養のための情報提供、職業補導・就職援助、生活指導などを行います。

保護観察中、対象者には必ず守らなければならないルールである**遵守事項**が課されます。**保護観察官**や**保護司**が対象者を指導、監督するときには、まず、この**遵守事項**に違反していないかについて確認を行います。遵守事項には、次の二つ

があります。

■遵守事項

一般遵守事項：保護観察対象者全員に課せられるルール
再び犯罪や非行をすることがないよう健全な生活態度を保持すること
保護観察官や保護司の呼出し又は訪問を受けたときは、面接を受けること
保護観察官や保護司から、労働や通学の状況、収入や支出の状況、交友関係などの生活の実態を示す事実を明らかにするよう求められたときは、その事実を申告し、それに関する資料を提示すること
速やかに住居を定め、管轄する保護観察所の長に届出て居住すること
転居又は7日以上の旅行をするときは、あらかじめ、保護観察所の長の許可を受けること
特別遵守事項：事件の内容や経緯などをふまえ、個人の問題に合わせて課せられるルール
犯罪性のある者との交際やいかがわしい場所への出入りなど他の犯罪や非行に結びつくおそれのある特定の行動をしてはならないこと
労働や通学など再び犯罪や非行のない健全な生活態度を保持するために必要と認められる特定の行動を実行し、継続すること
7日未満の旅行、離職、身分関係の異動など指導、監督を行うため事前に把握しておくことが特に重要と認められる生活上や身分上の特定の事項について、緊急の場合を除き、あらかじめ、保護観察官や保護司に申告すること
医学、心理学、教育学、社会学その他の専門的知識に基づく特定の犯罪的傾向を改善するための体系化された手順による処遇を受けること
保護観察対象者の改善更生のために適当と認められる特定の場所に、一定の期間宿泊して指導監督を受けること
善良な社会の一員としての意識の涵養および規範意識の向上に資する地域社会の利益の増進に寄与する社会的活動を一定の時間行うこと

※特別遵守事項は設定後の変更が可能であり、必要がなくなった場合には取り消しが可能である。

　保護観察対象者が遵守事項に違反していた場合、保護観察官から面接調査などが行われ、違反に対する措置が検討されます。場合によっては、保護観察官が対象者の**身柄**を拘束し、**刑務所**や**少年院**に収容するための手続きをとります。

Check

■矯正施設に収容されると、施設の長から本人の帰住予定地の保護観察所に身上調査書が送られる。それを受けた保護観察所は担当者を決めて生活環境の調整を始める。

■刑事施設からの仮釈放や、少年院からの仮退院や退院などの許可は、地方更生保護委員会が決定する。

■特定の犯罪的傾向を有する保護観察対象者に対しては、指導監督の一環として、その傾向を改善するために、認知行動療法を基盤として開発された専門的処遇プログラムが実施されている。具体的には、性犯罪者処遇プログラム、覚せい剤事犯者処遇プログラム（簡易薬物検出検査と組み合わせて実施）、暴力防止プログラム、飲酒運転防止プログラムの4つがあり、該当プログラムを受けることを特別遵守事項として義務づけている。

■特別改善指導とは、改善更生及び円滑な社会復帰に支障があると認められる受刑者に対し、その事情の改善に資するよう特に配慮した指導をいう。刑事施設における特別改善指導として、薬物依存離脱指導、暴力団離脱指導、性犯罪再犯防止指導、被害者の視点を取り入れた教育、交通安全指導、就労支援指導が挙げられる。

用語解説

恩赦

行政権によって国家刑罰権の消滅、裁判内容の変更、裁判効力の変更もしくは消滅をさせる行為である。内閣が決定し天皇が認証する。恩赦法において政令をもって行う恩赦（政令恩赦）と個別に行う恩赦（個別恩赦）の2種類が定められている。

+α プラスアルファ

RNRモデル（Risk-Need-Responsivity model）

Andrews,D.A.（アンドリューズ）とBonta,J.（ボンタ）が提唱した、犯罪者処遇モデルである。このモデルは、処遇の密度は再犯リスクの高さに合わせるというリスク原則、処遇は再犯誘発要因に焦点を当てて行うというニーズ原則、処遇は認知行動療法に基づきつつ、効果の最大化がなされるようその人の能力や長所、動機づけ、学習スタイルに応じて行うという応答性原則の3つの原則に基づく。これらの原則に従うほど再犯リスクが低下することが指摘されている。また、RNRモデルでは、セントラルエイトと呼ばれるリスク・ニード要因として、①犯罪歴、②向犯罪的態度、③向犯罪的交友、④反社会的パーソナリティ・パターン、⑤家族・夫婦、⑥学校・仕事、⑦薬物やアルコールの乱用、⑧余暇・レクリエーションが挙げられる。

リラプス・プリベンション・モデル

ハイリスク状況に適切に対処するためのスキルを身につけることで再犯を予防するモデルである。

グッド・ライブス・モデル

個人の良い人生の追求に着目した犯罪者処遇モデルである。犯罪によって得ようとした財を特定し、それを犯罪ではなく社会的に受け入れられるかたちで実現するために、長所を活かしたり、必要なスキルを獲得させるなどにより、人生における充足感を高めることで、最終的に再犯リスクを低下させることを目指す。犯罪をしないという従来の回避目標ではなく、良い人生をつかむという接近目標を目指すことで、努力の方向性が明確になり、更生への動機づけが高まることが期待される。

3　裁判員裁判

　裁判員裁判とは、抽選で選ばれた一般市民が**裁判員**となって、**裁判官**と一緒に被告人が**有罪であるか否か**、また有罪である場合に**どれくらいの刑を科すべきか**を決める制度です。裁判員裁判は刑事裁判の中でも一定の**重大事件**について行われます。具体的には、**殺人罪**や**強盗致死傷罪**、**現住建造物放火罪**、**身代金目的誘拐罪**などです。

　裁判員の選出は、**18歳以上**で**衆議院議員**の選挙権を有する者の中から、1年ごとに無作為抽出で**裁判員候補者名簿**が作成され、その中から事件ごとに**無作為抽出**されます。裁判員裁判では、**6人**の裁判員と**3人**の裁判官が一つのチームとして、法廷で提出された証拠に基づいて評議を行います。

　裁判員および裁判員であった者には、次の項目について**守秘義務**が課せられます。なお、**裁判官**の言動や印象、**裁判所**の施設や雰囲気、**公開の法廷**で行われた手続やそこで説明された内容、言い渡された**判決の内容**、裁判員として**参加した感想**などは守秘義務の対象とはなりません。

■裁判員および裁判員であった者の守秘義務

評議の秘密	評議の過程 評議における裁判官や裁判員の意見の内容 評議の際の多数決の数
その他の職務上 知り得た秘密	事件関係者のプライバシーに関わる事項 裁判員の名前

4　犯罪被害者等基本法　☞ 重要

　犯罪被害者等基本法は、2005（平成17）年に施行されました。第一章「総則」第一条に目的が定められています。

> **第一条**　この法律は、犯罪被害者等のための施策に関し、基本理念を定め、並びに**国、地方公共団体及び国民の責務**を明らかにするとともに、犯罪被害者等のための施策の基本となる事項を定めること等により、犯罪被害者等のための施策を総合的かつ計画的に推進し、もって**犯罪被害者等の権利利益の保護を図る**ことを目的とする。

　また、第二条において、**犯罪・犯罪被害者**などは、次のように定義づけられて

います。

> **第二条** この法律において「犯罪等」とは、**犯罪及びこれに準ずる心身に有害な影響**を及ぼす行為をいう。
>
> **2** この法律において「犯罪被害者等」とは、**犯罪等により害を被った者及びその家族又は遺族**をいう。
>
> **3** この法律において「犯罪被害者等のための施策」とは、犯罪被害者等が、その受けた被害を回復し、又は軽減し、再び**平穏な生活を営むことができるよう支援**し、及び犯罪被害者等がその被害に係る**刑事に関する手続**に適切に関与することができるようにするための施策をいう。

さらに、第三条には、基本理念が定められています。

> **第三条** すべて犯罪被害者等は、個人の尊厳が重んぜられ、その尊厳にふさわしい処遇を保証される権利を有する。
>
> **2** 犯罪被害者等のための施策は、被害の状況及び原因、犯罪被害者等が置かれている状況その他の事情に応じて適切に講ぜられるものとする。
>
> **3** 犯罪被害者等のための施策は、犯罪被害者等が、被害を受けたときから再び平穏な生活を営むことができるようになるまでの間、必要な支援等を途切れることなく受けることができるよう、講ぜられるものとする。

Check

内閣府には、犯罪被害者等基本計画の案を作成したり、犯罪被害者等のための施策に関する重要事項について審議するとともに、犯罪被害者等のための施策の実施を推進し、その実施の状況を検証、評価および監視し、並びに当該施策の在り方に関し関係行政機関に意見を述べるといった事務を司る犯罪被害者等施策推進会議が置かれる。

　第八条により、政府は、犯罪被害者等のための施策の総合的かつ計画的な推進を図るため、犯罪被害者等のための施策に関する基本的な計画を定めなければならないこととされています。2021年4月から2026年3月までを計画期間とする**「第4次犯罪被害者等基本計画」**が策定されています。第3次基本計画と同様

に、犯罪被害者等施策の実施者が目指すべき方向・視点を明らかにした**4つの基本方針**、大局的な課題を指摘した**5つの重点課題**および犯罪被害者等施策が全体として効果的・効率的に実施されるための推進体制が示されています。

■犯罪被害者等基本計画における4つの基本方針

①尊厳にふさわしい処遇を権利として保障すること

②個々の事情に応じて適切に行われること

③途切れることなく行われること

④国民の総意を形成しながら展開されること

■犯罪被害者等基本計画における5つの重点課題

①損害回復・経済的支援等への取組

②精神的・身体的被害の回復・防止への取組

③刑事手続への関与拡充への取組

④支援等のための体制整備への取組

⑤国民の理解の増進と配慮・協力の確保への取組

犯罪被害者等のために以下の制度があります。

被害者等通知制度	事件の処分結果や加害者の処遇状況などを知ることができる
被害者参加制度	一定の事件の被害者や遺族等が、刑事裁判に参加して、公判期日に出席したり、被告人質問などを行うことができる
心情等の意見陳述制度	被害者や遺族等が事件についての心情等の意見を述べることができる
仮釈放・仮退院審理における意見等聴取制度	加害者の仮釈放や少年院からの仮退院を許すか否かを判断するために、地方更生保護委員会が行う審理において被害者や遺族等が仮釈放・仮退院に関する意見や心情を述べることができる
犯罪被害給付制度	殺人などの故意の犯罪行為により不慮の死を遂げた被害者の遺族または重傷病もしくは障害という重大な被害を受けた被害者に対して給付金を支給し、経済的支援を行う

情状鑑定

被告人の犯行の動機や手段、家庭環境や性格・行動傾向等の訴因事実以外を対象とした、裁判所が被告人の処遇を決定するために必要な知識の提供を目的とする鑑定をいう。

刑事裁判には、法廷で裁判が開かれる正式裁判と、法廷を開かずに簡易裁判所が書面審理で刑（罰金・科料のみ）を言い渡す略式裁判がある。不起訴処分には、①被疑者死亡など訴訟条件を欠く場合、②被疑事実が罪とならない場合、③犯罪の成立を認定すべき証拠が不十分等、犯罪の嫌疑が認められない場合、④被疑事実が証拠上明白であっても、被疑者の性格、境遇、犯罪の軽重と情状、犯罪後の状況により訴追を必要としないと判断する場合の起訴猶予などがある。正式裁判において、証拠によって被告人が犯人であることが確信できれば被告人は有罪とされる。しかし、確信に至らない場合には、被告人は有罪とはされずに無罪となる。有罪の裁判が確定すれば、検察官の指揮により刑が執行される。

5 司法面接

　司法面接とは、**誘導や暗示**にかかりやすい子どもの特性に配慮しつつ、**専門的な訓練**を受けた面接者が、目撃者あるいは被害者である子どもに対して、その供述結果を**司法手続**で利用することを想定して実施する**事実確認**のための面接をいいます。

　司法面接は、くり返しの聴取による**二次被害**を避けるために、原則として**1回**限りで行われ、質問や供述の状況は**記録媒体**によってすべて記録されます。司法面接を行う際には、その場が子どもにとって精神的にも物理的にも**安心かつ安全な場所**であることが大切であり、聴取の前に**出来事**を思い出して話す**自由報告**の練習を行います。

+α プラスアルファ

協同面接

児童相談所、警察、検察の3機関が連携して実施する司法面接を協同面接という。児童相談所と警察、あるいは児童相談所と検察の2機関による協同面接が実施される場合もある。協同面接により各機関で実施した場合のくり返しの聴取を防ぐことができる。

+α プラスアルファ

認知面接

1980年代に記憶の特性に関する心理学的知見に基づいて開発された、犯罪事件の目撃者から有効な情報を多く引き出すことを目的とした捜査面接をいう。認知面接における4つの教示として、文脈の心的再現、悉皆報告、時間順序、視点の変更が挙げられる。

6 家事事件

　家庭に関する事件は一般に**家事事件**と呼ばれ、**審判事件**と**調停事件**の二つに分かれます。

　審判事件は、公益に関するため、家庭裁判所が**後見的な立場**から関与します。

また、これらは一般に当事者が対立して争う性質の事件ではないことから、当事者間の合意による解決は考えられず、専ら**審判**のみによって扱われます。

　調停事件は、当事者間に**争いのある事件**であることから、まずは当事者間の話し合いによる**自主的な解決**が期待され、**審判**によるほか、**調停**でも扱われます。家事調停というのは、裁判官**1人**と調停委員**2人以上**で構成される**調停委員会**が、当事者双方から言い分を十分に聴きながら、**合意**による円満な解決を目指す手続きです。通常、最初に**調停**として申し立てられ、話し合いがつかず調停が成立しなかった場合に、**審判**によって結論が示されることになります。また、当事者が審判を申し立てても、裁判官がまず話し合いによって解決を図るほうがよいと判断した場合には、**調停**による解決を試みることもできるようになっています。

■家事事件の分類

種類	具体的内容
審判事件	子の氏の変更許可、相続放棄、名の変更の許可、後見人の選任、養子縁組の許可、親権喪失、親権停止など
調停事件	親権者の変更、養育料の請求、婚姻費用の分担、遺産分割

+α プラスアルファ

面会交流

夫婦が別居や離婚などにより離れて生活することになってからも、子どもを養育・監護していない親と子どもが会ったり、電話や手紙などで定期的・継続的に交流を保ったりすることをいう。民法第七百六十六条では、離婚後に子どもを監護する者や、面会交流、養育費の分担等について、子どもの利益を最も優先し考慮した上で取り決めることが明記されている。

ハーグ条約

正式名称は「国際的な子の奪取の民事上の側面に関する条約」である。国際結婚が破綻した場合などにともなう国境を越えた不法な連れ去りや引き留めによって生じる不利益から子どもを保護するために、子どもを元の居住国へ迅速に返還したり、子どもと親との面会交流の機会を確保したりすることを目的とした締約国間の協力等について規定している。日本人と外国人の離婚だけでなく、日本人同士の場合も対象となる。

産業・労働分野への支援

ブルー プリント 中項目 産業・労働分野に関する法律、制度／職場における問題に対して必要な心理的支援、保健活動における心理的支援

🔑 キーワード 安全配慮義務、36協定、労働安全衛生法、メンタルヘルス指針、ストレスチェック制度、過労死、ワーク・ライフ・バランス、自殺対策基本法、職場復帰

1 安全配慮義務 👉 重要

　使用者には労働者が**安全・健康**に働くことができるように配慮する**義務**があります。これを**安全配慮義務**といいます。安全配慮義務は、**労働契約法**の第五条において、労働契約上の**付随的義務**として使用者が義務を負うことが明示されています。

> **第五条**　使用者は、**労働契約**に伴い、労働者がその生命、身体等の安全を確保しつつ労働することができるよう、必要な配慮をするものとする。

　ここでの「必要な配慮」とは、一律に定まるものではなく、労働者の職種、労働内容、労働提供場所などの具体的な状況に応じて、必要な配慮をすることが求められています。

　使用者がその義務を果たさなかったり、怠ったりすることを**安全配慮義務違反**といいます。安全配慮義務違反となる条件には、下記の3つがあります。

　①予見の可能性
　②結果回避義務を果たさなかった
　③因果関係がある

 Check

Reason,J.T.（リーズン）は、安全文化の構成要素として「報告する文化（Reporting culture）」「正義の（公正な）文化（Just culture）」「柔軟な文化（Flexible culture）」「学習する文化（Learning culture）」の4つを挙げている。

+α プラスアルファ

ハインリッヒの法則

ある人物が起こした1件の重大事故の背後には、同一人物による軽度、重度の同様の事故は29件発生しており、さらにその背後には事故にはならなかったが危ない状況（ヒヤリハット）が300件あるという考えである。

スイスチーズモデル

穴あきチーズを完全ではない防御壁にたとえて、防御壁が設定されながら起きる事故をモデル化したものである。組織には防御壁が幾重にも重ねられているため、概ねどこかで防ぐことができる。しかし、いずれの防御壁も完全ではないため、不幸にして穴が重なると、事故として顕在化してしまうことになる。

2 労働三法

労働者の労働に関する事項や権利などを定めた法律の総称を**労働法**といいます。労働法の中でも、中心となるのが**労働基準法**、**労働組合法**、**労働関係調整法**です。この３つを**労働三法**といいます。

① 労働基準法

労働基準法とは、労働条件の**最低基準**を定めた法律です。**賃金**や**労働時間**、**休暇**、**休日**、**時間外・休日労働**、**深夜労働**、**年次有給休暇**、**解雇制限**などについて規定しています。労使間の取り決めの優先順位は下記の通りです。

労働基準法＞労働協約＞就業規則＞労働契約

もし使用者が労働者と基準には満たない**労働契約**を結んでもその基準に達しない部分については無効となります。また、違反についての**罰則**についても定められています。

Check
労働基準法第34条において、労働時間が6時間を超え、8時間以下の場合は少なくとも45分、8時間を超える場合は少なくとも1時間の休憩を与えなければならないことが定められている。

+α プラスアルファ

年次有給休暇

労働基準法第三十九条第一項に規定されている。年次有給休暇発生の条件は、①雇い入れ日から6ヵ月継続して雇われていること、②全労働日の8割以上出勤していることである。上記条件を満たすと原則10日付与され、継続勤務年数が1年増えるごとに付与日数も増え、最大で継続勤務年数6年6ヵ月以上で20日付与される。パートタイム労働者など所定労働日数が少ない労働者については、所定労働日数に応じて比例付与される。年次有給休暇は労働者が請求する時季に与えることとされているが、使用者には時季変更権がある。時季変更権とは、労働者から年次有給休暇を請求された時季に年次有給休暇を与えることが事業の正常な運営を妨げる場合に、他の時季に年次有給休暇の時季を変更することができる権利である。また、2019年よりすべての使用者に対して年5日の年次有給休暇の確実な取得が義務づけられている。

② 労働組合法

労働基準法に基づき、労働者に時間外・休日労働をさせる場合には、事業場の過半数の労働者で組織されている**労働組合**（ない場合は労働者の過半数代表者）と**36協定**を締結する必要があります。**36協定**は**労働基準監督署**に届け出なければなりません。また、**36協定**を締結したからといって無制限に残業させることができるわけではなく、残業時間には**時間外労働**の限度に関する基準が定められ

ています。原則として**月45時間**、**年360時間**です。

憲法二十八条では、「勤労者の団結する権利及び団体交渉その他の団体行動をする権利は、これを保障する」と明記されています。これは労働者の**労働三権**について規定したものです。労働三権とは下記の通りです。

①労働条件の維持、改善のために使用者と対等に交渉できる労働組合などの団体を結成したり、それらに参加したりする権利である**団結権**
②労働者団体がその代表者を通じて、労働条件などについて使用者と交渉する権利である**団体交渉権**
③労働者団体が労使間の実質的対等性を確保するために団体としてストライキなどの団体行動を行う権利である**団体行動（争議）権**

この労働三権を具体的に保障したものが労働組合法です。**労働組合法**は、労働者が使用者との交渉において**対等の立場**に立つことを促進することにより労働者の地位を向上させ、労働条件についての交渉、労働組合の組織・団結を擁護し、**労働協約締結**のための団体交渉を助成すること等を目的としています。なお、使用者が、労働組合員であることを理由に労働者に対して不利益な取り扱いをしたり、労働組合からの団体交渉を拒否したりすることなどは、**不当労働行為**とされ禁止されています（第七条）。また、第十九条では、使用者を代表する者（使用者委員）、労働者を代表する者（労働者委員）および公益を代表する者（公益委員）の各同数をもって組織する**労働委員会**について定めています。

③ 労働関係調整法

労働関係調整法では、労働組合や労働者が使用者と**労働争議**による紛争に発展した場合に、**労働委員会**または都道府県知事への届出により、労働委員会が紛争解決に向けての**斡旋、調停、仲裁**を行うことが定められています。

斡旋とは、労働委員会が指名した**斡旋員**が、労使双方の主張を聴いた上で、**交渉**を取りもち、労働争議の**自主的な解決**を図ることをいいます。労使間の主張に歩み寄りがみられない場合、**斡旋**は打ち切られます。

調停とは、公益委員、労働者委員、使用者委員の代表者からなる**調停委員会**が労使双方の意見を聴取した上で、**調停案**を作成し、労使にその受諾を勧告することで、労働争議の**自主的な解決**を図ることをいいます。なお、調停委員会が提示

した調停案を受諾するかは労使双方の任意になります。

仲裁とは、公益委員または特別調査委員の中から指名された**仲裁委員会**が、労使双方の事情を聴取した上で、**仲裁裁定**を下すものです。ここで示される解決案は**労働協約**と同じ効力をもち、労使双方を**拘束するもの**です。

3 労働安全衛生法

労働安全衛生法の目的は、第一章「総則」第一条に記されています。

> **第一条** この法律は、**労働基準法**と相まって、労働災害の防止のための危害防止基準の確立、責任体制の明確化及び自主的活動の促進の措置を講ずる等その防止に関する総合的計画的な対策を推進することにより職場における労働者の**安全と健康**を確保するとともに、**快適な職場環境**の形成を促進することを目的とする。

また、労働者の健康の保持増進に対する事業者の努力義務が第六十九条に定められています。

> **第六十九条** 事業者は、労働者に対する**健康教育**及び**健康相談**その他労働者の**健康の保持増進**を図るため必要な措置を継続的かつ計画的に講ずるように努めなければならない。
> **2** 労働者は、前項の事業者が講ずる措置を利用して、その**健康の保持増進**に努めるものとする。

自己保健義務

労働者が自らの健康を管理し、その保持を図る義務をいう。労働安全衛生法第六十六条第5項において、労働者は事業者が行う健康診断を受けなければならないと規定されている。労働者が職場で健康で安全に労働するためには、使用者による安全配慮義務の履行とともに、労働者側の自己保健義務の履行が求められる。

Check

労働安全衛生法第18条において、事業者は、事業場の規模に応じて、衛生委員会を設けなければならないことが定められている。

1 THP（トータル・ヘルス・プロモーション）

厚生労働省は労働安全衛生法第七十条の二第一項の規定に基づいて、労働者の健康保持増進措置の適切かつ有効な実施を図るために、「事業場における労働者

の健康保持増進のための指針」（**THP指針**）を公示しています。

　事業者が労働者の健康保持増進対策を行うメリットとして、以下があります。

①職場に内在する健康リスク要因を減少させることで、生産性の向上や欠勤
　日数の減少が期待できる
②労働者の体力を確認することによって問題点を把握し、労働災害等の防止
　を通して、休業を減少させることが期待できる
③メンタルヘルスを向上させることで、メンタルヘルス不調の予防が期待で
　きる

　近年の産業構造の変化や高齢化の進展、働き方の変化、医療保険者との連携等の観点から、THP指針は2020（令和2）年及び2021（令和3）年に改正されました。改正されたTHP指針では、**ポピュレーションアプローチ**の視点が強化されました。ポピュレーションアプローチとは、生活習慣の問題の有無に関わらず労働者を**集団**と捉え、その集団の実態に即した取組を行うことで、事業場全体の健康状態の改善を目指すことをいいます。その上で、生活習慣の問題を有する労働者個人を対象としてその健康状態の改善を目指す**ハイリスクアプローチ**を組み合わせて健康保持増進対策に取り組むことが推奨されています。

　また、**データヘルス**や**コラボヘルス**の推進に向けて、医療保険者に義務づけられている**特定健康診査**や**特定保健指導**（P.369参照）の実施に際して健康診断の記録を求められた場合、事業者は労働者本人の**同意なく**提供することが可能になりました。これにより、事業者と医療保険者が**連携した**健康保持増進活動の推進が期待されます。また、労働者自身が、国が運営するオンラインサービスを利用することで、特定健康診査等の情報の閲覧が可能となり、健康の保持増進のための**セルフケア**の一助になります。

Check

常時50人以上の労働者を使用する事業場は、産業医や衛生管理者を選任しなければならない。労働安全衛生規則に規定される産業医の職務とは、①健康診断の実施とその結果に基づく措置、②長時間労働者に対する面接指導・その結果に基づく措置、③ストレスチェックとストレスチェックにおける高ストレス者への面接指導・その結果に基づく措置、④作業環境の維持管理、⑤作業管理、⑥上記以外の労働者の健康管理、⑦健康教育、健康相談、労働者の健康の保持増進のための措置、⑧衛生教育、⑨労働者の健康障害の原因の調査、再発防止のための措置である。

② 労働者の心の健康の保持増進のための指針

　厚生労働省は労働安全衛生法第七十条の二第一項の規定に基づいて、労働者の

健康保持増進措置の適切かつ有効な実施を図るために、「労働者の心の健康の保持増進のための指針」（**メンタルヘルス指針**）を公示しています。また、メンタルヘルスケアを推進するにあたっては、以下について留意することが大切です。

心の健康の特性	心の健康問題を抱える労働者に対して、健康問題以外の観点から評価が行われる傾向があり、また、心の健康問題について誤解や偏見が存在している
労働者の個人情報の保護への配慮	心の健康に関する情報の収集や利用にあたって、労働者の個人情報の保護や労働者の意思の尊重に留意することが重要である
人事労務管理との関係	労働者の心の健康は、職場配置、人事異動、職場組織等の人事労務管理と密接に関連する要因によって影響を受ける
家庭・個人生活等の職場以外の問題	心の健康問題は、職場のストレス要因のみならず家庭・個人生活等の職場外のストレス要因の影響を受けている場合も多い

メンタルヘルスケアは、**中・長期的な視野**に立って、継続的かつ計画的に行われることが重要です。また、その推進にあたっては、事業者が労働者の意見を聞きつつ、産業医や産業保健スタッフの助言を得ながら、**事業場の実態**に適応した取り組みを行うことが求められます。そのため、**衛生委員会**などにおいて十分に調査審議を行い、「心の健康づくり計画」を策定することが必要です。

また、メンタルヘルスケアは、**4つのケア**が継続的かつ計画的に行われることが重要です。4つのケアが適切に実施されるように、事業場内の関係者が相互に**連携**し、事業場に合った取り組みを積極的に推進することが効果的です。

■**4つのケア**

	ケアの主体	具体例
セルフケア	労働者自身	ストレスへの気づき、ストレス対処法の理解と実行など
ラインケア	職場の管理監督者	職場環境などの改善、労働者に対する相談対応など
事業場内産業保健スタッフなどによるケア	産業保健スタッフ、心の健康づくり専門スタッフ、人事労務管理スタッフなど	セルフケア、ラインケアに対する支援の提供、相談対応や職場環境の改善、メンタルヘルスケアの実施に関する企画立案、メンタルヘルスに関する個人情報の取り扱い、事業場外資源とのネットワーク形成とその窓口など
事業場外資源によるケア	地域産業保健センター、医療機関など	メンタルヘルスに関わるサービス、ネットワーク形成、職場復帰支援など

③ **ストレスチェック制度**

2014（平成26）年の**労働安全衛生法**の改正にともない、医師、保健師等によ

る労働者の**心理的な負担**の程度を把握するための検査およびその結果に基づく**面接指導**の実施等を内容とした**ストレスチェック制度**が施行されました（労働者数**50人未満**の事業場は努力義務）。

> **第六十六条の十**　事業者は、労働者に対し、厚生労働省令で定めるところにより、医師、保健師その他の厚生労働省令で定める者（以下この条において「医師等」という。）による**心理的な負担**の程度を把握するための検査を行わなければならない。

第6章　関係行政論

　この制度の目的は、労働者のストレスの程度を把握し、労働者自身の**ストレスへの気づき**を促すとともに、職場改善につなげ、働きやすい職場づくりを進めることによって、労働者のメンタルヘルス不調を未然に**防止**すること（**一次予防**）です。検査内容としては、**仕事のストレス要因**、**心身のストレス反応**、**周囲のサポート**の3領域が含まれていることが求められ、**職業性ストレス簡易調査票**の使用が推奨されています。

　検査の実施は、**医師**、**保健師**、検査を行うために必要な知識についての研修を修了した**歯科医師**、**看護師**、**精神保健福祉士**、**公認心理師**が行うことができます。また、検査結果は、検査を実施した医師等から**直接本人**に通知され、本人の**同意なく**事業者に提供することは禁止されています。検査の結果、**高ストレス**と評価された労働者から申し出があった場合、医師による**面接指導**を実施することが事業者に義務づけられています。事業者は面接指導の結果の記録を作成して、**5年**間保存しなければなりません。また、**事業者**は医師の意見を聞いて、必要に応じ就業上の措置を講じなくてはなりません。検査および面接指導の実施状況等を**所轄労働基準監督署長**に報告することが義務づけられています。

　また、事業者は、実施者に検査の結果を一定規模の**集団ごと**に分析させて、その結果に基づき、必要と認められる場合は当該集団の労働者の**心理的な負担**を軽減するために、実情に応じた適切な措置を講ずることが**努力義務**として求められています。

Check

面接指導では、①当該労働者の勤務の状況（職場における当該労働者の心理的な負担の原因及び職場における他の労働者による当該労働者への支援の状況を含む）、②当該労働者の心理的な負担の状況、③②のほかに当該労働者の心身の状況について確認する。また、事業者は、当該労働者の勤務の状況及び職場環境等を勘案した適切な面接指導が行われるよう、あらかじめ、面接指導を実施する医師に対して当該労働者に関する労働時間、労働密度、深夜業の回数及び時間数、作業態様並びに作業負荷の状況等の勤務の状況並びに職場環境等に関する情報を提供する。

面接指導に用いる情報通信機器として、①面接指導を行う医師と労働者とが相互に表情、顔色、声、しぐさなどを確認できるものであり、映像と音声の送受信が常時安定しかつ円滑である。なお、映像をともなわない電話による面接指導の実施は認められない、②情報セキュリティが確保されている、③情報通信機器の操作が複雑、難解なものではなく、容易に利用できるといった要件を満たしている必要がある。

用語解説

職業性ストレス簡易調査票

平成7〜11年度労働省委託研究「作業関連疾患の予防に関する研究」におけるストレス測定グループより開発された調査票である。仕事上のストレス要因、ストレス反応、修飾要因から構成されており、57項目、4件法、約10分で回答できることから、多軸的かつ簡便な調査が可能である。

4 過労死

2014（平成26）年11月に「過労死等防止対策推進法」が施行されました。第一章「総則」第一条に目的が定められています。

> **第一条** この法律は、近年、我が国において過労死等が多発し大きな社会問題となっていること及び過労死等が、本人はもとより、その遺族又は家族のみならず社会にとっても**大きな損失**であることに鑑み、過労死等に関する調査研究等について定めることにより、過労死等の防止のための対策を推進し、もって過労死等がなく、**仕事と生活**を調和させ、健康で充実して働き続けることのできる社会の実現に寄与することを目的とする。

また、過労死等を以下のように定義しています。

> **第二条** この法律において「過労死等」とは、業務における過重な負荷による**脳血管疾患**若しくは**心臓疾患**を原因とする死亡若しくは業務における強い心理的負荷による**精神障害**を原因とする自殺による死亡又はこれらの脳血管疾患若しくは心臓疾患若しくは精神障害をいう。

長時間労働にわたる過重な労働は、疲労の蓄積をもたらす最も重要な要因と考えられ、**脳・心臓疾患**との関連性が強いという医学的知見も得られています。

脳・心臓疾患に係る労災認定基準では、長期間の過重業務の評価について、時間外労働が概ね月**45時間**を超えて長くなると、業務と発症の関連性が次第に強まり、発症前1ヵ月間概ね**100時間**または発症前2ヵ月～6ヵ月間平均概ね**80時間**を超える時間外労働が認められる場合、業務と発症の関連性が強いとしています。

　近年、仕事によるストレス（業務による心理的負荷）が関係した精神障害についての労災請求が増え、その認定を迅速に行うことが求められています。厚生労働省では、2011（平成23）年に「心理的負荷による精神障害の認定基準」（以下**「認定基準」**といいます）を新たに定め、これに基づいて**労災認定**を行っています。

　労災認定のための要件は、以下の通りです。

> **✎ Check**
>
> 2021年に、脳・心臓疾患に係る労災認定基準の改正があり、長期間の過重業務について、労働時間と労働時間以外の負荷要因を総合的に評価して労災認定することが明確化された。つまり、発症前1ヵ月間概ね100時間または発症前2ヵ月～6ヵ月間平均概ね80時間を超える時間外労働の水準には至らないが、これに近い時間外労働に、一定の労働時間以外の負荷が認められる場合には業務と発症との関連性が強いと評価できる。

①認定基準の対象となる精神障害を発病している
②認定基準の対象となる精神障害の発病前おおむね6ヵ月の間に、業務による強い心理的負荷が認められる
③業務以外の心理的負荷や個体側要因により発病したとは認められない

　「業務による強い心理的負荷」とは、業務による**具体的な出来事**があり、その出来事とその後の状況が、労働者に**強い心理的負荷**を与えたことを指します。心理的負荷の強度は、精神障害を発病した労働者がその出来事とその後の状況を**主観的**にどう受け止めたかではなく、同種の労働者が**一般的**にどう受け止めるかという観点から評価されます。

> **+α プラスアルファ**
>
> **働き方改革を推進するための関係法律の整備に関する法律（働き方改革関連法）**
>
> 働き方改革を推進するための、労働関連法規の改正を進める法律である。ワーク・ライフ・バランス実現のための長時間労働の抑制や、雇用形態に関わらない公正な待遇の確保などを目的として、労働基準法、労働安全衛生法、労働者派遣法などの法律が改正される。

5 育児介護休業法

1992（平成 4 ）年に、「育児休業、介護休業等育児又は家族介護を行う労働者の福祉に関する法律」が施行されました。第一章「総則」第一条に目的が示されています。

> **第一条** この法律は、**育児休業及び介護休業**に関する制度並びに子の**看護休暇及び介護休暇**に関する制度を設けるとともに、子の養育及び家族の介護を容易にするため**所定労働時間**等に関し**事業主**が講ずべき措置を定めるほか、子の養育又は家族の介護を行う労働者等に対する支援措置を講ずること等により、子の養育又は家族の介護を行う労働者等の**雇用の継続及び再就職の促進**を図り、もってこれらの者の**職業生活と家庭生活との両立**に寄与することを通じて、これらの者の福祉の増進を図り、あわせて**経済及び社会の発展**に資することを目的とする。

制度の概要については、以下の通りです。

	育児休業	介護休業
対象者労働者	労働者（日々労働者は除く）	労働者（日々労働者は除く）
	有期契約労働者（子が 1 歳 6 ヵ月を過ぎるまで労働契約期間が満了し、更新されないことが明らかでないことが要件）	有期契約労働者（介護休業取得予定日から起算して 93 日経過する日から 6 ヵ月を過ぎるまで労働契約期間が満了し、更新されないことが明らかでないことが要件）
対象家族	子	配偶者、父母、子、配偶者の父母、祖父母、兄弟姉妹、孫
回数	子 1 人につき、原則 2 回（事情によっては再度の取得が可能）	対象家族 1 人につき 3 回
期間	原則として、子が 1 歳に達するまでの連続した期間（事情によっては延長が可能）	対象家族 1 人につき 93 日

また、**3 歳**に満たない子を養育する労働者に対する**所定外労働**の制限、**小学校就学**の始期に達するまでの子を養育する労働者に対する**時間外労働**の制限および**深夜業**の制限が定められています（労働条件によって対象外の場合もあります）。

プラスアルファ

ワーク・ライフ・バランス

仕事と生活の調和のことをいう。現在の日本では仕事と生活が両立しにくい現状から、2007年にワーク・ライフ・バランスが実現した社会に向けて企業と労働者、国民、国と地方公共団体の果たすべき役割を定めたワーク・ライフ・バランス憲章が策定された。憲章では、ワーク・ライフ・バランス社会を実現するために、就労による経済的自立が可能な社会、健康で豊かな生活のための時間が確保できる社会、多様な働き方・生き方が選択できる社会を目指すことが明記されている。

両立支援

両立支援には、仕事と家庭を両立するために事業者が行う支援と、治療と仕事を両立するために事業者が行う支援がある。仕事と家庭の両立支援には、育児介護休業法に基づき、妊娠出産・育児・介護と仕事を両立するためのさまざまな制度がある。治療と仕事の両立支援では、事業者が病気を抱える労働者を就労させると判断した場合、業務により疾病が増悪しないよう、治療と仕事の両立のために必要となる一定の就業上の措置や治療に対する配慮を行うことが求められる。

スピルオーバー

一方の役割における状況や経験が他方の役割における状況や経験にも影響を及ぼすことである。例えば、仕事がうまくいかず家族に強く当たってしまうことはネガティブ・スピルオーバーである。

ダイバーシティマネジメント

性別や国籍、宗教などさまざまな個性に基づいた従業員の多様性を企業内で柔軟に受け入れ、その能力を活かすことによって組織力や競争力を高める経営をいう。

Check

■派遣労働者は、同一の派遣先の事業所に 3 年を超えて就業できない。ただし、派遣元で無期雇用されている派遣労働者や60歳以上の派遣労働者などは対象外である。

■男女雇用機会均等法施行規則において、実質的に性別を理由とする差別となるおそれがある措置として、労働者の募集又は採用に関して労働者の身長、体重又は体力に関する事由を要件とするもの、労働者の募集若しくは採用、昇進又は職種の変更に関して労働者の住居の移転を伴う配置転換に応じることができることを要件とするもの、労働者の昇進に関して労働者が勤務する事業場と異なる事業場に配置転換された経験があることを要件とするものが挙げられる。

---

6 職場のハラスメント

　職場のハラスメントは、被害者にとって非常に強い**対人ストレス**となるため、業務面では生産性や労働意欲の低下、心理面では不安や緊張、焦燥感、身体症状としては頭痛や腹痛などがみられることもあります。深刻なケースになると、うつ病や不安症、PTSD を発症し、自殺という最悪の結果に至ることもあります。

① パワー・ハラスメント

　職場のパワー・ハラスメントとは、同じ職場で働く者に対して、職場内の**優位性**を背景に、業務の適正な範囲を超えて、**精神的・身体的苦痛**を与えたり、**職場環境**を悪化させたりする行為をいいます。

　職場内での優位性とは、職務上の**地位**に限らず、**人間関係**や**専門知識**、**経験**などのさまざまな優位性が含まれます。パワー・ハラスメントというと、一般的には、上司から部下へのいじめ・嫌がらせを指す場合が多いですが、中には、先輩・後輩間や同僚間、さらには部下から上司に対して行われるものもあります。

　パワー・ハラスメントは、次の6つに分類されます。

身体的な攻撃	殴る、蹴るなどの暴行を受ける
精神的な攻撃	他の従業員の目の前で叱責される。他の従業員を宛先に含めてメールで罵倒される
人間関係からの切り離し	一人だけ別室に席を移動させられる。送別会等に出席させない
過大な要求	仕事のやり方がわからないのに、仕事を押しつけられてしまう。業務上明らかに不要なことを強制される
過少な要求	業務上の合理性なく能力や経験とかけ離れた程度の低い仕事を命じられる。仕事が与えられない
個の侵害	交際相手について執拗に聞かれる。配偶者の悪口をいわれる

　なお、労働施策の総合的な推進並びに労働者の雇用の安全及び職業生活の充実等に関する法律（**労働施策総合推進法改正**）により、職場におけるパワー・ハラスメント防止対策を講じることが事業主の**義務**となっています（第三十条の二）。

② セクシュアル・ハラスメント

　セクシュアル・ハラスメントとは、性的な嫌がらせのことをいいます。**男女雇用機会均等法**第十一条では**事業主**に対してセクシュアル・ハラスメント防止対策を講じるように義務づけています。また、これは男性労働者にも適用されます。

> **第十一条**　事業主は、職場において行われる性的な言動に対するその雇用する労働者の対応により当該労働者がその労働条件につき**不利益**を受け、又は当該性的な言動により当該労働者の**就業環境**が害されることのないよう、当該労働者からの相談に応じ、適切に対応するために必要な体制の整備その他の雇用管理上必要な措置を講じ

なければならない。

また、厚生労働省の指針ではセクシュアル・ハラスメントを、次の二つに分類しています。

対価型セクシュアル・ハラスメント	職務上の地位を利用して性的な関係を強要し、それを拒否した人に対し減給、降格などの不利益を負わせる
● 事業主が性的な関係を要求したが拒否されたので解雇する ● 人事考課などを条件に性的な関係を求める ● 職場内での性的な発言に対し抗議した者を配置転換する　など	
環境型セクシュアル・ハラスメント	性的な関係は要求しないものの、職場内での性的な言動により働く人たちを不快にさせ、職場環境を損なう
● 性的な話題をしばしば口にする ● 恋愛経験を執拗に尋ねる ● 私生活に関する噂などを意図的に流す　など	

③ 職場におけるハラスメント防止対策

職場におけるセクシュアル・ハラスメントを防止するために、事業主が雇用管理上講ずべき措置として、厚生労働大臣の指針により**10項目**が定められています。このような防止対策を通じて、労働者一人ひとりが能力を十分に発揮できるような**快適な職場環境**を形成していくことが重要です。

■セクシュアル・ハラスメント防止の指針

１．事業主の方針の明確化およびその周知・啓発
① セクシュアル・ハラスメントの内容、あってはならない旨の方針の明確化と周知・啓発 ② 行為者への厳正な対処方針、内容の規定化と周知・啓発
２．相談（苦情を含む）に応じ、適切に対応するために必要な体制の整備
③ 相談窓口の設置　　④ 相談に対する適切な対応
３．職場におけるセクシュアル・ハラスメントに係る事後の迅速かつ適切な対応
⑤ 事実関係の迅速かつ正確な確認 ⑥ 被害者に対する適正な配慮の措置の実施 ⑦ 行為者に対する適正な措置の実施 ⑧ 再発防止措置の実施
４．１～３の措置と併せて講ずべき措置
⑨ 当事者等のプライバシー保護のための措置の実施と周知 ⑩ 相談、協力等を理由に不利益な取扱いを行ってはならない旨の定めと周知・啓発

1 自殺対策基本法

　自殺対策基本法は、2006（平成18）年に施行され、2016（平成28）年に改正されています。その目的は、第一条に、次のように記されています。

> **第一条**　この法律は、近年、我が国において自殺による死亡者数が高い水準で推移している状況にあり、誰も自殺に追い込まれることのない社会の実現を目指して、これに対処していくことが重要な課題となっていることに鑑み、自殺対策に関し、**基本理念**を定め、及び**国、地方公共団体等の責務**を明らかにするとともに、自殺対策の基本となる事項を定めること等により、自殺対策を総合的に推進して、自殺の防止を図り、あわせて**自殺者の親族等**の支援の充実を図り、もって国民が**健康で生きがい**を持って暮らすことのできる社会の実現に寄与することを目的とする。

　そして、第二条では、**5つの基本理念**が示されています。

> **第二条**　自殺対策は、生きることの**包括的な支援**として、全ての人がかけがえのない個人として尊重されるとともに、生きる力を基礎として**生きがいや希望**を持って暮らすことができるよう、その妨げとなる諸要因の解消に資するための支援とそれを支えかつ促進するための**環境の整備充実**が幅広くかつ適切に図られることを旨として、実施されなければならない。
>
> **2**　自殺対策は、自殺が個人的な問題としてのみ捉えられるべきものではなく、その背景に様々な**社会的な要因**があることを踏まえ、**社会的な取組**として実施されなければならない。
>
> **3**　自殺対策は、自殺が**多様かつ複合的な原因及び背景**を有するものであることを踏まえ、単に**精神保健的観点**からのみならず、自殺の実態に即して実施されるようにしなければならない。
>
> **4**　自殺対策は、自殺の**事前予防**、自殺発生の**危機への対応**及び自殺が発生した後又は自殺が未遂に終わった後の**事後対応**の各段階に応じた効果的な施策として実施されなければならない。

5 自殺対策は、保健、医療、福祉、教育、労働その他の関連施策との**有機的な連携**が図られ、総合的に実施されなければならない。

② 具体的な対応

　希死念慮や自殺念慮を抱いたり、実際に自殺を企図したりする人は、**「死にたい願望」**と**「助けられたい願望」**とが共存しているとされます。実際に、自殺者の7割以上が生前何らかのかたちで誰かに**相談**していることがわかっています。

　自殺念慮を告白された場合の具体的な対応は、一般的な原則として、次のような対応となります。

①受容と共感をもって傾聴する

　辛い気持ちを話してくれたことをねぎらい、どんな内容であっても真剣にとらえ、**受容**と**共感**をもって**傾聴すること**が基本です。死にたいという思いを責めたり、批判的な態度をとったりすることは解決にはつながりません。逆に、安易に励ましたり、できもしない援助の約束をしたりすることも避けるべきです。

②アセスメントを行う

　自殺の危険性を確実に予測することはできませんが、**アセスメント**によってその危険性をある程度予測することは可能です。自殺の危険因子には次のようなものが挙げられます。

- 自殺念慮がある
- 自傷歴・自殺未遂歴がある
- 精神疾患にかかっている
- 相談相手がなく孤立している
- 進行性の重篤な病気を抱えていたり、慢性的な疼痛に悩まされていたりする
- 強いストレッサーに曝されている（親しい人の死、失職、経済的困窮など）
- 自殺手段への容易なアクセス
- 特定の文化的・宗教的信条
- 家族や身近な人に自殺者がいる

③連携による継続的な支援

　自殺念慮を告白する人を、臨床家一人で抱えようとすることは危険です。必要に応じて、ときには**秘密保持義務**を超え、相談者の家族や職場、関係機関等と連

携を図ることが大切です。そして、種々の社会資源を活用しながら、**継続的**に支援していくことが大切です。

身体損傷により搬送・来院された患者に自殺企図の可能性が疑われる場合、確認すべき事項として、①故意または精神症状によってなされた行為であるか、②明確な自殺の意図によって行われたか、③致死的な手段を用いたか、④致死性の予測があったか、⑤その行為と別に自殺行動が存在するか、⑥遺書などから客観的に確認されるかが挙げられる。

③ 自殺のポストベンション

　自殺のポストベンションとは、自殺が起こってしまった場合に遺された人びとに及ぼす心理的影響を可能な限り少なくするための対応です。職場に対する自殺のポストベンションには、以下の6つの原則があります。

（1）関係者の反応が把握できる人数で集まる
（2）自殺について事実を中立的な立場で伝える
（3）率直な感情を表現する機会を与える
（4）知人の自殺を経験した時に起こり得る反応や症状を説明する
（5）個別に専門家による相談を希望する人には、その機会を与える
（6）自殺に特に影響を受ける可能性のある人に対して積極的に働きかける

+α プラスアルファ

ゲートキーパー
自殺の危険性が高い人が示すサインに気づき、その人へ声をかけ、話を聴いて、必要な支援につなぎ、見守るといった適切な支援を行う人をいう。いわば、「命の門番」である。自殺対策において、地域における医師や保健師などをはじめ、行政や関係機関などの相談窓口、民生委員や児童委員、ボランティア、家族や同僚、友人といったさまざまな立場の人たちがゲートキーパーの役割を担うことが期待されている。

パパゲーノ効果
マスメディアによる自殺を思いとどまった事例や相談サービスに関する情報提供が自殺を予防する効果をいう。

8　職場復帰

　厚生労働省では、**メンタルヘルス不調**によって休職した労働者の**職場復帰支援**を促進するための事業場向けマニュアルとして、「心の健康問題により休業した労働者の職場復帰支援の手引き」を作成しています。

この手引きによると、職場復帰は次の5つのステップによって行われます。

■職場復帰のプロセス

第1ステップ	病気休業開始および休業中のケア

労働者本人から管理監督者に診断書が提出され、休職が始まる。管理監督者は診断書が提出されたことを人事労務スタッフ等に連絡する。休職する労働者本人には、必要な事務手続きや職場復帰支援の手順を説明する

第2ステップ	主治医による職場復帰可能の判断

休職中の労働者から事業者に対して職場復帰の意思が伝えられると、主治医による職場復帰が可能という判断が記された診断書の提出を求める。診断書には、就業上の配慮に関する主治医の具体的な意見を記入してもらう。主治医は、日常生活における病状の回復程度によって職場復帰の可能性を判断している場合もあり、必ずしも職場で求められる業務遂行能力まで回復しているとの判断とは限らない。そのため、主治医の判断と職場で必要とされる業務遂行能力に関する情報について、産業医等が精査した上でとるべき対応を判断し、意見を述べることもある

第3ステップ	職場復帰の可否の判断及び職場復帰支援プランの作成

円滑な職場復帰を支援するために、最終的な判断の前段階として、情報の収集と評価を行った上で、職場復帰ができるかを適切に判断し、職場復帰支援プランを作成する。プランの作成は、事業場内産業保健スタッフ等を中心に、管理監督者、本人が連携をしながら進めていく

第4ステップ	最終的な職場復帰の決定

職場復帰の可否についての最終的な決定を行う。事業者は職場復帰の決定と、産業医からの就業上の配慮についての意見も併せて労働者に伝える。また、主治医に対して、職場復帰についての事業場の対応や就業上の配慮の内容が労働者を通じて伝わるようにする

第5ステップ	職場復帰後のフォローアップ

職場復帰後は、事業場内産業保健スタッフ等によるフォローアップ、管理監督者による観察と支援のほか、適宜、職場復帰支援プランの評価や見直しを行う

職場復帰の際の留意点としては、**主治医**との連携があります。主治医との連携にあたっては、まずは事前に本人への**説明**と**同意**を得ておきます。主治医には本人に求められる**業務の状況**や、職場復帰支援に関する**事業場の制度**などについて十分な**説明**を行うことが必要です。また、正式な職場復帰の決定の前に、社内制度として**試し出勤制度等**を設けると、**より早い段階**での職場復帰の試みを開始することができます。休職していた労働者の**不安**を和らげ、労働者自身が職場の状況を確認しながら、**復帰の準備**ができます。

9 ひきこもり

ひきこもりとは、さまざまな要因の結果として**社会的参加**（就学、就労、家庭外での交遊など）を回避し、原則的には**6ヵ月以上**にわたって概ね家庭にとどま

り続けている状態（他者と交わらないかたちでの**外出**をしていてもよい）をいいます。

ひきこもりは生物学的要因や心理学的要因、社会学的要因などのさまざまな要因が絡み合って生じている現象です。近年になって、ひきこもりにはさまざまな**精神疾患**が関与しているという報告がなされています。

Check

ひきこもり当事者への訪問支援（アウトリーチ型支援）では、当事者に会えない場合は、長時間の家族との面談を避けることが望ましい。

厚生労働省はひきこもり支援について、都道府県及び指定都市に、ひきこもりに特化した専門的な相談窓口として**ひきこもり地域支援センター**を設置しています。**ひきこもり支援コーディネーター**が、ひきこもり状態にある人やその家族へ相談支援を行い、適切な支援につなげます。また、地域における関係機関との**ネットワークの構築**やひきこもり支援に関連する**情報提供**等、地域におけるひきこもり支援の拠点としての役割を担います。2022（令和4）年度からは、住民がより身近な地域で相談ができ、支援が受けられる環境づくりを目指して、ひきこもり地域支援センターの設置主体を**市町村**へと拡充していきます。また、ひきこもり支援の中心となる相談支援や居場所づくり、ネットワークづくりを一体的に実施する**ひきこもり支援ステーション事業**を開始しました。

+α プラスアルファ

地域若者サポートステーション

都道府県に設置されている、働くことに悩みを抱えている15歳〜49歳の若者に対し、キャリアコンサルタントなどによる専門的な相談、コミュニケーション訓練などの支援プログラムや、就職活動実施に向けた講座、協力企業への就労体験などにより、就労に向けた支援を行う施設である。

生活困窮者自立支援制度

生活困窮者自立支援法において、生活困窮者とは、就労の状況、心身の状況、地域社会との関係性その他の事情により、現に経済的に困窮し、最低限度の生活を維持することができなくなるおそれのある者をいう。生活困窮者自立支援制度とは、生活保護に至る前の段階で自立の支援に関する措置を講ずることにより、生活困窮者の自立の強化・促進を図る制度である。自立相談支援事業、住居確保給付金の支給、就労準備支援事業、家計相談支援事業、就労訓練事業、生活困窮世帯の子どもの学習支援、一時生活支援事業がある。

相対的剥奪

必要な資源の不足のために、規範的に期待されている生活様式を共有できない状態を指す。周囲と比べて相対的に豊かさが乏しいと感じるような状態が続くと、それが心理社会的なストレスとなって健康を害するおそれがあるとされる。

10 キャリアコンサルティング

キャリアコンサルティングとは、労働者の**職業選択**、**職業生活設計**または**職業能力**の開発および向上に関する相談に応じ、助言および指導を行うことをいいます。キャリアコンサルティングを通じて、自分の**適性**や**能力**、**関心**などに気づき**自己理解**を深めるとともに、社会や企業内の仕事について理解を深めることができます。それにより、自身の**キャリアプラン**を明確にし、必要な知識や資格の習得、仕事の選択を行い、自分の希望するキャリアを実現していくことが期待できます。

おもなキャリアコンサルティング理論として、以下があります。

特性因子理論	Parsons,F.（パーソンズ）が提唱。個人の能力・特性と職業で求められるスキルが一致するほど仕事の満足度は高くなるという考え
ライフキャリアレインボー	Super,D.E.（スーパー）が提唱。キャリアを人生での役割と時間軸の2次元からとらえ、人生においてライフ・キャリアをどのように構成するのかを視覚的に示したモデル
6角形モデル	Holland,J.L.（ホランド）が提唱。あるパーソナリティ・タイプの人は、同じタイプの職業を選択することによって、職業上の安定や業績、職務満足を得ることができるという考え。パーソナリティと職業の特徴を6つに分類
プランド・ハップンスタンス理論（計画された偶然理論）	Krumboltz,J.D.（クルンボルツ）が提唱。個人のキャリアは偶然の出来事によって左右されることが多く、その偶然の出来事を軽視せずに、積極的に取り込み、よりよいキャリア形成に活用することが重要であるという考え
キャリア・アンカー	Schein,E.H.（シャイン）が提唱。個人のキャリアのあり方を導き、方向づける拠り所となるものを指す
4Sモデル	Shlossberg,N.K.（シュロスバーグ）が提唱。キャリア転機（トランジション）に際してはそれを見定め、自らのリソース（4S：Situation（状況）、Self（自己）、Support（支援）、Strategy（戦略））を点検した上で対処することが必要であるという考え

+α プラスアルファ

リアリティ・ショック

組織に入る前に抱いていた仕事上の期待と、組織の一員となってからの経験とのギャップによって生じるショックをいう。

次の問いに答えなさい。

Q1 精神保健福祉法に規定されている入院形態として、指定医2名以上の一致により、自傷他害のおそれがあると判断された場合、本人の同意を必要とせずに都道府県知事の権限において入院させることを医療保護入院という。

Q2 医療観察法の審判は、裁判官1名と精神保健審判員2名による合議体によってなされる。

Q3 DV防止法における保護命令は、身体に対する暴力や、生命や身体に対する脅迫が対象となる。

Q4 特別支援教育には、幼稚園は含まれない。

Q5 罪を犯すおそれのある少年を触法少年という。

Q6 少年鑑別所の収容期間は、最大10週間である。

Q7 安全配慮義務は、労働契約法に規定されている。

Q8 ストレスチェック制度において、職業性ストレス簡易調査票の使用が義務づけられている。

解答と解説

A1 ✕ →医療保護入院ではなく、措置入院である。

A2 ✕ →裁判官1名と精神保健審判員1名による合議体である。

A3 ○ →P.346参照。

A4 ✕ →幼稚園も含まれる。

A5 ✕ →虞犯少年である。触法少年とは14歳未満で法に触れる行為をした少年をいう。

A6 ✕ →最大8週間である。

A7 ○ →第五条に規定されている。

A8 ✕ →推奨はされているが、義務ではない。

人名索引

主な参考文献（順不同）

大塚義孝他監修『臨床心理学全書　全13巻』（誠信書房）

氏原寛他編『心理臨床大事典［改訂版］』（培風館）

藤田祐美『臨床心理士資格試験必勝マニュアル』（新曜社）

徳田英次『臨床心理士試験対策　標準テキスト』（秀和システム）

藤永保他編『心理学事典』（平凡社）

上里一郎監修『心理学基礎事典（現代のエスプリ別冊）』（至文堂）

岡堂哲雄監修『臨床心理学入門事典（現代のエスプリ別冊）』（至文堂）

鑪幹八郎他編著『新版　心理臨床家の手引』（誠信書房）

小此木啓吾他編『精神医学ハンドブック』（創元社）

無藤隆他編『心理学』（有斐閣）

子安増生他編『キーワードコレクション　発達心理学』（新曜社）

氏原寛他編『心理査定実践ハンドブック』（創元社）

J.グレアム・ボーモント（安田一郎訳）『神経心理学入門』（青土社）

田川皓一『神経心理学評価ハンドブック』（西村書店）

松原達哉編『心理テスト法入門』（日本文化科学社）

村山正治他編『事例に学ぶスクールカウンセリングの実際』（創元社）

村山正治編『実践! スクールカウンセリング』（金剛出版）

水野修次郎『よくわかるカウンセリング倫理』（河出書房新社）

丸田俊彦『サイコセラピー練習帳Ⅰ・Ⅱ』（岩崎学術出版社）

フロイト『フロイト著作集　全11巻』（人文書院）

片口安史『新・心理診断法』（金子書房）

小野和雄『ロールシャッハ・テスト』（川島書店）

岡部祥平・菊地道子『ロールシャッハ・テストQ&A』（星和書店）

J.E.エクスナー Jr.（藤岡淳子他訳）『ロールシャッハ解釈の基礎』（岩崎学術出版）

J.E.エクスナー Jr.（中村紀子他監訳）『ロールシャッハ・テスト―包括システムの基礎と解釈の原理』（金剛出版）

藤岡淳子他著『エクスナー法によるロールシャッハ解釈の実際』（金剛出版）

中島義明他編『新・心理学の基礎知識』（有斐閣ブックス）

内閣府「平成22年版　子ども・若者白書」

髙橋三郎他監訳『DSM‐5‐TR　精神疾患の判断・統計マニュアル』（医学書院）

森則天他編著『臨床家のためのDSM‐5虎の巻』（日本評論社）

融道男他監訳『ICD‐10　精神および行動の障害』（医学書院）

上野一彦他『日本版 WISC-Ⅳによる発達障害のアセスメント』（日本文化科学社）

日本心理臨床学会編『心理臨床学事典』（丸善出版）

下山晴彦編『よくわかる臨床心理学』（ミネルヴァ書房）

一般財団法人日本心理研修センター監修『公認心理師現任者講習会テキスト［2018年版］』（金剛出版）

坂井建雄・橋本尚詞『ぜんぶわかる　人体解剖図―系統別・部位別にわかりやすくビジュアル解説』（成美堂出版）

●著者
心理学専門校ファイブアカデミー
心理学の教育と実践を理念として専門教育サービスを手掛ける。心理系大学院受験対策、臨床心理士資格試験対策、公認心理師資格試験対策など、さまざまなサービスを展開している。公認心理師・臨床心理士資格試験対策等においては、4000名以上の合格者を輩出してきた実績があり、実務経験豊富な講師陣、わかりやすい授業と手厚いサポート体制には定評がある。講座などの詳しい情報はホームページで。

URL：https://www.5academy.com/
TEL：03-6458-5451

●イラスト………村山宇希
●本文デザイン・DTP………株式会社シーツ・デザイン
●校正………鷗来堂
●編集協力………岡田直子（有限会社ヴュー企画）
●編集担当………梅津愛美（ナツメ出版企画株式会社）

ナツメ社Webサイト
https://www.natsume.co.jp
書籍の最新情報（正誤情報を含む）は
ナツメ社Webサイトをご覧ください。

本書に関するお問い合わせは、書名・発行日・該当ページを明記の上、下記のいずれかの方法にてお送りください。電話でのお問い合わせはお受けしておりません。
・ナツメ社 web サイトの問い合わせフォーム
　https://www.natsume.co.jp/contact
・FAX　（03-3291-1305）
・郵送　（下記、ナツメ出版企画株式会社宛て）
なお、回答までに日にちをいただく場合があります。正誤のお問い合わせ以外の書籍内容に関する解説・受験指導は、一切行っておりません。あらかじめご了承ください。

一発合格！　公認心理師 対策テキスト＆予想問題集

2024年1月5日　初版発行

著　者	心理学専門校ファイブアカデミー	© Five Academy, 2024
発行者	田村正隆	
発行所	**株式会社ナツメ社**	
	東京都千代田区神田神保町1-52　ナツメ社ビル1F（〒101-0051）	
	電話 03(3291)1257（代表）／FAX 03(3291)5761	
	振替 00130-1-58661	
制　作	**ナツメ出版企画株式会社**	
	東京都千代田区神田神保町1-52　ナツメ社ビル3F（〒101-0051）	
	電話 03(3295)3921（代表）	
印刷所	**ラン印刷社**	

ISBN978-4-8163-7474-6　　　　　　　　　　　　　　　Printed in Japan
〈定価はカバーに表示してあります〉〈落丁・乱丁本はお取り替えします〉

別冊

一発合格！

公認心理師
対策テキスト&予想問題集

心理学専門校ファイブアカデミー
［著］

ナツメ社

模擬試験

矢印の方向に引くと取り外せます。

■午前の部

問001 公認心理師の姿勢として最も適切なものを1つ選べ。

① 公認心理師がもつ仮説と一致するような情報を積極的に収集する。

② クライエントから実際に得られる情報ではなく、自身の経験に基づく予測を重視する。

③ 公認心理師が依拠する理論にあてはまらない情報は、アセスメントに含めない。

④ クライエントに対して有益な支援を行うためには、公認心理師が依拠する理論を修正することが必要な場合がある。

⑤ 支援に関する記録において、客観的事実とアセスメントを分けて記述することは困難である。

問002 公認心理師の登録取り消しの事由として、正しいものを1つ選びなさい。

① 窃盗の疑いで逮捕され拘留された。

② クライエントの主治医の指示を受けなかった。

③ 婚姻相手に離婚訴訟を起こされた。

④ 児童虐待の疑いがあるにもかかわらず通告を行わなかった。

⑤ 2人のクライエントの面接予約を同一日時に重ねて受けてしまい、信用を失った。

問003 クライエントの個人情報およびプライバシー保護について、正しいものを2つ選びなさい。

① クライエントから得られるすべての情報は、要配慮個人情報である。

② 自己研鑽のために事例を発表する際、クライエントが未成年の場合には、未成年のクライエントと保護者の両方の承諾を得ることが望ましい。

③ クライエントに心理的負担がかかる場合であっても、研鑽を積んだ公認心理師が必要と判断した情報については、クライエントを説得して収集することが必要な場合がある。

④ クライエントの許可なく、他の支援者から個人情報を得ることはどのような状況であっても禁止されている。

⑤ クライエントの個人情報の利用目的を明確にし、あらかじめクライエントに説明する。

問004 チーム医療の実践において、適切なものを**2つ**選びなさい。

① チーム医療を構成するのは、医師、看護師、公認心理師といった専門家のみであり、非専門家は含まれない。

② 医療機関に受診しているクライエントに対し、外部のさまざまな機関や専門家が関わって支援を行うこともチーム医療の1つである。

③ チーム医療の一員として治療や支援に関わる中で、公認心理師はチームのリーダーとして活動しなければならない。

④ チーム医療がより良く患者に提供されるためには、各専門職の高いスキルが最も重要であり、患者や患者の家族との協力は必要ない。

⑤ 医療機関内でのチーム医療の実践では、公認心理師も患者の日常生活のケアを行うことがある。

問005 秘密保持義務の例外状況に関する次の記述のうち、正しいものを1つ選びなさい。

① 公認心理師でなくなったあとは例外状況に該当する。

② タラソフ判決から、クライエントに他害の可能性がある場合に専門家に課される義務は被害者となり得る人に警告する義務に留まる。

③ 他害の可能性がある場合のみ、秘密保持義務の例外状況として警告義務が生じる。

④ 明確で差し迫った生命の危険があり、攻撃される相手が特定されている場合、秘密保持義務の例外状況に該当する。

⑤ 未成年のクライエントの心理検査の結果を保護者に伝えることは、秘密保持義務の例外状況に該当する。

問006 心理学史に関する次の記述の中から、正しいものを1つ選べ。

① Witmer, L. は、1896年にペンシルベニア大学に心理クリニックを開設した。

② Wertheimer, M. は、心の全体性ではなく、心の要素を重視した。

③ Jung, C. G. は、無意識を個人的無意識と集合的無意識からなるものと考え、それぞれが独立して機能するとした。

④ Tolman, E. C. は、学習は刺激と反応の結合であるとし、サイン・ゲシュタルト説を唱えた。

⑤ Freud, S. は、抑圧された無意識の欲動が別の形で現出するものこそが神経症であるとするライフサイクル理論を提唱した。

問007 臨床心理学のアプローチに関する次の記述の中から、正しいものを1つ選べ。

① 認知行動アプローチは、Freud, S. の理論から発展した。
② 行動主義、新行動主義、認知心理学の理論を基盤とするのは人間性アプローチである。
③ Rogers, C. R. の来談者中心療法では、自己一致や共感的理解を重視する。
④ ナラティブ・アプローチは、論理実証主義を基盤としている。
⑤ アクセプタンス＆コミットメント・セラピーは、精神力動アプローチに属する心理療法である。

問008 系列位置効果に関する説明として、誤っているものを1つ選べ。

① 系列位置効果は、系列再生法ではなく自由再生法を用いることによって示された記憶に関する実験結果である。
② 単語リストの学習から再生の間に時間をおいても、初頭効果はみられる。
③ 単語リストの呈示時間が短くなると、リストの中間部分の単語の再生率は低下する。
④ 系列位置曲線は逆U字型の曲線を描く。
⑤ 新近効果には、短期記憶が関わっている。

問009 観察法における信頼性の指標として、正しいものを1つ選べ。

① r
② κ
③ φ
④ δ
⑤ β

問010 散布度に関する説明として、正しいものを1つ選べ。

① 個々のデータと平均値との差をレンジと呼ぶ。
② 分散が大きいデータほど、そのデータの散らばりは小さい。
③ 標準偏差の正の平方根をとったものが分散である。
④ 四分位偏差は、順序尺度のデータしか用いることができない。
⑤ 標準偏差は、量的変数において算出することができる。

問011 正規分布を用いた両側検定において有意水準を α = 0.05 とした場合、帰無分布における上側確率として正しいものを1つ選べ。

① 2.5%
② 5%
③ 1%
④ 0.5%
⑤ -2.5%

問012 尺度の妥当性に関連する用語として、適切なものを1つ選べ。

① Kuder-Richardson の公式
② 折半法
③ 再検査法
④ 構成概念
⑤ α係数

問013 データの中から性質の近いものを樹状図によって結び合わせていき、その中から意味を見出す分析方法として正しいものを1つ選べ。

① 数量化Ⅰ類
② 数量化Ⅱ類
③ 主成分分析
④ 判別分析
⑤ クラスター分析

問014 実験法に関する説明として、正しいものを1つ選べ。

① 内的妥当性とは、研究結果の一般化可能性を指す。
② 準実験とは、厳密な実験デザインを適用することが困難な場合に、可能な限り外的妥当性を高く保持するように工夫された研究デザインを指す。
③ 内的妥当性を脅かす要因として、ホーソン効果が挙げられる。
④ 単一事例実験は、来談者中心療法の効果の評価に用いられる。
⑤ RCTでは、実験参加者を無作為抽出し、実験群のみに割り付ける。

問015 心理学研究における考察の内容に関する説明として、正しいものを1つ選べ。

① 研究の目的を示し、その目的と関連づけて先行研究の概説を行い、仮説を提示する。
② 将来の研究を示唆する。
③ 研究目的に合わせて適切な統計手法によって加工、集約、検定されたデータを提示する。
④ 研究仮説にとって不都合な結果を記述する。
⑤ 論文内で引用されたすべての文献を取り上げる。

問016 心理物理学（精神物理学）に関する次の記述のうち、正しいものを1つ選べ。

① 心理物理学とは、Weber, E. H.によって創始された学問である。
② Thurstone, L. L.は、感覚の大きさは刺激強度の対数に比例することを示した。
③ 主観的等価点とは、感覚が生じるために最低限必要な刺激量を指す。
④ Fechner, G. T.は、弁別閾は刺激強度に比例することを示した。
⑤ Stevens, S. S.はマグニチュード推定法を用いて、感覚の大きさは刺激強度のべき乗に比例することを示した。

問017 プルキンエ現象を説明する記述として、適切なものを1つ選べ。

① 暗い場所では青色の部分が明るく見え、赤色の部分は暗く見える現象を指す。
② 暗い場所で停止した光点を凝視し続けると、実際には動いていないのに光点が不規則に動いて見える現象を指す。
③ 物理的には存在しないにもかかわらず、周囲の刺激位置により輪郭線が知覚される現象を指す。
④ 「ガ」と発音する口の動きに、「バ」という音声を重ねた映像を呈示すると、「ダ」と聞こえる現象を指す。
⑤ 一定方向に動く対象をしばらく見たあとに静止対象を見ると、静止対象が動く対象とは逆方向に動いて見える現象を指す。

意思決定に関する次の記述のうち、**誤っているもの**を1つ選べ。

① アルゴリズムとは、意思決定において、経験則や先入観に基づいて判断する直感的な方略である。

② プロスペクト理論では、損失が認識される状況において、人は損失を取り戻そうとリスク志向的になるとされている。

③ フレーミング効果とは、客観的には同じことを指していても「生存率80％」「死亡率20％」といった表現の違いによって受け手の印象が異なり、意思決定に影響を及ぼす現象を指す。

④ エスカレーティング・コミットメントとは、過去の誤った意思決定に執着して、同じ意思決定をくり返してしまうことを指す。

⑤ 多すぎる選択肢は、選択行動を阻害したり、選択結果の満足度を低下させたりすることが報告されている。

問019 記憶に関する次の記述のうち、**適切なもの**を1つ選べ。

① ワーキングメモリは、加齢の影響を受けない。

② 小脳は、自転車の乗り方などといった手続き記憶に関与している。

③ 舌先現象とは、予定や約束などの間近の未来に関する記憶を思い出せない現象を指す。

④ フラッシュバルブ記憶とは、自伝的記憶について、過去の記憶を思い出す際に10代から30代の頃の記憶を多く想起する傾向を指す。

⑤ ツァイガルニク効果とは、記銘時と想起時の文脈が記憶成績に影響を及ぼす現象を指す。

問020 初期学習に関する次の記述のうち、**誤っているもの**を1つ選べ。

① Tinbergen, N.は、淡水魚であるイトヨの行動観察から、動物の生得的行動は特定の刺激によって解発されるという生得的解発機構を提唱した。

② 離巣性の鳥類は、孵化直後の特定の時期に目にした動くものに対して後追い行動を示す。

③ 刻印づけは、特定の時期に外部からの報酬によって強化されることを必要とする。

④ Lorenz, K.は、刻印づけは非可逆性を有し、一度獲得されると消去するのが難しいとした。

⑤ 離巣性の鳥類には、刻印づけされた種に求愛行動を示す、性的刻印づけがみられる。

問 021 古典的条件づけの研究の基礎を築いた者として、適切なものを１つ選べ。

① Bandura, A.

② Thorndike, E. L.

③ Pavlov, I. P.

④ Cattell, R. B.

⑤ Lewin, K. Z.

問 022 オペラント条件づけの原理に基づく技法として、正しいものを１つ選べ。

① 曝露反応妨害法

② タイムアウト

③ 系統的脱感作法

④ フラッディング

⑤ エクスポージャー

問 023 言語に関する次の記述のうち、<u>誤っているもの</u>を１つ選べ。

① Chomsky, N. は、人間には言語獲得装置が生まれつき備わっていると考えた。

② Skinner, B. F. は、言語行動は言語共同体の成員によって強化されるオペラント行動であると考えた。

③ Luria, A. は、言語は行動調節機能をもつと考えた。

④ Sapir, E. と Whorf, B. L. は、言語が認知的処理に影響を与えるという言語相対性仮説を唱えた。

⑤ Piaget, J. は、対象とそれを指し示す言葉を理解するプロセスには、事物全体制約、カテゴリー制約、相互排他的制約があると考えた。

問 024 アージ理論に関する次の記述のうち、<u>誤っているもの</u>を１つ選べ。

① 戸田正直が提唱した理論である。

② 感情は、野生環境での生存にとって合理的な機能をもつという前提に立つ。

③ 「お腹が空いた」といった生理的機能の一部を、心の働きによるものとして扱う。

④ 喜びアージは、思考や行動のレパートリーを拡張するとした。

⑤ アージの活動は、起動相、意思決定相、行動相、事後評価相の４つに分けられる。

問025 Martin, L. L. らが提唱した感情入力説を説明する記述として、最も適切なものを1つ選べ。

① 特定の気分が生じると、その気分と一致する記憶の想起が促進される。
② ネガティブな気分のときは、システマティックな情報処理が生じやすくなる。
③ ポジティブ感情は、ネガティブ感情がもたらす心身への影響をすばやく元に戻す。
④ 刺激がくり返し呈示されることにより、刺激の処理効率が高まり、その刺激に対する好意度が高まる。
⑤ 感情は持続している行動を停止するというストップルールとして働き、ストップルールにはエンジョイルールとイナフルールがある。

問026 Spranger, E. の価値類型論による6類型に含まれないものを1つ選べ。

① 経済型
② 宗教型
③ 快楽型
④ 権力型
⑤ 理論型

問027 Eyesnck, H. J. の特性論に関する次の記述のうち、正しいものを1つ選べ。

① 特性を独自特性と共通特性に分類した。
② 基本語彙仮説に基づき、特性語を収集・分類することよって人格構造を明らかにしようとする語彙アプローチを考案した。
③ 性格をプロフィール表示によって記述する心誌（サイコグラフ）を考案した。
④ 性格を個別的（特殊）反応水準、習慣的反応水準、特性水準の3つの水準の階層でとらえた。
⑤ 性格の次元として、内向一外向、神経症的傾向、精神病的傾向を見出した。

問028 機能局在に関する次の記述のうち、正しいものを1つ選べ。

① 松果体は、嗅覚を司る。

② 頭頂葉は、主に体性感覚を司る。

③ 後頭葉は、主に聴覚を司る。

④ 側頭葉は、主に視覚を司る。

⑤ 扁桃体は、姿勢制御を司る。

問029 神経伝達物質に関する次の記述のうち、<u>誤っているもの</u>を1つ選べ。

① セロトニンは、ドーパミンやノルアドレナリンを制御する。

② ドーパミン放出量が過少になると、意欲の低下といった症状が生じる。

③ ドーパミン放出量が過剰になると、幻覚や妄想といった症状が生じる。

④ ノルアドレナリン放出量が過少になると、不安や恐怖といった症状が生じる。

⑤ アセチルコリンが不足すると、認知障害といった症状が生じる。

問030 ブローカ失語の症状に関する記述として、最も適切なものを1つ選べ。

① 言語の理解はできるが、復唱が障害され、発話も非流暢である。

② 言語の理解が困難であり、発話は流暢であるが意味が通らない。

③ 言語の理解や復唱は可能だが、発話が非流暢であり、自発語が著しく低下している。

④ 復唱が可能で発話は流暢だが、言語の理解が困難であり、言い間違いが頻発する。

⑤ 発話は流暢であるが、復唱が障害され、音韻性錯語が多い。

問 031 社会的影響に関する次の記述の中から正しいものを1つ選べ。

① 没個性化の状態では、他者評価に対する意識が低まり、反規範的行動が出現しやすくなる。

② 集団思考とは、集団でアイデアを出し合うことで、創造性が促進されることを指す。

③ 個人が何らかの作業を行う際、他者の存在によって作業量が増加することをフリーライダー効果という。

④ アイヒマン実験とは、Zimbardo, P. が行った、権威者の指示に服従する人間の心理状況の実験である。

⑤ 傍観者効果とは、自分以外の他者の存在を認知することによって、援助行動が促進される現象を指す。

問 032 生態学的システム論に関する次のうち、正しいものを1つ選べ。

① Minuchin, S. が提唱した理論である。

② 人が直接関わる環境をエクソシステムという。

③ メゾシステムとは、マイクロシステム間の相互関係からなる環境を指す。

④ マクロシステムとは、生涯を通して起こる社会的な出来事によってもたらされるシステムを指す。

⑤ クロノシステムとは、国や文化、法律といった環境を指す。

問 033 乳幼児の発達研究における方法と研究対象の組み合わせとして、正しいものを1つ選べ。

① 選好注視法 ──────── 奥行き知覚

② 視覚的断崖 ──────── 社会的参照

③ 期待違反法 ──────── 心の理論

④ スマーティ課題 ──────── 興味・関心の対象

⑤ ルージュ課題 ──────── 共感性

問034 Thomas, A. と Chess, S. のニューヨーク縦断的研究における気質の要素に<u>含まれないもの</u>を1つ選べ。

① 活動水準
② 周期性
③ 接近―回避
④ 順応性
⑤ 開放性

問035 Ainsworth, M. D. S. のストレンジ・シチュエーション法における各タイプと、子どもの行動特徴や養育者の関わり方の特徴の組み合わせについて、適切なものを1つ選べ。

① Aタイプの子どもの養育者　――　子どもをひどく怯えさせるような言動を示すことが相対的に多い。
② Bタイプの子ども　――　養育者との分離時に非常に強い不安や混乱を示し、再会時には養育者に強い身体接触を求めるが、その一方で怒りながら養育者を激しく叩いたりする。
③ Cタイプの子ども　――　養育者との分離時に泣いたり、混乱を示すことがほとんどなく、再会時には養育者から目をそらしたり、明らかに養育者を避けようとしたりする行動がみられる。
④ Cタイプの子どもの養育者　――　子どもとの間でポジティブな相互交渉をもつことが少なくないが、子どもの欲求に応じたものというよりも養育者の気分や都合に合わせたものであることが相対的に多い。
⑤ Dタイプの子どもの養育者　――　全般的に子どもの働きかけに拒否的に振る舞うことが多く、子どもが苦痛を示していると、それを嫌がり、子どもを遠ざけてしまう場合もある。

問036 Kohlberg, L. の道徳性の発達理論における慣習的水準に含まれる段階として、正しいものを2つ選べ。

① 対人的な同調あるいは「いい子」志向
② 罰と服従への志向
③ 「法と秩序」志向
④ 道具的な相対主義志向
⑤ 社会契約的な法律志向

問037 Havighurst, R. J. の提唱した中年期の発達課題として、不適切なものを1つ選べ。

① 肉体的な力と健康の衰退に適応すること
② 大人としての市民的・社会的責任の達成をすること
③ 一定の経済的生活水準を築き、それを維持すること
④ 大人の余暇活動を充実すること
⑤ 年老いた両親に適応すること

問038 Belsky, J. が提唱したペアレンティングを規定するプロセスモデルのうち、以下の中で親のペアレンティングの形成に最も影響を及ぼす要因を1つ選べ。

① 親自身の生育歴
② 親のパーソナリティ
③ 親の仕事
④ 親の社会的交友関係
⑤ 夫婦関係

問039 SOC理論について、正しいものを**2つ**選べ。

① Atchley, R. C. が提唱した。
② 最適化とは、身体機能などの資源の喪失に応じて目標を切り替えたり水準を下げたりすることである。
③ 選択とは、特定の目標に対して限られた資源を効率よく分配することで達成しようとすることである。
④ 補償とは、外部からの援助を利用することで喪失を補填することである。
⑤ SOC理論は高齢期におけるウェルビーイングに関わるだけでなく、人生の他の時期にも適用できるとされる。

問040 心理検査に関する記述として、**不適切な**ものを１つ選べ。

① 質問紙法検査は、回答者の言語能力に左右される。
② 描画法検査は、アセスメントの側面だけではなく治療的な側面が含まれる。
③ 心理検査は、公認心理師または臨床心理士の有資格者以外が実施することは禁止されている。
④ テストバッテリーとして、投映法検査を複数組み合わせてもよい。
⑤ 心理検査の内容を専門家以外に開示することは望ましくない。

問041 MMPIに関する記述として、適切なものを**2つ**選べ。

① MMPIに略式版は存在しない。
② MMPIの臨床尺度には精神疾患の概念が用いられており、特定の臨床尺度のT得点が70よりも高くなると、その臨床尺度名の診断が被検者になされる。
③ MMPIの臨床尺度には、統合失調尺度が含まれる。
④ MMPIの結果の解釈はプロフィールに基づいて実施され、単一尺度に基づく解釈は行われない。
⑤ MMPI新日本版の適応年齢は15歳以上である。

問042 SDSに関する記述として、最も適切なものを1つ選べ。

① 最高点数は80点である。
② 検査者が被検者に対し半構造化面接を実施して評価を行う。
③ 10項目から構成されている。
④ カットオフ値は20点である。
⑤ うつ病のスクリーニングに用いる検査であり、治療経過の評価には適さない。

問043 自閉スペクトラム症の特性評価に用いられる検査として、<u>不適切なもの</u>を1つ選べ。

① PEP-3
② PARS-TR
③ ADI-R
④ Conners 3
⑤ ADOS-2

問044 風景構成法に関する記述として、適切なものを1つ選べ。

① 枠づけは、描画を行う直前にクライエント自身が行う。
② 最初に描いてもらうアイテムは「道」である。
③ 風景構成法において、画用紙に余白があることは認められる。
④ 風景構成法はあくまで心理アセスメントに用いられるものであり、治療的側面は否定されている。
⑤ クレヨンを用いて彩色する場合も、アイテムの描画の順番と同じ順番で彩色しなければならない。

問045 田中ビネー知能検査Ⅴに関する記述として、適切なものを1つ選べ。

① 原則として被検者の生活年齢と同じ年齢級の問題から開始し、2問以上間違えた問題があった場合下の年齢級の問題を実施する。
② 成人では偏差知能指数を算出するが、偏差知能指数の算出に精神年齢は用いられない。
③ 成人の場合は、「結晶性領域」「流動性領域」「記憶領域」「認知領域」の4つの領域で知能を評価する。
④ 10分程度で実施が可能な検査である。
⑤ 田中ビネー知能検査Ⅴでは発達チェックが廃止された。

問046 記憶障害の評価に用いられる検査に関する記述として、適切なものを1つ選べ。

① RBMTにおけるカットオフ値は、被検者の年齢に関わらず一定である。
② WMS-Rは長期記憶の評価に用いる検査であり、短期記憶の評価はできない。
③ MEDEは、対象者本人に検査は実施せず他者評価をアセスメントに用いる。
④ BVRTでは、被検者に言語記銘を求める。
⑤ 三宅式記銘力検査は、言語性の検査である。

問047 WAIS-Ⅳにおける補助検査に含まれないものを1つ選べ。

① 理解
② 絵の完成
③ 語音整列
④ 絵の抹消
⑤ パズル

問048 知能検査・発達検査に関する記述として、最も適切なものを1つ選べ。

① KABC-Ⅱにおける検査結果の解釈は、CHCモデルとカウフマンモデルのどちらか一方で行わなければならない。
② WPPSI-Ⅲにはワーキングメモリ指標が含まれている。
③ KIDS乳幼児発達スケールでは、所定の用具を用いて対象児本人の反応を求めることを通して、発達年齢および発達指数を算出する。
④ DN-CAS認知評価システムは、PASS理論に基づく検査である。
⑤ JDDST-Rは、対象児の発達の程度を評価し、「正常」か「異常」の2段階に判定する。

問049 自殺予防について、正しいものを**2つ**選びなさい。

① 家族との関係性が希薄であっても、当該家族の存在は、自殺の保護因子になる。

② 状況的因子は、自殺の危険因子に含まれない。

③ 自殺の危険性がある場合、危険因子を減らすとともに、保護因子を増やすことが重要である。

④ 自殺念慮を表明していないクライエントが、自殺をすることはない。

⑤ 自殺に関する心理教育を行うことは、自殺予防になり得る。

問050 ブリーフセラピーに関する次の記述のうち、適切なものを**1つ**選びなさい。

① ブリーフセラピーでは、症状の解釈やクライエントの洞察が重視される。

② ブリーフセラピーでは、精神交互作用の打破を目指す。

③ ブリーフセラピーでは、ユーモアが用いられる場合がある。

④ うつ病を患っているクライエントに対して、ブリーフセラピーを適用することはできない。

⑤ ブリーフセラピーは、自我心理学の理論を背景として発展した。

問051 Rogers, C. R.の「セラピーにおけるパーソナリティ変化の必要にして十分な条件」に関する次の記述のうち、正しいものを**2つ**選びなさい。

① カウンセラーの自己一致は、条件の1つである。

② カウンセラーがクライエントの内的照合枠を共感的に理解することは条件に含まれない。

③ この条件の中では、クライエントは一致した状態であり、傷つきやすく、不安定な状態にあるとされている。

④ この条件の中では、クライエントに伝わっているべきことは共感的理解のみで十分とされている。

⑤ 2人の人が心理的な接触をもっていることは、条件の1つである。

問052 学校コミュニティにおける緊急支援に関する次の記述のうち、<u>不適切なもの</u>を1つ選びなさい。

① 事件・事故後、できるだけ早い段階で児童・生徒の強い反応を率直に無理なく受け止めていけるよう教職員に対して心理教育などを行うことは重要である。

② 支援にあたって、児童・生徒への直接支援を重視すべきであり、学校コミュニティがどの程度混乱しており、どのくらい本来の機能を発揮できない状態にあるかを見立てることは必要ない。

③ 出来事に関する正確な事実を関係者間で共有することは二次被害の防止に役立つ。

④ 児童・生徒が置かれている状況を心配し不安な状態にある保護者に対して、正確な情報を提供する。

⑤ 事件・事故は、発生直後だけではなく、中長期的に学校コミュニティに影響を与え得ることを念頭に当該コミュニティの支援にあたる。

問053 家族療法の基本的態度に関する次の記述のうち、正しいものを1つ選びなさい。

① カウンセラーは受容や共感的理解を基盤としながら、家族の中でリーダーシップをとる家族成員を尊重し追従することが必要である。

② 家族療法では、家族内で展開されるコミュニケーションのパターンや問題への対処を扱うが、家族の雰囲気やノンバーバルな側面も重要であるとされる。

③ 父親が家族との交流が希薄なことがわかっている場合、家族成員である母親に肩入れしたほうがよい。

④ 直線的因果律を用いて、家族の問題を考える。

⑤ IPの問題解決のみを扱う。

問054 カウンセリングの終結に関する次の記述のうち、適切なものを1つ選びなさい。

① カウンセリングの終結は、カウンセラーが単独で決める。

② 終結に際し、何か問題が生じた場合にはいつでも再開する用意があるということなどを伝え、面接の再開に対してオープンなかたちで終わることが望ましい。

③ 終結に際し、これまでのカウンセリングの経過を振り返ることは、症状の再発を促す恐れがあるのでやめた方がよい。

④ 終結が合意された後にカウンセラーがクライエントの新たな課題をみつけた場合、カウンセラーはその問題を指摘してカウンセリングの継続を促すことが望ましい。

⑤ クライエントからの申し出があった場合にのみ、カウンセリングは終結を迎える。

問 055 緩和ケアについて、正しいものを1つ選べ。

① 緩和ケアが対象とするのは、生命を脅かす疾患による問題に直面する患者に限られる。
② 緩和ケアが対象とする問題は、心理社会的問題と身体的問題であり、スピリチュアルな問題は対象に含まれない。
③ 緩和ケアの目的は、生活の質の改善である。
④ 疾患が進行してからの終末期医療として取り入れられるケアである。
⑤ 心理的ケアを担当する専任の公認心理師は、緩和ケア診療加算を算定するチームの構成員に含まれる。

問 056 Yalom, I. D.が示した集団療法の治療因子として、<u>不適切なもの</u>を1つ選べ。

① 普遍性
② 情動調律
③ 愛他主義
④ 集団の凝集性
⑤ 希望をもたらすこと

問 057 動機づけ面接について、正しいものを1つ選びなさい。

① Sullivan, H. S.が、動機づけ面接を提唱した。
② 依存の問題を抱えている者に対して、動機づけ面接は適用されない。
③ チェンジトークとは、相談者から発せられる自己動機づけ発言のことである。
④ 面接者が用いるスキルの1つである閉ざされた質問は、動機づけが低い相談者を誘導するにあたって効果的である。
⑤ 面接は、関わる、焦点化する、引き出す、計画するという4つのプロセスを一方向的に進み、逆戻りすることはない。

問058 父親の年収が子どもの学力に与える影響について質問紙調査を行った。対象者は高校１年生の子どもとその父親の200組であった。父親には年収を尋ね、子どもには学力テストを実施した。集計したデータから、年収500万円を基準に父親を高年収群と低年収群に分け、それぞれの群の子どもの学力テストの得点の平均を統計的に比較した。有意水準を５％に設定して検定を行ったところ、有意差はみられなかったが、高年収群の子どもの平均点は67点、低年収群の子どもの平均点は62点であった。

上記の調査に関する記述として、最も適切なものを１つ選べ。

① 統計的には有意差はみられなかったが平均点に違いがみられたため、父親の年収が高いほうが子どもの学力は高くなると結論づけても問題ない。

② 有意水準を１％に変更し、同様の手法で検定すれば有意差がみられる可能性がある。

③ 高年収群と低年収群は被験者内要因である。

④ 調査結果から、父親の年収が子どもの学力に与える影響はないとはいえない。

⑤ 対象となる親子の数を増やしたとしても有意差はみられない。

問059 大学付属の相談室に勤務する公認心理師は、職場の対人関係のトラブルや強迫症により不適応状態であった成人女性Ａに対して、心理的支援を２年間実施した。主訴の解決に至ったことを双方で確認し、終結を迎えようとしていた。公認心理師はＡとの２年間の関わりを事例研究として論文投稿することを考えた。

今後の公認心理師の対応として、適切ではないものを１つ選べ。

① Ａから事例研究として論文投稿することについて合意を得る。

② Ａの主訴が解決されたことから、公認心理師が行った心理的支援にはエビデンスがあり、広く取り入れられるべきものであると論文の中で主張する。

③ Ａが特定されないよう、論文中におけるＡに関する情報は必要に応じて修正を加える。

④ 論文では心理的支援の内容だけではなく、どのような心理的見立てに基づいて心理的支援を行ったのかを記述する。

⑤ 論文では公認心理師の対応だけではなく、Ａの発言や対応も記述する。

問060 Piaget, J.の認知発達理論に基づいて、実験室でさまざまな年齢の子どもたちに以下の課題を行った。なお、子どもたちの発達は定型であり、発達の遅れや偏りは認められない。

〈課題1〉
ハンカチを使って、子どもの目の前でおもちゃを隠し、子どもがどのような行動をするのか観察した。

〈課題2〉
子どもの前に、10個の積み木を横1列に並べた。子どもと積み木の数を確認したあと、10個の積み木を子どもの目の前で積んだ。その後、子どもに対して「積み木はいくつですか？」と尋ねた。

〈課題3〉
同じ量の水を入れた同じ形の2つの容器のうち、1つを目の前で平たい容器に移し替えて、どちらが多いか、あるいは同じかを子どもに質問した。

〈課題4〉
見る方向によって、見え方が異なるように配置された色と形の異なる3つの山の模型を提示し、自分と反対側に座っているぬいぐるみからはどのように見えるのか説明を求めた。

〈課題5〉
子どもに対して「一郎くんは次郎くんより背が高く、次郎くんは三郎くんよりも背が高いとしたら、身長が一番高いのは誰ですか？」と尋ねた。

Piaget, J.の認知発達理論に基づいた場合、本事例における各課題への子どもの解答として、最も適切なものを1つ選びなさい。

① 課題1で6ヵ月の乳児は、ハンカチで隠されたおもちゃを探そうとした。
② 課題2で3歳児は、積み木を数えるまでもなく、10個と答えた。
③ 課題3で4歳児は、2つの容器に入っている水の量は同じと答えた。
④ 課題4で5歳児は、反対側に座っているぬいぐるみからの見え方は自分の見え方と同じであると答えた。
⑤ 課題5で13歳児は、一郎、次郎、三郎の絵を描き、次郎が一番高いと答えた。

問061 43歳の男性Ａ、営業職。Ａは、1ヵ月前に課長に昇進した。昇進する前のＡの営業成績は非常に優秀であったが、管理職に就いたあとは自身の課の業績が自身の営業成績に反映されるため、Ａの評価はやや低下した。Ａの現在の悩みは、部下の育成方法であり、自身の営業スキルなどをどのように若手に伝えたらいいかを悩んでいる。会社は、人生の先輩として部下の悩みを聞いたり、会社に貢献できる人材を育成したりすることをＡに期待している。

Erikson, E. H.のライフサイクル論に基づいた場合、Ａの発達課題として、最も適切なものを1つ選べ。

① 基本的信頼の形成

② 自我同一性の確立

③ 勤勉性の獲得

④ 孤独の克服

⑤ 生殖性（世代性）の獲得

問062 27歳の男性Ａは、会社で営業職をしているが、半年ほど前から社内での人間関係に悩むようになり、ここ1ヵ月ほどは、会社に行こうとすると動悸や手の震えが生じるような状態であったため、自宅近くのメンタルクリニックを受診した。Ａは医師による問診を受けたのち、MMPIを受検した。以下に、MMPIの結果の一部を記す（得点はすべてＴ得点表記）。

【？＝45　L＝75　Hs＝75　D＝50　Hy＝72　Si＝73】

ＡのMMPIの結果の解釈として、最も適切なものを1つ選べ。

① 「どちらとも言えない」と回答した項目数が非常に多い。

② 自身のことをありのままに表現している。

③ 妄想的・猜疑的傾向が強い。

④ 尺度得点からは、自身の身体や健康についての関心の低さが示されている。

⑤ 内向的で他者との交流について消極的である。

問 063 小学5年生の女児Aは、学校でのクラスメイトとのトラブルや学業不振により、登校渋りが2ヵ月前からみられるようになっていた。Aを心配した母親は、Aとともに地域の大学付属の心理相談センターに来所した。インテーク面接により、Aに対してHTPテストを次回の面接で実施することとなった。

次の面接時に、HTPテストを実施する公認心理師がAにテストに関する説明を行うと、Aは「私、あんまり絵を描くのが上手じゃないんだよな」と口にして検査に取り組み始めた。AにHTPテストを実施する公認心理師の対応として、適切なものを2つ選べ。

① Aの様子を考慮しながら、Aの描画中の様子を観察する場所を検討する。

② Aの不安をくみ、公認心理師がフィギュアや写真を用意し、それを見本にしながら描くようAに伝える。

③ 上手じゃないならこの検査はやめようかとAに伝える。

④ Aの描画表現からのアセスメントを厳密に行うため、検査中のAの発言に対し公認心理師は反応せず、また解釈の際もAの発言は考慮しない。

⑤ 描画が終了したあとにAに描画についての感想を尋ねる。

問 064 7歳の男児Aは、実父母による身体的虐待および性的虐待被害の疑いにより、児童相談所により一時保護となった。児童相談所職員が、Aの虐待被害に関する状況の把握のため、複数の職員の協力のもと、Aに対して司法面接を行うこととなった。

Aへの司法面接における対応として、不適切なものを1つ選べ。

① 司法面接によってAの状況把握をする職員と、Aへの心理的支援を行う職員は同一でないことが望ましい。

② 司法面接の際にAの親族の立ち会いを認めない。

③ Aに閉じられた質問を一切行わない。

④ Aとの面接の様子を録画する。

⑤ 面接内で、過去の出来事を思い出す練習をAにしてもらう。

問065 45歳の男性、A。Aには、うつ病の既往歴がある。4ヵ月前からAは再度うつ状態となり、踏切の前でぼんやりしているところをAの妻が発見した。Aは、当初、医療機関に行くことを拒否していたが、妻に説得されたため、精神科外来を受診した。その後、主治医から入院を勧められたAがそれに同意したため、Aは任意入院となった。入院2日後に病棟で公認心理師が面接を開始したところ、Aは「妻の顔を立てるために入院したが、すぐに退院したい」と訴えた。

現時点におけるAへの公認心理師の対応として、最も適切なものを1つ選べ。

① 家族の許可があれば、退院が可能であることを伝える。
② Aが希望すれば、すぐに退院できることを伝える。
③ 定期的に通院する旨の誓約書を書くことを条件に、退院が可能であると伝える。
④ 「退院することはAさんにとって不利益である」と諭す。
⑤ 主治医との面接が必要である旨を伝える。

問066 67歳の男性、A。最近、Aはいらだちやすく、癇癪を起こしやすい。夜間は、ほとんど眠らず、昼間に眠っており、自身の妻や娘に対して「初めまして」とあいさつするときがある。また、先日、季節が夏であるにもかかわらず冬服を着て外出したため、熱中症になり、病院に搬送された。Aの家族は、「Aが迷子になって警察の世話になる機会が増えた」と述べている。

Aが患っている可能性がある精神疾患や症状として、最も適切なものを1つ選べ。

① 反抗挑発症
② 解離性同一症
③ パニック症
④ 自我障害
⑤ 見当識障害

問067 19歳の男性、A。Aは、神経質な性格であり、友人は少ない。大学入試に失敗したAは、浪人生活を送っているが、2ヵ月前から、自宅の学習机が汚いと感じ始めたため、1日に5〜6回手を洗うようになった。以後、手を洗う回数や時間は増える一方であり、現在のAの手は真っ赤になっている。最近では、家族にも手洗いを強制するようになったため、Aへの対応に困ったAの母親が民間カウンセリングセンターを訪れた。民間カウンセリングセンターに勤務している公認心理師が話を聞くと、「家族の行動がAに監視されている」とAの母親は答えた。

Aの母親への公認心理師の対応として、<u>不適切なもの</u>を1つ選べ。

① Aが医療機関を受診することを提案する。

② Aの様子を詳しく聞く。

③ 強迫症に関する心理教育を行う。

④ Aの状態に合わせて、家族が手を洗う機会を増やすことを指示する。

⑤ SSRIがAの問題を和らげ得ることを伝える。

問068 23歳の女性、A。Aは、町中で急に暴れ出したので、警察に連行され、事情を聞かれた。Aは「死ねという声がうるさかった」「誰かがいつも私を見張っており、大声を出さないと殺されると思った」と答えた。しかし、Aが暴れた時間は深夜であり、周囲は静まり返っていた。その後、Aは、病院に連れていかれたが、診察時に意思疎通が困難であった。Aに身体疾患、過度の飲酒、および違法薬物の摂取はない。

現時点におけるAへの治療として、最も適切なものを1つ選べ。

① 抗精神病薬の投与

② 抗不安薬の投与

③ 弁証的行動療法の実施

④ 対人関係療法の実施

⑤ 家族療法の実施

問069 27歳の男性、A。Aは、友人関係でトラブルが起きたことが原因で寝つきが悪くなり、3ヵ月前から睡眠薬を服用していた。最近、入床から1時間以上経っても眠れない日が続いたため、日中の疲労感が強くなった。心療内科を受診したAに不眠以外の身体疾患や精神疾患は認められず、Aの主治医から公認心理師に心理的支援の指示があった。Aへの公認心理師の対応として、最も適切なものを1つ選べ。

① 眠れなくても、寝床に留まるように勧める。
② 寝る前に飲酒するように勧める。
③ 昼寝をして睡眠時間を補うことを提案する。
④ 認知行動療法を実施する。
⑤ N式精神機能検査を実施する。

問070 29歳の女性、A。Aは、児童5人が死傷したひき逃げ事件を目撃した。Aが警察の調査などに積極的に協力したため、事件が起きた数日後に犯人は逮捕された。当該事件が起きた当初、Aに問題は認められなかったが、日が経つに連れて、眠れない、および自分が車にひかれる夢を見るといった状態を呈するようになった。また、交通事故に関するニュースなどがTVで流れると、すぐにTVを消すようになった。Aの様子を心配した友人がAに事情を聞くと、「最近、何事にも興味をもつことができない。誰にも私の気持ちをわかってもらえないから寂しい」と訴えた。
現在のAに認められる症状として、<u>不適切なもの</u>を1つ選べ。

① 回避症状
② トラウマティック・ボンディング
③ 過覚醒症状
④ 侵入症状
⑤ 興味や関心の喪失

問071 48歳の女性、A。Aは、依存性パーソナリティ症を患っている。公認心理師は、Aの主治医の指示により、半年前からAに来談者中心療法をベースとする心理療法を行っている。10回目の面接において、Aは面接の最中に「先生は、私の話を聞いて頷いているだけですね。私のことなんて、本当はどうでもいいに違いない」とまくしたて始めた。Aの話を聞いているうちに、公認心理師は次第に不快な気持ちになり、Aと距離を取りたい感じが抑えられなくなった。
このときの公認心理師の対応として、最も適切なものを1つ選べ。

① 来談者中心療法をベースとする心理療法ではなく、認知行動療法をベースとする心理療法の実施をAに提案する。

② Aの病理が面接で再現されている可能性を検討する。

③ 公認心理師のAに対する気持ちが、転移によって生じている可能性を検討する。

④ 現在のAの状態では心理療法が適用できないため、Aの主治医にAへの心理療法の一時中断を進言する。

⑤ Aとの間にラポールが形成されていないため、公認心理師の判断でAとの面接を早急に中断する。

問072 45歳の男性、A。2年前に会社の健康診断で肥満と糖尿病を指摘されたが、生活習慣は改善されなかった。最近、家族に促されて総合病院の糖尿病内科を受診したが、自ら治療に取り組むことに前向きになれない様子であった。そのため、多職種で構成される治療チームでAへの対応を検討することになり、当該チームのメンバーである公認心理師にAに対する心理的支援が依頼された。
公認心理師がAに対する心理的支援をさまざまな職種と連携しながら進める上で、最も適切なものを1つ選びなさい。

① 公認心理師には守秘義務が課されているため、心理面接でAから得たすべての情報を他職種と共有しない。

② Aの行動は自己保健義務に違反しているため、警察に通報することをAの主治医に進言する。

③ 生物心理社会モデルに基づき、Aの心理面に限らず、身体面や社会面も理解する。

④ 食事や運動の行動変容に関しては、心理的支援の対象にならないため、他職種に一任する。

⑤ 公認心理師にはチームリーダーとしての機能が求められているため、医師、看護師、管理栄養士といった他職種に積極的に指示を出す。

問073 42歳の男性、A。Aは、B社の商品開発部に所属している。2ヵ月前、Aは上司からそろそろ課長に昇進させたいと言われた。仕事が評価されていることを喜ぶ一方、課長として部下をまとめていくことなどに不安を感じたAは、社内の相談室に来室した。当該相談室に勤務する公認心理師が対応すると、Aは「同期はみんな課長に昇進している。出世が遅れていることに焦りを感じるが、課長になる自信がない」と訴えた。
Aへの公認心理師の最初の対応として、最も適切なものを1つ選べ。

①　「一度昇進を断ると、次のチャンスはいつになるかわかりません」
②　「課長になるのは時期尚早なので、昇進を辞退してください」
③　「うつ病を発症しているので、医療機関を受診してください」
④　「課長になる自信がない点に関して、詳しく話していただけませんか」
⑤　「認知が歪んでいるので、認知行動療法を受けてください」

問074 49歳の女性、A。Aは、金融業を営んでいる企業の部長である。Aが勤めている企業は、社員のメンタルヘルスを向上させるために、外部EAPを利用している。先日、当該EAPに所属している公認心理師にAから「相談したいことがある」という電話があった。後日、公認心理師がAの話を聞くと「私の部下Bが就業中に寝ている。何回注意しても、Bの居眠りは改善されず、同じ課に所属している他の社員がBの業務をフォローしている。私は、部長としてどうしたらいいか。Bに加えて、Bをフォローしている社員も心配である」とAは訴えた。
Aへの公認心理師の対応として、<u>不適切な</u>ものを1つ選べ。

①　就業中のBの様子を詳しく聞く。
②　Aの苦労や努力をねぎらう。
③　Aは管理職としての適性が低いため、Aに管理職研修を行う。
④　Bの居眠りは、何かしらの精神障害によって生じ得ることを伝える。
⑤　Bの業務をフォローしている社員の現況について尋ねる。

問075 56歳の男性、A。保険会社に営業職として勤めている。2ヵ月前に新しいエリアの開拓営業を上司から任されたAは、仕事に邁進し、直近2ヵ月の残業時間は各月とも120時間を超えた。最近、Aは会社に遅刻することが多く、同僚が理由を尋ねるとAは「朝、起きるのがつらい。休日に寝ていても疲れが取れない」と答えた。その後、Aは同僚の勧めで社内の健康相談室に来室し、当該健康相談室に所属する公認心理師がAと面接をすることになった。

Aへの公認心理師の最初の対応として、最も適切なものを1つ選べ。

① 産業医との面談を勧める。
② CBCLを実施する。
③ CAARSを実施する。
④ 認知行動療法を施行する。
⑤ リラクセーション法を施行する。

問076 23歳の男性、A。Aは、企業でマーケティング業務に従事している。先日、会社で実施された職業性ストレス簡易調査票（57項目）において、Aは高ストレス者に該当した。Aの職業性ストレス簡易調査票（57項目）の結果を以下に示す。
「量的な仕事の負担」は高い。「技能の活用度」「働きがい」は低い。「上司からのサポート」が低い一方で、「同僚からのサポート」は高い。「仕事の満足度」「生活の満足度」は低い。ストレス反応では、不安が高くて疲労感が強い。また、Aは、「プレゼンテーションが最大のストレスであり、人前に立つと、手が震える」と訴えている。

Aの職業性ストレス簡易調査票（57項目）の結果から読み取れることについて、最も適切なものを1つ選べ。

① 自身が蓄積した経験や自身の能力を、現在の仕事に活用できると考えている。
② うつ病を発症している。
③ 自身に与えられた仕事に対して、やりがいを喪失している可能性がある。
④ 社交不安症を発症している。
⑤ 心理的な仕事の量的負担は高いが、心理的な仕事の質的負担は低い。

問077 48歳の女性、A。うつ病により休職中である。Aは休職当初から、通院している医療機関のリワークプログラムに参加していた。公認心理師は、リワークプログラムのスタッフとして、Aと定期的に面談を行っていたが、ある日の面談において、Aは「1ヵ月以内に職場に復帰したいと考えている」と訴えた。公認心理師がAの現況を尋ねると、抑うつ感や睡眠障害は改善されており、主治医から職場復帰の了承を得ているとのことだった。

Aへの公認心理師の対応として、<u>不適切なもの</u>を1つ選べ。

① 「病状がよくなってよかったですね」とねぎらいの言葉をかける。
② 「会社には、復職したいと伝えましたか？」と尋ねる。
③ 職場環境が変化しているかどうかを職場に確認することを勧める。
④ 公認心理師が職場復帰支援プランを作成することを伝える。
⑤ Aが職場復帰を果たすまでの間にリワークプログラムで取り組む内容を、再度一緒に検討する。

■午後の部

問078 スーパービジョンに関する次の記述の中から正しいものを1つ選べ。

① 教育分析は、スーパービジョンに含まれる。
② スーパービジョンは原則として、個人対個人で行われるものであり、グループでは実施されない。
③ 臨床経験10年以上の者は、スーパービジョンを受ける必要はない。
④ スーパービジョンには、教育的機能、管理的機能、支持的機能がある。
⑤ Fouad, N. A.らが提唱した心理職のコンピテンシーの立方体モデルは、「基盤コンピテンシー」「機能コンピテンシー」「スーパービジョン」の3次元からなる。

問079 チーム医療に関する次の記述のうち、<u>不適切なもの</u>を1つ選べ。

① チーム医療を推進するにあたって、患者に望ましい医療を提供するために、患者の生活面や心理面のサポートを含めて各職種がどのように協力するかという視点をもつことが重要である。
② 一部の医療スタッフに負担が集中したり、安全性が損なわれたりすることのないよう注意が必要である。
③ チームアプローチの質を向上するためには、カンファレンスを議論・調整の場として充実させる必要がある。
④ チームアプローチの質を向上させるためには、他の職種の思考、行為、感情、価値観を理解することが重要である。
⑤ チームアプローチを実践するためには、特定の職種に特定の業務を集中させることが重要である。

問080 チーム学校に関する次の記述の中から適切なものを1つ選べ。

① チーム学校の理念では、教員の仕事の拡大や多様化を重視する。
② 校長のリーダーシップによる学校経営から教員のリーダーシップによる学校経営へと転換を図る。
③ 多様な専門性や経験をもつ地域人材等との連携・協働により教育活動を充実していく。
④ 学校において、チーム体制を構築していくためには、教職員それぞれの職務内容、権限、責任を明確化せず、臨機応変な対応を求めることが重要である。
⑤ 教育委員会は、学校の長として、「チームとしての学校」の在り方を明確に示し、教職員と意識や取り組みの方向性の共有を図ることが求められる。

問081 障害者の日常生活および社会生活を総合的に支援するための法律（障害者総合支援法）に関する次の記述のうち、**不適切なもの**を1つ選べ。

① 身体的な障害がある18歳以上の者が身体障害者として支援を受ける場合、都道府県知事から身体障害者手帳の交付を受ける必要がある。
② 治療方法が確立していない疾病その他の特殊な疾病であって、その障害の程度が厚生労働大臣が定める程度である者も支援対象に含まれる。
③ 就労移行支援は、訓練等給付に該当する。
④ 市町村は、市町村審査会が行う審査および判定の結果に基づき、障害支援区分の認定を行う。
⑤ 障害支援区分は、障害の状態に応じて必要とされる支援の度合いを総合的に示す5段階の区分である。

問082 精神保健および精神障害者福祉に関する法律（精神保健福祉法）に関する次の記述のうち、正しいものを1つ選べ。

① 都道府県は、精神科病院を設置しなければならない。
② 市町村は、精神保健福祉センターを設置しなければならない。
③ 精神医療審査会は、6人の委員によって構成される合議体である。
④ 国民は、精神障害のために自身を傷つけ、または他人に害をおよぼすおそれがあると認められる者を発見したときは、直ちにその旨を警察官に通報しなければならない。
⑤ 精神障害者本人の同意に基づいて行われる入院を医療保護入院という。

問083 SST（ソーシャル・スキル・トレーニング）に関する次の記述のうち、正しいものを1つ選べ。

① Meichenbaum, D. H. によって考案された。
② SSTの基本訓練モデルでは、モデリングが用いられる。
③ 統合失調症患者は適用外である。
④ 日本では1980年代に平木典子が導入した。
⑤ クラインエント中心療法の一技法としてとらえられている。

問084 注意欠如多動症に関する次の記述のうち、正しいものを2つ選べ。

① DSM-5-TRにおいて、不注意または多動性 - 衝動性の症状のうち、いくつかが7歳未満になる前から存在していることが診断基準に含まれる。
② 注意欠如多動症の者のうち、女性は男性に比べて多動性 - 衝動性を示す者が多い。
③ CAARSが注意欠如多動症の症状評価に用いられる場合がある。
④ 課題や活動に必要なものをしばしば失くしてしまう。
⑤ 薬物療法として、主に気分安定薬が用いられる。

問085 限局性学習症の疑いがある8歳の児童に用いるアセスメントツールとして、適切なものを2つ選べ。

① BDI
② DAM
③ ITPA
④ MAS
⑤ STRAW-R

問086 行動分析学に関する次の記述のうち、誤っているものを1つ選べ。

① Skinner, B. F. の行動理論に基づいている。
② 人間以外の動物の行動も研究対象とする。
③ 行動を三項随伴性に基づき理解する。
④ 分析の標的とする行動は、できる限り抽象的であることが望ましい。
⑤ 行動を、個体と環境の相互作用の観点からとらえる。

問087 甲状腺機能が亢進し、手足が震えたり眼球が突出したりする疾患として、正しいものを1つ選べ。

① 廃用症候群
② バセドウ病
③ バージャー病
④ 橋本病
⑤ メニエール病

問088 更年期障害について、正しいものを1つ選べ。

① 男性の場合、エストロゲンの分泌が増加する。

② 女性の場合、テストステロンの分泌が増加する。

③ 20代〜30代でも発症し得る。

④ 不眠がみられることはない。

⑤ ホルモン補充療法は、更年期障害の改善に効果がないとされる。

問089 Prochaska, J.が提唱した行動変容ステージモデルに含まれていないものを1つ選べ。

① 無関心期

② 抵抗期

③ 準備期

④ 実行期

⑤ 維持期

問090 メタボリックシンドロームについて、正しいものを2つ選べ。

① メタボリックシンドロームとは、運動器の障害によって移動機能が低下し、要介護になるリスクが高い状態をいう。

② メタボリックシンドロームは、内臓脂肪の蓄積によって生じる。

③ 血圧・血糖・脂質の3つのうち、2つ以上が基準値を超えるとメタボリックシンドロームと診断される。

④ メタボリックシンドロームは、40代以上の中高年者が発症する病気であり、20代〜30代の若年者は発症しない。

⑤ 内臓脂肪が蓄積すると、血中PAI-1濃度は減少する。

問091 認知症について、正しいものを1つ選べ。

① 若年性認知症とは、50歳未満の人が発症する認知症を指す。

② 徘徊と失禁は中核症状に該当する。

③ レビー小体型認知症は指定難病である。

④ 前頭側頭型認知症では、行動の脱抑制や無気力がみられることがある。

⑤ ドネペジル塩酸塩の投与によって、アルツハイマー型認知症は完治する。

問 092 サイコロジカル・ファーストエイドの活動内容について、<u>誤っているもの</u>を1つ選べ。

① 情報収集を行い、被災者のニーズを把握する。
② 被災者の周囲の環境を整備し、心身の安全を確保する。
③ 被災体験や事故現場での経験を聞き出し、デブリーフィングを実施する。
④ ストレス反応に対処する方法を伝える。
⑤ 被災者が必要としているサービスを紹介する。

問 093 依存について、正しいものを<u>2つ</u>選べ。

① 依存とは、特定の物質摂取や行為をやめたくても、やめられない状態を指す。
② 離脱症状とは、依存性薬物の効果が弱まり、同じ効果を得るために当該薬物の摂取用量が増えることをいう。
③ 耐性とは、薬物やアルコールの使用を中止・減量した際に生じるさまざまな身体的・精神的症状を指す。
④ 大麻は、カンナビノイド受容体を介して多幸作用を生じさせる。
⑤ モルヒネは、ドーパミン受容体を介して鎮痛・鎮静作用を生じさせる。

問 094 自宅で障害者・児や高齢者などを介護している家族に対して、介護を代替することによって当該家族を一時的に介護から解放し、休息をとれるようにする支援のことを何と呼ぶか、正しいものを1つ選べ。

① リエゾン
② エンパワメント
③ レミニセンス
④ レスパイトケア
⑤ アドボカシー

問095 親権について、**誤っているもの**を１つ選べ。

① 親権に財産管理権は含まれていない。
② 民法には、親権喪失と親権停止の審判に関する条文が設けられている。
③ 親権喪失や親権停止の審判の申立ては、家庭裁判所に行う。
④ 児童相談所長は、親権喪失や親権停止の審判について、家庭裁判所への請求権を有する。
⑤ 父母が協議離婚をするときは、その協議でいずれかを親権者と定めなければならない。

問096 児童心理治療施設について、**正しいもの**を１つ選べ。

① 児童心理治療施設は、少年法に規定されている矯正施設である。
② 児童相談所の措置によって、児童心理治療施設への入所・通所がなされることはない。
③ 心理的な問題を抱えて日常生活で多岐にわたり支障をきたしている子どもに、総合的な治療・支援を行う施設である。
④ 神経発達症を有する子どもは、児童心理治療施設への入所や通所ができない。
⑤ 満18歳までに退所しなければならない。

問097 TEACCHプログラムについて、**正しいもの**を１つ選べ。

① 脳性まひを有する子どもたちのために開発されたプログラムである。
② Skinner, B. F. が考案した。
③ プログラムの利用者が有する欠点や精神障害のみに注目し、行動改善や治療を行う。
④ 構造化という概念を活用している。
⑤ ワークトランジションとは、利用者が自立的に活動するための情報を提示する方法をいう。

問098 就労継続支援B型について、<u>誤っているもの</u>を1つ選べ。

① 障害者の日常生活および社会生活を総合的に支援するための法律（障害者総合支援法）に基づく障害福祉サービスである。
② 事業所と雇用契約は結ばない。
③ 利用者の年齢の上限は設けられていない。
④ 精神障害者保健福祉手帳を取得していない者は利用できない。
⑤ 一般企業への就職が難しい障害者や難病患者が利用し得る。

問099 悲嘆と悲嘆への支援について、正しいものを1つ選べ。

① 喪の作業とは、失った対象に対する両価的感情を乗り越える過程であると考えたのは、Jung, C. G. である。
② Kübler-Ross, E. は、喪の作業の心理的過程について整理した。
③ Winnicott, D. W. は、喪の作業を悲哀の4段階として細分化した。
④ Lindemann, E. は、急性悲嘆反応を身体症状と心理症状に区別した。
⑤ Berne, E. は、グリーフカウンセリングについて論じている。

問100 心の理論について、正しいものを1つ選べ。

① 心の理論とは、ある概念やイメージを表現するための抽象的で一般的な知識のまとまりのことである。
② 心の理論は、ゲシュタルト心理学の重要な研究テーマである。
③ 心の理論の研究者として、Kanner, L. が挙げられる。
④ 自閉スペクトラム症の子どもは、心の理論の獲得に障害はない。
⑤ 「サリーとアンの課題」といった誤信念課題は、心の理論の獲得の程度を調べることができる。

問101 文部科学省が作成した「学校防災マニュアル（地震・津波災害）作成の手引き」について、正しいものを1つ選べ。

① 各学校に対して、地域の実情を踏まえた学校防災マニュアルの作成を求めている。

② 児童生徒の保護者の意見は、学校防災マニュアルに反映しないほうがよい。

③ 学校における地震防災のフローチャートでは、発生時の危機管理と事後の危機管理という2つの段階に分けて、危機管理・防災対応をとらえている。

④ 地震防災のフローチャートにおける発生時の危機管理は、初期対応、二次対応、三次対応に分かれている。

⑤ 被災した児童生徒の心のケアは、地震防災のフローチャートにおける事後の危機管理の対象外である。

問102 ギャング・エイジやギャング・グループについて、<u>不適切なもの</u>を1つ選べ。

① ギャング・エイジは、小学校中学年から高学年頃の時期をいう。

② ギャング・エイジとは、子どもが教師や親よりも友だちを重視し始める時期である。

③ ギャング・グループは、基本的に同性・同年齢の遊び仲間集団である。

④ ギャング・グループが親や教師に反抗することはない。

⑤ ギャング・グループでは、当該グループだけに通じるルールや合言葉が存在し得る。

問103 抑うつや不安といった明らかな精神症状を示さない学生が、ある時期から無気力・無関心になり、学業や学生生活全般からの退却を呈す状態として正しいものを1つ選べ。

① ラプス

② スチューデント・アパシー

③ アンダーアチーバー

④ バーンアウト

⑤ フェイルセーフ

教育支援センターについて、正しいものを<u>2つ選べ</u>。

① 当該センターの利用者は、非行に走った児童生徒に限られる。
② 家庭訪問による相談・指導は行わない。
③ 当該センターは公的機関に属するため、民間施設やNPOと連携して、児童生徒を支援することが禁止されている。
④ 不登校児童生徒の集団生活への適応、情緒の安定、基礎学力の補充、基本的生活習慣の改善等の相談・指導を行う。
⑤ 不登校児童生徒が教育支援センターで相談・指導を受ける場合、一定の要件を満たすと、校長は指導要録上出席扱いとすることができる。

問105 犯人しか知り得ない事件内容の記憶の有無について、生理的反応の変化を基に判定する科学的鑑定法として適切なものを1つ選べ。

① ポリグラフ検査
② プロファイリング
③ ソンディ・テスト
④ フラグメント・アナライザー
⑤ WAI技法

問106 面会交流に関する記述として、<u>不適切なもの</u>を1つ選べ。

① 面会交流の具体的な内容や方法は、父母の話し合いにより決定することができる。
② 面会交流調停の申立ては地方裁判所に行う。
③ 虐待等の子どもの利益に反する事象が生じるおそれがある場合、面会交流に応じる必要はない。
④ 面会交流の方法には、直接会うだけではなく電話や手紙での交流も含まれる。
⑤ 監護親が、子どもと非監護親の面会交流に消極的な態度である場合、子どもが面会交流を嫌がる場合がある。

問107 執行猶予に関する記述として、適切なものを1つ選べ。

① 執行猶予付き判決の場合、執行猶予期間を満了すれば前科にはならない。
② 初犯の場合でも、執行猶予が付かずに実刑判決になる場合がある。
③ 執行猶予期間に別の罪を犯した場合でも、猶予期間内は実刑を受けない。
④ 執行猶予はそのすべてが刑の一部に付されるものであり、刑期から猶予期間を差し引いた期間は刑務所に入所することになる。
⑤ 執行猶予期間は最長で10年である。

問108 MJCAに関する記述として、適切なものを1つ選べ。

① 厚生労働省が開発したアセスメントツールである。
② 社会的絆理論に基づくアセスメントツールである。
③ アセスメントツールの構成のうち、静的領域では被調査者について今後の教育等により変化しうる要素に着目する。
④ アセスメントツールの構成のうち、動的領域の項目として「保護者との関係性」が挙げられる。
⑤ 成人犯罪者の再犯の可能性を把握することが目的である。

問109 社会人基礎力について、正しいものを1つ選べ。

① 文部科学省が提唱した。
② 職場や地域社会で多様な人びとと仕事をしていくために必要な基礎的な力である。
③ 考え抜く力、チームで働く力、前に踏み出す力、イノベーションを産み出す力という4つの能力が想定されている。
④ 15の能力要素から構成されている。
⑤ CMIによって、測定される。

問110 職場におけるハラスメントについて、正しいものを１つ選べ。

① 業務上必要な指示や注意は、パワーハラスメントに該当する。
② 資料の印刷だけに従事させるといったその人の能力や経験からかけ離れた程度の低い要求は、パワーハラスメントにならない。
③ パワーハラスメントは、上司から部下に対するものに限られる。
④ セクシャルハラスメントは、対価型と環境型に分けられる。
⑤ 異性に対する性的な言動はセクシャルハラスメントになり得るが、同性に対する性的な言動はセクシャルハラスメントに該当しない。

問111 厚生労働省の「労働者の心の健康の保持増進のための指針」について、<u>誤っている</u>ものを１つ選べ。

① 労働基準法に基づいた指針である。
② ラインによるケアには、管理監督者によるケアが含まれる。
③ 事業場内産業保健スタッフ等によるケアには、産業医や衛生管理者等によるケアが含まれる。
④ EAPといった事業場外資源の活用は、メンタルヘルスケアに含まれる。
⑤ 職場環境等の把握と改善は、メンタルヘルスケアに含まれる。

問112 Super, D. E. のキャリア発達理論について、正しいものを<u>２つ</u>選べ。

① キャリアとは、20代〜60代の人びとが社会的に占めている地位・業務・職務の系列のことである。
② ライフステージとライフロールという２つの概念が用いられている。
③ 成長期では、身体的な発達と自己概念の形成が主となり、職業世界へ関心を示すようになる。
④ 維持期とは、特定の職業に就いて、責任を果たし、生産性を上げる時期のことである。
⑤ 市民は、ライフロールに含まれていない。

問113 循環器疾患に関する次の記述の中から、適切なものを2つ選べ。

① 脂質異常症とは、血液中の脂肪量が多すぎる状態であり、血管内にプラークが生じやすくなる。
② 高血圧症は外科手術では治療できない。
③ 腎不全の場合、症状緩和のために強度の高い運動が推奨される。
④ 不整脈は、頻脈だけでなく徐脈も含まれる。
⑤ 虚血性心疾患とは、心臓内の血液循環が過剰な状態をいう。

問114 過換気症候群に関する記述として、適切なものを2つ選べ。

① 血液が正常時よりもアルカリ性になる。
② 発症と性格の関連性はまったくない。
③ 不安症状が強くみられる人には抗不安薬を処方する場合もある。
④ 症状は一般的に1週間程度で改善する。
⑤ 過呼吸症状に対しては、ペーパーバック法が安全性の高い対処法とされている。

問115 臓器移植に関する記述として、適切なものを2つ選べ。

① 心臓が停止した死後の臓器提供は可能である。
② レシピエント選択基準は、臓器の種類にかかわらず一定である。
③ 運転免許証やマイナンバーカードで臓器提供の意思表示ができる。
④ 親族を優先して臓器提供をすることはできない。
⑤ 日本においては、15歳未満の場合、脳死後に臓器提供をすることはできない。

問116 2型糖尿病に関する記述として、適切なものを1つ選べ。

① 糖尿病の中では少ないタイプである。
② 遺伝要因ではなく、生活習慣をはじめとした環境要因により発症する。
③ インスリンの過剰分泌により症状が生じる。
④ インスリン注射は、注射部位を変えることなく一定の場所に行うことが望ましい。
⑤ HbA1cは糖尿病診断に用いられる指標の1つである。

問117 人工妊娠中絶に関する記述として、**不適切なもの**を1つ選べ。

① 人工妊娠中絶が法で認められていない国が存在する。
② 母体保護法が適用される場合に人工妊娠中絶が行われる。
③ 人工妊娠中絶手術は、妊娠期間により手術方法が異なる。
④ 妊娠12週以降の人工妊娠中絶の場合、死産届を提出する必要がある。
⑤ 人工妊娠中絶は、妊娠期間に関わらず実施することができる。

問118 自閉スペクトラム症の特徴として、**不適切なもの**を1つ選べ。

① DCDの併存
② 反響言語
③ 頻回な衣服の変更
④ 非言語的コミュニケーションの使用の困難さ
⑤ 言語発達の遅れ

問119 反応性アタッチメント症の子どもの行動特徴として、**不適切なもの**を1つ選べ。

① 大人に抱っこされても笑顔を見せない。
② 見慣れない大人に対し馴れ馴れしく関わる。
③ 困っているときに大人に助けを求めない。
④ 同年代の他児と一緒に遊びを楽しむことが困難である。
⑤ 視線をそらしながら他者に接近する。

問120 ナルコレプシーに関する記述として、**適切なもの**を**2つ**選べ。

① 情動脱力発作をともなうことはない。
② 高齢期が好発期である。
③ 試験や商談といった緊張状態であっても眠り込んでしまうことがある。
④ 睡眠麻痺をともなうことがある。
⑤ 治療としては睡眠衛生指導が中心であり、薬物療法は行われない。

問 121 注意障害の症状に関する記述として、適切なものを **2つ**選べ。

① 商品棚から目的の物を探し出すことが困難である。
② 前後左右を間違えて洋服を着てしまう。
③ 電話をしながらメモを取ることができない。
④ 知人の顔を見ても誰だかわからない。
⑤ 話し言葉は理解できるが、うまく発話ができない。

問 122 DSM-5-TR における適応反応症に関する記述として、適切なものを **2つ**選べ。

① ストレス因が明確ではなく発症する。
② ストレス因の始まりから 1 ヵ月以内に行動面や情緒面の症状が出現する。
③ 正常な死別反応は、適応反応症の症状に含まれない。
④ ストレス因が終結しても、症状が 1 年以上続く。
⑤ 適応反応症の予後に、うつ病になる場合がある。

問 123 せん妄の発症要因として、**不適切なもの**を 1つ選べ。

① 抗コリン薬
② 脱水
③ 感染症
④ パーソナリティ症
⑤ アルコール

問 124 強迫症に関する記述として、適切なものを 1つ選べ。

① 強迫行為の不合理さを本人が自覚することができない。
② 抜毛症が併存することがある。
③ 特定の数字へのこだわりは、自閉スペクトラム症においてみられるものであり、強迫症ではみられない。
④ 戸締りやガス栓の確認行為がみられた場合、強迫症と診断される。
⑤ 薬物療法は適用されず、行動療法による治療が行われる。

問125 物質関連症群に関する記述として、適切なものを1つ選べ。

① 合法的な薬品や物質は物質関連症の対象とはならない。
② 離脱症状には、物質の種類や使用期間が関連する。
③ 物質使用症では、物質使用によって問題が生じていることを本人が自覚できれば、使用をやめることができる。
④ 一般的に、薬物の半減期が長いほど、依存が形成されやすい。
⑤ 薬物による中毒は身体症状であり、精神症状は生じない。

問126 保健所に関する記述として、適切なものを2つ選べ。

① 医療法を根拠とした機関である。
② 人口動態統計調査は保健所の業務である。
③ HIV検査を実施している。
④ 保健所の所長は医師以外が務めることができない。
⑤ 保健所職員として、公認心理師を配置する義務がある。

問127 教育委員会に関する記述として、不適切なものを1つ選べ。

① 教育委員会には地域住民の意向を反映するという意義がある。
② 教育委員会は合議制の機関である。
③ 教育委員会は各都道府県に1つ設置されている。
④ 教育長および教育委員には任期がある。
⑤ 障害のある子どもの就学先は教育委員会が決定する。

問128 特別支援教育に関する記述として、適切なものを2つ選べ。

① 幼稚園は学校ではないため、特別支援教育は実施されない。
② 文部科学省と厚生労働省が発足したトライアングルプロジェクトとは、「家庭」と「教育」と「医療」の連携を指す。
③ チーム・ティーチングとは、授業場面において、2人以上の教員が連携・協力して1人ひとりの子どもおよび集団の指導の展開を図る方法である。
④ 通級による指導は、児童が在籍している学校以外の他校で受けることが可能である。
⑤ 個別の教育支援計画は、通常学級の児童生徒には作成されない。

問 129 児童虐待に関する記述として、適切なものを**2つ**選べ。

① 児童虐待の通告は、刑法による守秘義務より優先される。
② 児童養護施設の利用費は無償であり、入所している児童の保護者が利用費を支払うことはない。
③ 家庭支援専門相談員は、児童養護施設への配置が義務づけられている。
④ 児童虐待の防止等に関する法律（児童虐待防止法）に基づく臨検・捜索を行う場合、警察署長は児童相談所に援助を求めることができる。
⑤ 児童相談所に一時保護されている児童の保護者から、児童との面会の申し出があった場合、これを拒むことはできない。

問 130 配偶者からの暴力の防止および被害者の保護等に関する法律（DV 防止法）における保護命令に関する記述として、適切なものを**2つ**選べ。

① 接近禁止命令の期間は 6 ヵ月間である。
② 保護命令の申立ては、被害者の親族が行うことはできない。
③ 保護命令違反者には罰金が科せられるが、懲役刑は科せられない。
④ 電話等禁止命令では、被害者に対して加害者が、夜間に電話やメールで連絡を取ることを一切禁止する。
⑤ 退去命令の期間は 1 ヵ月間である。

問 131 性同一性障害者の性別の取扱いの特例に関する法律（性同一性障害者特例法）において、性別の取扱いの変更の審判を受けるための要件に含まれるものとして、<u>不適切なもの</u>を 1 つ選べ。

① 未成年の子がいないこと。
② 婚姻していないこと。
③ 生殖腺がないこと。
④ 他の性別の性器に近似する外観を備えていること。
⑤ 20 歳以上であること。

問132 精神障害の労災認定に関する記述として、適切なものを1つ選べ。

① 精神障害の発症は、個人のストレスへの対応力にかかわらず、外部からのストレスが存在することで生じると考える。

② 労災認定要件の1つとして、対象疾病の発病前概ね6ヵ月の間に業務による強い心理的負荷が認められることが挙げられる。

③ 心理的負荷の強度は、当事者がその出来事をどうとらえたかという主観によって評価される。

④ 認定基準の対象となるのはICD-10全般である。

⑤ 複数の会社に雇用されている労働者には労災認定ができない。

問133 少年鑑別所の業務として、適切なものを1つ選べ。

① 収容者の少年院送致の決定

② 地域住民への心理相談

③ 収容者への矯正教育を目的とした心理指導

④ 保護処分の要否に関する審判

⑤ 保護観察の実施

問134 災害救援者等のメンタルヘルスについて、正しいものを1つ選べ。

① 災害救援者は自身のストレスに敏感であり、ストレス対処能力も高いため、心身の不調を示すことはない。

② 酒やタバコの量が増えることは、災害救援者等が示し得るストレス反応に含まれない。

③ 災害救援者が呈し得る惨事ストレス反応は「異常事態に対する異常な反応」であり、ストレス耐性が低い人たちのみにみられる。

④ 災害救援者等への支援に関して、向精神薬の処方といった医療的なアプローチは用いられない。

⑤ 災害救援者等への支援では、災害救援者自身も被災者である可能性に留意しなければならない。

問135 自殺対策基本法に関する次の記述のうち、適切なものを1つ選べ。

① 自殺対策は、生きることの包括的な支援として、実施されなければならない。

② 保健所は、自殺対策として、ゲートキーパーを養成しなければならない。

③ 自殺対策を効果的に実施するために、自殺はその背景にさまざまな社会的な要因があることを踏まえつつ、個人的な問題としてのみとらえられるべきである。

④ 事業主は、雇用する労働者の心の健康の保持を図るため、自殺予防週間および自殺対策強化月間を設けなければならない。

⑤ 都道府県知事は、毎年国会に、自殺の概況および講じた自殺対策に関する報告書を提出しなければならない。

問136 依存症に関する次の記述のうち、適切なものを1つ選べ。

① アルコールは、身体依存を引き起こさない。

② 覚醒剤は、精神依存を引き起こすが、身体依存は引き起こさない。

③ 未成年者の飲酒・喫煙は、薬物乱用に該当しない。

④ 薬物依存とは、薬物を繰り返し使用した結果、薬物の効き目が弱くなる状態を指す。

⑤ 薬物依存症は、認知行動療法により完治する。

問137 37歳の女性、A。Aの子どもBは、知的発達症と診断されている。先日、Aは保健センターに育児相談を申し込んだ。育児相談を担当している公認心理師が対応すると、Aは「Bが可愛いと思えないときがある。Bは、間もなく3歳になるが、他の子どもと同じことができない。ときどき、Bの発達が遅れている原因は知的発達症ではなく、Bの成長が同年代の子どもたちよりものんびりしているだけと考える。Bの父親は仕事人間で、ほとんど家に帰らない。これから、どうやってBを育てていけばいいですか？」と訴えた。Aへの公認心理師の最初の対応として、最も適切なものを1つ選べ。

① Bが可愛いと思えないことは、心理的虐待にあたると伝える。

② 障害をもつ子どもの育児に関する悩みや困難を傾聴する。

③ Aはうつ病であるため、認知行動療法を施行する。

④ Bの障害を受け入れないと、育児は失敗すると諭す。

⑤ AとAの夫の関係が問題の原因であるため、夫婦カウンセリングの実施を提案する。

問138 38歳の女性、A。Aは、知的発達症と社交不安症と診断され、障害者生活支援センターが提供する生活介護を利用している。先日、Aは、利用している障害者生活支援センターの送迎車の中で、運転手である50代男性Bと職員である60代男性Cから性的な会話に参加することを求められた。Aは、会話に加わることを拒否したが、BはAに話を振り続けた。また、Cは、Aに彼氏ができたときの練習と称して、Aの頭や腰を強引に触った。帰宅後、Aは送迎者の中の出来事を家族に相談し、家族が障害者生活支援センターと市町村の障害福祉課に連絡した。障害者生活支援センターの管理者と市町村の障害福祉課の職員が調査を実施したところ、BとCは障害者支援の経験がほとんどない新人職員であり、Aと仲良くなるつもりで当該行為に至ったことが判明した。

Aが受けた可能性がある虐待として、最も適切なものを1つ選べ。

① 養護者による身体的虐待
② 使用者による心理的虐待
③ 養護者による性的虐待
④ 障害者福祉施設従事者等による身体的虐待
⑤ 障害者福祉施設従事者等による性的虐待

問139 79歳の女性、A。Aは1人暮らしであり、3年前に要支援1の認定を受けた。また、1年前からAには自身の身だしなみが整わなかったり、居室の清掃が行き届かなかったりする事態が増えた。排泄や食事などは1人でできるが、Aの娘がAの今後の生活を心配し、共に地域包括支援センターを訪れた。

地域包括支援センターの対応として、不適切なものを1つ選べ。

① 基本チェックリストをAに実施する。
② 地域ケア会議を開催し、Aへの支援を検討する。
③ Aの認知症の有無を鑑別し、Aに抗認知症薬を処方する。
④ Aの介護予防ケアプランを作成する。
⑤ Aの社会参加の現状を把握する。

問140 9歳の女児、A。小学3年生。Aは実母と継父との3人暮らしであったが、継父からの性的虐待のため、児童相談所に一時保護された。入所当初は、落ち着かず、夜は悪夢にうなされることが多かった。入所2週間後の就寝時、男性指導員がAを居室に連れて行こうとして手を取ったところ、Aは急に大声で叫び、周辺にあるものを放り投げ、大泣きした。男性指導員は、Aに対して落ち着くように促したが、Aの行動は鎮まらなかった。しばらくしてAの行動は止んだが、Aはぼんやりして立ちすくんでいた。
Aの行動の解釈として、最も適切なものを1つ選べ。

① パニック症にみられるパニック発作
② アレキシサイミアにみられる攻撃的感情の表出
③ 反抗挑発症にみられる大人への反発
④ 心的外傷後ストレス症にみられるフラッシュバックによる混乱
⑤ 解離症にみられる解離性遁走

問141 27歳の女性、A。Aは、高校在学中に医療機関でADHDと診断された。高校卒業後、Aは一般就労を希望し、複数の会社の就職試験を受けた。事務職を募集していた会社がAを採用したが、ケアレスミスや遅刻が多かったため、Aは半年ほどで自主退職した。その後、Aは、障害者として就労できる会社で働くことを希望し、発達障害者支援センターに来所した。公認心理師が対応すると、Aは「一般就労は苦労することが多かったが、日常生活において困ることはほとんどない」と話した。
現時点における、Aへの公認心理師の対応として、最も適切なものを1つ選べ。

① 介護給付の1つである行動援護を行う。
② 就労支援は、発達障害者支援センターの業務に含まれないため、ハローワークに行くことを勧める。
③ 障害者として就労できる会社で働くことを希望する場合、ジョブコーチの支援は受けられないと伝える。
④ 一般就労で苦労したことを聞き、Aの適性を探る。
⑤ 障害年金の受給を勧める。

問142 48歳の男性、A。Aの両親が、引きこもり地域支援センターを訪れた。Aは大学卒業後、15年ほど金融機関で働いていた。しかし、Aが39歳のとき、不況の影響でAが勤めていた金融機関は倒産した。会社が倒産した当初、Aは転職活動に懸命に取り組んでいたが、なかなか再就職先が見つからなかった。やがてAは転職活動を中断し、以後、就職はしていない。また、6年前から現在に至るまでの間、Aはまったく外出していない。Aの両親は「Aは自室でアニメやインターネットに大半の時間を費やしている」と述べている。

Aの両親への公認心理師の対応として、<u>不適切なもの</u>を1つ選べ。

① 家族教室への参加を勧める。
② Aへの接し方を共に検討する。
③ 引きこもりは若年者特有の問題であり、中高年は引きこもりの問題を呈さない旨を説明する。
④ Aの様子を詳しく聞く。
⑤ 引きこもりが生じ得る要因について、心理教育を行う。

問143 A大学では、学生の自己理解を深めるために、以下の取り組みを実施している。自分自身について、「自分が知っている／知らない」の横軸と、「相手が知っている／知らない」の縦軸から、2×2のマトリックス表を作成する。そして、「自分が知っている」と「相手が知っている」の条件を満たす領域に注目し、当該領域を広げるために、何をしたらよいのかを学生同士で話し合う。

A大学の取り組みで用いられているモデルとして、最も適切なものを1つ選べ。

① 内的作業モデル
② ジョハリの窓
③ 自己評価維持モデル
④ 精緻化見込みモデル
⑤ 条件即応モデル

問144 9歳の女児、A。Aは小学3年生であるが、授業中に離席したり、クラスメイトと喧嘩したりすることが多い、衝動性が高くて順番を守れないという問題を抱えている。Aへの対応に困ったAの母親が、Aと共に教育相談所を訪れたため、教育相談所に勤務する公認心理師が対応した。公認心理師がAの母親に事情を尋ねると、Aの母親は「Aは忘れ物が多く、Aの担任の先生から生活態度を注意されることがある。どうしたらいいか？」と訴えた。

AやAの母親への公認心理師の対応として、最も適切なものを1つ選べ。

① Aの母親の了承を得た上で、AにWAIS-Ⅳを実施する。

② Aは反社会性パーソナリティ症である可能性が高いため、Aに心理療法を実施することをAの母親に提案する。

③ 養育環境がAの問題と密接に関連しているため、Aの母親に対して適切な育児方法を指導する。

④ Aの生育歴について、Aの母親に尋ねる。

⑤ Aの母親の同意を得た上でAの担任に連絡を取り、Aへの指導法を見直すことをAの担任に指示する。

問145 13歳の男子、A。中学1年生。Aは、2学期の体育祭直後から不登校になった。母親が、体育祭の練習の際に何かあったのではないかとAに尋ねたところ、Aは「『Aが走っている姿が気持ち悪い』とクラスメイト全員に言われた」と答えた。Aが不登校になって2ヵ月が経過した頃、Aの両親はAの学校のスクールカウンセラーを訪ねた。

スクールカウンセラーの対応として、<u>不適切なもの</u>を1つ選べ。

① Aの両親にAの様子を詳しく聞く。

② Aが所属しているクラスの様子を見に行く。

③ Aが所属しているクラスの担任に学級の雰囲気を尋ねる。

④ Aの両親に不登校に関する心理教育を実施する。

⑤ Aの両親はAの学校に不信感を抱いているため、Aの両親との面接内容は、学校側に一切伝えないことをAの両親に伝える。

問146 35歳の女性、A。Aは教師であり、小学1年生の担任を務めている。学級崩壊が原因で不眠となったAは、学級を立て直すためにスクールカウンセラーを訪ねた。スクールカウンセラーである公認心理師がAに話を聞くと、Aは「小学1年生は幼いため、教室がざわつきがちである。私には、完璧主義なところがあるため、午前中で疲れ切ってしまう。疲れている私の隙をついて、児童が勝手な行動を取る」と答えた。

公認心理師の対応として、最も適切なものを1つ選べ。

① Aの不眠の改善を最優先にしたうえで、Aにコンサルテーションを実施する。
② Aの完璧主義が問題の原因になっているため、Aのパーソナリティ改善を最重要課題にした上で、Aにコンサルテーションを行う。
③ 勝手な行動を取る児童への接し方をAと共に検討する。
④ Aは教師として未熟であるため、Aのクラスに副担任を設けることを校長に進言する。
⑤ Aはうつ病を発症しているため、Aに休職を指示する。

問147 16歳の男子、A。高校1年生。学業面は優秀であり、数学の成績は学年で1番である。一方、対人関係には問題があり、場の雰囲気にそぐわない言動が多い、こだわりが強いといった傾向がAにみられる。先日、Aは、クラスメイトBと釣りに行く約束をしていたが、Bが待ち合わせに10分遅刻したことに対して激昂し、Bに反省と再発防止策を記したレポートの提出を求めた。また、AのクラスメイトCは、「Aの友だちへの関わり方は一方的であり、Aと会話が成立しないことがある。冗談がまったく通じないため、Aと話しても楽しいと思えない」と述べている。

Aが有している可能性がある疾患として、最も適切なものを1つ選べ。

① ボーダーラインパーソナリティ症
② 自己愛性パーソナリティ症
③ 猜疑性パーソナリティ症
④ 依存性パーソナリティ症
⑤ 自閉スペクトラム症

問148 14歳の女子、A。Aは気持ちが沈んだり、友達とトラブルが起こったりするとリストカットをするため、定期的にスクールカウンセラーである公認心理師と面談している。先日、Aは公認心理師に対して、「リストカットをすると、自分の存在を実感できる。担任教師や両親には、今、私が先生に言ったことを伝えないで欲しい」と訴えた。

現時点における公認心理師の対応として、最も適切なものを1つ選べ。

① リストカットは命に関わりうるため、Aの同意の有無に関わらず、早急にAの両親に連絡する。
② 医療機関の受診を指示する。
③ Aの発言をAの担任教師と共有し、Aの担任教師にAを指導させる。
④ Aの話を傾聴し、Aがリストカットに至る原因を探る。
⑤ Aにリストカットを二度としないという誓約書を書いてもらった上で、面接を継続する。

問149 15歳の男子、A。Aは「相談したいことがある」と言って、民間のカウンセリングセンターを訪れた。当該センターに勤務する公認心理師が対応すると、Aは「今年の4月から高校に進学するが、男子用の学生服を着用することに抵抗がある。本当は、スカートを履きたい」と訴えた。また、「中学生のときから、男子更衣室で着替えをしたり、男性用トイレに入ったりすることが苦痛だった。好きになる人は男性であり、誰にも恋愛相談ができない。私の心は女性である」と述べた。

Aが有している可能性がある疾患として、最も適切なものを1つ選べ。

① 変換症
② 統合失調症
③ 性別違和
④ 素行症
⑤ 脱抑制型対人交流症

問150 35歳の女性A。15歳の息子Bが半年ほど前に薬物使用により少年院送致となった。Bの仮退院が決定し、Bが家庭復帰を目前としている状況で、どのようにAと関わりをもてばよいのかについて、大学付属の心理相談センターに相談に訪れた。Aはセンターの職員である公認心理師に対し、「Bが薬物を使っていたことに当時まったく気づくことができなかった。再びBが薬物に手を染めることがないように、母親としてどういうことに気をつけるべきなのでしょうか？」と話した。

Aに対する公認心理師の対応として、最も適切なものを1つ選べ。

① Bは思春期であるため、母親であるAはあまり関わりをもたないようにしたほうがいいとAに伝える。
② 薬物の再使用を防ぐため、Bの行動の管理・監視を徹底するようAに伝える。
③ 少年院での矯正教育を受けていることから、薬物の再使用の危険性はないとAに伝える。
④ Aと薬物を使用した状況について話し合い、似たような状況が起こらないようにするための環境整備を行うことAに伝える。
⑤ Bに対してAが定期的にカウンセリングを実施するようにAに伝える。

問151 24歳の女性Aは、知人男性Bから執拗な電話連絡や待ち伏せといったストーカー被害を数ヵ月間受け、警察に相談した。警察の捜査の結果、Bには複数の窃盗容疑があり、警察に身柄を拘束された。AはBが警察に捕まったことに安堵したが、夜眠れないことや、電話が鳴るたびに強い不安に襲われるような状態が続いたため、地域の被害者支援センターに来所した。

Aに対し初回面接で当該センターの職員が行う対応として、<u>不適切なもの</u>を1つ選べ。

① 医学的処置の必要性について検討する。
② 現在のAの生活の状況について聞き取る。
③ 電話のあとの不安に対してどのように対処しているのかを聞き取る。
④ Bと知り合った経緯について聞き取る。
⑤ 面接内での情報の扱いについてAに説明をする。

問152 25歳の男性Aは、自身が修了した公認心理師養成の大学院の相談室で非常勤相談員をしている。Aは相談室の電話受付において、娘の非行や家族への暴力・暴言に悩んでいる母親から入電を受けた。Aは非行に関するケースの経験に乏しかったため、入電があったケースについて、同相談室で常勤相談員をしている公認心理師のスーパービジョンを受けることとなった。
公認心理師がAに行うスーパービジョンの内容として、最も適切なものを1つ選べ。

①　面接を実施する際は、母親だけではなく娘本人を必ず連れてくることを母親に依頼するようAに伝える。

②　秘密保持義務の観点から、母親が面接内で話した娘の暴力や非行についての情報は他の機関に共有しないようAに伝える。

③　母親との面接から娘による家族への暴力や暴言が激しいことが明らかになった場合は、母親との面接の継続よりも、家族の安全の確保を目的とした対応を優先することをAに伝える。

④　娘本人が面接に来談した場合は、「家族に対する暴力や暴言の責任はあなたにはない」と娘に伝えるようAに助言する。

⑤　娘は知的能力に問題がある可能性が高いことを考慮してアセスメントをするようにAに助言する。

問153 32歳の男性Aは、裁判所から裁判員裁判の候補者に選ばれたという通知を受け取った。裁判員裁判についての知識があまりないAは、勤め先の人事担当者に裁判員裁判について相談をした。
Aおよび裁判員裁判に関する記述として、最も適切なものを1つ選べ。

①　Aは裁判員になることを辞退できない。

②　裁判員は裁判の判決宣告には立ち会わない。

③　裁判員候補者として呼び出しを受け、正当な理由がなく応じなかった場合、過料が料される場合がある。

④　Aが裁判に出席するために会社を休む場合、会社の上司に自身が裁判員になったことを伝えてはならない。

⑤　Aが裁判員としての業務に従事する場合、日当は発生しないが交通費は支給される。

問154 児童相談所に勤める公認心理師Aは、ある大学が主催する、児童福祉分野への入職を希望している学生を対象としたセミナーに招待され、児童虐待に関する講演を行うことになった。児童虐待が社会的な課題であることを広く認知してもらうため、児童虐待への社会的な取り組みの実情について講演を行うよう大学の主催者から要請を受けた。

公認心理師Aが講演で話す内容として、最も適切なものを1つ選べ。

① 児童虐待の防止等に関する法律（児童虐待防止法）では、親権者がしつけとして子どもに体罰を加えることを禁止する旨が明記されていないという現状を伝える。

② 児童虐待の防止等に関する法律（児童虐待防止法）において、児童虐待の通告義務に違反した場合の罰則が規定されている。

③ 虐待を受けた児童に対し、児童養護施設等の施設入所の措置を行う際に、保護者の同意が得られなければ、児童を家庭に戻さなければならないことを伝える。

④ 虐待通告を受け、児童相談所の職員などが安全確認を行う場合、48時間以内に児童を直接目視することが原則であることを伝える。

⑤ 虐待被害の疑いがある児童を一時保護する際、児童本人が拒んだ場合は、一時保護ができないことを伝える。

■午前の部

問001　　　　　　　　　　　　　解答▶④

① × 一致するような情報ばかり収集するのではなく、多面的な情報収集が求められる。

② × クライエントから実際に得られた情報と自身の経験をもとに、見立てと支援方針を考えることが適切である。

③ × 公認心理師が依拠する理論にあてはまらない情報も、アセスメントに含めることが望ましい。

④ ○ 理論に依拠しながらもそれを検討し直す姿勢をもつことが、クライエントに対する有益な支援となる。

⑤ × 客観的事実とアセスメントを分けて記述することは可能である。SOAP形式の記録方法に則れば、S（Subjective Data：主観的情報）、O（Objective Data：客観的情報）、A（Assessment：評価・アセスメント）、P（Plan：支援計画）を分けて記録する。

問002　　　　　　　　　　　　　解答▶②

公認心理師法第32条（登録の取消し等）に関する出題である。

① × 第3条（欠格事由）第2号において「禁錮以上の刑に処せられ、その執行を終わり、又は執行を受けることがなくなった日から起算して2年を経過しない者」とある。本文は禁錮ではなく拘留であるため該当しない。なお、刑法第13条（禁錮）において、禁錮とは「無期及び有期とし、有期禁錮は、1月以上20年以下とする」と定められている。一方で拘留とは、刑法第16条（拘留）において「1日以上30日未満とし、刑事施設に拘置する」と定められている。

② ○ 公認心理師法第32条第2項には「公認心理師が第40条、第41条又は第42条第2項の規定に違反したときは、その登録を取り消し、又は期間を定めて公認心

理師の名称およびその名称中における心理師という文字の使用の停止を命ずることができる」と規定されている。公認心理師法第42条（連携）第2項とは「公認心理師は、その業務を行うに当たって心理に関する支援を要する者に当該支援に係る主治の医師があるときは、その指示を受けなければならない」であり、選択肢はこれに該当する。

③ × 離婚訴訟を起こされたことが公認心理師法第32条に該当するとはいえない。

④ × 公認心理師法第32条第1項には「第3条各号（第4号を除く。）のいずれかに該当するに至った場合」とある。公認心理師法第3条第3号とは「この法律の規定その他保健医療、福祉又は教育に関する法律の規定であって政令で定めるものにより、罰金の刑に処せられ、その執行を終わり、又は執行を受けることがなくなった日から起算して2年を経過しない者」とあるが、通告義務を怠ったことが登録の取消事由に該当するとは判断できない。

⑤ × 公認心理師法第40条（信用失墜行為の禁止）違反に該当するとまで判断することはできない。

問003　　　　　　　　　　解答▶②と⑤

① × 個人情報保護法第2条第3項において、「要配慮個人情報」とは、本人の人種、信条、社会的身分、病歴、犯罪の経歴、犯罪により害を被った事実その他本人に対する不当な差別、偏見その他の不利益が生じないようにその取扱いに特に配慮を要するものとして政令で定める記述等が含まれる個人情報をいうと定められている。つまり、クライエントから得られるすべての情報が要配慮個人情報に該当するわけではない。

② ○ クライエントが未成年であっても成人であっても、クライエントの能力を考慮し

た内容や方法で説明を行い、本人の承諾を得ることが必要である。

③ × クライエントの心理的負担に配慮せず、説得して情報収集を行うことは公認心理師として不適切である。

④ × 個人情報保護法第18条第3項では、個人情報取扱事業者は、例えば自傷他害の恐れがある場合や児童虐待の可能性が疑われる場合を除くほか、あらかじめ本人の同意を得ないで、個人情報を取得してはならないとある。ただし、そのような状況においても可能な限り本人の承諾を得る努力を行うことは必要である。

⑤ ○ 個人情報保護法第17条（利用目的の特定）において「個人情報取扱事業者は、個人情報を取り扱うに当たっては、その利用の目的（以下「利用目的」という。）をできる限り特定しなければならない」と定められている。利用目的を明確にし、クライエントに事前に説明を行うことが公認心理師として望ましい。

問004 　　　　　　　　解答▶ ② と ⑤

① × チーム医療では、医師、看護師、公認心理師といった専門家だけでなく、患者や家族といった非専門家もチームの一員ととらえる。

② ○ チーム医療は医療機関内での専門家同士の連携に留まらず、医療機関外の支援機関や多職種との連携も含む。

③ × チーム医療の実践において、公認心理師がチームのリーダーとして活動しなければならないという規定はない。

④ × チーム医療がより良く患者に提供されるためには、各専門職のスキルが高いことは重要である。しかし、スキルが高い専門職からなるチームであればより良いチーム医療を提供できるとは言い切れない。専門職同士での連携や、患者やその家族と協力関係を結ぶことも、より良いチーム医療の提供にとって重要な要素である。

⑤ ○ 医療機関内でのチーム医療の実践では、公認心理師も患者の日常生活のケアを行

うことがある。

問005 　　　　　　　　　　　解答▶ ④

① × 公認心理師法第41条 秘密保持義務とは「公認心理師は、正当な理由がなく、その業務に関して知り得た人の秘密を漏らしてはならない。公認心理師でなくなった後においても、同様とする」である。つまり公認心理師でなくなったあとは例外状況に該当しない。

② × タラソフ判決から導き出されたのは、被害者となり得る人に警告する義務だけでなく保護する義務も含まれる。そのため警告義務あるいは保護義務として専門家に課されている。

③ × 他害の可能性がある場合のみならず、自傷の可能性がある場合も例外状況として警告義務あるいは保護義務が生じる。

④ ○ 秘密保持義務の例外状況として、明確で差し迫った生命の危険があり、攻撃される相手が特定されている場合が挙げられる。

⑤ × 未成年のクライエントの心理検査の結果も、秘密保持義務が適用される。そのため、未成年のクライエントの心理検査の結果を保護者に伝えることは、秘密保持義務の例外状況に該当するとはいえない。

問006 　　　　　　　　　　　解答▶ ①

① ○ Witmer, L. は1896年にペンシルベニア大学に心理クリニックを開設した。

② × Wertheimer, M. は、心の要素ではなくその全体性を重視し、ゲシュタルト心理学を創始した。

③ × Jung, C. G. は、無意識を個人的無意識と集合的無意識からなるものと考え、両者の相補性を重視した。

④ × Tolman, E. C. は、学習とは刺激と反応の結合ではなく、サインがいかなる意味をもつかを認知することであると考えた。

⑤ × Freud, S. が提唱した理論は心理性的発達理論である。ライフサイクル理論を提唱したのは Erikson, E.H. であり、心理・

社会的発達段階を8段階に分けた。

問007 解答▶③

① × Freud, S.の理論から発展したのは、精神力動アプローチである。精神力動アプローチとは、無意識を重視した心理療法である。

② × 行動主義、新行動主義、認知心理学の理論を基盤とするのは、認知行動アプローチである。

③ ○ Rogers, C. R.の来談者中心療法では、自己一致や共感的理解を重視する。

④ × ナラティブ・アプローチは、社会構成主義を基盤としている。ナラティブ・アプローチでは、クライエントの支配する物語（ドミナントストーリー）を、語りを通して新たな物語（オルタナティブストーリー）へと書き換えることを目指す。

⑤ × アクセプタンス＆コミットメント・セラピーは、精神力動アプローチではなく、認知行動アプローチに属する心理療法である。

問008 解答▶④

① ○ 系列位置効果は、自由再生法を用いることによって示された記憶に関する実験結果である。系列再生法とは呈示された順序通りに再生させる方法であり、自由再生法とは順序は関係なく思い出せるものから再生させる方法である。

② ○ 初頭効果は、記銘した単語が長期記憶に送られたことにより示されるため、記銘から再生の間に時間をおいても消失しないとされている。

③ ○ 単語リストの呈示時間が短くなるということは学習時間が短くなるということであり、リストの中間部分の単語の再生率は低下する。

④ × 系列位置曲線はU字型の曲線を描くとされている。単語リストの最初のほうの再生率が高い初頭効果がみられ、中間付近は再生率が低く、最後のほうの単語の再生率は新近効果により高くなるためで

ある。

⑤ ○ 新近効果とは、リストの最後のほうの単語の再生率が高いことであり、単語が短期記憶に保持されていることによると考えられている。

問009 解答▶②

観察法における信頼性の指標として、Cohenの κ（カッパ）係数が挙げられる。これは、同一観察対象に対する2名の評定者の評定結果の一致度を表す。

問010 解答▶⑤

① × 個々のデータと平均値との差を偏差と呼ぶ。

② × 分散が大きいデータほど、そのデータの散らばりは大きい。

③ × 分散の正の平方根をとったものが標準偏差である。

④ × 四分位偏差は、順序尺度以上のデータである間隔尺度や比尺度でも用いることができる。

⑤ ○ 標準偏差は量的変数である間隔尺度や比尺度において算出することができる。

問011 解答▶①

両側検定とは、検定統計量の分布の両すそを棄却域とする検定である。棄却域が両すそになるため、例えば有意水準を $\alpha = 0.05$ とした場合、左右に2.5％ずつ棄却域をもつ。なお、上側確率とは分布の右すその棄却域の大きさのことである。

問012 解答▶④

① × Kuder-Richardsonの公式は、2件法における信頼性（内的整合性）の指標である。

② × 折半法は、1つの検査を等質に2つに分けて、それらの得点の相関係数を信頼性（内的整合性）の指標とする方法である。

③ × 再検査法とは、同じ対象に同じ検査を一定期間おいて2回行い、それらの得点の相関係数を信頼性（安定性）の指標とす

59

る方法である。

④ ○ 妥当性とは、測定したい内容である構成概念を的確に測定している程度のことを指す。また、構成概念妥当性とは、その構成概念から予測される理論的仮説について、実証的な検証を行うことで確認される妥当性である。

⑤ × α係数とは、折半法においてすべての折半の組み合わせから信頼性係数を算出した場合の平均値である。つまり、α係数は信頼性（内的整合性）の指標である。

問013　解答▶⑤

① × 数量化Ⅰ類は、質的な説明変数から1つの量的な基準変数を説明・予測する場合に用いられる。

② × 数量化Ⅱ類は、質的な説明変数から1つの質的な基準変数を判別・予測する場合に用いられる。

③ × 主成分分析は、複数の量的変数が共有する情報を合成変数である主成分に集約する分析方法である。

④ × 判別分析は、量的な説明変数から1つの質的な基準変数を判別・予測する場合に用いられる。

⑤ ○ クラスター分析は、データの中から性質の近いものを樹状図によって結び合わせてグループを見出し、グループの意味について解釈を行う分析方法である。

問014　解答▶③

① × 内的妥当性とは、独立変数と従属変数の因果関係の確かさを指す。

② × 準実験とは、厳密な実験デザインを適用することが困難な場合に、可能な限り内的妥当性を高く保持するように工夫された研究デザインを指す。

③ ○ 内的妥当性を脅かす要因として、ホーソン効果が挙げられる。ホーソン効果とは、本来独立変数と従属変数の間に関連がなくても、実験に参加するという実験参加者の意識の高揚によって、望ましい行動変化が生じることをいう。

④ × 単一事例実験は、行動療法（行動分析学）の効果の評価に用いられる。

⑤ × RCTでは、実験参加者を無作為抽出し、実験群や統制群に割り付ける。

問015　解答▶②

① × 研究の目的を示し、その目的と関連づけて先行研究の概説を行い、仮説を提示するのは目的である。

② ○ 将来の研究を示唆するのは考察である。また、考察では、研究結果を解釈したり、他の研究結果や解釈と比較したりする。

③ × 研究目的に合わせて適切な統計手法によって加工、集約、検定されたデータを提示するのは結果である。

④ × 研究仮説にとって不都合な結果を記述するのは結果である。

⑤ × 論文内で引用されたすべての文献を取り上げるのは、引用文献である。

問016　解答▶⑤

① × 心理物理学は、Fechner, G. T.によって創始された学問である。

② × 感覚の大きさは刺激強度の対数に比例することを示したのは、Fechner, G. T.である。Thurstone, L. L.は、対となる2つの刺激に対して、「大／小」「好き／嫌い」の二者択一で回答させて、刺激の主観的価値を計量化する一対比較法を広めた。

③ × 感覚が生じるために最低限必要な刺激量を刺激閾という。主観的等価点とは、2つの刺激が感覚的に等しいと判断できる刺激量である。

④ × 弁別閾は刺激強度に比例することを示したのは、Weber, E. H.である。

⑤ ○ Stevens, S. S.はマグニチュード推定法を用いて、感覚の大きさは刺激強度のべき乗に比例することを示した。

問017　解答▶①

① ○ プルキンエ現象を説明する記述である。暗い場所では錐体細胞の働きが弱くなり、

桿体細胞の働きが強くなることによりプルキンエ現象が生じる。

② × 自動運動を説明する記述である。

③ × 主観的輪郭を説明する記述である。

④ × マガーク効果を説明する記述である。

⑤ × 運動残効を説明する記述である。

問018　解答▶①

① × 意思決定において、経験則や先入観に基づいて判断する直感的な方略はヒューリスティックである。

② ○ プロスペクト理論では、損失が認識される状況において、人は損失を取り戻そうとリスク志向的になると考えられている。

③ ○ フレーミング効果とは、客観的には同じことを指していても、「生存率80％」「死亡率20％」といった表現の違いによって受け手の印象が異なり、意思決定に影響を及ぼす現象を指す。

④ ○ エスカレーティング・コミットメントとは、過去の誤った意思決定に執着して、同じ意思決定をくり返してしまうことを指す。

⑤ ○ 多すぎる選択肢は、選択行動を阻害したり、選択結果の満足度を低下させたりすることが報告されている。この現象は、選択のオーバーロード現象（choice overload effect）と呼ばれる。

問019　解答▶②

① × ワーキングメモリは、加齢の影響を受けて低下すると考えられている。

② ○ 小脳は、手続き記憶に関与している。

③ × 舌先現象とは、ある事柄について、喉まで出かかっているのに思い出せない現象を指す。

④ × 自伝的記憶について、過去の記憶を思い出す際に10代から30代の頃の記憶を多く想起する傾向をレミニセンスバンプという。フラッシュバルブ記憶とは、社会的に大きな事件や個人的に衝撃的な出来事が起きたときの状況を詳細に想起できることを指す。

⑤ × 記銘時と想起時の文脈が記憶成績に影響を及ぼす現象は、文脈依存効果である。ツァイガルニク効果は未完了の事柄は完了した事柄よりも想起されやすい現象である。

問020　解答▶③

① ○ Tinbergen, N.は、動物の生得的行動は特定の刺激によって解発されるという生得的解発機構を提唱した。

② ○ 離巣性の鳥類は、孵化直後の特定の時期に目にした動くものに対して後追い行動を示す。

③ × 刻印づけは、原則として報酬を必要としない。

④ ○ 刻印づけは非可逆性を有し、消去が困難である。

⑤ ○ 離巣性の鳥類には、性的刻印づけがみられる。

問021　解答▶③

① × Bandura, A.は社会的学習理論において、他者の行動を観察することで成立する観察学習を提唱した。

② × Thorndike, E. L.は、オペラント条件づけの研究の基盤となる試行錯誤学習を提唱した。

③ ○ Pavlov, I. P.は古典的条件づけの基礎を築いた。

④ × Cattell, R. B.は流動性知能、結晶性知能を見出した。

⑤ × Lewin, K. Z.は、行動は個人の性格と環境の相互作用によって生じるという場の理論を提唱した。

問022　解答▶②

① × 曝露反応妨害法は、古典的条件づけの原理に基づく。

② ○ タイムアウトは、オペラント条件づけの負の罰に基づく。

③ × 系統的脱感作法は、古典的条件づけの逆制止に基づく。

④ × フラッディングは、古典的条件づけの原

理に基づく。

⑤ × エクスポージャーは、古典的条件づけの原理に基づく。

問023　　　　　　　解答▶⑤

① ○ Chomsky, N.は、人間には言語獲得装置が生まれつき備わっていると考えた。

② ○ Skinner, B. F.は、オペラント条件づけに基づき、言語は獲得されると考えた。

③ ○ Luria, A.は、言語は行動を始動させたり、停止させたりする行動調節機能をもつと考えた。

④ ○ Sapir, E.とWhorf, B. L.は、言語相対性仮説を唱えた。

⑤ × 対象とそれを指し示す言葉を理解するプロセスには、事物全体制約、カテゴリー制約、相互排他的制約があると考えたのは、Markman, E. M.である。

問024　　　　　　　解答▶④

① ○ アージ理論は、戸田正直が提唱した理論である。

② ○ 感情は、野生環境での生存にとって合理的な機能をもつという前提に立つ。

③ ○ アージ理論では、感情の働きによるものとは考えられないような生理的機能の一部も、心の働きによるものとして扱う。

④ × アージ理論は目的をともなう心の働きをアージと呼んだが、喜びはそれ自体が固有の目的をもたない心の働きとして、ムードと呼んだ。喜びといったポジティブ感情が思考や行動のレパートリーを拡張するとしたのは、Fredrickson, B. L.の拡張―形成理論である。

⑤ ○ アージの活動は、起動相、意思決定相、行動相、事後評価相の4つに分けられる。

問025　　　　　　　解答▶⑤

① × 気分一致効果を説明する記述である。

② × 認知容量説に関する記述である。認知容量説では、ネガティブな気分のときはシステマティックな情報処理が生じやすくなり、ポジティブな気分のときはヒュー

リスティックな情報処理が生じやすくなるとされる。

③ × ポジティブ感情の元通り効果を説明する記述である。

④ × 単純接触効果の生起要因である「知覚的流暢性の誤帰属」の記述である。

⑤ ○ 感情入力説を説明する記述である。

問026　　　　　　　解答▶③

① × 経済型は実用的なものや金銭的なものに価値を置く。

② × 宗教型は神秘的なものに価値を置く。

③ ○ 快楽型はSpranger, E.が示した6類型に含まれない。

④ × 権力型は権力の獲得に価値を置く。

⑤ × 理論型は真理の追求に価値を置く。

問027　　　　　　　解答▶⑤

① × 特性を独自特性と共通特性に分類したのは、Cattell, R. B.である。

② × Eyesnck, H. J.は語彙アプローチを考案していない。語彙アプローチを用いたのは、Allport, G. W.である。

③ × 心誌(サイコグラフ)を考案したのは、Allport, G. W.である。

④ × 性格を個別的(特殊)反応水準、習慣的反応水準、特性水準、類型水準の4つの水準の階層でとらえた。

⑤ ○ 性格の3つの次元として、内向―外向、神経症的傾向、精神病的傾向を見出した。

問028　　　　　　　解答▶②

① × 松果体の主たる役割は、概日リズムを調節することである。

② ○ 頭頂葉は、体性感覚や空間認知を主に司る。

③ × 後頭葉は、主に視覚を司る。

④ × 側頭葉は、主に聴覚を司る。

⑤ × 扁桃体の主たる役割は、快・不快といった情動を司ることである。

問029　　　　　　　解答▶④

① ○ セロトニンは、ドーパミンやノルアドレ

ナリンを制御する。

② ○ ドーパミン放出量が過少になると、意欲の低下といった症状が生じる。

③ ○ ドーパミン放出量が過剰になると、幻覚や妄想といった症状が生じる。

④ × ノルアドレナリン放出量が少なくなると、覚醒度が低下し、睡眠障害が生じる。ノルアドレナリンが過剰に放出すると、不安や恐怖といった症状が生じる。

⑤ ○ アセチルコリンが不足すると、認知障害といった症状が生じる。

問 030　解答▶①

① ○ ブローカ失語（運動性失語）の症状に該当する。

② × ウェルニッケ失語（感覚性失語）の症状に該当する。

③ × 超皮質性運動失語の症状に該当する。復唱が可能な点でブローカ失語と区別される。

④ × 超皮質性感覚失語の症状に該当する。

⑤ × 伝導失語の症状に該当する。音韻性錯語とは、単語の音を誤って話す症状（「つくえ→くくえ」など）のことである。

問 031　解答▶①

① ○ 没個性化の状態では、他者評価に対する意識が低まり、反規範的行動が出現しやすくなる。

② × 集団思考とは、集団討議による愚かで誤った決定のことである。

③ × 個人が何らかの作業を行う際、他者の存在によって作業量が増加することを社会的促進と呼ぶ。

④ × アイヒマン実験は Milgram, S. が行った実験である。

⑤ × 傍観者効果とは、自分以外の他者の存在を認知することによって、援助行動が抑制される現象を指す。

問 032　解答▶③

① × 生態学的システム論を提唱したのは、Bronfenbrenner, U. である。

② × 人が直接関わる環境をマイクロシステムという。

③ ○ マイクロシステム間の相互関係からなる環境をメゾシステムという。例えば、PTAや町内会である。

④ × 生涯を通して起こる社会的な出来事によってもたらされるシステムは、クロノシステムである。

⑤ × 国や文化、法律といった環境は、マクロシステムである。

問 033　解答▶②

① × 選好注視法は、乳児の視覚能力や興味・関心の対象をとらえる方法である。

② ○ 視覚的断崖は、乳児の奥行き知覚や、乳幼児の社会的参照の成立をとらえる方法である。

③ × 期待違反法とは、乳幼児がすでに持っている知識や認識をとらえる方法である。

④ × スマーティ課題とは、幼児の心の理論の発達をとらえる方法である。

⑤ × ルージュ課題とは、幼児の自己認知をとらえる方法である。

問 034　解答▶⑤

Thomas, A. と Chess, S. が行ったニューヨーク縦断的研究とは、子どもの気質に関する研究である。彼らは気質の要素として、①活動水準、②周期性、③接近一回避、④順応性、⑤反応の閾値、⑥反応の強さ、⑦気分の質、⑧気の散りやすさ、⑨注意の範囲と持続性の9つを挙げている。

開放性とは、Big Five におけるパーソナリティの5次元のうちの1つである。

問 035　解答▶④

① × Aタイプの子どもの養育者は、全般的に子どもの働きかけに拒否的に振る舞うことが多く、子どもが苦痛を示していると、それを嫌がり、子どもを遠ざけてしまう場合もある。

② × Bタイプの子どもは、養育者との分離時に多少の泣きや混乱を示すが、再会時に

は積極的に身体接触を求め、容易に落ち着くことができる。

③ × Cタイプの子どもは、養育者との分離時に非常に強い不安や混乱を示し、再会時には養育者に強い身体接触を求めるが、その一方で怒りながら養育者を激しく叩いたりする。

④ ○ Cタイプの子どもの養育者は、子どもとの間でポジティブな相互交渉をもつことが少なくないが、子どもの欲求に応じたものというよりも養育者の気分や都合に合わせたものであることが相対的に多い。

⑤ × Dタイプの子どもの養育者は、子どもをひどく怯えさせるような言動を示すことが相対的に多い。

問036
解答▶ ① と ③

Kohlberg, L.は、道徳性の発達を3つの水準と、各水準を2つの段階に分けた6段階からとらえた。前慣習的水準は、「損か得か」に基づいて善悪を判断する段階である。慣習的水準は、集団や社会の規範やルールに基づいて善悪を判断する段階である。後慣習的水準は、集団や社会の規範やルールを超えて、より普遍性な原則に基づいて善悪を自律的に判断する段階である。

① ○ 対人的な同調あるいは「いい子」志向は、慣習的水準における第1段階である。

② × 罰と服従への志向は、前慣習的水準における第1段階である。

③ ○ 「法と秩序」志向は、慣習的水準における第2段階である。

④ × 道具的な相対主義志向は、前慣習的水準における第2段階である。

⑤ × 社会契約的な法律志向は、後慣習的水準における第1段階である。

問037
解答▶ ①

Havighurst, R. J.の提唱した中年期の発達課題とは、大人としての市民的・社会的責任の達成をすること／一定の経済的生活水準を築き、それを維持すること／10代の子どもたちが信頼できる幸福な大人になれるように助けること／大人の余暇活動を充実すること／自分と配偶者

とが人間として結びつくこと／中年期の生理的変化を受け入れ、それに適応すること／年老いた両親に適応することである。
肉体的な力と健康の衰退に適応することは、老年期の発達課題である。

問038
解答▶ ②

Belsky, J.は、ペアレンティング（養育行動）を規定するプロセスモデルにおいて、親のペアレンティングの形成に最も影響を及ぼす要因は、親のパーソナリティであると考えた。親のペアレンティングの形成要因として、「親の仕事」「夫婦関係」「親の社会的交友関係」「親自身の生育歴」は「親のパーソナリティ」を媒介してペアレンティングに影響を与えていることから、「親のパーソナリティ」が親のペアレンティングの形成の主要因であるとされている。

問039
解答▶ ④ と ⑤

① × Baltes, P. B.が提唱した。

② × 最適化とは、特定の目標に対して、限られた資源を効率よく分配することで達成しようとすることである。

③ × 選択とは、身体機能などの資源の喪失に応じて目標を切り替えたり水準を下げたりすることである。

④ ○ 補償とは、外部からの援助を利用することで喪失を補填することである。

⑤ ○ 特に高齢期はさまざまな喪失を経験することが多いため、SOC理論による方略が重要ではあるが、人生の他の時期にも適用できるとされる。

問040
解答▶ ③

① ○ 質問紙法検査は、回答者の言語能力に左右されるため、回答者が質問内容を誤解したり理解できなかったりすると、回答に影響が生じる。

② ○ 描画法検査は、描画表現によるカタルシス効果といった治療的側面がある。

③ × 公認心理師または臨床心理士の有資格者以外が心理検査を実施してはならないという規定はない。

④ ○ テストバッテリーとして、投映法検査を複数組み合わせてもよい。ただし、被検者への負担を考慮して多くなりすぎないようにする必要がある。

⑤ ○ 心理検査の内容が一般の人々に知られすぎてしまうと、適切なアセスメントができなくなる恐れがある。

問041 解答▶③と⑤

① × MMPIには正式版と略式版が存在する。

② × MMPIの臨床尺度には精神疾患の概念が用いられているが、ある臨床尺度の得点が高くなったとしても、その臨床尺度名の診断がMMPIの結果のみでなされるとは言えない（臨床尺度の統合失調尺度の得点が高い→統合失調症の診断がつくということではない）。

③ ○ MMPIの臨床尺度には統合失調尺度が含まれている。

④ × MMPIの結果の解釈はプロフィールや単一尺度、コードなどに基づいて行われる。

⑤ ○ MMPI新日本版の適応年齢は15歳以上である。

問042 解答▶①

① ○ SDSは最低点数が20点で、最高点数が80点であり、点数が高くなるほど被検者の抑うつの程度が高いと評価される。

② × SDSは被検者の自己評価に基づく検査である。

③ × SDSは20項目から構成される。

④ × SDSのカットオフ値は40点である。

⑤ × SDSは治療経過の評価にも用いられる。

問043 解答▶④

① ○ PEP-3は、所定の用具を用いて対象児を遊ばせながら行動観察を行い、自閉スペクトラム症の特性や発達の程度を評価する検査である。

② ○ PARS-TRは自閉スペクトラム症の発達・行動症状について養育者に面接し、対象者の適応困難の背景に自閉スペクトラム症の特性が存在している可能性を評価する検査である。

③ ○ ADI-Rは対象者の保護者に対する半構造化面接を通して自閉スペクトラム症の特性評価を行う検査である。

④ × Conners 3は6～18歳の児童・生徒を対象に、注意欠如・多動性（ADHD）および関連性の高い問題や障害の評価を目的とした質問紙検査である。

⑤ ○ ADOS-2は、検査用具や質問項目を用いて、対象者に行動観察と面接を行い、自閉スペクトラム症の評価を行う検査である。

問044 解答▶③

① × 枠づけはクライエントの目の前で検査者が行う。

② × 風景構成法において最初に描いてもらうアイテムは「川」である。

③ ○ 余白も1つの表現として解釈される。

④ × 風景構成法は芸術療法の1つとして治療的側面があると考えられている。

⑤ × 彩色について明確に順番が規定されているわけではない。

問045 解答▶②

① × 原則として被検者の生活年齢と同じ年齢級の問題から開始し、1問でも間違えた問題があった場合、下の年齢級の問題を実施する。

② ○ 偏差知能指数の算出に精神年齢は用いられない。

③ × 成人の場合は、「結晶性領域」「流動性領域」「記憶領域」「論理推理領域」の4つの領域で知能を評価する。

④ × 一般的に田中ビネー知能検査Vは60～90分程度実施に時間がかかる。

⑤ × 田中ビネー知能検査Vでは発達チェックが設定された。

問046 解答▶⑤

① × RBMTにおいて、カットオフ値は年齢別で設定されている。

② × WMS-Rは、短期記憶と長期記憶、言語

性記憶と非言語性記憶、即時記憶と遅延記憶等、記憶のさまざまな側面を総合的に測定することを目的とした検査である。

③ × MEDEは認知症の初期症状の評価に用いられる検査であり、本人検査用と他者評価用の2種類の検査で構成されている。

④ × BVRTは、高次脳機能障害スクリーニングに用いられる検査であり、被検者に図版記銘を求める。

⑤ ○ 三宅式記銘力検査は、10対の語を読み上げ記銘させたあと、対語の一方を提示しもう一方の語を被検者に想起させ、正答数、誤答数、回答時間などから記銘力を評価する言語性の検査である。

問047　解答▶⑤

① × 「理解」はWAIS-Ⅳにおける言語理解指標の補助検査である。

② × 「絵の完成」はWAIS-Ⅳにおける知覚推理指標の補助検査である。

③ × 「語音整列」はWAIS-Ⅳにおけるワーキングメモリ指標の補助検査である。

④ × 「絵の抹消」はWAIS-Ⅳにおける処理速度指標の補助検査である。

⑤ ○ 「パズル」はWAIS-Ⅳにおける知覚推理指標の基本検査である。

問048　解答▶④

① × KABC-Ⅱにおいて、検査結果の解釈はCHCモデルとカウフマンモデルのどちらか一方で行わなければならないという規定はなく、両方の理論で結果を相補的に解釈することができる。

② × WPPSI-Ⅲにはワーキングメモリ指標が含まれていない。

③ × KIDS乳幼児発達スケールでは、養育者への質問紙を通して対象児の発達年齢および発達指数を算出する。

④ ○ DN-CAS認知評価システムは、PASS理論に基づき、子どもの認知的偏りを評価する検査である。

⑤ × JDDST-Rは、就学前（6歳以下）の乳幼児を対象に発達の遅れを把握するため

の検査であり、「正常」「疑問」「異常」「不能」の判定を行う。

問049　解答▶③と⑤

① × 自殺の保護因子として、家族やコミュニティの支援に対する強い結びつきが挙げられている。そのため家族との関係性が希薄であった場合、当該家族の存在は自殺の保護因子になると言い切れない。

② × 自殺の危険因子は、原則として、個人的因子、社会文化的因子、状況的因子の3つに分けられる。

③ ○ 自殺の危険性がある場合、危険因子を減らすとともに、保護因子を増やすことが重要である。保護因子には、①家族やコミュニティの支援に対する強い結びつき、②問題解決、紛争解決、平和的解決のスキル、③自殺を妨げ自己保存を促すような個人的・社会的・文化的・宗教的な信条、④自殺手段へのアクセス制限、⑤精神的・身体的疾患の良質なケアに支援を求めることやアクセスしやすいことが挙げられている。

④ × クライエントからの自殺表明の有無は1つの情報であるため、自殺念慮を表明していないクライエントが自殺をすることはないと言い切れない。自殺企図の計画がどの程度具体的であるか、切迫性があるかなどを踏まえてリスクの評価を行わなければならない。

⑤ ○ 自殺に関する心理教育を行うことは、自殺の保護因子を増やしたり、自殺を予防したりすることにつながり得る。

参照：「日常臨床における自殺予防の手引き」（社団法人日本精神神経学会）

問050　解答▶③

① × ブリーフセラピーでは、原則として、個人内の複雑な心的装置を仮定する視点を取らない。そのため、ブリーフセラピーにおいて、症状の解釈やクライエントの洞察が重視されるとは言い難い。

② × 精神交互作用の打破を目指すのは、森田

療法である。

③ ○ ブリーフセラピーでは、ユーモアや冗談が用いられることがある。

④ × うつ病を患っているクライエントに対して、ブリーフセラピーを適用することはできないと言い切れる根拠はない。

⑤ × ブリーフセラピーはコミュニケーション理論を背景に、病理や問題について個人を取り巻く環境との相互作用の中でとらえ、その相互作用の変化を促すことを目的とする。したがって、家族療法のコミュニケーション派や戦略派との関わりが大きい。

問 051　　　　　　解答▶ ① と ⑤

① ○ 「セラピーにおけるパーソナリティ変化の必要にして十分な条件」にカウンセラーは関係の中で一致し、統合されている（自己一致）が含まれている。

② × カウンセラーはクライエントの内的照合枠を共感的に理解し、そのことをクライエントに伝達するように努めていることは、「セラピーにおけるパーソナリティ変化の必要にして十分な条件」に含まれている。

③ × 「セラピーにおけるパーソナリティ変化の必要にして十分な条件」において、クライエントは、傷つきやすい不一致の状態にあるとされている。

④ × 「セラピーにおけるパーソナリティ変化の必要にして十分な条件」では、共感的理解と無条件の肯定的配慮が、クライエントに必要最低限伝わっていることとされている。

⑤ ○ 「セラピーにおけるパーソナリティ変化の必要にして十分な条件」に2人の人が心理的な接触をもっていることが含まれている。

問 052　　　　　　解答▶ ②

① ○ 事件・事故後、できるだけ早い段階で、児童・生徒の強い反応を率直に無理なく受け止めていけるよう教職員に対して心

理教育などを行うことは重要である。

② × 支援にあたって、学校コミュニティがどの程度混乱しており、どのくらい本来の機能を発揮できない状態かを見立てることは必要である。

③ ○ 出来事に関する正確な事実を関係者間で共有することは、二次被害の防止などに役立つ。

④ ○ 児童・生徒が置かれている状況を心配し不安な状態にある保護者に対して、正確な情報を提供することも必要な対応である。

⑤ ○ 事件・事故は、発生直後だけでなく、中長期的に学校コミュニティに影響を与える可能性があることを念頭に支援にあたる姿勢は重要である。

問 053　　　　　　解答▶ ②

① × カウンセラーは受容や共感的理解を基盤としながら、特定の家族成員に追従するのではなく、家族全員を平等に扱うことが必要である。

② ○ 家族療法において、複数の家族成員が同席するセッションでは、発言内容だけでなく、ある成員が発言しているときの他の成員の表情など、非言語的な側面からさまざまなことが読みとれる。

③ × 家族療法では、カウンセラーの基本的態度として、家族成員を対等に扱う。

④ × 直線的因果律ではなく、円環的因果律を用いて、家族の問題を考える。

⑤ × 家族療法では、IP（Identified Patient）の問題解決に留まらず、家族システムに介入し、家族の問題を解決することを目指す。

問 054　　　　　　解答▶ ②

① × カウンセリングの終結は、カウンセラーとクラインエントが相談して決める。

② ○ 終結はクライエントに少なからず不安を引き起こすものであり、オープンエンドのかたちを取っておくことがクライエントの安心感につながる。

③ × 終結に際し、これまでのカウンセリングを振り返ることには意味があり、振り返って話し合いをすることが望ましい。
④ × いったん終結が合意されたら、新たな課題を掘り起こさないことが原則である。
⑤ × カウンセリングの終結はクライエントの申し出がきっかけで話し合われることもあれば、カウンセラーからの提案をきっかけに話し合われることもある。

① × 緩和ケアが対象とするのは生命を脅かす疾患による問題に直面する患者とその家族である。
② × 緩和ケアでは、心理社会的問題と身体的問題に加えて、スピリチュアルな問題も扱う。
③ ○ 緩和ケアでは、心理社会的問題、スピリチュアルな問題、身体的問題という3つの問題について評価し、問題の予防と対処を行うことによって、生活の質の改善を目指す。
④ × 現在は、疾患の早期からも行われるケアである。
⑤ × 緩和ケア診療加算を算定するチームは、身体症状の緩和を担当する専任の常勤医師、精神症状の緩和を担当する専任の常勤医師、専任の緩和ケアの経験を有する常勤看護師、緩和ケアの経験を有する専任の薬剤師で構成され、1人は専従であることが必要である。

Yalom, I. D.は、集団療法が効果をもたらす要因として、希望をもたらすこと、普遍性、情報の伝達、愛他主義、社会適応技術の発達、模倣行動、カタルシス、初期家族関係の修正的くり返し、実存的因子、集団の凝集性、対人学習の11因子を挙げた。なお、情動調律とは、Stern, D. N.が提唱した、生後9ヵ月頃から観察される母子間の情緒的な相互交流パターンをいう。

① × 動機づけ面接を提唱したのは、Miller, W. R.とRollnick, S.である。
② × 動機づけ面接は、依存の問題を抱えている者へのアプローチになり得る。
③ ○ 面接者は、チェンジトークを強化したり引き出したりすることによって、自己動機づけを高める。
④ × 面接者が用いるスキルには、開かれた質問、是認、聞き返し、要約の4つがある。閉ざされた質問による誘導は適切なかかわりではなく、開かれた質問により、両価的な気持ちを持つ相談者の状況や行動変容のためのアイデアなどを引き出すことが可能となる。
⑤ × 動機づけ面接は、Engaging（関わる）、Focusing（焦点化する）、Evoking（引き出す）、Planning（計画する）という4つのプロセスをたどるが、一方向的に進むのではなく、時に戻りながら進んでいくとされている。

① × 有意差がみられなかったということは、今回の調査結果で得られた平均点の差異は偶然の可能性があるということである。そのため「父親の年収が高いほうが子どもの学力は高くなる」と結論づけることは望ましくない。
② × 有意水準5％で検定した結果、有意差がみられなかったということは、今回の調査における有意確率（p）が$p > 0.05$であることから、有意水準を1％にしたとしても$p > 0.05 > 0.01$であり、有意差はみられない。
③ × 高年収群と低年収群それぞれに属する子どもには同一の者はいないため、被験者間要因である。
④ ○ 統計的仮説検定は統計的に有意な差があるかどうか（データにみられた差が偶然なのか否か）を検証するものであり、有意差が認められないということは、そのデータの差は偶然生じた可能性が否定で

きないということを意味する。ゆえに、有意差が認められないということから、今回の調査目的である、子どもの学力に対する父親の年収の影響がないと結論づけることはできない。

⑤ × 対象となる親子を増やすということは、サンプルサイズが大きくなるということであるため、有意差がみられる可能性はある。統計的仮説検定では一般的に、サンプルサイズが大きくなると有意差が生じやすくなる。

問059　解答▶②

① ○ 事例研究として論文投稿するためにはA本人の同意を得る必要がある。

② × Aの事例は主訴の解決に至ったことから、公認心理師が行った心理的支援がAに対して効果があった可能性がある。しかし、その心理的支援が他のクライエントに対しても有効であるという根拠はない。

③ ○ 事例研究では、対象者のプライバシーを守るために、匿名化を行う必要がある。

④ ○ 心理的支援は見立てに基づいて選択、実施されるため、何を実施したかだけではなく、その根拠となる見立てを併せて記述することが望ましい。

⑤ ○ 心理的支援は支援者と被支援者の関係性に基づいて行われるため、どちらか一方についてのみ記述するのではなく、両者について記述する必要がある。

問060　解答▶④

① × Piaget, J.の認知発達理論において、目の前にあるおもちゃを隠すと積極的に探すようになる（対象の永続性を獲得する）のは、生後10ヵ月頃であると考えられている。したがって、6ヵ月の乳児が本選択肢の行動を示すことは考えにくい。

② × Piaget, J.の認知発達理論において、保存の概念の獲得は7歳〜11歳頃であるとされている。そのため、3歳児が本選択肢の行動を示すとは言いにくい。

③ × Piaget, J.の認知発達理論において、保

存の概念の獲得は具体的操作期でなされると考えられている。したがって、前操作期にあたる4歳児の場合、平たい容器のほうが見た目上水位は低くなっているため、2つの容器に入っている水の量は同じと答えるのではなく、平たい容器のほうが水の量は少ないと答える。

④ ○ Piaget, J.の認知発達理論において、自己中心性からの脱却は、7歳〜11歳頃であるとされている。そのため、課題4において5歳児は、反対側に座っているぬいぐるみからの見え方は自分の見え方と同じであると答える。

⑤ × Piaget, J.の認知発達理論において、13歳児は形式的操作期に該当し、抽象的に物事を考えられるようになるとされている。したがって、課題5において、13歳児は、一郎、次郎、三郎の絵を描くことなく、頭の中だけで考えて一郎が一番高いと答える。

問061　解答▶⑤

Erikson, E. H.のライフサイクル論では、人間の一生を8つの段階に区分しており、Aは中年期にあたる。当該理論において、中年期の発達課題は、次の世代を支えていく人たちを生んだり、育んだりすることを意味する生殖性（世代性）の獲得である。そのため、Erikson, E. H.は、中年期において、自分の人生で培った知識、技術、体験などを後進に伝えていくことを重視した。

問062　解答▶⑤

① × 「どちらとも言えない」の回答数を表すのは？尺度の得点である。？＝45であることから、高得点ではないため、「どちらとも言えない」と回答した項目数が非常に多かったとはいえない。

② × L＝75であることから、自分を好ましく見せようとする態度が表れている可能性がある。

③ × MMPIにおける妄想性・猜疑性を示す臨床尺度はPa（パラノイア）であり、本

事例ではPaの尺度得点の記載がないため、妄想的・猜疑的傾向が強いとはいえない。

④ × Hs（心気症）＝75、Hy（ヒステリー）＝72と高得点であることから、身体や健康に関する関心（心配）が強い傾向、および心理的葛藤や負担を身体症状に転換する傾向が示されている。

⑤ ○ Si（社会的内向性）＝73と高得点であることから、内向的傾向や引きこもり傾向などを示している。

問063　　　解答▶**①**と**⑤**

① ○ 「私、あんまり絵を描くのが上手じゃないんだよな」という発言から、Aが検査について緊張や不安を感じている可能性がある。その際、検査者がクライエントの検査の様子を観察する場所は十分に検討すべき事項であり、目の前にいられると緊張する者もいれば、しっかり見ててくれたほうが安心するという者もいる。ゆえに、クライエントの様子に合わせて検査者が部屋のどこにいるかを判断することは大切である。

② × 描画法は写生のように描画の上手さを把握するための検査ではないため、見本となるような物を用意することは検査の目的からずれている。

③ × 上記と同様に描画の上手・下手を把握するための検査ではない。

④ × 描画法はその描画表現だけではなく検査中の行動や様子もアセスメントの対象となる。また、検査中にクライエントが検査者に話しかけてくるのは自然なことであり、それに反応を示さないことはラポール形成の妨げとなり、結果的に心理検査の目的である適切な心理アセスメントに支障をきたすおそれがある。

⑤ ○ 描画法では、描かれた描画について Post Drawing Interrogation（PDI）と呼ばれる質問を被検者に行うことで、より深い解釈につなげることが期待できる。

問064　　　解答▶**③**

① ○ 司法面接の目的は事実を正確に把握することであるため、司法面接の担当者が心理的支援の担当者も兼ねると、弊害が生じるおそれがある（心理的支援の立場では、負担を考慮し被害状況を聞き取ることを避けたいと考えるが、状況把握をするためには聞き取る必要があるという二律背反が生じる）。

② ○ 複数の大人が面接室に入ることで対象者の注意が散漫になったり、話すことに負担を感じたりするおそれがある。対象者の不安が強い等の理由でやむを得ず同席者を設ける場合でも、その同席者は中立的な立場である必要がある。

③ × 司法面接では、閉じられた質問をすることが一切禁止されているわけではない。ただし、閉じられた質問は話を誘導するおそれがあるため、最小限にとどめる必要はある。

④ ○ 録画をすることは、言語的情報に併せた非言語的情報の把握、および面接内容の見直し（面接をくり返さずに済むことで対象者の負担を減らす）などに有用である。

⑤ ○ 司法面接では、対象者からの自由報告の前に、過去の出来事を思い出す練習を行う。

問065　　　解答▶**⑤**

① × 退院に関して、原則として、家族の許可は必要ない。

② × 退院の可否の決定は、医師の判断によることが原則である。したがって、本記述の対応は、心理職の専門性を逸脱している。

③ × 選択肢②と同様、公認心理師が退院の条件をAに示すことは、心理職の専門性に即していない。

④ × 本選択肢の対応は、公認心理師とAの関係性が悪化し得る。また、医療機関を退院することがAにとって不利益であると断定できる根拠は、本事例において示さ

れていない。

⑤ ○ Aの主治医が、Aの退院の可否を判断することが原則である。そのため、公認心理師は、主治医との面接が必要である旨をAに伝えることが望ましい。

① × 反抗挑発症とは、同年代の子どもの行動範囲の限度を明らかに超えた水準で、大人や社会に対して非常に挑発的であったり、反社会的な行動で適応上の問題がみられたりする状態のことである。Aの年齢を考慮すると、Aが当該疾患を有していることは考えにくい。

② × 解離性同一症とは、一人の人間の中に2つ以上の人格が存在している状態であり、多重人格とも呼ばれている。本事例において、Aが解離性同一症を患っている様子は認められない。

③ × パニック症は、動悸やめまい、発汗、手足の震えといったパニック発作、および、パニック発作についての持続的な心配を特徴とする精神疾患である。本事例において、Aがパニック発作に悩まされている様相はみられない。

④ × 自我障害とは、自らの行為や思考が自分のものであるという意識や、それらを自分の意思で行っているという意識が変質し、自分の行為や思考が自分のものだと感じられない状態のことである。本事例において、Aが当該症状を呈している様子はみられない。

⑤ ○ 見当識障害とは、自分が置かれている環境や状況を認識する能力に障害がみられる疾患である。当該疾患では、主に時・場所・人に関する見当識が障害されると考えられており、自身の妻や娘に対して「初めまして」とあいさつするときがある、季節が夏であるにもかかわらず冬服を着て外出するというAの現況は、見当識障害によって生じ得る。

① ○ Aが医療機関を受診することは、Aの問題を解決することにつながり得る。

② ○ Aの様子を詳しく聞くことは、Aへの適切な支援を検討することに役立つ。

③ ○ 本事例において、Aは強迫症を患っている可能性が高い。したがって、Aの母親に強迫症に関する心理教育を行うことは、Aの家族の負担を軽減することにつながる。

④ × 巻き込み症状が認められる強迫症の場合、強迫症を患っている者の行動などに家族が付き合うと、本人の症状が悪化したり、家族が疲弊したりするなどの事態が生じ得る。そのため、本選択肢の対応がAの状態の改善につながるとは言い難い。

⑤ ○ 本事例では、Aが強迫症に悩まされている様子がうかがえる。SSRIは、当該疾患への有効性が認められており、Aが抱えている困難を減らすことに役立ち得る。

本事例では、Aに統合失調症の陽性症状である幻聴や注察妄想が認められる。現代の精神医学において、統合失調症の治療には、原則として、抗精神病薬を用いる。特に、陽性症状が認められる場合、心理的アプローチよりも医療的アプローチが優先される。

① × 本選択肢の対応は、Aの不眠を悪化させる可能性が高い。眠れない場合、いったん寝床から離れることが不眠症の改善に有効であるとされている。

② × 寝酒によって、寝つきはよくなる可能性がある。しかし、アルコールには、中途覚醒を助長する、睡眠が浅くなるといった作用があるため、本選択肢の対応がAの不眠の改善につながるとはいえない。

③ × 昼寝は、夜間の覚醒を促すことにつながるため、Aの不眠が悪化する可能性が高い。

④ ○ 不眠症に対するアプローチとして、生活

リズムの改善、認知行動療法、リラクゼーション法などが挙げられる。

⑤ × N式精神機能検査は、認知症検査の1つであり、被検者の認知機能の特徴を評価できる。本事例において、Aが認知症を患っている様子はみられない。

問070 解答▶②

① ○ 交通事故に関するニュースなどがTVで流れると、すぐにTVを消すようになったというAの行動は、回避症状に該当する。

② × トラウマティック・ボンディングとは、トラウマが生じるような人間関係の中で形成されるつながりを意味する。当該概念は、主にDVや虐待で使用されており、本事例において、Aにトラウマティック・ボンディングはみられない。

③ ○ 眠れないというAの様子は、過覚醒症状に該当する。

④ ○ 自分が車にひかれる夢を見るというAの様子は、侵入症状にあたる。

⑤ ○ 何事にも興味をもつことができないというAの様子は、興味や関心の喪失にあたる。

問071 解答▶②

① × 本事例では、心理療法の変更を提案することよりも、Aの現況をアセスメントすることが優先される。

② ○ 依存性パーソナリティ症の基本的な特徴は、面倒をみてもらいたいという広範で過剰な欲求である。公認心理師は、当該欲求の対象に心理的支援などを行う専門職が含まれ得ることに留意しつつ、面接で生じていることをアセスメントしなければならない。

③ × 公認心理師のAに対する気持ちは、転移ではなく、逆転移によって生じている可能性がある。

④ × 本事例では、Aの主治医に心理療法の一時中断を進言することよりも、Aの現在の状態を理解することが優先される。

⑤ × 本事例では、公認心理師とAとの間にラポールが形成されていないと言い切れない。また、公認心理師の判断でAの面接を早急に中断することは、Aの主治医と公認心理師の関係性が悪化することにつながり得る。

問072 解答▶③

① × 本事例において、公認心理師は治療チームの一員である。したがって、心理面接でAから得られた情報は、必要に応じて他職種と共有することが求められる。

② × 自己保健義務とは、従業員などの労働者に課せられている義務であり、安全で健康に働くために、自らの健康状態に注意を払ったり、管理したりすることを意味する。本事例において、Aの行動が自己保健義務に違反していると言い切れる根拠はない。また、仮にAが自己保健義務の履行を怠ったとしても、警察に通報することはない。

③ ○ 生物心理社会モデルに基づき、Aの心理面に限らず、身体面や社会面も理解することが、Aが抱えている問題の解決につながり得る。

④ × 食事や運動の行動変容に関しては、心理的支援の対象になり得る。そのため、公認心理師は、状況に合わせて他職種と連携しつつ、Aの行動変容を促進することが望ましい。

⑤ × 本事例において、公認心理師にチームリーダーとしての機能が求められていると断定できる根拠はない。また、他職種に積極的に指示を出すことで、公認心理師と他職種の関係が悪化する可能性がある。

問073 解答▶④

① × 本選択肢の対応は、出世することに不安を感じているAの気持ちに即していない。

② × Aが課長になるのは時期尚早であると言える根拠が、本事例では示されていない。また、公認心理師は、人事異動に口を挟むのは原則控えることが望ましい。

③ × 本事例において、Aにうつ病の症状は認められない。

④ ○ 課長になる自信がないというAの気持ちに焦点を当てつつ、Aの現況をアセスメントすることが公認心理師に求められる。

⑤ × Aが認知の歪みを有している可能性はあるが、心理療法の施行はアセスメントを経たあとになされることが原則である。したがって、本選択肢の対応がAへの公認心理師の最初の対応になるとは考えにくい。

問074　解答▶③

① ○ 就業中のBの様子を詳しく聞くことは、Bへの接し方をAと検討する際に役立つ。

② ○ Aの苦労や努力をねぎらうことは、Aの気持ちに即した対応である。

③ × 本事例において、Aに管理職としての適性が低いと言い切れる根拠は示されていない。

④ ○ Bの居眠りが、何かしらの精神障害によって生じている可能性はある。Aに適切な支援を行うためには、Bの状態を正確に把握することが欠かせない。

⑤ ○ Bの業務をフォローしている社員の現況について尋ねることは、Bを取り巻く状況の把握に役立ち得る。

問075　解答▶①

① ○ 本事例において、Aの１ヵ月あたりの残業時間は100時間以上であり、過労死といった労働災害が発生するリスクは高い。そのため、Aに産業医との面談を勧めることが望ましい。

② × CBCLとは、子どもの行動チェックリストのことであり、本事例と関連がない。

③ × CAARSは、主にADHDのスクリーニング検査として使用される。AがADHDを患っている様子は、本事例において示されていない。

④ × 本事例では、Aに認知行動療法を施行することよりも、Aと産業医が面談することのほうが優先される。

⑤ × 選択肢④と同様、Aにリラクセーション法を施行するよりも、Aを産業医にリファーすることのほうが優先される。

問076　解答▶③

① × Aの職業性ストレス簡易調査票（57項目）の結果において、「技能の活用度」は低いことが明示されている。そのため、Aが自身の経験や能力を現在の仕事に活用できると考えているとはいえない。

② × 設問では、職業性ストレス簡易調査票（57項目）の結果から読み取れることが問われている。当該調査票の結果のみで、Aがうつ病を発症していると判断することはできない。

③ ○ Aの職業性ストレス簡易調査票（57項目）の結果を見ると、「働きがい」は低いことが示されている。したがって、Aは自身に与えられた仕事に対して、やりがいを喪失している可能性がある。

④ × 選択肢②と同様、職業性ストレス簡易調査票（57項目）の結果のみで、Aが社交不安症を発症していると判断することはできない。

⑤ × Aの職業性ストレス簡易調査票（57項目）の結果において、「量的な仕事の負担」は高いことが明示されているため、Aの心理的な仕事の量的負担が高いことは事実である。しかし、心理的な仕事の質的負担が低いとはいえない。

問077　解答▶④

① ○ 本選択肢は、Aの気持ちに即した対応であり、Aと公認心理師の関係を維持することに役立つ。

② ○ 「心の健康問題により休業した労働者の職場復帰支援の手引き」では、職場復帰に際して、労働者がその意思を事業者に伝えるとされている。

③ ○ Aが職場復帰を果たすためには、Aが回復していることに加えて、Aが復帰する職場の環境調整が必要になる。そのため、職場環境の変化などの確認をAに勧める

ことは、Aの職場復帰を円滑にすること
につながり得る。

④ × 「心の健康問題により休業した労働者の
職場復帰支援の手引き」において、職場
復帰支援プランの作成は、事業場内産業
保健スタッフ等を中心に作成すると定め
られている。つまり、リワークプログラ
ムのスタッフである公認心理師が職場復
帰支援プランを作成することは難しい。

⑤ ○ Aが職場復帰を果たすまでの間にリワー
クプログラムで取り組む内容を、再度一
緒に検討することはAの職場復帰を円滑
にすることにつながる。

■午後の部

問078　　　　　　　　　　解答▶④

① × 教育分析はスーパービジョンに含まれな
い。教育分析は心理職の自己理解に焦点
を当てるが、スーパービジョンは事例理
解や、知識や技能の習得に焦点を当てる。

② × スーパービジョンはスーパーバイジーが
複数人いるグループでも実施され、グル
ープスーパービジョンと呼ばれる。

③ × 臨床経験が長くとも、スーパービジョン
は必要である。

④ ○ スーパービジョンには、教育的機能、管
理的機能、支持的機能がある。

⑤ × Fouad, N. A.らが提唱した心理職のコ
ンピテンシーの立方体モデルは、「基盤
コンピテンシー」「機能コンピテンシー」
「職業的発達」の3次元からなる。

問079　　　　　　　　　　解答▶⑤

① ○ チーム医療を推進するにあたって、患者
に望ましい医療を提供するために、患者
の生活面や心理面のサポートを含めて各
職種がどのように協力するかという視点
をもつことが重要である。

② ○ 一部の医療スタッフに負担が集中したり、
安全性が損なわれたりすることのないよ
う注意が必要である。

③ ○ チームアプローチの質を向上するために

は、カンファレンスを議論・調整の場と
して充実させる必要がある。

④ ○ チームアプローチの質を向上させるため
には、チームの一員として他の職種を理
解することが重要である。

⑤ × チームアプローチを実践するためには、
特定の職種に特定の業務を集中させるの
ではなく、関係する複数の職種に共有す
る業務も多く存在することを認識し、患
者の状態や医療提供体制などに応じて臨
機応変に対応することが重要である。

問080　　　　　　　　　　解答▶③

① × 専門スタッフ、地域人材等の連携・分担
により、教員が授業準備や研修等に多く
の時間を割くことができる環境の構築を
目指す。

② × チーム学校では、校長のリーダーシップ
のもとで学校経営を行う。

③ ○ コミュニティ・スクール（学校運営協議
会制度）やさまざまな地域人材等との連
携・協働を通して、保護者や地域の人び
との理解・協力を得ながら教育活動を充
実させていくことが求められている。

④ × 学校において、チーム体制を構築してい
くためには、教職員それぞれの職務内容、
権限、責任を明確化することが重要であ
る。

⑤ × 学校の長として、「チームとしての学校」
の在り方を明確に示し、教職員と意識や
取り組みの方向性の共有を図ることが求
められるのは校長である。

問081　　　　　　　　　　解答▶⑤

① ○ 身体的な障害がある18歳以上の者が身
体障害者として支援を受ける場合、都道
府県知事から身体障害者手帳の交付を受
ける必要がある。

② ○ 障害者総合支援法第4条に規定される難
病等患者は支援対象に含まれる。

③ ○ 就労移行支援は、障害福祉サービスにお
ける訓練等給付の1つである。

④ ○ 障害者総合支援法第21条に規定される。

⑤ ✕ 障害支援区分は、6段階の区分である。

問082　　　　　　　　　　　解答▶①

① ○ 精神保健福祉法第19条の7に規定されている。

② ✕ 市町村に精神保健福祉センターの設置義務はない。精神保健福祉法第6条において、都道府県は精神保健福祉センターを置くものとすると規定されている。

③ ✕ 精神医療審査会は、5名の委員から構成される合議体である。

④ ✕ 精神保健福祉法は、国民の通報義務を定めていない。

⑤ ✕ 精神障害者本人の同意に基づいて行われる入院は、任意入院である。医療保護入院とは、精神保健指定医の診察の結果、自傷他害のおそれはないが入院を必要とする精神障害者で任意入院を行う状態にない者を家族等の同意により入院させる形態である。

問083　　　　　　　　　　　解答▶②

① ✕ SSTは、Liberman, R. P.が考案した。Meichenbaum, D. H.は、自己教示訓練やストレス免疫訓練を考案した人物である。

② ○ SSTの基本訓練モデルでは、モデリング（手本を見て学ぶ）が用いられる。

③ ✕ 統合失調症患者にも適用される。

④ ✕ 1980年代に平木典子が導入したのは、アサーションである。SSTは1988年にLiberman, R. P.の来日を契機に日本に導入されたとされる。

⑤ ✕ 認知行動療法の一技法としてとらえられている。

問084　　　　　　　　　　解答▶③と④

① ✕ 症状の発現が7歳未満とされたのは、DSM-Ⅳ-TRである。DSM-5-TRにおいては、症状のうち、いくつかが12歳になる前から存在していることが診断基準に含まれる。

② ✕ 多動性-衝動性の傾向は女性より男性に

多くみられる傾向がある。

③ ○ CAARSは18歳以上を対象に注意欠如多動症の重症度の評価に用いられる場合がある。

④ ○ 不注意の症状の例である。

⑤ ✕ 薬物療法として、中枢神経刺激薬が用いられることがある。

問085　　　　　　　　　　解答▶③と⑤

① ✕ BDI（ベック抑うつ質問票）は、抑うつ症状の重症度を評価する検査である。

② ✕ DAM（Draw A Man Test）は、動作性知能のアセスメントを目的とした描画法検査である。

③ ○ ITPAは、言語学習能力を測定する検査である。限局性学習症の疑いがある子どものアセスメントに用いられる。

④ ✕ MAS（顕在性不安尺度）は、不安の測定を目的とした検査である。

⑤ ○ STRAW-R（読み書きスクリーニング検査）は、読み書きの流暢性や正確性を調べることができる。限局性学習症のアセスメントに用いられる場合がある。

問086　　　　　　　　　　　解答▶④

① ○ Skinner, B. F.の行動理論に基づく。

② ○ 行動分析学では、人間以外の動物の行動も研究対象とする。

③ ○ 行動分析学では、行動を三項随伴性（先行刺激─行動─結果）に基づいて理解する。

④ ✕ 分析の標的とする行動は、できる限り具体的であることが望ましい。

⑤ ○ 行動分析学では、行動を個体と環境の相互作用からとらえる。

問087　　　　　　　　　　　解答▶②

バセドウ病は、甲状腺ホルモンが過剰に分泌され、甲状腺機能が亢進する病気である。当該疾患の症状として、手足の震え、眼球突出、多汗、不眠などが挙げられる。男性よりも女性に多い病気であり、30歳～40歳代の発症が多く認められる。

① × 男性の更年期障害の場合、テストステロンの分泌が減少するとされている。
② × 女性の更年期障害の場合、エストロゲンの分泌が減少するとされている。
③ ○ 更年期障害は20代～30代でも発症し得る。
④ × 更年期障害の症状として不眠を呈することがある。
⑤ × ホルモン補充療法は、更年期障害の改善に効果があると考えられている。

Prochaska, J.の行動変容ステージモデルは、主に生活習慣の改善や行動変容に用いられる。当該概念では、人が行動を変容させる過程として、無関心期、関心期、準備期、実行期、維持期の5段階を想定している。
なお、抵抗期はSelye, H.が提唱した汎適応症候群に含まれる段階である。

① × 本選択肢は、ロコモティブシンドロームの説明である。メタボリックシンドロームとは、内臓脂肪型肥満に高血圧・高血糖・脂質代謝異常が組み合わさり、動脈硬化を進行させ、心筋梗塞や脳卒中などを引き起こしやすい状態をいう。
② ○ 内臓脂肪の蓄積は、メタボリックシンドロームの発症要因とされている。
③ ○ メタボリックシンドロームの診断基準として、内臓脂肪蓄積に加えて、血圧・血糖・脂質の3つのうち、2つ以上が基準値を超えることが挙げられる。
④ × メタボリックシンドロームの発症には、運動や食事といった生活習慣が密接に関与している。したがって、40代以上の中高年者に限らず、20～30代の若年者も当該疾患を患う可能性がある。
⑤ × PAI-1は、血栓を形成し、動脈硬化を促進させる物質である。そのため、内臓脂肪が蓄積すると、血中PAI-1濃度は増加すると考えられている。

① × 若年性認知症とは、65歳未満の人が認知症を発症することである。
② × 認知症の症状は、中核症状と周辺症状（BPSD）に大別される。徘徊と失禁は周辺症状に該当する。
③ × レビー小体型認知症は指定難病ではない。ただし、前頭側頭型認知症（前頭側頭葉変性症）は指定難病である。
④ ○ 前頭側頭型認知症でみられる症状は、行動障害と言語障害に大別される。行動障害の例として、行動の脱抑制や無気力、食行動の変化などが挙げられる。また、言語障害の例として、発語量の低下や語義失語などが挙げられる。
⑤ × ドネペジル塩酸塩は、アルツハイマー型認知症やレビー小体型認知症における症状の進行抑制に効果があるとされている。ドネペジル塩酸塩の投与によって、アルツハイマー型認知症が完治するとはいえない。

① ○ サイコロジカル・ファーストエイドは、心的外傷体験に見舞われた人たちに対して行われる応急処置である。情報収集を行い、被災者のニーズを把握することは、サイコロジカル・ファーストエイドに含まれる。
② ○ 被災者の周囲の環境を整備し、心身の安全を確保することは、サイコロジカル・ファーストエイドでなされる活動の1つである。
③ × デブリーフィングとは、心的外傷体験を経験した人びとに対して、その体験や考え、感情を語ってもらうことである。急性期における当該アプローチの使用は、被支援者の状態を悪化させる可能性が高いと考えられているため、サイコロジカル・ファーストエイドでは推奨されていない。
④ ○ ストレス反応に対処する方法を伝えることは、サイコロジカル・ファーストエイ

ドに該当する。

⑤ ◯ 被災者が必要としているサービスを紹介することは、サイコロジカル・ファーストエイドでなされる活動に含まれる。

問 093　　　解答▶ ① と ④

① ◯ 特定の物質の摂取や行為をやめたくても、やめられない状態を依存と呼ぶ。

② × 耐性とは、依存性薬物の効果が弱まり、同じ効果を得るために当該薬物の用量が増えることである。

③ × 離脱症状とは、薬物やアルコールの使用を中止・減量した際に生じるさまざまな身体的・精神的症状のことである。

④ ◯ 大麻は、カンナビノイド受容体を介して多幸感などを生じさせる。

⑤ × モルヒネは、オピオイド受容体を介して鎮痛・鎮静作用を生じさせる。

問 094　　　解答▶ ④

自宅で障害者・児や高齢者などを介護している家族に対して、介護を代替することによって当該家族を一時的に介護から解放し、休息をとれるようにする支援をレスパイトケアと呼ぶ。訪問介護やデイサービスセンターの利用などがレスパイトケアの例として挙げられる。レスパイトケアは、家族介護者の介護負担を軽減することに役立つとされている。

問 095　　　解答▶ ①

① × 財産管理権は親権に含まれている。

② ◯ 民法第834条では親権喪失の審判が、民法第834条の2では親権停止の審判が規定されている。

③ ◯ 親権喪失や親権停止の審判の申立ては、家庭裁判所に行う。

④ ◯ 児童福祉法第33条の7において、児童相談所長は、親権喪失、親権停止及び管理権喪失の審判並びにこれらの審判の取消しについて、家庭裁判所への請求権を有すると定められている。

⑤ ◯ 民法第819条において、父母が協議上の離婚をするときは、その協議で、その

一方を親権者と定めなければならないと明記されている。

問 096　　　解答▶ ③

① × 児童心理治療施設は、児童福祉法に規定されている児童福祉施設である。

② × 児童心理治療施設への入所・通所は、原則として児童相談所の措置によってなされる。

③ ◯ 児童心理治療施設は、心理的な問題を抱えて日常生活で多岐にわたり支障をきたしている子どもに対して、医学治療、心理療法、生活指導、学校教育といった総合的な支援を行う施設である。

④ × 神経発達症を有する子どもが、児童心理治療施設に入所・通所することがある。ただし、障害そのものの治療を目指すのではなく、それを背景とする不適応や二次障害への治療・支援が主となる。

⑤ × 児童心理治療施設は、必要に応じて満20歳まで入所・通所が可能である。

問 097　　　解答▶ ④

① × TEACCHプログラムは、主に自閉スペクトラム症の子どもたちのために開発されたプログラムである。

② × TEACCHプログラムの提唱者は、Skinner, B. F.ではなくSchopler, E.である。

③ × TEACCHプログラムでは、プログラムの利用者が有する欠点や精神障害に加えて、持っている長所やスキルに注目する。また、当該プログラムの目的は、自閉スペクトラム症の子どもたちが生涯にわたって地域社会で生活できるように支援を行うことである。

④ ◯ 自閉スペクトラム症の子どもたちにみられる特徴の1つとして、状況把握の困難さが挙げられる。そのため、TEACCHプログラムでは、構造化という概念に基づくアプローチを用いて、状況を理解しやすいようにしている。

⑤ × 利用者が自立的に活動するための情報を

提示する方法は、ワークシステムと呼ばれている。

問098　解答▶④

① ○ 就労継続支援B型は、障害者総合支援法において訓練等給付に含まれる障害福祉サービスである。

② ○ 就労継続支援B型は雇用契約を結ばないことが特徴である。

③ ○ 就労継続支援B型において、利用者の年齢の上限は設けられていない。

④ × 就労継続支援B型は、精神障害者保健福祉手帳を取得していない者も利用できる。

⑤ ○ 一般就労が難しい障害者や難病患者などが就労継続支援B型を利用する場合がある。

問099　解答▶④

① × 喪の作業を、失った対象に対する両価的感情を乗り越える過程であると考えたのは、Freud, S. である。

② × Kübler-Ross, E. は、喪の作業の心理的過程ではなく、死の受容過程について整理した。

③ × 喪の作業を悲哀の4段階に細分化したのは、Winnicott, D. W. ではなく、Bowlby, J. である。当該段階は、情緒危機、抗議、絶望、離脱から構成されている。

④ ○ Lindemann, E. は、急性悲嘆反応を、咽頭の緊張や呼吸促迫、息切れといった身体症状と、自分も死んでしまいたいという気持ちや罪悪感などの心理症状に区別した。

⑤ × グリーフカウンセリングについて論じたのは、Berne, E. ではなく、Worden, J. W. である。

問100　解答▶⑤

① × 本選択肢は、スキーマに関する説明である。心の理論とは、他者の心的状態を類推したり、理解したりする能力をいう。

② × 心の理論は、1980年代以降発達心理学の重要な研究テーマとなった。

③ × 心の理論の研究者として、Premack, D. が挙げられる。Kanner, L. は、自閉症研究の先駆者であり、『情緒的接触の自閉的障害』を発表した。

④ × 自閉スペクトラム症の子どもは、心の理論の獲得が遅れているとされている。

⑤ ○ 「サリーとアンの課題」や「スマーティ課題」といった誤信念課題は、心の理論の獲得の程度を調べることができる。

問101　解答▶①

① ○ 学校の立地する環境や、学校規模、通学する児童生徒等の年齢や通学方法は、各学校によって異なる。そのため、各学校は学校や地域の実情を踏まえた学校防災マニュアルを作成する必要がある。

② × 学校防災マニュアルの作成（見直し・改善）段階から家庭、地域、自治体等の関係機関と共同で作業にあたることが望ましい旨が明記されている。そのため、児童生徒の保護者の意見は、学校防災マニュアルに反映しないほうがよいとはいえない。

③ × 学校における地震防災のフローチャートでは、事前の危機管理、発生時の危機管理、事後の危機管理という3つの段階に分けて、危機管理・防災対応をとらえている。

④ × 地震防災のフローチャートにおける発生時の危機管理は、初期対応と二次対応に分かれる。

⑤ × 被災した児童生徒の心のケアは、地震防災のフローチャートにおける事後の危機管理に含まれている。

問102　解答▶④

① ○ ギャング・エイジは小学校中学年から高学年頃の時期をいう。

② ○ ギャング・エイジでは、子どもが教師や親よりも友だちを重視し始める。

③ ○ 基本的に、同性・同年齢の遊び仲間集団のことをギャング・グループという。

④ × ギャング・グループは、親や教師から自

立する過程でみられると考えられている。当該過程において、親や教師への反抗が生じ得るため、ギャング・グループが親や教師に反抗することはないと言い切れない。

⑤ ○ ギャング・グループは、仲間意識が強く閉鎖性が高い遊び仲間集団であるとされている。そのため、当該グループだけに通じるルールや合言葉が存在し得る。

問103　解答▶②

抑うつや不安といった明らかな精神症状を示さない学生が、ある時期から無気力・無関心になり、学業や学生生活全般からの退却を呈する状態をスチューデント・アパシーと呼ぶ。Walters, P.によって提唱された当該概念は、学生の留年や不登校と関連すると考えられている。

問104　解答▶④と⑤

① × 教育支援センターは、非行に限らず、不登校といった問題を抱える児童生徒も利用できる。不登校児童生徒への支援の中核となることが、教育支援センターに期待されている。

② × 教育支援センターでは、家庭訪問による相談・指導を行うこともある。当該アプローチは、教育支援センターや児童生徒の実情に応じて、適切になされることが望ましい。

③ × 不登校児童生徒への支援については、民間施設やNPO等でも、様々な取組が実施されている。そのため、各施設の自主性や成果を踏まえつつ、状況に即して、連携を図っていくことが教育支援センターに求められる。

④ ○ 教育支援センターは、不登校児童生徒の集団生活への適応、情緒の安定、基礎学力の補充、基本的生活習慣の改善等のための相談・指導を行うことにより、その社会的自立に資することを基本とする。

⑤ ○ 不登校児童生徒の努力を学校として評価し支援するため、義務教育制度を前提としつつ、一定の要件を満たす場合、校長

は教育支援センター等において相談・指導を受けた日数を指導要録上出席扱いとすることができる。

問105　解答▶①

① ○ ポリグラフ検査とは、犯人しか知り得ない事件内容の記憶の有無を、生理的反応の変化を基に判定する科学的鑑定法である。

② × プロファイリングとは、犯罪捜査において、犯罪現場の情報分析に基づいて科学的に犯人像を推論することである。

③ × ソンディ・テストとは、被検者に精神疾患患者の顔写真を複数枚呈示し、それらを「好き」「嫌い」で分けてもらうことによって、被検者の衝動や葛藤を分析する投映法検査である。

④ × フラグメント・アナライザーとは、DNA型を分析する機器のことである。

⑤ × WAI技法（20答法）とは、「Who am I ?」という質問に対して、「私は〜です」というかたちで20の回答を求める検査であり、被検者の自己イメージを把握するために用いられる。

問106　解答▶②

① ○ 面会交流の具体的な内容や方法は、父母の話し合いにより決定することができる。話し合いがまとまらない場合や話し合いができない場合には、家庭裁判所に調停または審判の申立てをし、面会交流に関する取り決めを求めることができる。

② × 面会交流調停の申立て先は家庭裁判所である。

③ ○ 面会交流は子どもの利益が最も優先されるため、面会交流により子どもの利益が害されるおそれがある場合は実施する必要はない。

④ ○ 面会交流の方法には、直接会うだけではなく電話や手紙での交流も含まれる。

⑤ ○ 子ども自身は離れて暮らす親（非監護親）に会いに行き交流することを希望していたとしても、一緒に暮らす親（監護親）

がそれに対して消極的である場合、子どもが一緒に暮らす親を気遣って面会交流を嫌がる場合がある。

※法務省HP「法務省式ケースアセスメントツール（MJCA）の開発と運用開始について」より引用・参照

問107　　　　　　　　　解答▶②

① ✕ 執行猶予期間を満了しても前科になる。

② ○ 初犯の場合、執行猶予付きの判決が下されることも多いが、罪状や本人の態度などによっては、初犯でも執行猶予がつかない場合がある。

③ ✕ 執行猶予期間中に別の罪を犯すと、執行猶予が取り消され、実刑を受ける場合がある。

④ ✕ 執行猶予は、刑の一部に付される場合と、刑の全部に付される場合がある。刑の一部に執行猶予が付された場合は、言い渡された刑期のうち、執行猶予を言い渡された刑期を差し引いた期間は刑務所に収容されることになる。

⑤ ✕ 執行猶予期間は最長5年である。

問108　　　　　　　　　解答▶④

① ✕ MJCA（法務省式ケースアセスメントツール）は、法務省矯正局が開発したアセスメントツールである。

② ✕ MJCAはRNR原則（リスク原則、ニーズ原則、レスポンシビリティ原則）に基づくアセスメントツールである。

③ ✕ MJCAの構成は、静的領域、動的領域の2領域、合計52項目から構成されている。静的領域は過去の経歴（生育歴や非行歴など）等に着目する領域であり、動的領域は意欲や態度など今後の教育等によって変化し得る要素に着目する領域である。

④ ○ 動的領域の項目として、「保護者との関係性」が挙げられる。

⑤ ✕ MJCAは、再非行等に密接に関連する調査項目を少年鑑別所の心理技官が面接や鑑別資料に基づいて評定することにより、非行少年の再非行の可能性と教育上の必要性を定量的に把握することを目的としたアセスメントツールである。

問109　　　　　　　　　解答▶②

① ✕ 社会人基礎力は、2006年に経済産業省によって提唱された。

② ○ 社会人基礎力とは、職場や地域社会で多様な人びとと仕事をしていくために必要な基礎的な力のことである。

③ ✕ 社会人基礎力は、「考え抜く力」「チームで働く力」「前に踏み出す力」という3つの能力が想定されている。

④ ✕ 社会人基礎力は、12の能力要素から構成されている。

⑤ ✕ CMIとは、被検者の身体的・精神的な症状を把握するチェックリストである。

問110　　　　　　　　　解答▶④

① ✕ 業務上必要な指示や注意は、パワーハラスメントに該当しない。

② ✕ 厚生労働省では、パワーハラスメントを、「身体的な攻撃」「精神的な攻撃」「人間関係からの切り離し」「過大な要求」「過小な要求」「個の侵害」の6つに分類している。したがって、資料の印刷だけに従事させるといったその人の能力や経験からかけ離れた過小な要求が、パワーハラスメントにならないとは言い切れない。

③ ✕ パワーハラスメントとは、上司から部下に対するものに限らず、職務上の地位や人間関係といった職場内での優位性を背景に、同じ職場の者に対して業務の適正な範囲を超えてなされる行為であり、それによって本人に身体的もしくは精神的な苦痛を与えたり、就業環境を害したりするものとされている。

④ ○ セクシャルハラスメントは、対価型と環境型に分けられる。対価型セクシャルハラスメントの例として、性的な言動に対して拒否や抵抗を示した労働者を解雇したり、降格させたりすることが挙げられる。環境型セクシャルハラスメントの例

として、性的な言動によって労働者の就業環境が悪化し、当該労働者の能力の発揮に重大な悪影響が生じることが挙げられる。

⑤ × 異性に対する性的な言動に限らず、同性に対する性的な言動もセクシャルハラスメントに該当する。

問111 解答▶①

① × 労働安全衛生法第70条の2に基づいている。

② ○ 「労働者の心の健康の保持増進のための指針」では4つのケアが定められている。ラインによるケアには、管理監督者によるケアが含まれる。

③ ○ 産業医や衛生管理者等によるケアは、事業場内産業保健スタッフ等によるケアに含まれる。

④ ○ EAPは、事業場外資源によるケアに含まれる。

⑤ ○ メンタルヘルスケアに含まれる内容として職場環境等の把握と改善が挙げられる。

問112 解答▶②と③

① × Super, D. E.のキャリア発達理論では、生涯発達の観点が取り入れられている。キャリアを、人びとが生涯において追求し、占めている地位、業務、職務の系列と定義している。

② ○ Super, D. E.のキャリア発達理論では、人生を時間軸で分けたライフステージ、および、人生におけるそれぞれの時期で担う役割であるライフロールという2つの概念が用いられている。

③ ○ Super, D. E.のキャリア発達理論では、5つのライフステージが設けられている。成長期では、身体的な発達と自己概念の形成が主となり、職業世界へ関心を示すようになる。

④ × 本選択肢は、Super, D. E.のキャリア発達理論の確立期に関する説明である。維持期とは、確立した地位やその有利性を保持する時期である。

⑤ × 市民は、Super, D. E.が想定したライフロールに含まれている。Super, D. E.は、市民とはボランティアや慈善活動などに従事する役割であると考えた。

問113 解答▶①と④

① ○ 脂質異常症とは、血液中の脂肪量が多すぎる状態であり、血管内にプラークが生じやすくなる。プラークが生じると、動脈硬化や血栓のリスクが高まる。

② ○ 血圧上昇の原因となる身体疾患がある場合、二次性高血圧症と呼ぶ。この中には、腎動脈狭窄、原発性アルドステロン症、褐色細胞腫など外科手術により高血圧の治療が期待できるものがある。

③ × 腎不全の状態になると、体内の老廃物を処理することが困難になる。強度の高い運動をすると、新陳代謝が活発になり老廃物が多くつくられることから、腎臓の負担を避けるために強度の高い運動は控える必要がある。

④ ○ 不整脈とは、心拍が不規則である、速すぎる（頻脈）、遅すぎる（徐脈）といった心拍リズムの異常をいう。

⑤ ○ 虚血性心疾患とは、動脈硬化や血栓などによって心臓の血管が狭くなり、血液の流れが悪くなることで、心臓に酸素や栄養がいきわたらなくなり、胸の痛みや圧迫感などさまざまな症状が生じる状態をいう。

問114 解答▶①と③

① ○ 過換気症候群では、過呼吸により体内の二酸化炭素濃度が低下し、血液がアルカリ性になることで、血管の収縮に伴う手足のしびれやけいれんなどのさまざまな症状が起きる。

② × 過換気症候群は不安や緊張がきっかけになることがあり、神経質な人や不安を感じやすい人に生じやすいとされている。

③ ○ 不安や緊張がきっかけとなって過呼吸状態になるおそれがあったり、過呼吸になるのではないかという不安を抱える可能

性もあるため、強い不安症状を訴える人もいる。そのような場合、抗不安薬の処方が検討される。

④ × 一般的に、症状は数時間程度で改善するとされる。

⑤ × ペーパーバック法とは、紙袋を口に当てて一度吐いた息を吸うことで、血液中の二酸化炭素濃度を上昇させることで症状を緩和する方法であるが、酸素濃度が低下して低酸素状態になる危険性があり、現在は推奨されていない。

問115　　解答▶①と③

① ○ 臓器提供には、亡くなった人からの脳死後の臓器提供、心臓が停止した死後の臓器提供、健康な人からの臓器提供（生体移植）がある。

② × レシピエントとは、臓器移植手術や骨髄移植手術で臓器の移植を受ける患者のことであり、各臓器のレシピエント選択基準には、年齢や血液型、医学的緊急性などさまざまな基準が設けられている。

③ ○ 健康保険証や運転免許証の裏面に意思表示欄が設置されている。また、マイナンバーカードの表面にも意思表示欄がある。

④ × すべての臓器において、ドナー（臓器提供者）が親族優先提供の意思表示をしている場合、医学的な適合条件等を満たせば親族に優先的に提供することができる。

⑤ × 本人の拒否の意思がなく、家族からの承諾があれば、15歳未満での脳死後の臓器提供が可能である。

問116　　解答▶⑤

① × 2型糖尿病は糖尿病の中で最も多いタイプとされている。

② × 2型糖尿病は、体質などの遺伝要因と、生活習慣などの環境要因により発症すると考えられている。

③ × 2型糖尿病では、インスリンの分泌量低下や機能低下（インスリン抵抗性）により症状が生じる。

④ × インスリン注射は同じ部位に行い続ける

と、皮膚が硬化し、効き目が落ちる場合があるため、定期的に変更することが望ましい。

⑤ ○ HbA1cは、赤血球のヘモグロビンのうち、糖と結合したものがどれくらいの割合を占めているかを示す指標である。HbA1cは、過去1ヵ月～2ヵ月の血糖値を反映しているため、血糖コントロール状態の目安となっており、糖尿病外来で測定されることが多い。

問117　　解答▶⑤

人工妊娠中絶とは「胎児が、母体外において、生命を保続することのできない時期に、人工的に、胎児及びその附属物を母体外に排出すること」と定義されている（母体保護法第2条第2項）。

① ○ 世界には、人工妊娠中絶が法で認められていない国が存在する。

② ○ 「妊娠の継続又は分娩が身体的又は経済的理由により母体の健康を著しく害するおそれのあるもの」、「暴行若しくは脅迫によって又は抵抗若しくは拒絶することができない間に姦淫されて妊娠したもの」に該当する場合に、本人及び配偶者の同意を得て人工妊娠中絶を行うことができる（母体保護法第14条）。

③ ○ 妊娠初期（12週未満）では子宮内容除去術として掻爬法または吸引法が行われ、妊娠12週～22週未満ではあらかじめ子宮口を開く処置を行なった後、子宮収縮剤で人工的に陣痛を起こし流産させる方法が行われることが一般的である。

④ ○ 妊娠12週以後に中絶手術を受けた場合は役所に死産届を提出し、胎児の埋葬許可証をもらう必要がある。

⑤ × 人工妊娠中絶は、胎児が母体外において生命を保続することのできない時期とされる妊娠満22週未満までに行うことができる。

※公益社団法人日本産婦人科医会HPを参照

問118　解答▶③

① ○ DCD（発達性協調運動症）は自閉スペクトラム症と併存する場合がある。

② ○ 自閉スペクトラム症では、反響言語（オウム返し）が認められる場合がある。

③ × 自閉スペクトラム症の人の多くは、衣服や部屋の模様替えなどの変化を嫌う傾向が認められている。

④ ○ 自閉スペクトラム症では、身振り手振りや表情といった非言語的コミュニケーションの使用に困難さが認められる場合がある。

⑤ ○ 自閉スペクトラム症では、言語発達の遅れがみられる場合がある。

問119　解答▶②

②は脱抑制型対人交流症に見られる特徴の1つである。

問120　解答▶③と④

① × ナルコレプシーでは情動脱力発作（カタプレキシー）をともなうことがある。

② × ナルコレプシーは思春期や青年期の発症が多くみられる。

③ ○ ナルコレプシーでは、試験や商談といった緊張状態であっても眠り込んでしまうことがある。

④ ○ ナルコレプシーでは、寝入りばなや目が覚めた直後に、身体を動かそうとしても動かせない睡眠麻痺が生じることがある。

⑤ × ナルコレプシーの治療としては、睡眠衛生指導と薬物療法が用いられる。

問121　解答▶①と③

注意機能は、持続性注意、選択性注意、転導性注意、分配性注意の4つに大別される。

① ○ 選択性注意（多くの情報から必要なものを見つける能力）に問題がある場合、商品棚から目的の物を探し出すことが難しい可能性がある。

② × 着衣失行の例である。

③ ○ 分配性注意（複数のことに対して同時に注意を向ける能力）に問題がある場合、電話をしながらメモを取ることができないといった状態が生じる可能性がある。

④ × 相貌失認の例である。

⑤ × 運動性失語の例である。

問122　解答▶③と⑤

① × DSM-5の診断基準では、はっきりと確認できるストレス因に反応して、そのストレス因の始まりから3ヵ月以内に情動面または行動面の症状が出現するとされている。

② × 上記参照。

③ ○ DSM-5の診断基準では、その症状は正常の死別反応を示すものではないとされている。

④ × ストレス因が終結すると、症状が6ヵ月以上持続することはないとされている。

⑤ ○ 適応反応症の予後に、うつ病になる場合がある。

問123　解答▶④

せん妄とは、急性かつ一過性に出現される、軽度の意識障害あるいは認知機能障害をいう。せん妄の発症要因は、高齢や認知症、アルコール多飲といった、せん妄を引き起こしやすい状態である準備因子、身体疾患や手術、薬剤などせん妄を引き起こし得る直接因子、疼痛や不安、環境変化などせん妄を誘発する促進因子に分けられる。

問124　解答▶②

① × 強迫行為が不合理であることを自分で認識していても、それをやめることが困難だと感じられる。

② ○ 強迫症では抜毛症を併存することがある。

③ × 強迫症においても特定の数字へのこだわりがみられる場合がある。

④ × 戸締りやガス栓の確認行為それ自体は日常生活でも起こりうることである。その程度によって、日常生活に支障が生じてくると強迫症の可能性が疑われる。

⑤ × 強迫症にSSRIが用いられることがある。

問125　解答▶②

① × 物質関連症では、違法な薬物や物質だけでなく、アルコールやカフェインなどの合法的なものも含まれる。

② ○ 離脱症状には、物質の種類や使用期間が関連する。

③ × 物質使用症では、物質使用により問題が生じていることを本人が自覚してもやめることが困難である。

④ × 一般的に、薬物の半減期が短いほど依存が形成されやすい。

⑤ × 中毒とは、物質の乱用による直接的な薬理作用の結果として出現する有害作用を指す。臓器障害などの身体症状だけでなく、意識や知覚の障害などの精神症状も生じる。

問126　解答▶②と③

① × 保健所は地域保健法を根拠とした機関である。

② ○ 人口動態統計調査は保健所の業務である。

③ ○ 保健所ではHIV検査を行っている。

④ × 保健所の所長は一定の要件を満たす医師が務めなければならないが、それが困難な場合、医師ではないが要件を満たす者が期間を限定して保健所の所長を務めることができる。

⑤ × 保健所の職員として公認心理師の配置義務はない。

問127　解答▶③

① ○ 教育委員会の意義として、「政治的中立性の確保」「継続性・安定性の確保」「地域住民の意向の反映」が挙げられる。

② ○ 教育委員会は合議制の機関である。

③ × 教育委員会は、都道府県および市町村等に設置される。

④ ○ 任期は、教育長が3年、教育委員が4年で、再任可能である。

⑤ ○ 障害のある子どもの就学先は、本人・保護者の意見を可能な限り尊重し、教育的ニーズと必要な支援について合意形成を行うことを原則とする。障害の状態や必要となる支援の内容、教育学等の専門的見地といった総合的な観点を踏まえて市町村等の教育委員会が決定する。

問128　解答▶③と④

① × 幼稚園は学校教育法に規定される学校に含まれており、特別支援教育が実施される。

② × 文部科学省と厚生労働省が発足したトライアングルプロジェクトとは、「家庭」と「教育」と「福祉」の連携を指す。

③ ○ チーム・ティーチングとは、授業場面において、2人以上の教員が連携・協力して1人ひとりの子どもおよび集団の指導の展開を図る方法である。

④ ○ 通級による指導では、児童本人が在籍していない他校で指導を受ける（他校通級）ことができる。

⑤ × 個別の教育支援計画は、特別な教育的支援が必要な幼児児童生徒に対して作成するものであり、特別支援学校や特別支援学級に在籍する幼児児童生徒だけでなく、通常学級に在籍している特別な教育的支援が必要な幼児児童生徒も対象となる。

問129　解答▶①と③

① ○ 児童虐待の通告は、刑法の秘密漏示罪の規定その他の守秘義務に関する法律の規定より優先される。

② × 虐待などの理由で児童養護施設などに入所した子どもにかかる費用である措置費用は、世帯の収入に応じて保護者から徴収される。

③ ○ 家庭支援専門相談員は、児童養護施設や乳児院などへの配置が義務づけられている。

④ × 児童虐待防止法に基づく臨検・捜索を行う場合、児童相談所は警察署長に援助を求めることができる。

⑤ × 保護者との面会による児童への悪影響等一定の事由が認められる場合は、拒むことができる。

問130　　　　　解答▶①と②

① ○　接近禁止命令は、6ヵ月間被害者の身辺につきまとうことや、被害者の住居や勤務先等の付近をうろつくことを禁止するものである。

② ○　保護命令の申立ては被害者本人が行う。

③ ×　保護命令違反者には、1年以下の懲役または100万円以下の罰金が科せられる。

④ ×　電話等禁止命令のうち、「緊急やむを得ない場合を除き、午後10時から午前6時までの間に、電話をかけ、ファクシミリ装置を用いて送信し、又は電子メールを送信すること」が挙げられる。

⑤ ×　退去命令の期間は2ヵ月間である。

問131　　　　　解答▶⑤

性同一性障害者特例法第3条において、以下のように規定されている。

第3条　家庭裁判所は、性同一性障害者であって次の各号のいずれにも該当するものについて、その者の請求により、性別の取扱いの変更の審判をすることができる。

一　十八歳以上であること。

二　現に婚姻をしていないこと。

三　現に未成年の子がいないこと。

四　生殖腺がないこと又は生殖腺の機能を永続的に欠く状態にあること。

五　その身体について他の性別に係る身体の性器に係る部分に近似する外観を備えていること。

問132　　　　　解答▶②

① ×　精神障害は、外部からのストレスと、ストレスに対する個人の対応力の関係で発症に至ると考えられている。

② ○　精神障害の労災認定要件として、「認定基準の対象となる精神障害を発病していること」「対象疾病の発病前概ね6ヵ月の間に業務による強い心理的負荷が認められること」「業務以外の心理的負荷や個体側要因により発病したとは認められないこと」の3つがある。

③ ×　心理的負荷の強度は、当事者がその出来事を主観的にどうとらえたかではなく、同種の労働者がどうとらえるかという観点で評価される。

④ ×　認定基準の対象となるのはICD-10の第V章「精神および行動の障害」に分類される疾病（F0：症状性を含む器質性精神障害、F1：精神作用物質使用による精神および行動の障害を除く）である。

⑤ ×　複数の会社に雇用されている労働者であって、1つの勤務先の心理的負荷を評価しても労災認定できない場合は、すべての勤務先での業務による心理的負荷を総合的に評価する。

※厚生労働省「精神障害の労災認定」より引用・参照

問133　　　　　解答▶②

① ×　少年院送致は家庭裁判所での審判により決定される。

② ○　少年鑑別所は、法務少年支援センターとして地域住民に対する心理相談を行っている。

③ ×　少年鑑別所は矯正教育を行う機関ではない。

④ ×　保護処分の要否に関する審判は家庭裁判所の役割である。

⑤ ×　保護観察は、保護処分の1つであり、審判を受ける前の少年鑑別所では実施されない。

問134　　　　　解答▶⑤

① ×　災害救援者の中には、使命感によって自身が抱えている多大なストレスに気づかない人たちもいる。また、大災害が起こった場合、通常ならば機能しているストレスコーピングが適切に働かないといった状況も想定される。したがって、災害救援者が心身の不調を示すことはないと言い切れない。

② ×　飲酒量や喫煙量の増加は、災害救援者等が示し得るストレス反応に含まれる。身体、心理、行動という観点から災害救援者等の状態をアセスメントすることが、

災害救援者等のメンタルヘルスにおいて重要である。

③ × 災害救援者が呈し得る惨事ストレス反応は「異常事態に対する正常な反応」である。したがって、ストレス耐性が低い人たちのみが当該反応を示すことは考え辛い。

④ × 災害救援者等の中には、うつ状態が顕著に認められる人や自殺リスクが極めて高い人もいる。したがって、状況に応じて、医療機関の紹介や向精神薬の処方といった支援がなされる。

⑤ ○ 災害救援者の居住地域で災害が起こった場合、災害救援者自身が被災者になることもある。したがって、支援に際しては、災害救援者等の現状を多角的に把握することが必要である。

問135
解答▶①

① ○ 自殺対策基本法第2条第1項において、自殺対策は、生きることの包括的な支援として、全ての人がかけがえのない個人として尊重されるとともに、生きる力を基礎として生きがいや希望を持って暮らすことができるよう、その妨げとなる諸要因の解消に資するための支援とそれを支えかつ促進するための環境の整備充実が幅広くかつ適切に図られることを旨として、実施されなければならないと定められている。

② × 保健所にゲートキーパーの養成義務はない。

③ × 自殺対策基本法第2条第2項において、自殺対策は、自殺が個人的な問題としてのみとらえられるべきものではなく、その背景にさまざまな社会的な要因があることを踏まえ、社会的な取組として実施されなければならないと定められている。

④ × 事業主に自殺予防週間及び自殺対策強化月間の設置義務はない。なお、自殺対策基本法第7条第2項に、自殺予防週間は9月10日～9月16日までとし、自殺対策強化月間は3月とすると明記されてい

る。

⑤ × 自殺対策基本法第11条に、政府は、毎年、国会に、自殺の概況および講じた自殺対策に関する報告書を提出しなければならないことが規定されている。

問136
解答▶②

① × アルコールは、身体依存を引き起こす。

② ○ 覚醒剤は、精神依存を引き起こすが、身体依存は引き起こさない。

③ × 未成年者の飲酒・喫煙は、薬物乱用に該当する。薬物乱用とは、社会的規範を超えて薬物を自己使用することを指す。未成年者の飲酒・喫煙は法律により禁じられているため、薬物乱用に該当する。

④ × 薬物を繰り返し使用した結果、薬物の効き目が弱くなる状態は耐性である。薬物依存とは、薬物乱用を繰り返した結果、自己コントロールできずにやめられない状態を指す。

⑤ × 薬物依存症は回復することはあるが、完治はしない。

問137
解答▶②

① × 心理的虐待とは、児童に対する著しい暴言、著しく拒絶的な対応、児童が同居する家庭における配偶者に対する暴力といった、児童に著しい心理的外傷を与える言動を行うことである。したがって、Bが可愛いと思えないことが心理的虐待にあたると言い切ることは難しい。

② ○ 障害をもつ子どもの育児に関する悩みや困難を傾聴することは、Aの心理的負担を軽減することにつながる。

③ × 本事例において、Aがうつ病である様子は明示されていない。

④ × 障害をもつ子どもの親には、子どもの障害を認める気持ちと認めたくない気持ちの双方が存在することがある。そのため、本選択肢の対応は、Aと公認心理師の関係を悪化させる可能性があり、Aのペースに合わせて、心理支援を提供することが公認心理師に求められる。

⑤ × 本事例において、AとAの夫の関係が問題の原因であると断定できる根拠は示されていない。

問138　　　　　　　　　　　解答▶⑤

障害者虐待は、養護者による障害者虐待、障害者福祉施設従事者等による障害者虐待、使用者による障害者虐待の3種類に大別される。本事例において、障害者虐待の加害者になり得るBとCは、障害者福祉施設従事者等に該当する。また、Aが性的な会話に参加することを拒否しても話を振り続ける、Aの頭や腰を強引に触るというBやCの言動は、Aへの性的虐待に該当する可能性がある。

問139　　　　　　　　　　　解答▶③

① ○ 基本チェックリストとは、対象高齢者の生活や健康状態、心身機能などについて把握するためのツールである。当該リストの実施は、地域包括支援センターでなされ得る業務の1つである。

② ○ 地域包括支援センターの業務として、地域ケア会議を開催し、日常生活に支障がある高齢者の支援を検討することが挙げられる。

③ × 認知症の有無の鑑別や抗認知症薬の処方は、地域包括支援センターではなく、医療機関でなされることが原則である。

④ ○ 介護予防ケアプランの作成は、地域包括支援センターの業務に該当する。

⑤ ○ 地域包括支援センターは、高齢者が住み慣れた地域で自分らしく生活できるような支援等を提供する役割を担っている。そのため、高齢者の社会参加や対人関係の現状を把握し、高齢者の閉じこもりの予防に努めることは当該施設の業務に含まれる。

問140　　　　　　　　　　　解答▶④

① × パニック症とは、理由がなく突発的に、動悸、めまい、手足の震えといったパニック発作が生じる疾患である。本事例では、Aが不安定になった原因が明確であ

るため、Aがパニック症を有しているとは言い難い。

② × アレキシサイミアとは、自身の内的状態の認知や言語化の困難さ、および、想像力や空想力の欠如を特徴とする性格特性である。本事例において、Aにアレキシサイミアが認められる様子は明記されていない。

③ × 反抗挑発症とは、同年代の子どもの行動範囲の限度を明らかに超えた水準で、大人や社会に対して非常に挑発的な行動によって社会適応上の問題がみられたりする状態である。本事例から、Aが当該疾患を有していることは考えづらい。

④ ○ 本事例では、Aには落ち着かない、悪夢にうなされるといった心的外傷後ストレス症の症状に悩まされている様子がうかがえる。そのため、Aの行動は、心的外傷後ストレス症の症状であるフラッシュバックによって生じている可能性がある。

⑤ × Aが解離症を有している可能性はある。しかし、解離性遁走とは、過去の記憶の一部またはすべてを失って、これまで生活していた居場所からいなくなることであり、Aの行動と合致しない。

問141　　　　　　　　　　　解答▶④

① × 行動援護とは、外出時などの危険回避を目的として支援を提供することであり、主に常時にわたって介護を必要とする精神障害者や知的障害者を対象とする。本選択肢の対応は、日常生活で困ることがほとんどないというAの現状に即していない。

② × 就労支援は、発達障害者支援センターが担う業務の1つである。

③ × ジョブコーチとは、障害者の就労にあたり、当該障害者の職場適応を促進するために必要な支援等を提供する人をいう。ジョブコーチの支援は、一般就労に限らず、障害者枠による就労でも受けられる。

④ ○ 一般就労で苦労したことを聞き、Aの適性を探ることは、Aの就労を円滑に進め

ることに役立つ。

⑤ × 障害年金とは、病気やケガによって、生活や仕事などが制限される状態になった場合に受け取ることができる年金のことである。Aは就労することを希望しているため、本選択肢の対応がAの現状に合致しているとは言い難い。

問142　　　　　　　解答▶③

① ○ 家族教室への参加をAの両親に勧めることは、Aの両親の孤立感や負担感を減らすことに役立つ。

② ○ Aへの接し方をAの両親と共に検討することは、Aが抱えている問題を解決することにつながり得る。

③ × 引きこもりは若年者特有の問題ではなく、中高年にも生じ得る。中高年の引きこもりに焦点を当てた問題として、「7040問題」や「8050問題」が挙げられており、多角的な視点で引きこもりを検討することが重要である。

④ ○ Aの様子を詳しく聞くことによって、Aの問題の原因が明確になる可能性がある。

⑤ ○ 引きこもりが生じ得る要因について、Aの両親に心理教育を行うことは、選択肢①と同様、Aの両親の負担感を軽減することに役立つ。

問143　　　　　　　解答▶②

Luft, J.とIngham, H.が提唱したジョハリの窓は、自他の相互的な認識過程を表すモデルである。当該モデルでは、自分自身について、「自分が知っている／知らない」という2つの領域と、「相手が知っている／知らない」という2つの領域から2×2の4つの領域からなる。「自分が知っている領域」と「相手が知っている領域」という双方の条件を満たす領域を広げることは、自己理解の促進につながると考えられている。

問144　　　　　　　解答▶④

① × WAIS-Ⅳの適用年齢は、16歳0ヵ月から90歳11ヵ月である。したがって、

当該検査はAに施行できない。

② × DSM-5における反社会性パーソナリティ症の診断基準は、18歳以上である。そのため、Aが当該疾患である可能性が高いとはいえない。

③ × 本事例において、養育環境がAの問題と密接に関連していることを示唆する記述はない。また、本選択肢の対応は、公認心理師とAの母親の関係が悪化することにつながり得る。

④ ○ Aが抱えている問題は、ADHDによって生じている可能性がある。そのため、Aの生育歴についてAの母親に尋ねることは、Aの状態をアセスメントすることに役立つ。

⑤ × Aの学校適応を促す場合、Aの担任と公認心理師が連携することは重要である。したがって、AやAの母親の同意を得た上でAの担任に連絡を取り、Aの様子をAの担任に聞いたり、Aへの指導法をAの担任と共に検討したりすることが公認心理師に求められる。

問145　　　　　　　解答▶⑤

① ○ Aの両親にAの様子を詳しく聞くことは、Aの状況を正確にアセスメントする上で役立つ。

② ○ Aが所属しているクラスの様子を見に行くことは、Aが訴えていることの事実確認や情報の精査につながり得る。

③ ○ Aが所属しているクラスの担任と連携し、情報収集することはスクールカウンセラーに求められる業務の1つである。

④ ○ Aの両親に不登校に関する心理教育を実施することは、Aの両親の心理的負担を軽減する可能性が高い。

⑤ × 本事例において、Aの両親はAの学校に不信感を抱いていると言い切れない。また、本選択肢の対応は、集団守秘義務を考慮していない対応であり、チーム学校の理念に反する。

問146　解答▶③

① × コンサルテーションでは、原則として、コンサルティ自身の問題ではなく、コンサルティが抱える業務上の課題に焦点を当てる。本事例における課題は、学級崩壊であり、Aの不眠はコンサルティ自身の問題に該当する。

② × 選択肢①と同様、Aのパーソナリティ改善はコンサルティ自身の問題にあたるため、コンサルテーションでは扱わない。

③ ○ 勝手な行動を取る児童への接し方をAと共に検討することは、Aが抱えている課題の解決につながり得る。

④ × Aが教師として未熟である根拠は、本事例において明示されていない。また、本選択肢の対応は、Aと公認心理師の関係を悪化させる可能性がある。

⑤ × 休職の指示は、原則として、医師によってなされる。したがって、本選択肢の対応は、公認心理師の専門性を逸脱している。

問147　解答▶⑤

① × ボーダーラインパーソナリティ症の特徴として、不安定な思考や感情、衝動性の高さ、慢性的な空虚感などが挙げられる。本事例において、当該特性はAに認められない。

② × 自己愛性パーソナリティ症の特徴として、他者からの称賛を強く求める一方で他者に対する共感が欠如している、傲慢な態度を取る、自己の重要さに対する誇大性を有していることなどが挙げられる。本事例において、Aに当該特性がみられるとは言い難い。

③ × 猜疑性パーソナリティ症は、他者の動機などを敵意や悪意のあるものと解釈し、他者に対する根拠のない不信や疑念を抱くことを特徴としている。当該疾患の特徴は、Aの言動と合致していない。

④ × 依存性パーソナリティ症は、面倒をみてもらいたいという広範かつ過度の欲求を特徴としている。当該疾患の特徴が、A

にみられるとはいえない。

⑤ ○ 自閉スペクトラム症では、社会的コミュニケーションおよび対人的相互反応の障害、および、興味の限局と常同的・反復的行動がみられる。Aが抱えている対人関係の問題などは、自閉スペクトラム症によって生じている可能性がある。

問148　解答▶④

① × リストカットは命に関わる可能性のある行為である。しかし、現時点において、公認心理師が本選択肢の対応を行うことは、Aと公認心理師の関係が悪化することにつながる。

② × 本選択肢の対応は、Aの気持ちに即していない。現時点において、公認心理師には、Aに医療機関の受診を指示することではなく、Aの話を傾聴することやAの状態をアセスメントすることが求められている。

③ × リストカットは、多義的であり、一方的な指導はAの状態を悪化させる可能性が高い。また、本選択肢の対応は、Aへの守秘義務違反に該当し得る。

④ ○ 現時点において、公認心理師は、Aの話を傾聴し、Aがリストカットに至る原因を探ることが望ましい。

⑤ × 本選択肢の対応は、リストカットをすると、自分の存在を実感できるというAの気持ちを否定しており、Aと公認心理師の関係が悪化することにつながるおそれがある。

問149　解答▶③

① × 変換症は、抑圧された心的葛藤などが身体症状として現れる状態をいう。Aが当該疾患を有している様子は、本事例においてみられない。

② × Aが妄想や幻聴、感情の平板化を主症状とする統合失調症を患っていることは考えにくい。

③ ○ 性別違和とは、体験または表出されるジェンダーと、指定された（生まれもった）

ジェンダーとの間の不一致にともなう苦痛が発生している状態である。Aが抱えている悩みは、性別違和によって生じている可能性がある。

④ × 素行症は、他者の基本的人権を侵害する、または年齢相応の社会的規範に従わないことをくり返し行うといった社会適応上の問題がみられる状態である。本事例において、Aに当該様相は認められない。

⑤ × 脱抑制型対人交流症は、見慣れない大人に対して、過度に馴れ馴れしく近づいたり、初対面の見知らぬ大人にためらいなくついていったりする等の行動がみられる。本事例において、当該行動がAにみられるとはいえない。

問150　解答▶④

① × 本事例では、Bが薬物を使用するに至った背景についての詳述はないが、再非行を防止する上で、母親であるAがBと適切な関わりをもつことが必要である。

② × Bの行動の管理・監視を徹底することは、Bにとって負担になりかねない。またAの状況等の詳細は記述されていないが、Bの行動の管理・監視がAにとっても大きな負担になる可能性がある。

③ × 少年院で矯正教育を受けていたとしても、薬物の再使用の危険性がないとは言い切れない。

④ ○ 薬物は、使用していた状況と同じような状況にいると、再び使用する危険性があるため、薬物を使用した状況がどのように起こったのかについてBと話し合い、そのような状況が起こらないようにするための環境整備を行うことが望ましい。

⑤ × 母親であるAが息子であるBに対してカウンセリングを行うことは多重関係に該当するため、望ましくない。

問151　解答▶④

① ○ Aの状態によっては、医学的な処置が必要な可能性があるため、その必要性を検討することは重要である。

② ○ Aの生活の状況を把握し、必要な支援を明確にすることは重要である。

③ ○ 現状、電話にともなう不安にAがどのように対処しているのかを聞き取ることは、Aの抱える問題のメカニズムに対する理解につながる。

④ × Bからのストーカー被害による影響として睡眠困難や電話にともなう強い不安といった状態が生じている可能性があるため、不用意にBのことを話してもらうことは、被害を想起させ、状態を悪化させるおそれがある。したがって、初回面接として優先的に行うことではない。

⑤ ○ 被害に関する相談の情報の扱いが厳正であることは、Aが安心して話ができることにつながるため、初回面接において面接内での情報の扱いについて丁寧に説明し、Aの理解を得ることが重要である。

問152　解答▶③

① × 非行に関するケースにおいては、本人の問題行動に困り果てている家族の治療への動機づけが高いことは少なくないが、本人の動機づけが高いとは限らず、本人が初回から面接に出席することが困難な場合もある。

② × 娘の暴力や非行の状況によっては、娘本人あるいは母親の身体や生命に重大な被害がおよぶ可能性が否定できないため、必要に応じて他機関と情報共有をすることはあり得る。

③ ○ 娘の家族に対する暴力や暴言の程度によっては、母親との面接を継続するよりも、家族の身の安全を確保するための対応を優先することが必要になる。

④ × 娘の暴力や暴言の責任を外在化させるような発言であり、娘の内省を阻害するおそれがある。

⑤ × 本事例から、娘の知的能力に問題がある可能性が高いとは断定できない。

問153　解答▶③

① × 裁判員制度では、裁判所から辞退事由

（例：重い病気やケガ、親族の介護など）が認められれば、辞退することができる。

② × 裁判員は裁判官と一緒に、刑事裁判の法廷（公判）に立ち会い、判決まで関与する。

③ ○ 裁判員候補者として呼び出しを受け、正当な理由がなく応じなかった場合、過料が科される場合がある。

④ × 休暇を取得するために裁判員になったことを上司等に話すことは認められる。

⑤ × 裁判員や裁判員候補者等として裁判所へ来庁した場合には、旅費（交通費）と日当が支払われる。

問154　　　　　　　　　　解答▶ ④

① × 児童虐待防止法第14条に「児童の親権を行う者は、児童のしつけに際して、体罰を加えることその他民法第820条の規定による監護及び教育に必要な範囲を超える行為により当該児童を懲戒してはならず、当該児童の親権の適切な行使に配慮しなければならない」と規定されている。

② × 児童虐待の通告義務違反における罰則はない。

③ × 虐待を受けた児童を、児童養護施設等の施設へ入所措置をとる際、保護者の同意が得られなければ、家庭裁判所の承認に基づき措置を行うことができる。

④ ○ 児童虐待の通告を受け、児童相談所の職員などが安全確認を行う場合、48時間以内に児童を直接目視することが原則である。

⑤ × 児童虐待における一時保護は、原則保護者および児童本人の同意を得ることが望ましいが、一時保護をしないことで児童の生命や福祉が害される場合は、同意がなくとも実施される。

模擬試験 配点

■午前の部

問題番号	配点	ブループリント項目
問題1	1点	1：公認心理師としての職責
問題2	1点	1：公認心理師としての職責
問題3	1点	1：公認心理師としての職責
問題4	1点	1：公認心理師としての職責
問題5	1点	1：公認心理師としての職責
問題6	1点	4：心理学・臨床心理学の全体像
問題7	1点	4：心理学・臨床心理学の全体像
問題8	1点	4：心理学・臨床心理学の全体像
問題9	1点	5：研究
問題10	1点	5：研究
問題11	1点	5：研究
問題12	1点	5：研究
問題13	1点	5：研究
問題14	1点	6：実験
問題15	1点	6：実験
問題16	1点	7：知覚及び認知
問題17	1点	7：知覚及び認知
問題18	1点	7：知覚及び認知
問題19	1点	7：知覚及び認知
問題20	1点	8：学習及び言語
問題21	1点	8：学習及び言語
問題22	1点	8：学習及び言語
問題23	1点	8：学習及び言語
問題24	1点	9：感情及び人格
問題25	1点	9：感情及び人格
問題26	1点	9：感情及び人格
問題27	1点	9：感情及び人格
問題28	1点	10：脳・神経
問題29	1点	10：脳・神経
問題30	1点	10：脳・神経
問題31	1点	11：社会及び集団
問題32	1点	11：社会及び集団
問題33	1点	12：発達
問題34	1点	12：発達
問題35	1点	12：発達
問題36	1点	12：発達
問題37	1点	12：発達
問題38	1点	12：発達
問題39	1点	12：発達
問題40	1点	14：心理状態の観察及び結果の分析
問題41	1点	14：心理状態の観察及び結果の分析
問題42	1点	14：心理状態の観察及び結果の分析
問題43	1点	14：心理状態の観察及び結果の分析
問題44	1点	14：心理状態の観察及び結果の分析
問題45	1点	14：心理状態の観察及び結果の分析
問題46	1点	14：心理状態の観察及び結果の分析
問題47	1点	14：心理状態の観察及び結果の分析
問題48	1点	14：心理状態の観察及び結果の分析
問題49	1点	15：心理に関する支援
問題50	1点	15：心理に関する支援
問題51	1点	15：心理に関する支援
問題52	1点	15：心理に関する支援
問題53	1点	15：心理に関する支援
問題54	1点	15：心理に関する支援
問題55	1点	15：心理に関する支援
問題56	1点	15：心理に関する支援
問題57	1点	15：心理に関する支援
問題58	3点	5：研究
問題59	3点	6：実験
問題60	3点	12：発達
問題61	3点	12：発達
問題62	3点	14：心理状態の観察及び結果の分析
問題63	3点	14：心理状態の観察及び結果の分析
問題64	3点	14：心理状態の観察及び結果の分析
問題65	3点	16：健康・医療
問題66	3点	22：精神疾患
問題67	3点	15：心理に関する支援
問題68	3点	15：心理に関する支援
問題69	3点	15：心理に関する支援
問題70	3点	14：心理状態の観察及び結果の分析
問題71	3点	15：心理に関する支援
問題72	3点	3：多職種連携・地域連携
問題73	3点	15：心理に関する支援
問題74	3点	15：心理に関する支援
問題75	3点	15：心理に関する支援
問題76	3点	14：心理状態の観察及び結果の分析
問題77	3点	15：心理に関する支援
合計	117点	

■午後の部

問題番号	配点	ブループリント項目
問題78	1点	2：問題解決能力と生涯学習
問題79	1点	3：多職種連携・地域連携
問題80	1点	3：多職種連携・地域連携
問題81	1点	13：障害者（児）の心理学
問題82	1点	13：障害者（児）の心理学
問題83	1点	13：障害者（児）の心理学
問題84	1点	13：障害者（児）の心理学
問題85	1点	13：障害者（児）の心理学
問題86	1点	13：障害者（児）の心理学
問題87	1点	21：人体
問題88	1点	21：人体
問題89	1点	16：健康・医療
問題90	1点	21：人体
問題91	1点	17：福祉
問題92	1点	16：健康・医療
問題93	1点	16：健康・医療
問題94	1点	17：福祉
問題95	1点	17：福祉
問題96	1点	17：福祉
問題97	1点	13：障害者（児）の心理学
問題98	1点	13：障害者（児）の心理学
問題99	1点	15：心理に関する支援
問題100	1点	12：発達
問題101	1点	18：教育
問題102	1点	12：発達
問題103	1点	18：教育
問題104	1点	18：教育
問題105	1点	19：司法・犯罪
問題106	1点	19：司法・犯罪
問題107	1点	19：司法・犯罪
問題108	1点	19：司法・犯罪
問題109	1点	20：産業・組織
問題110	1点	20：産業・組織
問題111	1点	20：産業・組織
問題112	1点	20：産業・組織
問題113	1点	21：人体
問題114	1点	21：人体
問題115	1点	21：人体
問題116	1点	21：人体

問題番号	配点	ブループリント項目
問題117	1点	21：人体
問題118	1点	22：精神疾患
問題119	1点	22：精神疾患
問題120	1点	22：精神疾患
問題121	1点	10：脳・神経
問題122	1点	22：精神疾患
問題123	1点	22：精神疾患
問題124	1点	22：精神疾患
問題125	1点	22：精神疾患
問題126	1点	23：関連制度
問題127	1点	23：関連制度
問題128	1点	23：関連制度
問題129	1点	23：関連制度
問題130	1点	23：関連制度
問題131	1点	23：関連制度
問題132	1点	23：関連制度
問題133	1点	23：関連制度
問題134	1点	24：その他
問題135	1点	22：関連制度
問題136	1点	16：健康・医療
問題137	3点	15：心理に関する支援
問題138	3点	17：福祉
問題139	3点	17：福祉
問題140	3点	14：心理状態の観察及び結果の分析
問題141	3点	15：心理に関する支援
問題142	3点	15：心理に関する支援
問題143	3点	24：その他
問題144	3点	15：心理に関する支援
問題145	3点	15：心理に関する支援
問題146	3点	15：心理に関する支援
問題147	3点	22：精神疾患
問題148	3点	15：心理に関する支援
問題149	3点	22：精神疾患
問題150	3点	15：心理に関する支援
問題151	3点	14：心理状態の観察及び結果の分析
問題152	3点	15：心理に関する支援
問題153	3点	23：関連制度
問題154	3点	23：関連制度
合計	113点	

問001	① ② ③ ④ ⑤
問002	① ② ③ ④ ⑤
問003	① ② ③ ④ ⑤
問004	① ② ③ ④ ⑤
問005	① ② ③ ④ ⑤
問006	① ② ③ ④ ⑤
問007	① ② ③ ④ ⑤
問008	① ② ③ ④ ⑤
問009	① ② ③ ④ ⑤
問010	① ② ③ ④ ⑤
問011	① ② ③ ④ ⑤
問012	① ② ③ ④ ⑤
問013	① ② ③ ④ ⑤
問014	① ② ③ ④ ⑤
問015	① ② ③ ④ ⑤
問016	① ② ③ ④ ⑤
問017	① ② ③ ④ ⑤
問018	① ② ③ ④ ⑤
問019	① ② ③ ④ ⑤
問020	① ② ③ ④ ⑤
問021	① ② ③ ④ ⑤
問022	① ② ③ ④ ⑤
問023	① ② ③ ④ ⑤
問024	① ② ③ ④ ⑤
問025	① ② ③ ④ ⑤
問026	① ② ③ ④ ⑤

問027	① ② ③ ④ ⑤
問028	① ② ③ ④ ⑤
問029	① ② ③ ④ ⑤
問030	① ② ③ ④ ⑤
問031	① ② ③ ④ ⑤
問032	① ② ③ ④ ⑤
問033	① ② ③ ④ ⑤
問034	① ② ③ ④ ⑤
問035	① ② ③ ④ ⑤
問036	① ② ③ ④ ⑤
問037	① ② ③ ④ ⑤
問038	① ② ③ ④ ⑤
問039	① ② ③ ④ ⑤
問040	① ② ③ ④ ⑤
問041	① ② ③ ④ ⑤
問042	① ② ③ ④ ⑤
問043	① ② ③ ④ ⑤
問044	① ② ③ ④ ⑤
問045	① ② ③ ④ ⑤
問046	① ② ③ ④ ⑤
問047	① ② ③ ④ ⑤
問048	① ② ③ ④ ⑤
問049	① ② ③ ④ ⑤
問050	① ② ③ ④ ⑤
問051	① ② ③ ④ ⑤
問052	① ② ③ ④ ⑤

問053	①	②	③	④	⑤
問054	①	②	③	④	⑤
問055	①	②	③	④	⑤
問056	①	②	③	④	⑤
問057	①	②	③	④	⑤
問058	①	②	③	④	⑤
問059	①	②	③	④	⑤
問060	①	②	③	④	⑤
問061	①	②	③	④	⑤
問062	①	②	③	④	⑤
問063	①	②	③	④	⑤
問064	①	②	③	④	⑤
問065	①	②	③	④	⑤
問066	①	②	③	④	⑤
問067	①	②	③	④	⑤
問068	①	②	③	④	⑤
問069	①	②	③	④	⑤
問070	①	②	③	④	⑤
問071	①	②	③	④	⑤
問072	①	②	③	④	⑤
問073	①	②	③	④	⑤
問074	①	②	③	④	⑤
問075	①	②	③	④	⑤
問076	①	②	③	④	⑤
問077	①	②	③	④	⑤
問078	①	②	③	④	⑤

問079	①	②	③	④	⑤
問080	①	②	③	④	⑤
問081	①	②	③	④	⑤
問082	①	②	③	④	⑤
問083	①	②	③	④	⑤
問084	①	②	③	④	⑤
問085	①	②	③	④	⑤
問086	①	②	③	④	⑤
問087	①	②	③	④	⑤
問088	①	②	③	④	⑤
問089	①	②	③	④	⑤
問090	①	②	③	④	⑤
問091	①	②	③	④	⑤
問092	①	②	③	④	⑤
問093	①	②	③	④	⑤
問094	①	②	③	④	⑤
問095	①	②	③	④	⑤
問096	①	②	③	④	⑤
問097	①	②	③	④	⑤
問098	①	②	③	④	⑤
問099	①	②	③	④	⑤
問100	①	②	③	④	⑤
問101	①	②	③	④	⑤
問102	①	②	③	④	⑤
問103	①	②	③	④	⑤
問104	①	②	③	④	⑤

模擬試験　解答用紙

問105	①	②	③	④	⑤
問106	①	②	③	④	⑤
問107	①	②	③	④	⑤
問108	①	②	③	④	⑤
問109	①	②	③	④	⑤
問110	①	②	③	④	⑤
問111	①	②	③	④	⑤
問112	①	②	③	④	⑤
問113	①	②	③	④	⑤
問114	①	②	③	④	⑤
問115	①	②	③	④	⑤
問116	①	②	③	④	⑤
問117	①	②	③	④	⑤
問118	①	②	③	④	⑤
問119	①	②	③	④	⑤
問120	①	②	③	④	⑤
問121	①	②	③	④	⑤
問122	①	②	③	④	⑤
問123	①	②	③	④	⑤
問124	①	②	③	④	⑤
問125	①	②	③	④	⑤
問126	①	②	③	④	⑤
問127	①	②	③	④	⑤
問128	①	②	③	④	⑤
問129	①	②	③	④	⑤
問130	①	②	③	④	⑤

問131	①	②	③	④	⑤
問132	①	②	③	④	⑤
問133	①	②	③	④	⑤
問134	①	②	③	④	⑤
問135	①	②	③	④	⑤
問136	①	②	③	④	⑤
問137	①	②	③	④	⑤
問138	①	②	③	④	⑤
問139	①	②	③	④	⑤
問140	①	②	③	④	⑤
問141	①	②	③	④	⑤
問142	①	②	③	④	⑤
問143	①	②	③	④	⑤
問144	①	②	③	④	⑤
問145	①	②	③	④	⑤
問146	①	②	③	④	⑤
問147	①	②	③	④	⑤
問148	①	②	③	④	⑤
問149	①	②	③	④	⑤
問150	①	②	③	④	⑤
問151	①	②	③	④	⑤
問152	①	②	③	④	⑤
問153	①	②	③	④	⑤
問154	①	②	③	④	⑤